Die Zuständigkeit für Entscheidungen in Ehesachen
und in anderen Familiensachen aus Anlass von Ehesachen
sowie deren Anerkennung und Vollstreckung in der EG und in der Schweiz

Europäische Hochschulschriften
Publications Universitaires Européennes
European University Studies

Reihe II
Rechtswissenschaft

Série II Series II
Droit
Law

Bd./Vol. 3701

PETER LANG
Frankfurt am Main · Berlin · Bern · Bruxelles · New York · Oxford · Wien

Christian Hajnczyk

Die Zuständigkeit für Entscheidungen in Ehesachen und in anderen Familiensachen aus Anlass von Ehesachen sowie deren Anerkennung und Vollstreckung in der EG und in der Schweiz

PETER LANG
Europäischer Verlag der Wissenschaften

Bibliografische Information Der Deutschen Bibliothek
Die Deutsche Bibliothek verzeichnet diese Publikation in der Deutschen Nationalbibliografie; detaillierte bibliografische Daten sind im Internet über <http://dnb.ddb.de> abrufbar.

Zugl.: Bochum, Univ., Diss., 2003

D 294
ISSN 0531-7312
ISBN 3-631-51201-5

www.peterlang.de

Vorwort

Diese Arbeit lag der Juristischen Fakultät der Ruhr-Universität Bochum als Dissertation vor. Rechtsprechung und Literatur sind bis Dezember 2002 berücksichtigt.

Besonderer Dank gebührt zuallererst meinem Doktorvater Herrn Prof. Dr. Karlheinz Muscheler. Er unterstützte mich während meiner vierjährigen Tätigkeit an seinem Lehrstuhl und war während der Erstellung der Arbeit stets ein engagierter Diskussionspartner. Besonders hervorzuheben ist dabei, dass er mir während der Erstellung der Arbeit stets den Spielraum beließ, der für die Erstellung einer wissenschaftlichen Arbeit unumgänglich ist. Gleichzeitig setzte er sich mit Nachdruck für eine rasche Veröffentlichung des Werkes ein.

Herrn Prof. Dr. Peter Kindler danke ich für seine wertvollen Anregungen und die Erstellung des Zweitgutachtens. Darüber hinaus danke ich Frau Diplom-Rechtspflegerin Daniela Emmerich für die Durchsicht des Typoskripts.

Zu diesem Werk ist „CDIS – Die Gesetzes-CD zur Dissertation" erhältlich. CDIS enthält nahezu alle in diesem Buch verwendeten Rechtsnormen. Senden Sie mir bitte einen adressierten und mit 1,44 € frankierten Rückumschlag an folgende Anschrift zu:

Christian Hajnczyk, Postfach 110318, 45333 Essen

Weitere Kosten werden Ihnen nicht entstehen. Die CD wird nach Eingang Ihres Schreibens umgehend an Sie zugesandt.

Essen, im März 2003 Christian Hajnczyk

Inhaltsverzeichnis

C. Abkürzungsverzeichnis

a.A.	andere Ansicht
a.a.O.	am angegebenen Ort
A.C.	The Law Reports, Appeal Cases (London)
a.F.	alte Fassung
A.-G.	Attorney-General
ABGB	Allgemeines Bürgerliches Gesetzbuch (Österreich)
Abl.	Amtsblatt
Abs.	Absatz
AG	Ausführungsgesetz
AGGVG	Ausführungsgesetz zum Gerichtsverfassungsgesetz
AHKABl.	Amtsblatt der Alliierten Hohen Kommission in Deutschland (Bonn)
AJP	Aktuelle Juristische Praxis (Lachen)
Anm.	Anmerkung
Art.	Artikel
AuslProt.	Auslegungsprotokoll
AVAG	Gesetz zur Ausführung zwischenstaatlicher Verträge und zur Durchführung von Verordnungen der Europäischen Gemeinschaft auf dem Gebiet der Anerkennung und Vollstreckung in Zivil- und Handelssachen vom 22.2.2001 (Deutschland)
BayObLGZ	Entscheidungssammlung in Zivilsachen des Bayrischen Obersten Landesgerichts (München)
Bd.	Band
Beschl.	Beschluss
BG	Bundesgericht
BGB	Bürgerliches Gesetzbuch (Deutschland)
BGBl.	Bundesgesetzblatt (Bonn)
BGHZ	Entscheidungssammlung des Bundesgerichtshofs in Zivilsachen (Köln, Berlin, Bonn)
bspw.	beispielsweise
BT-Drucks.	Bundestagsdrucksache (Stuttgart)
Bulletin BReg.	Bulletin des Presse- und Informationsamts der Bundesregierung (Bonn)
BVerfG	Bundesverfassungsgericht
BVerfGE	Entscheidungssammlung des Bundesverfassungsgerichts (Tübingen)
bzw.	beziehungsweise
c.i.c.	culpa in contrahendo
CDE	Cahiers de droit européen (Brüssel)
Diss.	Dissertation
EFTA	European Free Trading Area
EG	Europäische Gemeinschaft

EGBGB	Einführungsgesetz zum Bürgerlichen Gesetzbuch (Deutschland)
EGV	Vertrag zur Gründung der Europäischen Gemeinschaft
EheÜbk	Übereinkommen aufgrund von Art. K.3 des Vertrags über die Europäische Union über die Zuständigkeit und die Anerkennung und Vollstreckung von Entscheidungen in Ehesachen
EheVO	Verordnung (EG) Nr. 1347/2000 des Rates vom 29. Mai 2000 über die Zuständigkeit und die Anerkennung und Vollstreckung von Entscheidungen in Ehesachen und in Verfahren betreffend die elterliche Verantwortung für die gemeinsamen Kinder der Ehegatten
ELF	The European Legal Forum (München)
ELR	European Law Reporter (St. Gallen)
EP	Europäisches Parlament
EU	Europäische Union
EuGH	Europäischer Gerichtshof
EuGHE	Sammlung der Rechtsprechung des Gerichtshofes (Luxemburg)
EuGVÜ	Brüsseler Übereinkommen über die gerichtliche Zuständigkeit und die Vollstreckung gerichtlicher Entscheidungen in Zivil- und Handelssachen vom 27. September 1968
EuSAVÜ	Europäisches Übereinkommen über die Anerkennung und Vollstreckung von Entscheidungen über das Sorgerecht für Kinder und die Wiederherstellung des Sorgeverhältnisses
EuZW	Europäische Zeitschrift für Wirtschaftsrecht (München, Frankfurt am Main)
EWG	Europäische Wirtschaftsgemeinschaft
f.	folgende
FamRÄndG	Familienrechtsänderungsgesetz (Deutschland)
FamRZ	Zeitschrift für das gesamte Familienrecht (Bielefeld)
FF	Forum Familien- und Erbrecht (Bonn)
FGG	Gesetz über die Angelegenheiten der freiwilligen Gerichtsbarkeit (Deutschland)
FJR	Tijdschrift voor familie- en jeugdrecht (Zwolle)
FPR	Familie, Partnerschaft, Recht (München)
FuR	Familie und Recht (Köln)
GestG	Bundesgesetz über den Gerichtsstand in Zivilsachen (Schweiz)
GG	Grundgesetz (Deutschland)
ggf.	gegebenenfalls
GOG	Gerichtsorganisationsgesetz (Schweiz)
grds.	grundsätzlich

GVG	Gerichtsverfassungsgesetz
GVGA	Gerichtsvollziehergeschäftsanweisung (Deutschland)
Hrsg.	Herausgeber
Hs.	Halbsatz
HÜK	Haager Übereinkommen über die zivilrechtlichen Aspekte internationaler Kindesentführung
i.S.d.	im Sinne des
i.S.v.	im Sinne von
i.V.m.	in Verbindung mit
ICQL	The International and Comparative Law Quarterly (London)
IJLF	International Journal of Law and the Family (Oxford)
IPRax	Praxis des internationalen Privat- und Verfahrensrechts (Bielefeld)
IPRG	Bundesgesetz über das Internationale Privatrecht vom 1. Januar 1989 (Schweiz)
JA	Juristische Arbeitsblätter (Neuwied)
JBl	Juristische Blätter (Wien)
JCP	JCP – La Semaine Juridique Édition Générale (Paris)
JdT III	Journal de Tribunaux, Partie 3, Droit cantonal (Lausanne)
JFL	Journal of Family Law (Louisville)
JWG	Jugendwohlfahrtsgesetz (Deutschland)
KG	Kammergericht
KindRG	Kindschaftsrechtsreformgesetz vom 16.12.1997 (Deutschland)
KSÜ	Haager Übereinkommen über die Zuständigkeit, das anzuwendende Recht, die Anerkennung, Vollstreckung und Zusammenarbeit auf dem Gebiet der elterlichen Verantwortung und der Maßnahmen zum Schutz von Minderjährigen vom 19. Oktober 1996
L.R. Sc. & Div.	The Law Reports Scotch and Divorce Appeal Cases (London)
LG	Landgericht
LugÜ	Luganer Übereinkommen über die gerichtliche Zuständigkeit und die Vollstreckung gerichtlicher Entscheidungen in Zivil- und Handelssachen vom 16. September 1988
m.E.	meines Erachtens
MSA	Haager Übereinkommen über die Zuständigkeit der Behörden und das anzuwendende Recht auf dem Gebiet des Schutzes von Minderjährigen vom 5. Oktober 1961
n.	numero

N.Y.S. 2d	New York Supplement Second Series (St. Paul, Minnesota)
NAG	Bundesgesetz vom 25. Juni 1891 betreffend die zivilrechtlichen Verhältnisse der Niedergelassenen und Aufenthalter (Schweiz)
NDV	Nachrichtendienst des Deutschen Vereins für öffentliche und private Fürsorge
NIPR	Nederlands Internationaal Privaatrecht (s'-Gravenhage)
NJB	Nederlands Juristenblad (Zwolle)
NJW	Neue Juristische Wochenschrift (München)
NJW-RR	NJW-Rechtsprechungsreport (München)
Nr.	Nummer
OGH	Oberster Gerichtshof
OLG	Oberlandesgericht
OLGZ	Entscheidungssammlung Zivilrecht der Oberlandesgerichte (München)
PJA	Pratique Actuelle Juridique
PKH	Prozesskostenhilfe
RabelsZ	Rabels Zeitschrift für ausländisches und internationales Privatrecht (Tübingen)
RDIPP	Rivista di diritto internazionale privato e processuale (Mailand)
RDU	Revue du droit uniform (rom)
recht	recht: Zeitschrift für juristische Ausbildung (Bern)
Rev. crit.	Revue critique de droit international privé (Paris)
RIW	Recht der internationalen Wirtschaft (Heidelberg)
RMC	Revue de Marché commun et de l'Union Européenne (Paris)
Rn.	Randnummer
Rpfleger	Der Deutsche Rechtspfleger (Bielefeld)
RPflG	Rechtspflegergesetz (Deutschland)
Rs.	Rechtssache
RTDE	Revue trimestrielle de droit européen (Paris)
Rv	Wetboek van Burgerlijke Regtsvorderingen
RW	Rechtskundig Weekblad (Antwerpen)
S.	Satz
s.	siehe
S. Ct.	Supreme Court Reports, Lawyers Edition (Rochester, New York)
SGB	Sozialgesetzbuch (Deutschland)
s.o.	siehe oben
sec.	section
Slg.	Sammlung
sog.	sogenannte

SorgeRÜbkAG	Gesetz zur Ausführung des Haager Übereinkommens vom 25.10.1980 über die zivilrechtlichen Aspekte internationaler Kindesentführung und des Europäischen Übereinkommens vom 20.5.1980 über die Anerkennung und Vollstreckung von Entscheidungen über das Sorgerecht für Kinder und die Wiederherstellung des Sorgeverhältnisses (Deutschland)
ss.	subsection
StAG	Staatsangehörigkeitsgesetz (Deutschland)
ULR	Uniform Law Review (rom)
UmgangsrechtsVO-E	Entwurf für den Erlass einer Verordnung des Rates über die gegenseitige Vollstreckung von Entscheidungen über das Umgangsrecht
Urt.	Urteil
u.U.	unter Umständen
v.	versus
vgl.	vergleiche
WiRO	Wirtschaft und Recht in Osteuropa (München)
WPNR	Weekblad voor Privaatrecht, Notaariat en Registratie (s'-Gravenhage)
z.B.	zum Beispiel
ZEuP	Zeitschrift für europäisches Privatrecht (München)
ZfRV	Zeitschrift für Rechtsvergleichung (Wien)
ZGB	Zivilgesetzbuch (Schweiz)
ZHR	Zeitschrift für das gesamte Handelsrecht und Wirtschaftsrecht (Heidelberg)
ZivVO	Verordnung (EG) Nr. 44/2001 des Rates vom 22. Dezember 2000 über die gerichtliche Zuständigkeit und die Anerkennung und Vollstreckung von Entscheidungen in Zivil- und Handelssachen
ZPO	Zivilprozessordnung (Deutschland)
ZPöR	Grünhuts Zeitschrift für das Privat- und öffentliche Recht der Gegenwart (Wien)
ZR	Blätter für Zürcherische Rechtsprechung (Zürich)
z.T.	zum Teil
zugl.	zugleich
ZVglRWiss.	Zeitschrift für vergleichende Rechtswissenschaft (Stuttgart)
z.Z.	zur Zeit

A. Einleitung

Am 1.3.2001 trat die „Verordnung (EG) Nr. 1347/2000 des Rates vom 29. Mai 2000 über die Zuständigkeit und die Anerkennung und Vollstreckung von Entscheidungen in Ehesachen und in Verfahren betreffend die elterliche Verantwortung für die gemeinsamen Kinder der Ehegatten“ (EheVO) in Kraft. Das Ausmaß der Neuerungen, die die Verordnung mit sich bringt, mag man weder dem überlangen Titel noch einem flüchtigen Blick über die Bestimmungen entnehmen. Doch bei näherem Hinsehen wird dem Leser schnell bewusst, dass die Verordnung das internationale Verfahrensrecht in Ehesachen in ähnlichem Maße revolutionieren dürfte, wie dies einst durch den Abschluss des „Brüsseler Übereinkommens über die gerichtliche Zuständigkeit und die Vollstreckung gerichtlicher Entscheidungen in Zivil- und Handelssachen“ vom 27.9.1968 für weite Teile des übrigen internationalen Zivilverfahrensrechts geschah.

Die Verordnung schafft ein einheitliches System, das die bereits bestehenden einzelstaatlichen und zwischenstaatlichen Regelungen des internationalen Verfahrensrechts in Ehesachen in Einklang bringt. Um das Zusammenspiel der einzelnen Rechtsquellen zu verdeutlichen, wird zunächst das Verfahrensrecht bei innerstaatlichen Sachverhalten am Beispiel Deutschlands dargestellt. Diese Übersicht wird sodann um international gelagerte Sachverhalte ergänzt. Dabei muss zunächst die Lage vor Inkrafttreten der Verordnung betrachtet werden, um den Blick für die Neuerungen, die die Verordnung mit sich bringt, zu schärfen. Daran anschließend sollen die einzelnen Regelungen der Verordnung genauer unter die Lupe genommen werden. Das Gesamtbild wird durch eine Darstellung der Situation in der Schweiz vervollständigt. Die Schweiz ist kein Mitglied der EG, so dass die Verordnung ihr gegenüber keine Wirkung entfaltet. Aufgrund ihrer zentralen Lage in Europa ist es daher umso mehr von Interesse, welche Ausgestaltung das nationale und internationale Verfahrensrecht in Ehesachen in diesem Staat erfahren hat.

Der Schwerpunkt der Bearbeitung liegt bei der Darstellung des Systems der Zuständigkeit der Behörden und der Anerkennung und Vollstreckung von (ausländischen) Entscheidungen in Ehesachen und anderen Familiensachen aus Anlass einer Ehesache. Unter einer anderen Familiensache ist dabei im Rahmen dieser Ausarbeitung ein Verfahren zu verstehen, in dem das elterliche Sorgerecht und Umgangsrecht geregelt wird und in dem ggf. die Herausgabe des Kindes angeordnet wird, um die vorgenannten Rechte zu realisieren.

B. Das zuständige Gericht in Deutschland bei innerdeutschen Verfahren

In Fällen, in denen Kläger und Beklagter die deutsche Staatsangehörigkeit besitzen, beide Parteien ihren gewöhnlichen Aufenthalt in Deutschland haben und der Sachverhalt auch sonst keine Auslandsbeziehungen aufweist, sind nach deutschem Verfahrensrecht deutsche Gerichte zuständig. Das von diesen Gerichten in Ehesachen und in anderen Familiensachen zu beachtende Verfahren ist im Wesentlichen in der Zivilprozessordnung (ZPO) und im Gesetz über die Freiwillige Gerichtsbarkeit (FGG) geregelt[1].

I. Zuständigkeit im erstinstanzlichen Verfahren

Bei der Bestimmung der Zuständigkeit für Ehesachen und für andere Familiensachen ist zwischen der sachlichen, der örtlichen und der funktionellen Zuständigkeit zu unterscheiden.

1. Verfahren in Ehesachen

a) Sachliche Zuständigkeit

Die Regeln über die sachliche Zuständigkeit verteilen die Erledigung der Verfahren auf die verschiedenen Gerichtsorgane[2]. Die sachliche Zuständigkeit ist für das erstinstanzliche Verfahren in Ehesachen in § 23a Nr. 4 GVG geregelt. Danach ist das Amtsgericht das zuständige Eingangsgericht.

Der Begriff der Ehesache i.S.v. § 23a Nr. 4 GVG umfasst neben der Scheidungssache nach den §§ 1564 – 1568 BGB und der Aufhebung einer Ehe nach den §§ 1313 ff. BGB[3] auch die Klage auf Feststellung des Bestehens oder Nichtbestehens einer Ehe i.S.v. § 632 ZPO[4]. Letztere stellt eine Sonderform der Feststellungsklage i.S.v. § 256 ZPO dar. Sie ist statthaft, wenn Zweifel über die Wirksamkeit der Eheschließung oder der Auflösung einer Ehe bestehen. Sie besitzt aber weniger bei rein innerdeutschen Sachverhalten, sondern viel eher bei der Anerkennung ausländischer Ehescheidungen Bedeutung[5].

---

1 Auf ein einheitliches Verfahren in Familiensachen wollte man sich auch im Rahmen des Kindschaftsrechtsreformgesetzes (KindRG) vom 16.12.1997, BGBl. 1997 I, 2942 nicht festlegen, BT-Drucks. 13/4899, 74.

2 Rosenberg/Schwab/Gottwald (1993), § 32 I 1; aus Schweizer Sicht Bühler in Bühler/Edelmann/Killer (1998), Vorbem. §§ 10 – 22 ZPO Rn. 1.

3 In dieser Klage ging 1998 die Klage auf Nichtigerklärung der Ehe auf.

4 Gummer in Zöller (2002), § 23a GVG Rn. 4.

5 Borth in Musielak (2000), § 606 ZPO Rn. 6.

Weiterhin gehört zu den Ehesachen das Verfahren auf Herstellung der ehelichen Lebensgemeinschaft i.S.d. §§ 1353 ff. BGB. Dabei ist zwischen der positiven Herstellungsklage einerseits und der negativen Feststellungsklage andererseits zu unterscheiden. Während Erstere sowohl auf die (Wieder-)Herstellung der ehelichen Lebensgemeinschaft insgesamt als auch auf die Erfüllung einzelner sich aus § 1353 Abs. 1 BGB ergebender Pflichten gerichtet ist[6], ist die Letztere statthaft, wenn sich die Ehegatten nicht über die Trennung, die u.a. in Form des Trennungsjahrs Scheidungsvoraussetzung nach § 1565 Abs. 1 und 2 BGB ist, einigen können[7]. In diesem Zusammenhang ist zu berücksichtigen, dass eine Folgesache, die mit der Auflösung der Ehe in Zusammenhang steht, so z.B. ein Verfahren zur Regelung der elterlichen Sorge aus Anlass der Scheidung der Eltern, auch dann keine Ehesache ist, wenn diese nach § 623 Abs. 1 und 3 ZPO im Verbund mit der Ehesache durchgeführt wird[8].

b) Örtliche Zuständigkeit

Im Rahmen der örtlichen Zuständigkeit ist zu entscheiden, in welchem Gerichtsbezirk das sachlich zuständige Gericht anzurufen ist[9]. Die örtliche Zuständigkeit für Ehesachen ist in § 606 ZPO geregelt. Die Norm hält einen Katalog von Anknüpfungsmöglichkeiten bereit, wobei vom Grundfall ausgehend diverse Hilfsanknüpfungsmöglichkeiten vorgesehen sind. Auf die jeweils nachfolgende Hilfsanknüpfung kann aber nur zurückgegriffen werden, wenn die vorrangige Regelung nicht eingreift[10]. Dies hat zur Folge, dass nicht mehrere Gerichte aufgrund unterschiedlicher Anknüpfungsgründe gleichzeitig zuständig sein können[11]. Die vorgesehenen Zuständigkeiten sind ausschließlich, so dass eine Prorogation i.S.v. § 38 ZPO und eine rügelose Einlassung i.S.v. § 40 Abs. 2 S. 2 ZPO ausscheiden[12].

Die Voraussetzungen für die Zuständigkeit des Gerichts müssen zum Zeitpunkt der Rechtshängigkeit vorliegen. Ist z.Z. der Rechtshängigkeit nur eine subsidiäre Zuständigkeit eröffnet und treten zu einem späteren Zeitpunkt Umstände ein, die

---

6 Borth in Musielak (2000), § 606 ZPO Rn. 8.

7 Borth in Musielak (2000), § 606 ZPO Rn. 9.

8 BGH, Beschl. vom 17.10.1979 – IV ARZ 44/79, NJW 1980, 188.

9 Rosenberg/Schwab/Gottwald (1993), § 34 I 1.

10 Semund-Treiber in Johannsen/Henrich (1998), § 606 ZPO Rn. 21.

11 Eine gleichzeitige Zuständigkeit mehrerer Gerichte kann sich aber aus § 606 Abs. 2 S. 2, 1. Var. ZPO ergeben.

12 Heintschel-Heinegg (2001), Rn. 85.

eine vorrangige Zuständigkeit begründen würden, so bleibt der Hilfsgerichtsstand maßgebend[13].

aa) § 606 Abs. 1 S. 1 ZPO

Die örtliche Zuständigkeit für eine Ehesache richtet sich nach § 606 Abs. 1 S. 1 ZPO, wenn die Ehegatten im Bezirk des von ihnen angerufenen Gerichts ihren gemeinsamen gewöhnlichen Aufenthalt haben. Der Gesetzgeber geht in § 606 Abs. 1 S. 1 ZPO davon aus, dass die Ehegatten bei der Einleitung des Verfahrens in Ehesachen regelmäßig ihren gewöhnlichen Aufenthalt im selben Bezirk haben. Die Ehegatten müssen aber sogar einen gemeinsamen Aufenthalt haben, d.h., dass sie nicht getrennt im selben Bezirk leben dürfen[14].

Beispiel: Die Eheleute M und F leben im Amtsgerichtsbezirk A zusammen in der ehelichen Wohnung. Somit ist für die Ehesache das Amtsgericht im Bezirk A zuständig, § 606 Abs. 1 S. 1 ZPO.

bb) § 606 Abs. 1 S. 2 ZPO

Hilfsweise eröffnet § 606 Abs. 1 S. 2 ZPO die örtliche Zuständigkeit des Gerichts, in dessen Bezirk einer der Ehegatten mit den gemeinsamen minderjährigen Kindern seinen gewöhnlichen Aufenthalt hat. Diese Regelung privilegiert den Ehegatten, bei dem sich die gemeinsamen Kinder befinden, und ist in Zusammenhang mit der Entscheidung über die elterliche Sorge zu sehen. Zwar hat eine Ehescheidung nicht mehr zwingend eine alleinige Zuweisung des Sorgerechts an einen Elternteil zur Folge, was sich aus § 1671 Abs. 1 BGB ergibt. Dennoch soll in Fällen, in denen die alleinige Zuweisung beantragt wird, die dann notwendige Zusammenarbeit zwischen örtlich zuständigem Jugendamt und dem Familiengericht erleichtert werden[15]. Daher wird in diesem Fall zur Bestimmung des örtlich zuständigen Gerichts auf den Aufenthaltsort der Restfamilie abgestellt[16].

Allerdings greift die Zuständigkeitsregelung nicht ein, wenn auch nur eines von mehreren gemeinsamen Kindern bei dem anderen Elternteil lebt[17], da dann die angestrebte Verfahrenserleichterung nicht mehr eintreten kann. Die Rechtmäßigkeit des Aufenthalts des Kindes ist dabei unbeachtlich[18]. Somit kann ein ge-

13 Semund-Treiber in Johannsen/Henrich (1998), § 606 ZPO Rn. 21.
14 OLG Stuttgart, Urt. vom 10.4.1981 – 15 UF 39/81 ES, FamRZ 1982, 84.
15 BGH, Beschl. vom 8.7.1987 – IVb ARZ 28/87, NJW-RR 1987, 1348.
16 Borth in Musielak (2000), § 606 ZPO Rn. 21.
17 Borth in Musielak (2000), § 606 ZPO Rn. 22.
18 OLG Hamm, Beschl. vom 16.5.1991 – 4 UF 8/91, NJW 1992, 636 (637 f.).

wöhnlicher Aufenthalt des Kindes auch dann begründet werden, wenn ein Elternteil ein minderjähriges Kind gegen den Willen des anderen Elternteils zu sich nimmt (sog. „legaler Entführungsfall“)[19].

> Beispiel: Die Ehefrau F zog mit den gemeinsamen minderjährigen Kindern M_1 und M_2 in den Amtsgerichtsbezirk Z um, während der Ehemann in der ehelichen Wohnung im Amtsgerichtsbezirk A verblieb. Gem. § 606 Abs. 1 S. 2 ZPO ist für die Ehesache dann das Amtsgericht im Bezirk Z zuständig.

cc) § 606 Abs. 2 S. 1 ZPO

Subsidiär ist weiterhin gem. § 606 Abs. 2 S. 1 ZPO das Familiengericht zuständig, in dessen Bezirk die Ehegatten ihren letzten gemeinsamen gewöhnlichen Aufenthalt hatten, wenn einer der Ehegatten bei Eintritt der Rechtshängigkeit des Verfahrens dort seinen gewöhnlichen Aufenthalt hat. Dieser Gerichtsstand wurde durch das 1. EheRG von 1976 neu geschaffen.

> Beispiel: Die Ehefrau F verblieb in der ehelichen Wohnung im Amtsgerichtsbezirk A, während der Ehemann M in den Amtsgerichtsbezirk Z gezogen ist. Zuständig ist weiterhin das Amtsgericht im Bezirk A.

dd) § 606 Abs. 2 S. 2 ZPO

Sollte nun immer noch keine Zuständigkeit eröffnet sein, so steht § 606 Abs. 2 S. 2, 1. Var. ZPO mit der Anknüpfung an den inländischen Aufenthalt des Beklagten bereit. Fehlt auch dieser, so kann gem. § 606 Abs. 2 S. 2, 2. Var. ZPO an den inländischen gewöhnlichen Aufenthalt des Klägers angeknüpft werden.

> Beispiel 1: Die Ehefrau F zog in den Amtsgerichtsbezirk X um, der Ehemann M in den Amtsgerichtsbezirk Z. Die Klage wurde von M erhoben, so dass gem. § 606 Abs. 2 S. 2, 1. Var. ZPO das AG im Bezirk X zuständig ist.
> Beispiel 2: Der Sachverhalt ist derselbe wie im Beispiel 1, allerdings verzog F in die Niederlande. Somit eröffnet § 606 Abs. 2 S. 2, 2. Var. ZPO die Zuständigkeit des AG im Bezirk Z. § 606 Abs. 2 S. 2, 2. Var. ZPO weist die Zuständigkeit einem deutschen Gericht zu, obwohl der Tatbestand aufgrund des Beklagtenaufenthalts einen Auslandsbezug aufweist. Somit kommt § 606 Abs. 2 S. 2, 2. Var. ZPO eine Doppelfunktion zu. Die Norm regelt nicht nur die örtliche, sondern zugleich auch die internationale Zuständigkeit.

[19] Borth in Musielak (2000), § 606 ZPO Rn. 22.

Bewirken beide Ehegatten eine gleichzeitige Rechtshängigkeit[20] bei verschiedenen deutschen Gerichten, so ist gem. § 606 Abs. 2 S. 3 ZPO das zuerst angerufene Gericht i.S.v. § 606 Abs. 2 S. 2 ZPO zuständig. § 606 Abs. 2 S. 3, 1. Hs. ZPO ist missverständlich formuliert. Durch die Regelung wird keine neue örtliche Zuständigkeit geschaffen, die es den Parteien ermöglicht, die Klage an ihrem eigenen gewöhnlichen Aufenthaltsort zu erheben. Vielmehr will die Norm nur die Fälle erfassen, bei denen die Gerichtszuständigkeit nach § 606 Abs. 2 S. 2, 1. Var. ZPO eröffnet ist. Nur in dieser Konstellation ist es überhaupt denkbar, dass Gerichte in mehreren Bezirken gleichzeitig zuständig sein können und die Ehegatten bei zwei verschiedenen Gerichten Klage erheben können.
Die Vorschrift gilt hingegen nicht für § 606 Abs. 2 S. 2, 2. Var. ZPO. Der Gesetzgeber wollte ersichtlich nur einseitig die Zuständigkeit deutscher Gerichte regeln und nicht in den Machtbereich ausländischer Gesetzgeber eingreifen. Nur dies erklärt, warum in § 606 Abs. 2 S. 2 ZPO vom Grundsatz der Zuständigkeit des Gerichts am Aufenthaltsort des Beklagten zugunsten der Zuständigkeit des Gerichts am Ort des Klägeraufenthalts bei außerdeutschem gewöhnlichen Aufenthalt des Beklagten abgewichen wird.
Sollte die doppelte Rechtshängigkeit am selben Tag herbeigeführt werden, so bestimmt § 606 Abs. 2 S. 4 ZPO, dass entsprechend § 36 ZPO das nächst höhere Gericht über die Zuständigkeit entscheidet. Unter dem nächst höheren Gericht ist aber nicht etwa das im allgemeinen Gerichtsaufbau folgende Gericht zu verstehen[21]. Vielmehr ist auf die Rechtsmittelzuständigkeit in der konkreten Verfahrensart abzustellen[22].

ee) Der Sonderfall: § 606 Abs. 3 ZPO

Als Sonderfall muss § 606 Abs. 3 ZPO betrachtet werden. Dieser spielt bei rein innerdeutschen Sachverhalten keine Rolle und kann nur im Zusammenhang mit § 606a Abs. 1 Nr. 1 ZPO verstanden werden. Das Familiengericht im Amtsge-

---

20 Entgegen § 261 Abs. 3 Nr. 1 ZPO ist dies durchaus möglich. Die Vorschrift soll nämlich nur einander widersprechende Entscheidungen über denselben Streitgegenstand verhindern, Philippi in Zöller (2002), § 606 ZPO Rn. 37.

21 BGH, Beschl. vom 8.6.1988 – I ARZ 388/88, BGHZ 104, 363 (366).

22 BGH, Beschl. vom 27.6.1979 – IV ARZ 31/79, NJW 1979, 2249; OLG Koblenz, Beschl. vom 20.7.1977 – 4 SmA 6/77, NJW 1977, 1735; OLG Oldenburg, Beschl. vom 5.8.1977 – 5 AR 10/77, FamRZ 1977, 726 (727); OLG Stuttgart, Beschl. vom 11.10.1977 – 15 AR 6/77, FamRZ 1977, 797; OLG München, Beschl. vom 2.12.1977 – 26 AR 12/77, FamRZ 1978, 48 (49); OLG Zweibrücken, Beschl. vom 7.9.1987 – 2 AR 26/87, FamRZ 1987, 1275; OLG Frankfurt, Beschl. vom 4.1.1988 – 1 UFH 20/87, NJW-RR 1988, 772 (773).

richtsbezirk Schöneberg in Berlin ist nämlich neben seiner gewöhnlichen Zuständigkeit im Rahmen der oben dargestellten Fälle auch dann zur Entscheidung berufen, wenn selbst die weiten Anknüpfungsmöglichkeiten des § 606 Abs. 2 S. 2 ZPO nicht mehr eingreifen. Dies ist dann der Fall, wenn Kläger und Beklagter ihren gewöhnlichen Aufenthalt nicht im Inland haben[23]. Die Möglichkeit, ein Gericht des Heimatstaates anrufen zu können, obwohl zu diesem Staat bis auf die Staatsangehörigkeit keine Verbindung besteht, ist durch das Zusammenspiel von § 606 Abs. 3 ZPO mit § 606a Abs. 1 Nr. 1 ZPO begründet. Demzufolge soll einem Deutschen oder einer Person, die dies einmal war, die Möglichkeit eröffnet werden, den Prozess vor einem Heimatgericht zu führen[24].

Beispiel: Die Ehefrau F ist in die Niederlande, der Ehemann M nach Frankreich verzogen. Dennoch eröffnet § 606 Abs. 3 ZPO die Möglichkeit, das Verfahren in Ehesachen vor dem AG Schöneberg in Deutschland zu führen.

Diese Anknüpfung wird insbesondere dann relevant, wenn die Ehegatten nie im Inland zusammengelebt haben und keiner der Ehegatten im Zeitpunkt des Eintritts der Rechtshängigkeit seinen gewöhnlichen Aufenthalt im Inland hatte[25]. Allerdings ist dann zusätzlich erforderlich, dass auch die internationale Zuständigkeit des Gerichts gem. § 606a ZPO gegeben ist.

c) Funktionelle Zuständigkeit

Schließlich ist auch über die funktionelle Zuständigkeit zu befinden. Diese regelt die Verteilung der einzelnen Aufgaben auf die verschiedenen Organe der Rechtspflege, die sachlich und örtlich zuständig sind[26]. Für Ehesachen ist der Familienrichter gem. § 23b Abs. 1 S. 2 Nr. 1 i.V.m. Abs. 3 S. 1 GVG funktionell zuständig. Bei der Geschäftsverteilung ist gem. § 23b Abs. 2 i.V.m. § 119 Abs. 2 GVG darauf zu achten, dass alle Familiensachen, die denselben Personenkreis betreffen, derselben Abteilung bzw. demselben Senat zugeteilt werden.

2. Verfahren in anderen Familiensachen

Unter einer anderen Familiensache ist in dieser Ausarbeitung unter Rückgriff auf § 621 Abs. 1 Nr. 1 – 3 ZPO ein Verfahren zu verstehen, das das Sorge- und Umgangsrecht eines Elternteils sowie das Recht auf Herausgabe eines Kindes

---

23 Philippi in Zöller (2002), § 606 ZPO Rn. 36.
24 Spellenberg in Staudinger (1997), §§ 606 ff. ZPO Rn. 93.
25 Borth in Musielak (2000), § 606 ZPO Rn. 26.
26 Vgl. Rosenberg/Schwab/Gottwald (1993), § 31 I; aus Schweizer Sicht Bühler in Bühler/Edelmann/Killer (1998), Vorbem. §§ 10 – 22 ZPO Rn. 2.

betrifft und das aus Anlass einer Ehesache betrieben wird. Die Verfahren, in denen über die elterliche Sorge, den Umgang der Eltern mit dem Kind oder dessen Herausgabe aus Anlass einer Ehesache entschieden werden soll, können sowohl isoliert von der Ehesache verhandelt werden als auch auf Antrag eines Elternteils im Verbund mit der Ehesache gem. § 623 Abs. 2 S. 1 Nr. 1 i.V.m. § 623 Abs. 1 S. 1 ZPO verhandelt und entschieden werden[27]. Durch den Verbund allein wird dabei keine neue Zuständigkeit eröffnet, vielmehr muss diese sowohl für die Ehesache als auch für das Verfahren, das die gemeinschaftlichen Kinder betrifft, beim selben Gericht gegeben sein[28].

a) Sachliche Zuständigkeit

Die Regelung der elterlichen Sorge aus Anlass einer Ehesache i.S.v. § 1671 Abs. 1 BGB, die Anordnung der Herausgabe des Kindes an den anderen Elternteil i.S.v. § 1632 Abs. 3 BGB und die Regelung des Umgangs zwischen dem Kind und einem Elternteil i.S.v. § 1684 Abs. 3 BGB obliegt dem Amtsgericht und bei diesem dem Familiengericht. Dies wird durch die Regelungen in § 23b Abs. 1 S. 2 Nr. 2 – 4 GVG[29] nochmals untermauert.

b) Örtliche Zuständigkeit

aa)Die Regelung vor dem KindRG

Die örtliche Zuständigkeit des Familiengerichts für eine andere Familiensache aus Anlass einer Ehesache war bis zum KindRG vom 16.12.1997 umfassend von § 621 Abs. 2 und 3 ZPO erfasst. Gem. § 621 Abs. 2 S. 1 ZPO war aufgrund eines Zwangsverbunds auch für die anderen Familiensachen das Gericht ausschließlich zuständig, bei dem die Ehesache anhängig war.

Zweck dieser Regelung war es, alle Verfahren, die aus Anlass einer Ehesache in Gang gesetzt wurden, bei einem Gericht zu bündeln, damit dieses mit besonde-

---

27 Davon ist der Fall zu unterscheiden, bei dem ein solches Verfahren betrieben wird, ohne dass eine Ehesache anhängig ist. In diesem Fall bestimmt sich die örtliche Zuständigkeit gem. § 621 Abs. 2 S. 2 ZPO nach den allgemeinen Regeln. In Verfahren betreffend die elterliche Verantwortung (§ 23b Abs. 1 S. 2 Nr. 2 GVG), betreffend den Umgang mit einem Kind (§ 23b Abs. 1 S. 2 Nr. 3 GVG), betreffend die Herausgabe eines Kindes (§ 23b Abs. 1 S. 2 Nr. 4 GVG) bestimmt sich demnach die örtliche Zuständigkeit nach § 621a Abs. 1 S. 1 ZPO, §§ 64 Abs. 3, 43 Abs. 1, 36 Abs. 1 und Abs. 2 FGG.

28 Schwab, FamRZ 1998, 459.

29 Wobei zu beachten ist, dass § 23b GVG die sachliche Zuständigkeit nicht regelt. Vielmehr stellt die Norm nur eine gesetzliche Regelung der Geschäftsverteilung dar, BGH, Beschl. vom 3.5.1978 – IV ARZ 26/78, BGHZ 71, 264 (266 ff.); Heintschel-Heinegg (2001), Rn. 75.

rer Sachkenntnis und geringem verfahrensmäßigen Aufwand den Fall bearbeiten konnte[30]. Hierdurch sollte eine Zersplitterung des Verfahrens sowie eine übermäßige seelische und wirtschaftliche Belastung der Parteien vermieden werden[31].

bb) Die Regelung seit dem KindRG

Durch das KindRG wurde der Begriff der Familiensache i.S.d. ZPO auf Verfahren ausgedehnt, in denen die elterliche Sorge für nicht in der Ehe geborene Kinder geregelt werden soll[32]. Um aber die vor dem KindRG geltende Regelung aufrechtzuerhalten, dass bei dem Gericht der Ehesache nur die Verfahren konzentriert werden sollen, an denen die Ehegatten und ihre gemeinschaftlichen Kinder beteiligt sind[33], musste man § 621 Abs. 2 und 3 ZPO einschränken.

(1) Die erfassten Regelungsgegenstände

Das Gericht der Ehesache ist gem. § 621 Abs. 2 S. 1 Nr. 1 ZPO für Verfahren zuständig, die die elterliche Sorge für ein gemeinsames Kind einschließlich der Übertragung der elterlichen Sorge oder eines Teils der elterlichen Sorge wegen Gefährdung des Kindeswohls auf einen Elternteil, Vormund oder Pfleger betreffen. Weiterhin ist das Gericht gem. § 621 Abs. 2 S. 1 Nr. 2 ZPO für eine Regelung des Umgangs des nichtsorgeberechtigten Elternteils aus Anlass einer Ehesache[34] sowie gem. § 621 Abs. 2 S. 1 Nr. 3 ZPO für die Anordnung der Herausgabe des Kindes an den anderen Elternteil zuständig. Die Herausgabe kann dabei sowohl dann angeordnet werden, wenn das Kind an den sorgeberechtigten Elternteil herausgegeben werden soll, als auch dann, wenn dem nichtsorgeberechtigten Elternteil sein Umgangsrecht mit dem Kind durch die Herausgabe ermöglicht werden soll[35].

---

30 Heintschel-Heinegg (2001), Rn. 25.

31 Borth in Musielak (2000), § 621 ZPO Rn. 11.

32 Das Gesetz unterscheidet nun nicht mehr zwischen ehelichen und nichtehelichen Kindern, sondern spricht nur noch von „Kindern", erforderlichenfalls mit dem Zusatz „deren Eltern nicht verheiratet sind oder waren", vgl. auch Büttner, FamRZ 1998, 586.

33 Büttner, FamRZ 1998, 587; Philippi in Zöller (2002), § 621 ZPO Rn. 85.

34 Zur materiellen Ausgestaltung des Umgangsrechts nach dem KindRG Rauscher, FamRZ 1998, 329 – 341.

35 Hingegen richtet sich die die örtliche Zuständigkeit in einer anderen Familiensache i.S.v. § 621 Abs. 2 S. 2 ZPO nach den allgemeinen Vorschriften, wenn die Eltern zwar miteinander verheiratet sind, aber keine Ehesache anhängig ist. Wird die Ehesache aber anhängig, während eine andere Familiensache i.S.v. § 621 Abs. 2 S. 1 Nr. 1 bis 3 ZPO anhängig ist, so ist Letztere von Amts wegen an das Gericht der Ehesache zu verweisen oder abzugeben.

Die Neufassung der Norm durch das KindRG führt dazu, dass die (Annex-) Zuständigkeit des Gerichts der Ehesache nach § 621 Abs. 2 ZPO nur unter engeren Voraussetzungen als vor der Reform begründet zu sein scheint. Dabei wurde § 621 Abs. 2 S. 1 Nr. 1 ZPO zumindest missverständlich formuliert. Legt man die Betonung auf den letzten Halbsatz, so kann der Eindruck entstehen, dass in Sorgerechtssachen eine Verbundzuständigkeit nur noch bei einer Gefährdung des Kindeswohls gegeben ist. Aufgrund des Regelungszweckes (s.o., S. 10) ist die Vorschrift aber richtigerweise so zu lesen, dass die Verbundzuständigkeit unabhängig davon besteht, ob das Kind gefährdet ist. Nur in der zweiten Variante muss bei vollständiger oder teilweiser Übertragung der elterlichen Sorge auf einen Elternteil, Vormund oder Pfleger eine Gefahr für das Kindeswohl bestehen[36].

(2) Anhängigkeit der Ehesache

Das Gericht der Ehesache ist nur dann auch für die andere Familiensache zuständig, wenn die Ehesache (noch) anhängig ist[37]. Die Anhängigkeit der Ehesache beginnt mit der Einreichung des Scheidungsantrags bei Gericht und endet mit dem rechtskräftigen Abschluss des Verfahrens[38], der Antragsrücknahme nach § 269 ZPO, der übereinstimmenden oder einseitigen Erledigungserklärung oder gem. § 619 ZPO mit dem Tod eines Ehegatten[39]. Die Zuständigkeit des Gerichts endet, wenn die Anhängigkeit der Ehesache beendet ist. Allerdings bleibt auch nach Beendigung der Anhängigkeit der Ehesache eine zuvor begründete Gerichtszuständigkeit für eine andere Familiensache i.S.d. § 621 Abs. 1 Nr. 1 – 3 ZPO nach dem Prinzip der perpetuatio fori bestehen[40].

Aus Sicht der anderen Familiensache ist die Ehesache bereits dann anhängig, wenn in der Ehesache ein unzuständiges Gericht angerufen wurde. Dieses hat

36 Vom Anwendungsbereich werden Sorgerechtssachen für nichteheliche Kinder nicht erfasst. Dies stellt keine Diskriminierung gegenüber ehelichen Kindern dar. Benachteiligungen materieller und verfahrensrechtlicher Art sollten ja gerade durch das KindRG beseitigt werden. Vielmehr ist die Vorschrift logische Konsequenz, da ein Verbund mangels Ehesache der nicht miteinander verheirateten Eltern gar nicht bestehen kann. Somit bleibt es bei Verfahren, in denen es um das Sorgerecht für Kinder nicht miteinander verheirateter Eltern geht, bei der allgemeinen örtlichen Zuständigkeit nach § 621a ZPO i.V.m. §§ 64 Abs. 3 S. 2, 43 Abs. 1, 36 Abs. 1 bis 3 FGG.

37 Dies kommt in § 623 Abs. 2 ZPO durch das Wort „rechtzeitig“ zum Ausdruck.

38 BGH, Beschl. vom 29.1.1986 – IVb ARZ 56/85, FamRZ 1986, 454.

39 Heintschel-Heinegg (2001), Rn. 91.

40 Heintschel-Heinegg (2001), Rn. 91.

dann gem. § 621 Abs. 3 i.V.m. § 281 Abs. 1 ZPO beide Verfahren an das zuständige Gericht zu verweisen[41].

c) Funktionelle Zuständigkeit

Die funktionelle Zuständigkeit für andere Familiensachen liegt wie auch für Ehesachen beim Richter (s.o., S. 8)[42].

II. Zuständigkeit für die Vollstreckung

1. Für Entscheidungen in Ehesachen

Die Entscheidung zur Hauptsache ist bei einem Urteil in einer Ehesache nicht vollstreckbar, was sich aus dem rechtsgestaltenden oder feststellenden Charakter der Entscheidung und bei einer Herstellungsklage aus § 888 Abs. 3 ZPO ergibt[43]. Daher ist nach § 704 Abs. 2 ZPO auch die vorläufige Vollstreckbarkeit ausgeschlossen. Das Urteil ist aber im Hinblick auf die Kostenentscheidung vollstreckbar.

2. Für Entscheidungen in anderen Familiensachen aus Anlass von Ehesachen

Demgegenüber sind Entscheidungen in anderen Familiensachen vollstreckbar, soweit sie Umgangsregelungen oder Herausgabeansprüche hinsichtlich der gemeinsamen Kinder betreffen. Die Zwangsvollstreckung kommt in Betracht, wenn der Schuldner die im Urteil vorgesehene Handlung nicht vornimmt. Der Wille des Verpflichteten kann mit den in § 33 FGG vorgesehenen Zwangsmitteln gebeugt werden[44]. Gem. § 33 Abs. 1 S. 1 FGG kann ein Zwangsgeld und gem. § 33 Abs. 1 S. 2 FGG eine Zwangshaft verhängt[45] sowie gem. § 33 Abs. 2 S. 1 FGG Gewalt angewendet werden.

---

41 Philippi in Zöller (2002), § 621 ZPO Rn. 86b.

42 Eine Zuständigkeit des Rechtspflegers für andere Familiensachen i.S.v. § 621 Abs. 1 ZPO ist hingegen z.T. bei Verfahren nach § 23b Abs. 1 S. 2 Nr. 7 GVG und § 23b Abs. 1 S. 2 Nr. 10 GVG gegeben.

43 Borth in Musielak (2000), § 606 ZPO Rn. 2.

44 Vgl. auch Jansen (1969), § 33 FGG Rn. 49; Brehm (1993), Rn. 594; Büte (2001), Rn. 104.

45 Dabei ist zu berücksichtigen, dass durch die Verhängung des Zwangsgelds nicht der Lebensstandard der Restfamilie und durch die Verhängung einer Zwangshaft gegen den Verpflichteten nicht das Wohl des Kindes beeinträchtigt werden darf. Vielmehr kommt den vorgesehenen Zwangsmitteln eher „Signalwirkung" zu. Sie sollen einer Verweigerungshaltung des sorgeberechtigten Elternteils gegenüber den Rechten des anderen Elternteils entgegenwirken, so BT-Drucks. 13/4899, 69; Rauscher in Staudinger (2000), § 1684 Rn. 223; Büte (2001), Rn. 98; Hohloch/Mauch, FPR 2001, 196.

a) Sachliche Zuständigkeit

Für die Vollstreckung eines Urteils, das ein Umgangsrecht mit dem Kind oder dessen Herausgabe an den anderen Elternteil vorsieht, ist gem. § 621a ZPO i.V.m. §§ 33, 64 Abs. 1 FGG das Amtsgericht sachlich zuständig. Es erfolgt somit im Rahmen der Bestimmung der sachlichen Zuständigkeit keine Trennung zwischen dem erkennenden Gericht und dem Vollstreckungsgericht[46].

b) Örtliche Zuständigkeit

Das Vollstreckungsverfahren ist eine lokal selbständige Familiensache[47]. Damit richtet sich die örtliche Zuständigkeit nicht nach derjenigen des Gerichts im Erkenntnisverfahren[48], sondern ist eigenständig zu bestimmen[49]. Dies erfolgt nach den allgemeinen Vorschriften[50]. Die örtliche Zuständigkeit bestimmt sich demnach für die zu treffenden Maßnahmen i.S.v. § 33 FGG nach § 43 Abs. 1 i.V.m. § 36 Abs. 1 FGG i.V.m. § 621a Abs. 1 S. 1 ZPO. Somit ist gem. § 36 Abs. 1 S. 1, 1. Var. FGG das Gericht zuständig, in dessen Bezirk das herauszugebende Kind seinen Wohnsitz hat. Hat das Kind keinen inländischen Wohnsitz, so ist das Amtsgericht gem. § 36 Abs. 1 S. 1, 2. Var. FGG örtlich zuständig, in dessen Bezirk das Kind seinen gewöhnlichen Aufenthalt hat. Hat das Kind weder seinen Wohnsitz noch seinen gewöhnlichen Aufenthalt im Inland, besitzt es jedoch die deutsche Staatsangehörigkeit, so ist gem. § 36 Abs. 2 S. 1 FGG das Amtsgericht Berlin-Schöneberg zuständig, das die Sache aber aus einem wichtigen Grund an ein anderes Gericht abgeben kann, § 36 Abs. 2 S. 2 FGG. Ändert sich der Wohnsitz oder der gewöhnliche Aufenthalt des Kindes nach Erlass der zu

---

46 BGH, Beschl. vom 14.5.1986 – IVb ARZ 19/86, NJW-RR 1986, 1007 = FamRZ 1986, 789 (790); BGH, Beschl. vom 4.10.1989 – IVb ARZ 26/89, FamRZ 1990, 35 (36); BayObLG, Beschl. vom 2.8.1977 – 1 Z 67/77, Rpfleger 1977, 371; Rahm/Künkel (1994), Rn. 532.

47 BGH, Beschl. vom 14.5.1986 – IVb ARZ 19/86, NJW-RR 1986, 1007 = FamRZ 1986, 789; Rahm/Künkel (1994), Rn. 30; Büte (2001), Rn. 100.

48 BGH, Beschl. vom 14.5.1986 – IVb ARZ 19/86, NJW-RR 1986, 1007 =FamRZ 1986, 789; BGH, Beschl. vom 4.10.1989 – IVb ARZ 26/89, FamRZ 1990, 35 (36); OLG Frankfurt, Beschl. vom 3.9.1973 – 20 AR 30/73, OLGZ 1974, 76 (77); OLG Hamm, Beschl. vom 5.3.1975 – 15 Sbd 3/75, OLGZ 1975, 284; a.A. OLG Köln, Beschl. vom 24.5.1972 – 16 Wx 67/72, FamRZ 1972, 518 (519); Bassenge, JR 1976, 69.

49 BGH, Beschl. vom 14.5.1986 – IVb ARZ 19/86, NJW-RR 1986, 1007; BGH, Beschl. vom 4.10.1989 – IVb ARZ 26/89, FamRZ 1990, 35 (36); OLG Thüringen, Beschl. vom 10.3.1996 – WF 28/96, FamRZ 1997, 626; Brehm (1993), Rn. 590.

50 Bumiller/Winkler (1999), § 33 FGG Rn. 29.

vollstreckenden Verfügung, so ist auf die aktuellen Verhältnisse des Kindes abzustellen[51].

c) Funktionelle Zuständigkeit

Bei der Zwangsvollstreckung ist das Verhältnismäßigkeitsprinzip zu beachten, aufgrund dessen vor dem Vollzug einer Zwangsmassnahme sowohl eine Androhung als auch eine Festsetzung grds. erforderlich sind[52]. Dies dient der mit der Zwangsmassnahme verbundenen Beugefunktion und soll den Schuldner hinreichend vor den Konsequenzen der Nichterfüllung des in der Entscheidung des Gerichts manifestierten Anspruchs warnen[53]. Daher ist bei der funktionellen Zuständigkeit für die Vollstreckung zwischen der Androhung und Festsetzung einer Zwangsmassnahme einerseits und dem eigentlichen Vollzug andererseits zu differenzieren.

aa) Androhung und Festsetzung

Die funktionelle Zuständigkeit für die Androhung und Festsetzung einer Vollstreckungsmaßnahme richtet sich nach der Zuständigkeit, die in den der Vollstreckung zugrundeliegenden Verfahren gegeben ist[54]. Handelt es sich dabei um Entscheidungen, die dem Rechtspfleger übertragen sind (§ 4 RPflG), ist dieser auch zur Androhung und Verhängung eines Zwangsgelds befugt. Gem. § 14 Abs. 1 Nr. 16 RPflG ist die Regelung des Umgangs des nicht sorgeberechtigten Elternteils und gem. § 14 Abs. 1 Nr. 7 RPflG eine Entscheidung über die Herausgabe des Kindes an den anderen Elternteil aber dem Richter vorbehalten. Daher ist er auch für die Androhung und Festsetzung der Zwangsmaßnahmen i.S.v. § 33 FGG zuständig.

bb) Vollzug

Im Rahmen des Vollzugs ist zwischen der Zuständigkeit für die Beitreibung eines Zwangsgelds, für den Vollzug der Zwangshaft und für die Anwendung von Gewalt zu differenzieren. Zur Vermittlung zwischen den Parteien kann im Rah-

---

51 BGH, Beschl. vom 4.10.1989, IVb ARZ 26/89, FamRZ 1990, 35 (36).

52 Dies gilt dann nicht, wenn zu befürchten ist, dass durch die Androhung der Vollstreckungserfolg vereitelt wird, Brehm (1993), Rn. 601.

53 Rahm/Künkel (1994), Rn. 542.

54 Dies wird z.T. aus einem Umkehrschluss zu § 4 Abs. 1 RPflG hergeleitet.

men des Vollzugs das Jugendamt gem. § 6 Abs. 1 Nr. 2 des SorgeRÜbkAG[55] unterstützend eingeschaltet werden[56].

(1) Beitreibung des Zwangsgelds

Die Beitreibung eines Zwangsgelds ist eine Justizverwaltungssache[57] und erfolgt nach § 1 Abs. 1 Nr. 3 i.V.m. den §§ 2 ff. JustizbeitreibungsO. Zuständig für die Beitreibung ist demnach gem. § 6 Abs. 3 JustizbeitreibungsO[58] der Vollziehungsbeamte.

(2) Vollzug der Zwangshaft

Auch der Vollzug einer Zwangshaft ist eine Justizverwaltungssache[59]. Gem. § 33 Abs. 3 S. 5 FGG i.V.m. § 909 S. 1 ZPO ist die Verhaftung durch den Gerichtsvollzieher vorzunehmen.

(3) Anwendung von Gewalt

Soll Gewalt angewendet werden, so wird dies durch das Gericht bestimmt. Dieses weist sodann den gem. § 33 Abs. 2 S. 3 FGG zuständigen Vollstreckungsbeamten (also den Gerichtsvollzieher[60] oder den Gerichtswachtmeister[61]) an, die Vollstreckungsmaßnahme zu vollziehen. Der Gerichtsvollzieher darf die Gewalt nur unmittelbar gegen den Schuldner, nicht aber gegen das betroffene Kind anwenden (§ 33 Abs. 2 S. 2 FGG)[62]. Der Gerichtsvollzieher kann dafür selbständig Polizeibeamte zur Unterstützung hinzuziehen, § 33 Abs. 2 S. 3 FGG. Dabei ist

---

55 Vom 5.4.1990, BGBl. 1990 I, 701.

56 Vgl. auch § 111 GVGA.

57 Bassenge/Herbst (1999), § 33 FGG Rn. 23.

58 „An die Stelle des Gerichtsvollziehers tritt der Vollziehungsbeamte. Der Vollziehungsbeamte wird [...] zu Vollstreckungshandlungen durch einen schriftlichen Auftrag der Vollstreckungsbehörde ermächtigt. [...].“

59 Bassenge/Herbst (1999), § 33 FGG Rn. 25.

60 BayObLG, Beschl. vom 6.8.1986 – 3 Z 114/86, Rpfleger 1987, 150; vgl. auch § 213a Nr. 7a GVGA. Bei der GVGA handelt es sich um einen Erlass. Die GVGA wurde von den Landesjustizverwaltungen bundeseinheitlich vereinbart und ab dem 1.4.1980 in Kraft gesetzt (z.B. für Baden-Württemberg durch AV vom 12.2.1980, Die Justiz 1980, 70; für Bayern durch Bek. vom 6.3.1980, JMBl. 1980, 39; für Mecklenburg-Vorpommern durch AV vom 20.12.1990 (ABl. 1991, 78); für Nordrhein-Westfalen durch AV vom 18.3.1980, JMBl. 1980, 229.

61 Rahm/Künkel (1994), Rn. 558.

62 Dies ist in den landesgesetzlichen Vorschriften geregelt, so z.B. in § 13 Abs. 1 Nr. 7 baden-württembergisches AGGVG, § 10 Abs. 1 Nr. 6 brandenburgisches AGGVG, § 1 Nr. 6 sächsisches JustAG, § 12 Abs. 1 Nr. 8 Berliner AGGVG und § 13 Abs. 1 Nr. 6 Thüringer AGGVG.

zu beachten, dass das Gericht grds. nicht an Stelle des Gerichtsvollziehers unmittelbar die Polizei einschalten darf[63].
Nach § 46c JWG, der mittlerweile außer Kraft gesetzt wurde, konnte das Gericht alternativ das Jugendamt mit der Vollstreckung einer Umgangsregelung bzw. einer Anordnung auf Herausgabe eines Kindes beauftragen. Dieses konnte sich dann seinerseits der Hilfe des Gerichtsvollziehers bzw. der Polizei bedienen. Diese Verfahrensweise hatte sich in der Praxis bewährt[64]. Nachfolger des JWG ist das Achte Buch des SGB[65]. In dieses wurde eine Vorschrift, die mit § 46c JWG vergleichbar ist, nicht aufgenommen. Daraus ist zu schließen, dass eine Vollstreckung durch das Jugendamt nicht mehr zulässig ist[66].

[63] Jansen (1969), § 33 FGG Rn. 55; eine Beauftragung der Polizei ist nur dann möglich, wenn eine Maßnahme i.S.v. § 1631 Abs. 2 BGB durchgeführt werden soll, Brehm (1993), Rn. 601.
[64] Rahm/Künkel (1994), Rn. 558.
[65] Mit Wirkung vom 1.1.1991.
[66] Rahm/Künkel (1994), Rn. 558.

C. Grenzüberschreitende Sachverhalte innerhalb der EG

Bei grenzüberschreitenden Sachverhalten, die Ehe- oder andere Familiensachen aus Anlass einer Ehe betrafen, bestand in den letzten Jahrzehnten das Problem, dass mehrere Regelwerke berücksichtigt werden mussten. Die Regelungsbereiche von bi- und multilateralen Übereinkommen, die nur für einen Teil der Staaten der EG galten, überschnitten sich z.T. mit innerstaatlichem Recht. Erschwerend kam oft noch hinzu, dass Probleme bei der Bestimmung des anzuwendenden materiellen Rechts auftraten.

I. Die Situation bis zum 1.3.2001 am Beispiel Deutschlands

Deutschland hat wie viele andere Staaten der EG auch die internationale Zuständigkeit seiner Gerichte zum einen im unilateralen Recht geregelt. Daneben bestehen bi- und multilaterale Übereinkommen mit anderen Staaten. Die Anwendungsbereiche der einzelnen Regelungskomplexe sind daher zunächst voneinander abzugrenzen.

1. Unilaterales Recht

Auf der untersten Ebene in der Normenhierarchie steht das innerstaatliche Recht. Der nationale Gesetzgeber regelt darin die Zuständigkeit der Gerichte seines Staates bei Sachverhalten mit internationaler Anknüpfung[67]. Hat der betroffene Staat in diesem Bereich bi- und multilaterale Abkommen geschlossen oder existieren Rechtsakte der EG, so entfalten diese u.U. vorrangige Wirkung[68].

a) Internationale Zuständigkeit deutscher Gerichte nach unilateralem Recht

Es ist zwischen der internationalen Zuständigkeit bei Verfahren in Ehesachen einerseits und Verfahren in anderen Familiensachen andererseits zu unterscheiden.

aa) Verfahren in Ehesachen

Die internationale Zuständigkeit deutscher Gerichte für Ehesachen mit Auslandsbezug ist im unilateralen deutschen Recht in § 606a Abs. 1 ZPO geregelt.

---

67 Kegel/Schurig (2000), § 22 II.

68 Dies gilt für völkerrechtliche Verträge aber erst nach deren Umsetzung durch den verpflichteten Staat, da diese Abkommen weder unmittelbare Geltung entfalten noch eine völkerrechtliche Pflicht zur Ratifikation von Verträgen besteht, Kimminich/Hobe (2000), 217.

Die dort aufgezählten Anknüpfungspunkte wirken nur einseitig. Dies bedeutet, dass nur festgelegt ist, in welchen Fällen ein deutsches Gericht zuständig ist[69]. Es wird hingegen keine Zuständigkeit eines bestimmten ausländischen Gerichts eröffnet.

(1) Allgemeines

§ 606a Abs. 1 ZPO gilt nur für Entscheidungen in Ehesachen. Entscheidungen in anderen Familiensachen sind hingegen ausgenommen. Der Zweck des umfassenden Anknüpfungskatalogs ist es, demjenigen, der eine hinreichende Nähebeziehung zum deutschen Staat aufweist, die Möglichkeit zu eröffnen, in Ehesachen ein deutsches Familiengericht anrufen zu können[70]. Wie § 606a Abs. 1 S. 2 ZPO klarstellt, ist eine von § 606a Abs. 1 S. 1 ZPO eröffnete Zuständigkeit nicht ausschließlich. Dies hat vor allem für die Anerkennung einer ausländischen Entscheidung in Deutschland Bedeutung. Diese hat unter den in § 606a Abs. 2 ZPO genannten Voraussetzungen nämlich auch dann zu erfolgen, wenn ein deutsches Gericht gem. § 606a Abs. 1 ZPO für die Ehesache ebenfalls zuständig gewesen wäre.

(2) Die Zuständigkeitsgründe im Einzelnen

(a) § 606a Abs. 1 S. 1 Nr. 1 ZPO

Ein deutsches Gericht ist gem. § 606a Abs. 1 S. 1 Nr. 1 ZPO zuständig, wenn einer der Ehegatten die deutsche Staatsangehörigkeit besitzt oder sie bei der Eheschließung besaß. In der ZPO wird der Begriff des Deutschen nicht definiert. Allerdings kann auf die Definitionen des Grundgesetzes[71] bzw. der einfachgesetzlichen Regelungen, insbesondere des StAG, zurückgegriffen werden[72]. Gem. Art. 116 Abs. 1 GG ist derjenige Deutscher, der die deutsche Staatsangehörigkeit besitzt oder als Flüchtling oder Vertriebener deutscher Volkszugehörigkeit oder als dessen Ehegatte oder Abkömmling im Gebiet des Deutschen Reiches nach dem Stand vom 31.12.1937 Aufnahme gefunden hat.
Den Deutschen i.S.v. Art. 116 Abs. 1 GG sind noch weitere Personen gleichgestellt. Dazu zählen zum einen Personen i.S.v. Art. 3 des „Gesetzes Nr. 23 der Alliierten Hohen Kommission über die Rechtsverhältnisse verschleppter Perso-

69 Anders bei mehrseitigen Anknüpfungen, bei denen der ausländische Staat benannt wird, dessen Institutionen zuständig sind.
70 Borth in Musielak (2000), § 606a ZPO Rn. 1.
71 Geimer in Zöller (2002), § 606a ZPO Rn. 41.
72 Geimer in Zöller (2002), § 606a ZPO Rn. 39.

nen und Flüchtlinge"[73]. Auch sind Personen nach Art. 16 Abs. 2 der Genfer Flüchtlingskonvention[74] erfasst.

Beispiel: Die Deutsche D heiratete einen US-Bürger. Später erwarb D die U.S.-Staatsbürgerschaft und verlor dadurch gleichzeitig gem. § 17 Nr. 2 i.V.m. § 25 Abs. 1 StAG ihre deutsche Staatsangehörigkeit. Dennoch kann D zu einem späteren Zeitpunkt aufgrund von § 606a Abs. 1 S. 1 Nr. 1 ZPO in Deutschland eine Scheidungsklage erheben[75].

(b) § 606a Abs. 1 S. 1 Nr. 2 ZPO

Gem. § 606a Abs. 1 S. 1 Nr. 2 ZPO ist die Zuständigkeit deutscher Gerichte begründet, wenn die Ehegatten ihren gewöhnlichen Aufenthalt z.Z. des Eintritts der Rechtshängigkeit oder zu einem späteren Verfahrenszeitpunkt[76] im Inland haben. Im Gegensatz zu § 606 Abs. 1 S. 1, Abs. 2 S. 1 ZPO ist es nicht erforderlich, dass die Ehegatten im Inland einen gemeinsamen Aufenthalt haben[77]. Es genügt vielmehr, dass sie – wenn auch an verschiedenen Orten – beide in Deutschland leben.

Beispiel: Der Niederländer N hatte in der Schweiz die Belgierin B geheiratet, wo beide auch über Jahre wohnten. Nach einigen Jahren scheiterte die Ehe und N erhob in Deutschland die Scheidungsklage. Wenige Tage später zog N nach München und B nach Augsburg, da beide von ihrem Arbeitgeber nach Deutschland versetzt wurden. Für die von N erhobene Scheidungsklage sind die deutschen Gerichte gem. § 606a Abs. 1 S. 1 Nr. 2 ZPO zuständig.

(c) § 606a Abs. 1 S. 1 Nr. 3 ZPO

Hat ein staatenloser Ehegatte seinen gewöhnlichen Aufenthalt im Inland, so ist gem. § 606a Abs. 1 S. 1 Nr. 3 ZPO ebenfalls die deutsche Gerichtsbarkeit zuständig. In diesem Fall hat der staatenlose Ehegatte dieselben Zugangs- und Verfahrensrechte wie ein deutscher Staatsangehöriger. Relevant wird diese Zuständigkeitseröffnung wohl nur noch für Staatenlose, die im ernsten Verdacht schwerer Straftaten stehen, da die meisten anderen Staatenlosen ohnehin schon unter die Zuständigkeitsgründe für Flüchtlinge fallen dürften, so z.B. nach Art. 3

[73] Vom 17.3.1950, AHKABl. 1950, 140.
[74] Vom 28.7.1951, BGBl. 1953 II, 559.
[75] Vgl. dazu auch OLG Zweibrücken, Urt. vom 11.11.1987 – 2 UF 17/87, FamRZ 1988, 623.
[76] Geimer in Zöller (2002), § 606a ZPO Rn. 47.
[77] Borth in Musielak (2000), § 606a ZPO Rn. 12.

des „Gesetzes Nr. 23 über die Rechtsverhältnisse verschleppter Personen und Flüchtlinge“[78] und § 11 des „Gesetzes über die Rechtsstellung heimatloser Ausländer im Bundesgebiet“[79].

Beispiel: Der staatenlose Palästinenser P wird verdächtigt, in Deutschland ein Attentat verübt zu haben. Daher wird er in Untersuchungs-Haft genommen. Nun will er sich von seiner in Syrien verbliebenen Ehefrau scheiden lassen. Die Zuständigkeit deutscher Gerichte ist gem. § 606a Abs. 1 S. 1 Nr. 3 ZPO eröffnet.

Fraglich ist nur, ob durch § 606a Abs. 1 S. 1 Nr. 3 ZPO auch für diejenigen Personen die Gerichtszuständigkeit eröffnet wird, denen die Staatsangehörigkeit aus völkerrechtswidrigen (z.B. rassischen, politischen oder religiösen) Gründen entzogen wurde. Art. 9 des „New Yorker Übereinkommens über die Verminderung der Staatenlosigkeit“[80] verbietet gerade eine aus diesen Gründen erfolgende Ausbürgerung. Würde man die Gerichtszuständigkeit nun gerade auf diese Ausbürgerung stützen, so könnte auf den ersten Blick der Eindruck entstehen, als ob man diesen rechtswidrigen Akt tolerieren wollte. Würde man die Ausbürgerung aus deutscher Sicht aber nicht berücksichtigen und daher eine Zuständigkeit deutscher Gerichte verweigern, so würde man der betroffenen Person den Zugang zu den Gerichten vollends abschneiden, da im ehemaligen Heimatstaat ohne Hinzutreten weiterer Anknüpfungsgesichtspunkte nach dem dortigen Recht eine Gerichtszuständigkeit nicht mehr gegeben ist.

(d) § 606a Abs. 1 S. 1 Nr. 4 ZPO

Die Zuständigkeit deutscher Gerichte ist schließlich gem. § 606a Abs. 1 S. 1 Nr. 4 ZPO begründet, wenn ein Ehegatte seinen gewöhnlichen Aufenthalt im Inland hat. Dies gilt allerdings dann nicht, wenn die Entscheidung offensichtlich in keinem der Länder, denen die Ehegatten angehören, anerkannt würde. Der Zweck der Norm ist es, hinkende Entscheidungen, also Entscheidungen, die in einem anderen Staat nicht anerkannt werden, zu vermeiden[81]. Der Wortlaut der Norm ist etwas unglücklich gefasst, da das deutsche Gericht auch eine abweisende Entscheidung fällen kann. Begehren die Parteien z.B. in Deutschland eine

[78] Vom 17.3.1950, AHKABl. 1950, 140.
[79] Vom 25.4.1951, BGBl. 1951 I, 269.
[80] Vom 30.8.1961, BGBl. 1977 II, 597; siehe auch das AG, BGBl. 1977 I, 1101.
[81] Siehe zum umstrittenen Gesetzgebungsverfahren: Gottwald, IPRax 1984, 57; BT-Drucks. 10/504, 16; Stellungnahme des Bundesrats: BT-Drucks. 10/504, 101; Stellungnahme des Rechtsausschusses: BT-Drucks. 10/5632, 47.

Ehescheidung, so hat dies zur Folge, dass die abweisende Entscheidung der Rechtsordnung eines Heimatstaates nicht widerspricht, in dem das Rechtsinstitut der Ehescheidung nicht anerkannt ist[82].

Ob die Entscheidung offensichtlich nicht anerkannt würde, muss sich aus den bi- und multilateralen Abkommen und den jedermann zugänglichen Erläuterungsbüchern zur betreffenden Rechtsordnung ergeben, während intensive Nachforschungen nicht erforderlich sind[83]. Die fehlende Anerkennung der auflösenden Entscheidung ist dann nicht relevant, wenn nach dem Heimatrecht die Ehe ohnehin nicht besteht[84] oder als aufgelöst gilt[85].

Bei strikter Wortlautinterpretation würde es für § 606a Abs. 1 Nr. 4 ZPO genügen, dass bei einem Mehrstaater einer der Staaten, denen er angehört, die Entscheidung anerkennt[86]. Gemessen an Sinn und Zweck der Norm ist aber darauf abzustellen, ob die Entscheidung im Staat der „effektiven Staatsangehörigkeit"[87] anerkannt würde[88].

> Beispiel: Die Iranerin I lebt schon seit Jahren in Deutschland. Sie will sich von ihrem Mann, der in Jordanien blieb und der die jordanische Staatsangehörigkeit besitzt, scheiden lassen und erhebt daher bei einem deutschen Gericht die Scheidungsklage. Im Laufe seiner Ermittlungen stellt das Gericht fest, dass seine Entscheidung weder im Iran noch in Jordanien anerkannt würde. Daher weist das Gericht die Klage unter Berufung auf die fehlende internationale Zuständigkeit ab.

bb) Verfahren in anderen Familiensachen aus Anlass einer Ehesache

Für andere Familiensachen i.S.v. § 621 Abs. 1 Nr. 1 – 3 ZPO ist die internationale Zuständigkeit nicht ausdrücklich geregelt. Ist eine Ehesache in Deutschland

---

82 Kayser in Baumeister/Fehmel/Griesche (1992), § 606a Nr. 4 ZPO, 1487.

83 Kayser in Baumeister/Fehmel/Griesche (1992), § 606a Nr. 4 ZPO, 1487; Henrich in Johannsen/Henrich (1998), § 606a ZPO Rn. 33; Borth in Musielak (2000), § 606a ZPO Rn. 16; Albers in Baumbach/Lauterbach (2002), § 606a ZPO Rn. 8; Oellrich in Finke/Garbe (2001), § 11 Rn. 45.

84 OLG Stuttgart, Urt. vom 20.5.1980 – 17 UF 33/80 ES, FamRZ 1980, 783 (784).

85 BGH, Beschl. vom 27.10.1982 – IVb ZB 719/81, FamRZ 1983, 44 (47); BayObLG, Beschl. vom 30.8.1984 – BReg. 1 Z 57/84, FamRZ 1985, 75 (76).

86 Henrich, FamRZ 1986, 849.

87 Man spricht dann von einer effektiven Staatsangehörigkeit, wenn diese gelebt wird, Spellenberg in Staudinger (1997), § 328 ZPO Rn. 329. Dies ist dann der Fall, wenn der Betroffene einen tatsächlichen Bezug zur jeweiligen Rechts- und Gesellschaftsordnung besitzt, Spellenberg in Staudinger (1997), § 328 ZPO Rn. 359.

88 A.a.O.

anhängig, so wird die internationale Zuständigkeit für die anderen Familiensachen über § 621 Abs. 2 ZPO vermittelt, weil dann grds. eine internationale Annexzuständigkeit des Gerichts der Ehesache auch für die anderen Familiensachen besteht[89].

(1) Ausländischer Aufenthalt des Kindes

Die deutschen Gerichte sind auch dann für andere Familiensachen aus Anlass einer Ehesache international zuständig, wenn das Kind zwar seinen gewöhnlichen Aufenthalt im Ausland hat, es aber die deutsche Staatsangehörigkeit besitzt. Dies gilt nur dann nicht, wenn es vollkommen unwahrscheinlich ist, dass die deutsche Entscheidung im Aufenthaltsstaat des Kindes anerkannt wird[90]. Die Zuständigkeit deutscher Gerichte ist selbst dann begründet, wenn das Kind neben der deutschen auch eine andere Staatsangehörigkeit besitzt. Diese umfassende Zuständigkeitseröffnung wird aus der Schutzpflicht des Staates für seine Angehörigen hergeleitet[91].

(2) Keine entgegenstehende Rechtshängigkeit einer anderen Familiensache aus Anlass einer Ehesache im Ausland

Die Rechtshängigkeit einer anderen Familiensache aus Anlass einer Ehesache im Ausland steht einem späteren gleichgerichteten inländischen Antrag entgegen, wenn die Entscheidung des ausländischen Gerichts in Deutschland voraussichtlich anerkannt wird[92]. Der Zeitpunkt des Beginns der Rechtshängigkeit des ausländischen Verfahrens bestimmt sich nach der lex fori des ausländischen Gerichts[93].

89 Ist hingegen keine Ehesache anhängig, so ergibt sich die internationale Zuständigkeit aus den allgemeinen Gerichtsständen, die in den §§ 12 ff. ZPO bzw. § 45 FGG vorgesehen sind, da die örtliche Zuständigkeit die internationale Zuständigkeit indiziert, BGH, Urt. vom 25.1.1989 – IVb ZR 29/88, NJW 1989, 1356.

90 KG, Beschl. vom 16.11.1989 – 16 UF 6891/89, IPRax 1991, 60; Wengler, IPRax 1991, 43.

91 BGH, Beschl. vom 18.6.1997 – XII ZB 156/95, FamRZ 1997, 1070 (1071); a.A. KG, Beschl. vom 5.11.1997 – 3 UF 5133/97, FamRZ 1998, 440 (441 f.); Henrich, IPRax 1998, 249.

92 Philippi in Zöller (2002), § 621 ZPO Rn. 76.

93 BGH, Urt. vom 9.10.1985 – IVb ZR 36/84, NJW 1986, 662 f.; BGH, Urt. vom 18.3.1987 – IVb ZR 24/86, NJW 1987, 3083; Geimer, NJW 1987, 3085.

b) Zuständigkeit für die Anerkennung ausländischer Entscheidungen

Entscheidungen ausländischer Gerichte entfalten in Deutschland keine originäre Wirkung[94], so dass sie hier nicht vollstreckt werden können. Um aber eine (anerkennungsfähige) ausländische Entscheidung in Deutschland nicht noch einmal fällen zu müssen, kann sie in Deutschland von der jeweils zuständigen Landesjustizverwaltung anerkannt werden. Dieses Anerkennungsrecht kann auf den Präsidenten des jeweils zuständigen OLG[95] delegiert werden.

aa) Für Entscheidungen in Ehesachen

(1) Anerkennung ausländischer Entscheidungen nach Art. 7 § 1 FamRÄndG

Die Anerkennung ausländischer Entscheidungen in Ehesachen richtet sich nach Art. 7 § 1 FamRÄndG. Danach sind grds. allein die Landesjustizverwaltungen der einzelnen Bundesländer für die Anerkennung ausländischer Entscheidungen in Ehesachen zuständig. Die Anerkennung der Entscheidung entfaltet gem. Art. 7 § 1 Abs. 8 FamRÄndG eine umfassende Feststellungswirkung, so dass Gerichte und Verwaltungsbehörden an die Entscheidung gebunden sind. Gerichte und Verwaltungsbehörden dürfen die ausländische Entscheidung auch nicht inzident in einem laufenden Verfahren anerkennen[96].

(a) Zweck der Regelung

Der Zweck der Zuständigkeitskonzentration bei den Landesjustizverwaltungen ist die Wahrung von Klarheit und Einheitlichkeit bei der Beurteilung der Anerkennungsfähigkeit ausländischer Statusentscheidungen. Es soll verhindert werden, dass jedes Gericht oder jede Behörde bei Entscheidungserheblichkeit einer ausländischen Statusentscheidung diese Frage eigenverantwortlich löst. Andernfalls bestünde die Gefahr einander widersprechender Entscheidungen[97].

(b) Anwendungsbereich

Das Anerkennungsverfahren ist gem. Art. 7 § 1 Abs. 1 S. 1 FamRÄndG bei ausländischen Entscheidungen durchzuführen, die eine Ehe für nichtig erklären,

---

[94] Haecker (2000), 16.

[95] Bayern, Hessen, Niedersachsen, Nordrhein-Westfalen und Sachsen haben mittlerweile von der durch Art. 7 § 1 Abs. 2 lit. a FamRÄndG (eingefügt durch das „Gesetz zur Änderung des Rechtspflegergesetzes und anderer Gesetze“, BGBl. 1994 I, 1374) eingeräumten Möglichkeit, die Anerkennungszuständigkeit von der Landesjustizverwaltung auf den Präsidenten des OLG zu delegieren, Gebrauch gemacht.

[96] Vgl. auch Haecker (2000), 25.

[97] Spellenberg in Staudinger (1997), Art. 7 § 1 FamRÄndG Rn. 643.

aufheben, dem Bande nach oder unter Aufrechterhaltung des Ehebandes scheiden oder das Bestehen bzw. Nichtbestehen einer Ehe zwischen den Parteien feststellen. Diese Formulierung impliziert, dass die anzuerkennende Entscheidung formell rechtskräftig geworden ist[98]. Sie wird nur dann anerkannt, wenn die Landesjustizverwaltung festgestellt hat, dass die Voraussetzungen für die Anerkennung vorliegen[99]. Andernfalls entfaltet die Entscheidung weiterhin keine Wirkung in Deutschland. Etwas anderes gilt nur dann, wenn beide Ehegatten z.Z. der Entscheidung dem Entscheidungsstaat angehörten. In diesem Fall hängt die Anerkennung nicht von einer Feststellung der Landesjustizverwaltung ab, Art. 7 § 1 Abs. 1 S. 3 FamRÄndG[100].
Die Landesjustizverwaltungen verfügen somit über ein Anerkennungsmonopol, wenn die Eheleute z.Z. der Entscheidung entweder nicht dieselbe Staatsangehörigkeit besaßen oder nicht Angehörige des Staates waren, in dem die Entscheidung erging. Bei einem Doppelstaater ist auf die effektive Staatsangehörigkeit abzustellen[101]. Ist eine der Staatsangehörigkeiten die deutsche, so ist auf diese gem. Art. 5 Abs. 1 EGBGB unabhängig von deren Effektivität abzustellen. Waren dagegen beide Ehegatten Angehörige des Staates, in dem die Entscheidung erging, so kann die Eheauflösung in jedem Verfahren inzident festgestellt werden. Der Grund für diese Regelung besteht darin, dass beide Parteien dem Recht ihres Heimatstaates unterworfen waren und durch den Gesetzgeber zunächst einmal ein allgemeines Vertrauen in die Rechtssysteme anderer Staaten ausgesprochen wird[102]. Nach den Vorstellungen des Gesetzgebers wird somit keine Partei dadurch benachteiligt, dass sie sich einer fremden Rechtsordnung unterwerfen muss.

(c) Zuständigkeit der Justizverwaltung

Für die Anerkennung einer ausländischen Entscheidung in einer Ehesache ist gem. Art. 7 § 1 Abs. 2 S. 1 FamRÄndG die Justizverwaltung des Landes zuständig, in dem ein Ehegatte seinen gewöhnlichen Aufenthalt hat. Im FamRÄndG ist

---

98 BayObLG, Urt. vom 29.3.1990 – BReg. 3 Z 31/89, NJW-RR 1990, 842 (843) = FamRZ 1990, 897 (899); BayObLG, Beschl. vom 20.2.1998 – 1 Z BR 15/98, FamRZ 1998, 1305 (1306); Geimer in Zöller (2002), § 328 ZPO Rn. 251.

99 Haecker (2000), 16.

100 Die förmliche Anerkennung bleibt aber mit rein deklaratorischer Wirkung zulässig, BGH, Beschl. vom 11.7.1990 – XII ZB 113/87, NJW 1990, 1228 = FamRZ 1990, 1228 (1229); Haecker (2000), 25; a.A. Geimer in Zöller (2002), § 328 ZPO Rn. 245.

101 Henrich (1989), 111.

102 Martiny (1984), Rn. 1695; Lüderitz (1990), 344; Spellenberg in Staudinger (1997), Art. 7 § 2 FamRÄndG Rn. 690.

der Fall, dass die Eheleute ihren gewöhnlichen Aufenthalt in verschiedenen Bundesländern haben, nicht geregelt. Daher könnten theoretisch die Landesjustizverwaltungen beider Bundesländer zuständig sein. Diese wenden in einem solchen Fall § 4 FGG analog an, so dass die zuerst angerufene Landesjustizverwaltung als allein zuständig angesehen wird[103]. Eine Prorogation ist nicht möglich[104].

Hat keiner der Ehegatten seinen gewöhnlichen Aufenthalt im Inland, so ist gem. Art. 7 § 1 Abs. 2 S. 2, 1. Hs. FamRÄndG die Justizverwaltung des Landes zuständig, in dem einer der Ehegatten eine neue Ehe schließen will. Fehlt auch dann noch eine Zuständigkeit, z.B. weil gar keine neue Ehe geschlossen, die Ehescheidung aber dennoch anerkannt werden soll, so ist gem. Art. 7 § 1 Abs. 2 S. 3 FamRÄndG die Justizverwaltung des Landes Berlin zuständig.

(2) Die Verweigerung der Anerkennung ausländischer Entscheidungen in Ehesachen

Die Voraussetzungen für die Verweigerung der Anerkennung einer ausländischen Entscheidung in Ehesachen ergeben sich nicht aus Art. 7 § 1 FamRÄndG, sondern aus vorrangigen internationalen Abkommen sowie aus § 328 ZPO[105]. Teilweise werden Ehen im Ausland nicht nur durch ein Gerichtsurteil, sondern auch durch eine Behördenentscheidung aufgelöst. Fraglich ist dann, aus welcher Norm sich die Anerkennungsvoraussetzungen ergeben. Während nach einer Ansicht § 328 ZPO auf alle Arten von Entscheidungen anzuwenden ist[106], spricht sich eine andere Auffassung dafür aus, dass sich die Anerkennungsvoraussetzungen je nach Art der Entscheidung entweder aus § 328 ZPO oder aus den Regeln über die Anerkennung ausländischer Akte der freiwilligen Gerichtsbarkeit (insbes. aus § 16a FGG) bzw. des internationalen Verwaltungsrechts ergeben sollen[107].

Ein Grund für die Nichtanerkennung ist gem. § 328 Abs. 1 Nr. 1 ZPO die fehlende internationale Zuständigkeit des Gerichts des Ursprungsstaates. Dabei ist das Zusammenspiel mit § 606a Abs. 1 S. 2 ZPO zu berücksichtigen, nach dem die deutschen Gerichte nicht mehr als allzuständig zu betrachten sind. Daher ist aufgrund des Sinnes der Norm grds. nur noch die Anerkennung von Scheidun-

---

[103] Jansen (1969), Art. 7 § 1 FamRÄndG Rn. 30; Kleinrahm/Partikel (1970), 169; Stein/Jonas (1998), § 328 ZPO Rn. 471; Haecker (2000), 21.

[104] Geimer, NJW 1967, 1402.

[105] Henrich (1989), 113; Hohloch, FF 2001, 50.

[106] Gamillscheg in Staudinger (1972), § 328 ZPO Rn. 13.

[107] Kegel in Soergel (1996), Art. 17 EGBGB Rn. 109.

gen, die in „Scheidungsparadiesen“ ausgesprochen wurden, zu verweigern[108]. Weiterhin kommt gem. § 328 Abs. 1 Nr. 2 und 3 ZPO eine Verweigerung der Anerkennung wegen Nichtbeachtung essentieller Verfahrensregeln in Betracht und gem. § 328 Abs. 1 Nr. 4 ZPO wegen eines Verstoßes gegen den ordre public, insbesondere bei Privatscheidungen. Entgegen § 328 Abs. 1 Nr. 5 ZPO kommt es wegen Art. 7 § 1 Abs. 1 S. 2 FamRÄndG für die Anerkennungsfähigkeit der Entscheidung nicht auf die Verbürgung der Gegenseitigkeit gegenüber dem jeweiligen Entscheidungsstaat an.
Die Nachprüfung der anzuerkennenden Entscheidung in der Sache (révision au fond) ist in Deutschland strikt untersagt[109]. Damit stellt sich in Deutschland ein Nachteil der Anerkennungsverfahren einiger anderer Staaten nicht. Dort wird oftmals der gesamte Fall materiell noch einmal neu begutachtet. Dies ist sehr zeit- und personalaufwendig und führt in vielen Fällen zu einer erheblichen Verfahrensverzögerung[110].

bb) Für Entscheidungen in anderen Familiensachen aus Anlass einer Ehesache

Die Anerkennung von Entscheidungen in anderen Familiensachen richtet sich nach § 16a FGG. Darin sind aber nicht die Voraussetzungen für die Anerkennung positiv normiert. Vielmehr enthält § 16a FGG einen Katalog von Nichtanerkennungsgründen, der nahezu identisch mit dem des § 328 Abs. 1 ZPO ist. Lediglich auf den Grund der fehlenden Verbürgung der Gegenseitigkeit, wie er in § 328 Abs. 1 Nr. 5 ZPO vorgesehen ist, wurde in § 16a FGG verzichtet.
Anders als bei Entscheidungen in Ehesachen findet Art. 7 § 1 FamRÄndG keine Anwendung auf ausländische Entscheidungen in anderen Familiensachen. Dies gilt selbst dann, wenn die Folgeentscheidung im Verbund mit der Statusentscheidung ergangen ist[111]. Vielmehr wird die Entscheidung in der anderen Familiensache, die im Verbund mit der Ehesache erging, unter zwei Voraussetzungen ipso iure anerkannt. Zum einen darf keiner der Gründe für die Nichtanerkennung der Entscheidung i.S.v. § 16a FGG vorliegen. Zum anderen muss der Entscheidung in der Ehesache, die mit der Entscheidung in der anderen Famili-

[108] Henrich (1989), 114.
[109] Haecker (2000), 29; Oellrich in Finke/Garbe (2001), § 11 Rn. 30.
[110] So für das französische Recht Lequette, Rev. crit. 1992, 95 ff.; Beaumont/Moir, ELR 1995, 274.
[111] BGH, Beschl. vom 5.2.1975 – IV ZR 90/73, BGHZ 64, 19 (21 f.); OLG Hamm, Beschl. vom 7.2.1975 – 15 Wx 118/74, OLGZ 1975, 179 (184); OLG Köln, Beschl. vom 10.4.1979 – 14 WF 18/79, FamRZ 1979, 718 (719).

ensache in Zusammenhang steht, im Inland Wirkung zukommen[112]. Dies setzt grds. voraus, dass die Entscheidung in der Ehesache zuvor anerkannt worden ist (s.o., S. 23).

c) Zuständigkeit für die Vollstreckung ausländischer Entscheidungen

aa) Für Entscheidungen in Ehesachen

Entscheidungen in Ehesachen können in Deutschland aufgrund ihres rechtsgestaltenden Charakters und bei Herstellungsklagen wegen § 888 Abs. 3 ZPO nicht vollstreckt werden (s.o., S. 12). Dies gilt selbst dann, wenn nach dem Recht des Staates, in dem die anzuerkennende Entscheidung gefällt wurde, eine Vollstreckungsmöglichkeit vorgesehen ist.

bb) Für Entscheidungen in anderen Familiensachen aus Anlass einer Ehesache

Bei der Vollstreckung einer ausländischen Entscheidung in einer anderen Familiensache richtet sich das anzuwendende Verfahren nach § 33 FGG[113]. Es ist zu berücksichtigen, dass die ausländische Entscheidung erst für vollstreckbar erklärt werden muss[114], was ebenfalls im Verfahren der Freiwilligen Gerichtsbarkeit erfolgt[115]. Bei der Vollstreckbarerklärung handelt es sich um eine gerichtliche Entscheidung, durch die die Zwangsvollstreckung aus einem ausländischen Titel zugelassen wird. Die Vollstreckbarerklärung ist immer Voraussetzung für die Zwangsvollstreckung von ausländischen Entscheidungen, da inländische Vollstreckungsorgane nur aus inländischen Entscheidungen vollstrecken dürfen[116].

Die Vollstreckung einer ausländischen Entscheidung, in der die Herausgabe eines Kindes zur Realisierung des Sorge- oder Umgangsrechts angeordnet wird, stellt ein Verfahren der freiwilligen Gerichtsbarkeit dar und richtet sich daher nach § 33 FGG[117]. Eine besondere Vollstreckungsentscheidung i.S.d. §§ 722 f. ZPO ist nicht erforderlich[118].

---

[112] BGH, Beschl. vom 5.2.1975 – IV ZR 90/73, BGHZ 64, 19 (22).
[113] BGH, Beschl. vom 13.7.1983 – IVb ZB 31/83, IPRax 1984, 323 (325); OLG Koblenz, Beschl. vom 27.7.1988 – 13 UF 861/88, FamRZ 1989, 204; Roth, IPRax 1988, 75.
[114] Ein förmliches Anerkennungsverfahren ist hingegen nicht erforderlich, s.o., S. 26.
[115] BGH, Beschl. vom 13.7.1983 – IVb ZB 31/83, IPRax 1984, 323 (324); Roth, IPRax 1988, 76; Henrich (1998), Rn. 305.
[116] Hohloch/Mauch, FPR 2001, 199, Fn. 50.
[117] Hohloch/Mauch, FPR 2001, 196.
[118] Henrich (1989), 253.

2. Multilaterale Staatsverträge

In den Mitgliedstaaten der EG existieren Regelungen für die Anerkennung und Vollstreckung ausländischer Entscheidungen sowohl im allein auf nationaler Ebene geschaffenen Recht als auch im Recht der Staatsverträge. Zum einen wurden multilaterale Verträge, also solche mit mehr als zwei Vertragsparteien, zum anderen aber auch bilaterale Verträge, also solche mit nur zwei Vertragsparteien, abgeschlossen. Die Bestimmungen bedürfen aufgrund der in den Verträgen vorgesehenen Ratifikationsvorbehalte innerstaatlicher Umsetzung, so dass die Abkommen für den einzelnen Bürger eines Mitgliedstaates grds. keine unmittelbare Wirkung entfalten[119].

a) Multilaterale Staatsverträge in Ehesachen

aa) Das Brüsseler Übereinkommen über die gerichtliche Zuständigkeit und die Vollstreckung gerichtlicher Entscheidungen in Zivil- und Handelssachen

Das „Brüsseler Übereinkommen über die gerichtliche Zuständigkeit und die Vollstreckung gerichtlicher Entscheidungen in Zivil- und Handelssachen"[120] (EuGVÜ) sieht zwar in den Artt. 2 ff. Regelungen für die Zuständigkeit der Gerichte der Vertragsstaaten vor und regelt u.a. die Anerkennung von Entscheidungen in den Artt. 25 ff. Es ist allerdings gem. Art. 1 Abs. 2 Nr. 1, 1. Var. nicht auf Entscheidungen anwendbar, die den Personenstand und damit Ehesachen betreffen[121].

bb) Das Luganer Übereinkommen über die gerichtliche Zuständigkeit und die Vollstreckung gerichtlicher Entscheidungen in Zivil- und Handelssachen

Das „Luganer Übereinkommen über die gerichtliche Zuständigkeit und die Vollstreckung gerichtlicher Entscheidungen in Zivil- und Handelssachen"[122] (LugÜ) stellt ein Parallelübereinkommen zum EuGVÜ dar und erstreckt seinen räumlichen Anwendungsbereich auch auf die Mitgliedstaaten der EFTA. Doch auch das LugÜ findet gem. Art. 1 Abs. 2 Nr. 1 keine Anwendung auf den Personenstand und entfaltet damit für Ehesachen keine Wirkung.

---

[119] Kunig in Vitzthum (2001), II Rn. 82; in Deutschland ist dieses Erfordernis für Verträge, die sich auf Gegenstände der Bundesgesetzgebung beziehen, in Art. 59 GG niedergelegt.

[120] Vom 27.9.1968, BGBl. 1972 II, 774.

[121] EuGH, Urt. vom 27.3.1979 – Rs. 143/78, NJW 1979, 1100; BGH, Beschl. vom 25.10.1976 – IV ZB 38/76, BGHZ 67, 255 (259).

[122] Vom 16.7.1988, BGBl. 1994 II, 2660.

cc) Das Luxemburger Übereinkommen über die Anerkennung von Entscheidungen in Ehesachen

Das „Luxemburger Übereinkommen über die Anerkennung von Entscheidungen in Ehesachen“[123] ist gem. Art. 1 darauf gerichtet, dass jede Entscheidung über die Auflösung, die Trennung, das Bestehen oder Nichtbestehen, die Gültigkeit oder Nichtigkeit einer Ehe, die in einem anderen Vertragsstaat ergangen ist, mit der gleichen Wirkung anerkannt wird, wie in dem Staat, in dem die Entscheidung gefällt wurde. Dies gilt allerdings nur dann, wenn der Entscheidung, die anerkannt werden soll, keine andere rechtskräftige Entscheidung im Staat des ersuchten Gerichts entgegensteht, die Anerkennung nicht dem ordre public des ersuchten Staates zuwiderläuft und die Parteien im Ursprungsverfahren ausreichend Gelegenheit hatten, ihre Verfahrensrechte wahrzunehmen.
Gem. Art. 5 darf die Anerkennungsfähigkeit der Entscheidung nur unter den sehr restriktiv ausgestalteten Voraussetzungen der Artt. 1 – 4 des Übereinkommens überprüft werden. Dies hatte zur Folge, dass einige Vertragsparteien befürchteten, dass aufgrund des Übereinkommens auch solche Entscheidungen anerkannt werden müssten, die in erheblichem Widerspruch zur heimischen Rechtsordnung stehen. Daher hat die Bundesrepublik Deutschland das Übereinkommen zwar unterzeichnet, bislang aber nicht ratifiziert. Somit entfaltet es für Deutschland bislang keine Wirkung[124].

dd) Das Haager Übereinkommen über die Anerkennung von Ehescheidungen und Ehetrennungen

Das „Haager Übereinkommen über die Anerkennung von Ehescheidungen und Ehetrennungen“[125] sieht in Art. 1 Abs. 1 die Anerkennung von Entscheidungen in Ehescheidungs- und Ehetrennungsverfahren aus anderen Vertragsstaaten vor. Gem. Art. 1 Abs. 2 S. 1 erfasst diese Anerkennung aber nicht die Frage des Verschuldens und die Nebenfolgen der Scheidung. Insbesondere vermögens- und sorgerechtliche Aspekte sind daher gem. Art. 1 Abs. 2 S. 2 von der Anerkennung ausgenommen. Das Übereinkommen bringt zwei Nachteile mit sich. Zum einen ist die internationale Zuständigkeit der vertragsstaatlichen Gerichte nicht geregelt[126]. Eine solche Regelung ist aber eine Voraussetzung dafür, dass der

[123] Vom 8.9.1967.
[124] Das Übereinkommen ist am 10.12.1977 zwischen Österreich und der Türkei in Kraft getreten (österreichisches BGBl. 1978, 464) und gilt seit dem 30.7.1981 auch für die Niederlande.
[125] Vom 1.6.1970.
[126] Zu diesem Problem auch Boele-Woelki, ZfRV 2001, 122.

Anerkennungsstaat der Entscheidung das notwendige Vertrauen entgegenbringen kann.
Zum anderen ist der Zeitpunkt der Rechtshängigkeit eines Verfahrens nicht eindeutig in der Übereinkunft festgelegt, so dass für die Mitgliedstaaten nach wie vor das Problem einander widersprechender Entscheidungen auftreten kann[127]. Dies führte letztlich dazu, dass die Bundesrepublik Deutschland das Übereinkommen nicht gezeichnet hat und nur acht Mitgliedstaaten der EG den Vertrag umgesetzt haben[128]. Somit bestehen keine multilateralen Abkommen, die die unilateralen innerdeutschen Vorschriften über die Anerkennung von Entscheidungen in Ehesachen verdrängen könnten.

b) Multilaterale Staatsverträge für andere Familiensachen aus Anlass einer Ehesache

aa) Das Brüsseler Übereinkommen über die gerichtliche Zuständigkeit und die Vollstreckung gerichtlicher Entscheidungen in Zivil- und Handelssachen

Das EuGVÜ findet in Personenstandssachen keine Anwendung (s.o., S. 28). Zu diesen zählen im Rahmen des EuGVÜ auch andere Familiensachen aus Anlass von Ehesachen[129], so dass das EuGVÜ in diesem Bereich keine Wirkung entfaltet.

bb) Das Haager Übereinkommen über die Zuständigkeit der Behörden und das anzuwendende Recht auf dem Gebiet des Schutzes von Minderjährigen

(1) Hintergrund

Das „Haager Übereinkommen über die Zuständigkeit der Behörden und das anzuwendende Recht auf dem Gebiet des Schutzes von Minderjährigen"[130] (MSA) ist ein multilaterales Abkommen, dessen Ziel es ist, Minderjährigen möglichst umfassenden Rechtsschutz zu gewähren, was durch eine vorrangige Zuständig-

---

127 Wagner, IPRax 2001, 74.

128 Neben den EG-Mitgliedern Dänemark, Finnland, Italien, Luxemburg, den Niederlanden, Portugal, Schweden und dem Vereinigten Königreich gilt das Übereinkommen ferner für Ägypten, Australien, Norwegen, Polen, die Schweiz, die Slowakei, die Tschechische Republik und Zypern.

129 BGH, Beschl. vom 13.7.1983 – IVb ZB 31/83, BGHZ 88, 113 (120) = IPRax 1984, 323; Kropholler (1998), Art. 1 EuGVÜ Rn. 22; aus italienischer Sicht Corte di Cassazione, sentenza 29.9.1984, n. 4830, RDIPP 1985, 616 (618 f.); Corte di Cassazione, sentenza 22.11.1991, n. 12588, RDIPP 1992, 979 (982).

130 Vom 5.10.1961.

keit der Behörden am Ort des gewöhnlichen Aufenthalts gegenüber den Behörden des Heimatstaates zu erreichen versucht wird[131].

(2) Zuständigkeit

In Art. 1 MSA wird die Zuständigkeit nationaler (Verwaltungs-)Behörden und Gerichte bei grenzüberschreitenden Sachverhalten geregelt. Diese werden gem. Art. 2 S. 1 MSA dazu ermächtigt, im Rahmen der nationalen Rechtsordnung Maßnahmen zum Schutz der Minderjährigen zu treffen. Eine solche Schutzmaßnahme stellt auch eine gerichtliche Regelung der elterlichen Sorge bei nicht nur vorübergehender Trennung der Ehegatten gem. § 1671 Abs. 1 BGB dar[132].
Die deutschen Gerichte sind auch bei Minderjährigen mit ausländischer Staatsangehörigkeit zuständig, wenn diese ihren gewöhnlichen Aufenthalt in Deutschland haben. Unerheblich ist außerdem, ob der Heimatstaat des Kindes das MSA bereits ratifiziert hat[133]. Die sachliche, örtliche und funktionelle Zuständigkeit richtet sich nach deutschem innerstaatlichen Recht[134]. Dies hat zur Konsequenz, dass auf einen Minderjährigen mit ausländischer Staatsangehörigkeit, aber innerdeutschem gewöhnlichen Aufenthalt die für rein innerdeutsche Sachverhalte geschilderten Regelungen – vermittelt über das MSA – Anwendung finden.

(3) Anerkennung und Vollstreckung

Gem. Art. 7 S. 1 MSA sind Maßnahmen, die zum Schutz von Minderjährigen getroffen wurden, grds. in allen anderen Vertragsstaaten anzuerkennen. Anders gelagert sind die Dinge gem. Art. 7 S. 2 MSA bei der Vollstreckung einer Entscheidung, die in einem Vertragsstaat gefällt wurde, wenn die zu ergreifende Maßnahme Vollstreckungshandlungen in einem anderen Staat erfordert. In diesem Fall sind nicht nur die Regelungen für die Vollstreckung, sondern auch die Anforderungen an die Anerkennung einer ausländischen Maßnahme entweder dem Recht des ersuchten Staates oder einer sonstigen bi- oder multilateralen Übereinkunft zu entnehmen, soweit diese zwischen den betroffenen Staaten vorhanden ist.

---

[131] Für die Bundesrepublik Deutschland am 17.9.1971 in Kraft getreten, BGBl. 1971 II, 219. Es gilt ferner für Frankreich, Italien, Luxemburg, Österreich, Polen, Portugal, den Niederlanden, der Schweiz, Spanien und der Türkei.

[132] Oberloskamp (1983), Art. 1 MSA Rn. 33.

[133] Jayme, ZfR 1972, 285.

[134] Oberloskamp (1983), Art. 1 MSA Rn. 149.

Beispiel: Die italienischen Eheleute M und F ließen sich in Italien scheiden. Gem. Artt. 6 und 11 des Gesetzes vom 1.12.1970 i.V.m. Art. 317 S. 2 Codice civile erfolgte eine Entscheidung über die Ausübung des Sorgerechts und die Vertretung des gemeinsamen minderjährigen Kindes K zugunsten des M. F wollte das Kind aber nicht herausgeben, so dass M eine Klage auf Herausgabe des Kindes erhob und obsiegte. Die F nahm das Kind dennoch mit nach Deutschland, wo M den italienischen Titel vollstrecken lassen will. Auf der Grundlage des Art. 7 S. 2 MSA könnte man nun zunächst daran denken, dass für die Anerkennung des italienischen Titels § 16a FGG und für dessen Vollstreckung § 33 FGG einschlägig ist. Allerdings ist hier das „Abkommen zwischen dem Deutschen Reich und dem Königreich Italien über die gegenseitige Anerkennung und Vollstreckung gerichtlicher Entscheidungen in Zivil- und Handelssachen“[135] zu berücksichtigen. Dessen Inhalt gilt nach Umsetzung durch das Deutsche Reich in innerstaatliches Recht gem. Art. 123 Abs. 1 GG in der Bundesrepublik Deutschland fort[136], so dass sich die Anerkennung des italienischen Titels nach Artt. 3 f. des Übereinkommens und dessen Vollstreckung nach Artt. 6 f. richtet.

cc) Das Europäische Übereinkommen über die Anerkennung und Vollstreckung von Entscheidungen über das Sorgerecht für Kinder und die Wiederherstellung des Sorgeverhältnisses

Das in Luxemburg abgeschlossene „Europäische Übereinkommen über die Anerkennung und Vollstreckung von Entscheidungen über das Sorgerecht für Kinder und die Wiederherstellung des Sorgeverhältnisses“[137] (EuSAVÜ) ergänzt das MSA. Nach Art. 7 MSA unterliegen sowohl die Anerkennung als auch die Vollstreckung einer Maßnahme zum Schutz eines Minderjährigen dem innerstaatlichen Recht des Vollstreckungsstaates (s.o., S. 31). Gem. Art. 7 EuSAVÜ werden nun Sorgerechtsentscheidungen, die in einem Vertragsstaat ergangen sind, in jedem anderen Vertragsstaat bereits dann anerkannt und für vollstreckbar erklärt, wenn sie im Ursprungsstaat vollstreckbar sind. Extensiver als im deutschen Recht ist unter einer Sorgerechtsentscheidung gem. Art. 1 lit. c EuSAVÜ die Entscheidung einer (Verwaltungs-)Behörde oder eines Gerichts zu

135 Vom 9.3.1936, RGBl. 1937 II, 145.
136 Jarass in Jarass/Pieroth (2000), Art. 123 GG Rn. 8.
137 Vom 20.5.1980, BGBl. 1990 II, 220; Vertragsstaaten sind neben Deutschland auch Belgien, Dänemark, Finnland, Frankreich, Griechenland, Irland, Island, Italien, Liechtenstein, Luxemburg, die Niederlande, Norwegen, Österreich, Polen, Portugal, Schweden, die Schweiz, Spanien, das Vereinigte Königreich und Zypern.

verstehen, die die Personensorge, den Aufenthalt oder den Umgang mit dem Kind regelt.
Wurde nun ein Minderjähriger unzulässig in einen Vertragsstaat verbracht, so hat gem. Art. 8 EuSAVÜ die „Zentrale Behörde“ des ersuchten Staates – in Deutschland der Generalbundesanwalt beim BGH – die Herausgabe des Kindes grds. ohne Berücksichtigung des Kindeswohls[138] zu veranlassen. Dazu trifft die zentrale Behörde gem. Art. 5 Abs. 1 EuSAVÜ unentgeltlich und unverzüglich alle Vorkehrungen, die erforderlich sind, um den Aufenthaltsort des Kindes ausfindig zu machen und die Anerkennung und Vollstreckung der Entscheidung zu sichern. Dies gilt gem. Art. 9 EuSAVÜ allerdings nur insoweit, als im Sorgerechtsverfahren nicht gegen elementare Verfahrensgrundsätze verstoßen wurde. Sollten bereits sechs Monate seit dem unzulässigen Verbringen des Kindes vergangen sein, so ist gem. Art. 10 EuSAVÜ zu prüfen, ob die Rückführung noch dem Kindeswohl entspricht. Dies ist dann nicht mehr der Fall, wenn sich der Minderjährige bereits zu sehr in das neue soziale Umfeld eingewöhnt hat.

dd) Das Haager Übereinkommen über die zivilrechtlichen Aspekte internationaler Kindesentführung

Das „Haager Übereinkommen über die zivilrechtlichen Aspekte internationaler Kindesentführung“[139] (HÜK) enthält keine Anerkennungs- und Vollstreckungsregelungen wie die zuvor dargestellten Übereinkommen, sondern ist ein Rechtshilfeabkommen. In Art. 1 ist das mit dem Übereinkommen angestrebte Ziel niedergelegt. Wird ein Kind in einen Vertragsstaat widerrechtlich verbracht oder dort zurückgehalten, so soll es umgehend zurückgegeben werden. Außerdem ist ein bestehendes Sorgerecht und ein Recht zum persönlichen Umgang anzuerkennen.
Gem. Art. 12 Abs. 1 HÜK hat das Gericht die sofortige Herausgabe des Kindes anzuordnen, wenn der Antrag bei dem zuständigen Gericht innerhalb eines Jahres seit der Sorge- bzw. Umgangsrechtsverletzung gestellt wurde. Somit ist also bei einer im Ursprungsstaat ergangenen Entscheidung auf Herausgabe des Kin-

---

[138] Henrich (1998), Rn. 285.

[139] Vom 25.10.1980. Für Deutschland am 1.12.1990 in Kraft getreten, BGBl. 1990 II, 207; Vertragsstaaten sind neben Deutschland auch Argentinien, Australien, die Bahamas, Belize, Bosnien-Herzegowina, Burkina Faso, Chile, Dänemark, Ecuador, Finnland, Frankreich, Griechenland, Honduras, Irland, Island, Israel, Italien, Jugoslawien, Kanada, Kolumbien, Kroatien, Luxemburg, Mauritius, Mazedonien, Mexiko, Monaco, Neuseeland, die Niederlande, Norwegen, Österreich, Panama, Polen, Portugal, Rumänien, Schweden, Schweiz, Simbabwe, Slowenien, Spanien, St. Kitts und Nevis, Südafrika, Ungarn, die USA, Venezuela, das Vereinigte Königreich und Zypern.

des der materielle Anspruch vom ersuchten Gericht nicht mehr zu überprüfen. Die Entscheidung ist vielmehr grds. ohne vorhergehende Prüfung anzuerkennen. Dadurch will man verhindern, dass vollendete Tatsachen geschaffen werden[140]. Langfristig erhofft man sich, die Zahl der Entführungen von Kindern durch ihre Eltern zu reduzieren, weil für alle Betroffenen ersichtlich werden soll, dass durch die schnelle und effiziente Arbeit der Behörden auch auf internationaler Ebene eine dauerhafte rechtswidrige Obhut über das Kind nicht erlangt werden kann[141].

Das HÜK gilt nach dem Inhalt der Übereinkommen originär parallel zum EuSAVÜ. Allerdings ist in Deutschland aufgrund von Art. 12 des Ausführungsgesetzes zu den beiden Übereinkommen[142] das HÜK vorrangig anzuwenden, sofern ein entsprechender Parteiwille ausdrücklich geäußert wird.

3. Bilaterale Staatsverträge

Deutschland hat mit Belgien[143], Griechenland[144], Großbritannien und Nordirland[145], Italien[146], den Niederlanden[147], Norwegen[148], Österreich[149], der

140 Baer, ZRP 1990, 209.

141 Baer, ZRP 1990, 210.

142 BGBl. 1990 I, 701.

143 Abkommen zwischen der Bundesrepublik Deutschland und dem Königreich Belgien über die gegenseitige Anerkennung und Vollstreckung von gerichtlichen Entscheidungen, Schiedssprüchen und öffentlichen Urkunden in Zivil- und Handelssachen vom 30.6.1958, BGBl. 1959 II, 766; zu diesem Abkommen Harries, RabelsZ 26 (1961), 629 – 667.

144 Vertrag zwischen der Bundesrepublik Deutschland und dem Königreich Griechenland über die gegenseitige Anerkennung und Vollstreckung von gerichtlichen Entscheidungen, Vergleichen und öffentlichen Urkunden in Zivil- und Handelssachen vom 4.11.1961, BGBl. 1963 II, 110.

145 Abkommen zwischen der Bundesrepublik Deutschland und dem Vereinigten Königreich Großbritannien und Nordirland über die gegenseitige Anerkennung und Vollstreckung von gerichtlichen Entscheidungen in Zivil- und Handelssachen vom 14.7.1960, BGBl. 1961 II, 302.

146 Abkommen zwischen dem Deutschen Reich und dem Königreich Italien über die gegenseitige Anerkennung und Vollstreckung gerichtlicher Entscheidungen in Zivil- und Handelssachen vom 9.3.1936, RGBl. 1937 II, 145.

147 Vertrag zwischen der Bundesrepublik Deutschland und dem Königreich der Niederlande über die gegenseitige Anerkennung und Vollstreckung gerichtlicher Entscheidungen und anderer Schuldtitel in Zivil- und Handelssachen vom 30.8.1962, BGBl. 1965 II, 27.

148 Vertrag zwischen der Bundesrepublik Deutschland und dem Königreich Norwegen über die gegenseitige Anerkennung und Vollstreckung gerichtlicher Entscheidungen und anderer Schuldtitel in Zivil- und Handelssachen vom 17.6.1977, BGBl. 1981 II, 341.

149 Vertrag zwischen der Bundesrepublik Deutschland und der Republik Österreich über die gegenseitige Anerkennung und Vollstreckung von gerichtlichen Entscheidungen, Vergle-

Schweiz[150] und Spanien[151] bilaterale Abkommen hinsichtlich der Anerkennung und Vollstreckung von Entscheidungen in Zivil- und Handelssachen getroffenen. Diese Verträge sind bis auf diejenigen mit Großbritannien und Nordirland[152], Italien[153], den Niederlanden[154], Norwegen[155] sowie Österreich[156] auch

---

chen und öffentlichen Urkunden in Zivil- und Handelssachen vom 6.6.1959, BGBl. 1960 II, 1246.

150 Abkommen zwischen dem Deutschen Reich und der Schweizerischen Eidgenossenschaft über die gegenseitige Anerkennung und Vollstreckung von gerichtlichen Entscheidungen und Schiedssprüchen, RGBl. 1930 II, 1066.

151 Vertrag zwischen der Bundesrepublik Deutschland und Spanien über die Anerkennung und Vollstreckung von gerichtlichen Entscheidungen und Vergleichen sowie vollstreckbaren öffentlichen Urkunden in Zivil- und Handelssachen, BGBl. 1987 II, 35.

152 Das Abkommen gilt gem. Art. II Abs. 1 nur für Entscheidungen der oberen Gerichte. Zu diesen gehören gem. Art. I Abs. 2 lit. a nicht die Entscheidungen der Amtsgerichte, also auch nicht die des Familiengerichts. Zwar verwundert es, dass trotz dieser fehlenden Anerkennungsanknüpfung in Art. IV Abs. 1 lit. c des Abkommens Zuständigkeitsregelungen für Entscheidungen in Scheidungs- und Ehesachen als Voraussetzung für die Anerkennung solcher Entscheidungen vorgesehen sind. Doch selbst über die Hintertür einer Rechtsmittelentscheidung, die von einem Obergericht i.S.v. Art. I Abs. 2 lit. a gefällt wird, kann die Entscheidung im Rahmen des Übereinkommens nicht anerkannt werden. So im Ergebnis auch Pirrung in Staudinger (1994), Vorbem. zu Art. 19 EGBGB Rn. 607. Art. II Abs. 1 des Abkommens schließt nämlich die Anerkennung von Entscheidungen in Rechtsmittelverfahren, die aufgrund einer Entscheidung eines Untergerichts betrieben wurden, aus. Zwar können Entscheidungen in Familienstands- und Statussachen aufgrund des Übereinkommens nicht anerkannt werden. Allerdings stellt Art. II Abs. 3 des Abkommens ausdrücklich klar, dass weiterhin die Möglichkeit besteht, diese Entscheidungen aufgrund unilateralen innerstaatlichen Rechts anzuerkennen, so dass durch die fehlende Regelung keine „negative Sperrwirkung" eintritt.

153 Die Regelungen, die die Anerkennung einer Entscheidung im Partnerstaat betreffen, erfassen zwar Entscheidungen in Ehesachen. Allerdings sind diese Regelungen nicht auf andere Familiensachen anwendbar. Bei Verfahren, die die elterliche Sorge (§ 23b Abs. 1 S. 2 Nr. 2 GVG) bzw. das Umgangsrecht (§ 23b Abs. 1 S. 2 Nr. 3 GVG) betreffen, handelt es sich nämlich um FGG-Verfahren, Heintschel-Heinegg (2001), Rn. 74. Der Umstand, dass diese Verfahren aus Anlass einer Ehesache i.S.v. § 23b Abs. 1 S. 2 Nr. 1 GVG betrieben werden – hierbei handelt es sich um ein ZPO-Verfahren, Heintschel-Heinegg (2001), Rn. 74, ändert daran nichts, Bergerfurth (2000), Rn. 147a. Legt man das Abkommen im Rahmen der Grundsätze der staatsvertraglichen Praxis aus, so kommt man zu dem Ergebnis, dass grds. auch Entscheidungen aus dem Bereich der freiwilligen Gerichtsbarkeit einbezogen sind. In neueren Vollstreckungsabkommen ist dies auch ausdrücklich festgelegt (so z.B. in Art. 1 Abs. 3 des deutsch-belgischen Abkommens, s.o., S. 34; in Art. 1 Abs. 1 des deutsch-griechischen Abkommens, s.o., S. 34; in Art. 1 Abs. 1 des deutsch-niederländischen Abkommens, s.o., S. 34; in Art. 1 Abs. 1 des deutsch-österreichischen Abkommens, s.o., S. 34). Auch bei Abschluss des deutsch-italienischen Abkommens herrschte die Auffassung, dass Entscheidungen der freiwilligen Gerichtsbarkeit nicht ausgenommen sein sollten, Jonas, DJ 1937, 889. Es lässt sich jedoch einzelnen Formulierungen des Abkommens entnehmen, dass nur streitige Verfahren (vgl. Artt. 2 Abs. 1 und 3

auf Ehesachen und andere Familiensachen anwendbar. Die Abkommen sind ähnlich strukturiert[157]. In den Abkommen ist zwar geregelt, wann ein Gericht im Sinne des Vertrages zuständig ist. Dadurch soll aber keine neue Kompetenz der nationalen Gerichte eröffnet werden. Vielmehr ist die Zuständigkeit des Ursprungsgerichts nur eine Voraussetzung für die Anerkennung und Vollstreckung der Entscheidung[158]. Da eine ausländische Entscheidung in einem anderen Staat keine originäre Wirkung entfaltet, wurden Voraussetzungen aufgestellt, unter denen eine Entscheidung aus dem Partnerstaat zunächst anerkannt und später vollstreckt werden kann.

a) Anerkennung von Entscheidungen

In den Verträgen, die auf Ehesachen und andere Familiensachen anwendbar sind, sind Voraussetzungen aufgestellt, unter denen Entscheidungen aus dem Partnerstaat anerkannt werden. Zunächst wird vorausgesetzt, dass das Gericht zuständig i.S.d. Abkommens gewesen ist. Damit die Zuständigkeit des Gerichts gegeben ist, muss einer von mehreren Anknüpfungspunkten verwirklicht sein[159].

Abs. 1 des Abkommens) über Ansprüche einer Partei gegen die andere (vgl. etwa Art. 4 Abs. 2 des Abkommens) erfasst werden sollten. Solche Verfahren gibt es als sogenannte echte Streitverfahren auch im Bereich der freiwilligen Gerichtsbarkeit, vgl. Kayser in Keidel/Kuntze/Winkler (1999), § 12 FGG Rn. 196. Verfahren über die elterliche Sorge einschließlich der Herausgabe des Kindes an den anderen Elternteil gehören jedoch nicht dazu. Sie betreffen fürsorgliche Maßnahmen, die im Interesse des Kindeswohls getroffen werden. Entscheidungen in solchen Verfahren fallen aus diesem Grunde auch nicht unter das Abkommen, ebenso Kropholler in Staudinger (1979), Art. 19 EGBGB Rn. 305; Denkschrift der Bundesregierung zur entsprechenden Regelung im deutsch-österreichischen Anerkennungs- und Vollstreckungsabkommen, BT-Drucks. III 1419, 7. Das Abkommen kann andererseits nicht so verstanden werden, dass solche Entscheidungen von der Anerkennung und Vollstreckbarerklärung überhaupt ausgeschlossen sein sollten. Vielmehr verbleibt es insoweit bei den außerhalb des Abkommens geltenden Vorschriften, BGH, Beschl. vom 13.7.1983 – IV b ZB 31/83, NJW 1983, 2775 (2776); Kropholler in Staudinger (1979), Art. 19 EGBGB Rn. 305.

154 Durch Art. 1 Abs. 3 lit. b des Vertrags sind Entscheidungen in Ehesachen und anderen Familienstandssachen vom Anwendungsbereich des Abkommens ausgeschlossen.

155 Gem. Art. 3 Nr. 1 sind Ehe- und andere Familienstandssachen vom Anwendungsbereich des Vertrags ausgenommen.

156 Das Abkommen findet gem. seinem Art. 14 Abs. 1 Nr. 1 keine Anwendung auf Entscheidungen in Ehesachen und anderen Familienstandssachen.

157 Siehe dazu die vergleichende Übersicht im Anschluss an diesen Abschnitt.

158 Es fehlt mithin die sogenannte „competence directe“, Geimer (1986), 180.

159 So ist die Zuständigkeit des Gerichts u.a. dann gegeben, wenn der Beklagte z.Z. der Verfahrenseinleitung seinen Wohnsitz bzw. seinen gewöhnlichen Aufenthalt im Entscheidungsstaat hatte.

Daneben ist in den Übereinkünften auch geregelt, unter welchen Voraussetzungen die Anerkennung einer Entscheidung verweigert werden darf. Der bekannteste, aber zugleich auch umstrittenste, weil unbestimmteste Versagungsgrund ist der, dass die Anerkennung der Entscheidung dem ordre public des ersuchten Staates zuwiderlaufen würde. Daneben spielen bei der Anerkennung eines Versäumnisurteils auch Fehler bei der Ladung des Beklagten eine Rolle. Schließlich kann die Anerkennung auch dann verweigert werden, wenn die entscheidungserheblichen Regelungen des Ursprungsstaates zuungunsten des Beklagten von den Regelungen seines Heimatstaates, in dem die Entscheidung anerkannt werden soll, abweichen. Die Anerkennung darf nur versagt werden, wenn einer der in den Abkommen aufgeführten Gründe verwirklicht wurde. Eine Überprüfung in der Sache (révision au fond) ist in all diesen Abkommen ausdrücklich untersagt. Die Ablehnung der Anerkennung führt dazu, dass die Entscheidung im Partnerstaat auch weiterhin keine Wirkung entfaltet.

b) Vollstreckung von Entscheidungen

Die bloße Anerkennung der Entscheidung im Partnerstaat genügt noch nicht, um diese dort auch vollstrecken lassen zu können. Vielmehr ist in allen Abkommen, die auf Ehesachen und andere Familiensachen anwendbar sind, vorgesehen, dass ein separates Exequaturverfahren durchzuführen ist[160]. Durch dieses Verfahren wird die bereits anerkannte Entscheidung im Partnerstaat für vollstreckbar erklärt. Während in den Abkommen mit Belgien und Griechenland vorgesehen ist, dass die Entscheidung im Ursprungsstaat rechtskräftig geworden sein muss, damit sie für vollstreckbar erklärt werden kann, genügt nach den Abkommen mit der Schweiz und Spanien bereits die Vollstreckbarkeit der Entscheidung. Letzteres entspricht einer neueren Tendenz im EG-Recht, nach der die Möglichkeit der Vollstreckung einer Entscheidung in einem anderen Staat erleichtert werden soll. Der Ablauf des Exequaturverfahrens unterliegt aber, ebenso wie die Vollziehung selbst, den nationalen Regelungen.

c) Verhältnis zu anderen Abkommen

Die Anwendungsbereiche der bilateralen Verträge kollidieren partiell mit anderen multilateralen Übereinkommen, die die Vertragsparteien abgeschlossen haben. Deutschland, die Schweiz und Spanien sind Vertragspartner des MSA[161]. Dessen Anwendungsbereich kollidiert mit den zwischen den Vertragsstaaten

---

[160] In Deutschland ist dies das Verfahren nach Art. 7 § 1 FamRÄndG.
[161] Zu den Einzelheiten dieses Übereinkommens s.o., S. 30.

Übersicht 1.1: Vor Inkrafttreten der EheVO auf Ehe- und andere Familiensachen anwendbare bilaterale Staatsverträge Deutschlands mit Belgien und Griechenland

	Deutsch-Belgisches Abkommen	**Deutsch-Griechisches Abkommen**
Anerkennungsvoraussetzungen		
Zuständigkeit des Gerichts		
Beklagter hat Wohnsitz bzw. Aufenthalt im Entscheidungsstaat	(+), Art. 4 Abs. 1	(+), Art. 2
In Ehesachen bei letztem gemeinsamen Aufenthalt der Parteien im Entscheidungsstaat und Zugehörigkeit mindestens einer Partei zu einem der Vertragsstaaten	(+), Art. 4 Abs. 2	(-)
Versagungsgründe		
Beklagter gehörte ersuchtem Staat an; dessen Recht sieht keine Zuständigkeit des Entscheidungsstaates vor	(+), Art. 3 Abs. 2	(+), Art. 3 Nr. 3
Verstoß gegen den ordre public	(+), Art. 2 Abs. 1 Nr. 1	(+), Art. 3 Nr. 1
Gleichgerichtetes Verfahren im ersuchten Staat früher eingeleitet	(-)	(-)
Entgegenstehende rechtskräftige Entscheidung im Ursprungsstaat	(-)	(-)
Regelungen des Entscheidungsstaates weichen zuungunsten des inländischen Beteiligten ab	(+), Art. 2 Abs. 2 S. 2	(+), Art. 4 Abs. 2
Zustellungsfehler bei Versäumnisurteil	(+), Art. 2 Abs. 1 Nr. 2	(+), Art. 3 Nr. 2
Vollstreckungsvoraussetzungen		
Gesondertes Exequaturverfahren	(+), Art. 6 Abs. 1	(+), Art. 6
Rechtskraft der Ursprungsentscheidung	(-), Art. 6 Abs. 2	(-), Art. 1 Abs. 1 S. 1
Abweisung bei anderweitiger Rechtshängigkeit	(+), Art. 15	(+), Art. 18 Abs. 1

Übersicht 1.2: Vor Inkrafttreten der EheVO auf Ehe- und andere Familiensachen anwendbare bilaterale Staatsverträge Deutschlands mit der Schweiz und Spanien

	Deutsch-Schweizerisches Abkommen	Deutsch-Spanisches Abkommen
Anerkennungsvoraussetzungen		
Zuständigkeit des Gerichts		
Beklagter hat Wohnsitz bzw. Aufenthalt im Entscheidungsstaat	(+), Art. 2 Nr. 1	(+), Art. 8 Abs. 1
In Ehesachen bei letztem gemeinsamen Aufenthalt der Parteien im Entscheidungsstaat und Zugehörigkeit mindestens einer Partei zu einem der Vertragsstaaten	(-)	(+), Art. 8 Abs. 2
Versagungsgründe		
Beklagter gehörte ersuchtem Staat an; dessen Recht sieht keine Zuständigkeit des Entscheidungsstaates vor	(+), Art. 3 S. 1	(-)
Verstoß gegen den ordre public	(-)	(+), Art. 4 Abs. 1 Nr. 1
Gleichgerichtetes Verfahren im ersuchten Staat früher eingeleitet	(-)	(+), Art. 5 Abs. 1 Nr. 2
Entgegenstehende rechtskräftige Entscheidung im Ursprungsstaat	(-)	(+), Art. 5 Abs. 1 Nr. 3
Regelungen des Entscheidungsstaates weichen zuungunsten des inländischen Beteiligten ab	(+), Art. 4 Abs. 2	(+), Art. 6 Abs. 2 S. 1
Zustellungsfehler bei Versäumnisurteil	(+), Art. 4 Abs. 3	(+), Art. 5 Abs. 2
Vollstreckungsvoraussetzungen		
Gesondertes Exequaturverfahren	(+), Art. 6 Abs. 1 S. 1	(+), Art. 11
Rechtskraft der Ursprungsentscheidung	(+), Art. 1	(+), Art. 4 Nr. 2
Abweisung bei anderweitiger Rechtshängigkeit	(-)	(+), Art. 21 Abs. 1

geschlossenen bilateralen Verträgen. Gem. Art. 18 Abs. 2 MSA bleiben aber zwischenstaatliche Übereinkünfte zwischen den Vertragspartnern des MSA unberührt[162] und gelten somit parallel fort[163]. Weiterhin sind die Staaten, deren bilaterale Abkommen mit Deutschland auf Ehesachen und andere Familiensachen anwendbar sind, auch Vertragspartner des EuSAVÜ. Dies führt ebenfalls zu einer Überschneidung. Durch Art. 19 EuSAVÜ wird aber die Möglichkeit eröffnet, dass auch andere, gleichgerichtete internationale Übereinkünfte angewendet werden. Dadurch soll die Möglichkeit einer raschen Wiederherstellung des verletzten Sorgerechts auch mit anderen Mitteln als denen des EuSAVÜ offengehalten werden[164].

4. Das Verhältnis der staatsvertraglichen Regelungen zu unilateralem innerstaatlichen Recht

Ist ein Bereich sowohl durch Staatsvertrag als auch durch unilaterales innerstaatliches Recht geregelt, so sind die Regelungen des Staatsvertrages grds. vorrangig anzuwenden[165]. Daher sind die einzelstaatlichen Regelungen im Verhältnis zur staatsvertraglichen Regelung konform auszulegen[166]. Daraus folgt, dass eine ausländische Entscheidung auch dann anzuerkennen bzw. zu vollstrecken ist, wenn diese zwar nicht die Voraussetzungen des unilateralen innerstaatlichen Rechts, wohl aber die Anforderungen der einschlägigen staatsvertraglichen Regelung erfüllt[167]. Aufgrund des Günstigkeitsprinzips kann eine Entscheidung andererseits auch dann anerkannt oder vollstreckt werden, wenn die Erfordernisse des Staatsvertrages nicht vorliegen, wohl aber die Anforderungen des einzelstaatlichen Rechts[168].

---

162 Dies gilt sowohl für multi- als auch bilaterale Abkommen, Kropholler in Staudinger (1994), Vorbem. zu Art. 19 EGBGB Rn. 585.

163 Dies gilt auch für Verträge zwischen den Mitgliedstaaten des MSA und Drittstaaten, Kropholler, NJW 1972, 371.

164 Pirrung in Staudinger (1994), Vorbem. zu Art. 19 EGBGB Rn. 817.

165 Dies setzt allerdings die Ratifikation und Transformation der staatsvertraglichen Regelungen voraus.

166 Bleckmann, NJW 1982, 1181.

167 Haecker (2000), 18.

168 BayObLG, Beschl. vom 29.3.1990 – BReg. 3 Z 31/89, FamRZ 1990, 897 (898) = NJW-RR 1990, 842 (843).

Übersicht 1: Quellen des Eheverfahrensrechts vor der EheVO bei grenzüberschreitenden Sachverhalten am Beispiel Belgiens, Deutschlands und Frankreichs

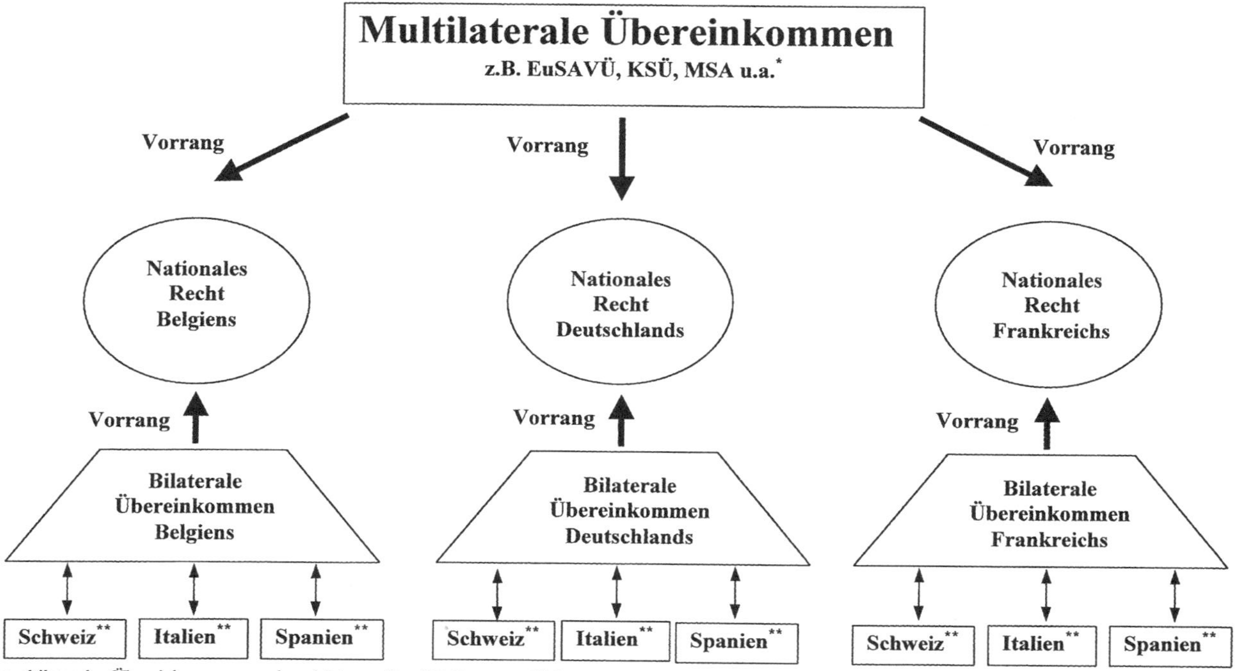

* Die multilateralen Übereinkommen wurden nicht von allen EG-Staaten ratifiziert.

** Die angegebenen bilateralen Übereinkommen sind nur beispielhaft und keinesfalls abschließend dargestellt.

5. Gründe für eine lange Zeit fehlende einheitliche Regelung in der EG

Die für Deutschland dargestellte Lage ist beispielhaft für das Regelgeflecht, das die Staaten der EG in Fragen der Anerkennung und Vollstreckung ausländischer Entscheidungen miteinander verbindet. Auch die übrigen EG-Staaten haben diverse bi- und multilaterale Übereinkünfte mit anderen Staaten geschlossen und zusätzlich innerstaatliche Regelungen für Fälle getroffen, bei denen Staaten involviert sind, mit denen noch keine entsprechenden Abkommen abgeschlossen worden sind[169]. Daher stellt sich die Frage, warum dieses Regelgeflecht über Jahrzehnte hinweg aufgebaut wurde und in all den Jahren keine einheitliche supranationale Regelung getroffen worden ist. Dies liegt zum einen daran, dass der EWG-Vertrag und später auch der EG-Vertrag bis zum Vertrag von Amsterdam nur begrenzte Rechtsetzungskompetenzen auf diesem Gebiet vorsahen.

Daneben waren aber auch die Familienrechte und die dazu gehörenden Verfahrensvorschriften der einzelnen Mitgliedstaaten zu unterschiedlich ausgestaltet[170]. Die einzelstaatlichen Regelungen näherten sich erst im Laufe der Zeit an[171]. So besteht nun in allen Staaten der EG die Möglichkeit der Ehescheidung[172]. Andererseits existieren z.T. noch erhebliche Unterschiede. Diese zeigen sich eindrucksvoll am Beispiel der Trennungszeiten als Voraussetzung für eine Ehescheidung, wenn nur einer der Ehegatten die Scheidung beantragt. So kann in Frankreich gem. Art. 237 Code civil die Ehescheidung auf einseitigen Antrag wegen Zerrüttung der Ehe erst ausgesprochen werden, wenn eine sechsjährige Trennungsfrist verstrichen ist[173]. In Italien ist hingegen grds. gem. Art. 3 des Gesetzes Nr. 898[174] eine dreijährige (früher sogar fünfjährige) Trennung von Tisch und Bett erforderlich[175]. In Deutschland ist gem. § 1566 Abs. 2 BGB grds.

---

169 Sturlèse, JCP 1998, 1146.

170 So reichte das Spektrum der Ehescheidungsformen in den Vertragsstaaten von der Einverständnisscheidung in Belgien und Luxemburg über die Scheidung mit (Deutschland) oder ohne (Frankreich) Zerrüttungstatbestand bis hin zum völligen Ausschluss der Scheidung, Pirrung (1993), 191 Fn. 8; vgl. auch Droz (1972), Nr. 38.

171 Boele-Woelki, ZfRV 2001, 122.

172 Sturlèse, JCP 1998, 1146.

173 „Art. 237. Un époux peut demander le divorce, en raison d'une rupture prolongée de la vie commune, lorsque les époux vivent séparés de fait depuis six ans.“ Übersetzt: „Art. 237. Ein Ehegatte kann die Scheidung wegen endgültigem Zerbrechen der ehelichen Gemeinschaft beantragen, wenn die Eheleute seit sechs Jahren getrennt leben.“

174 Vom 1.12.1970.

175 „Art. 3. Lo scioglimento o la cessazione degli effetti civili del matrimonio può essere domandato da uno dei coniugi: [...] 2. nei casi in cui: [...] b) è stata pronunciata con sentenza passata in giudicato la separazione giudiziale fra i coniugi, ovvero è stata

eine dreijährige Trennungsfrist einzuhalten, wenn nur einer der Ehegatten die Scheidung beantragt.

II. Die Lage seit der Verordnung (EG) Nr. 1347/2000

1. Entstehungsgeschichte

Schon das EuGVÜ schloss Ehesachen von seinem Anwendungsbereich aus, Art. 1 Abs. 2 Nr. 1[176]. Doch gerade im deutsch-französischen Grenzgebiet kam es immer wieder zu grenzüberschreitenden Scheidungsfällen[177]. Hinkende Rechtsverhältnisse waren daher mangels einheitlicher Zuständigkeits-, Anerkennungs- und Vollstreckungsregelungen immer wieder die Folge. Aus diesem Anlass[178] machte man sich bereits in den 90er Jahren von Seiten der Praxis und der Wissenschaft an eine Vereinheitlichung der Zuständigkeits-, Anerkennungs- und Vollstreckungsregelungen auch in Ehesachen.

a) Anstrengungen von Seiten der Praxis

Der Europäische Rat sprach sich aufgrund eines deutschen Vorschlags auf der Brüsseler Tagung vom 10. und 11.12.1993 für eine Erweiterung des Anwen-

---

omologata la separazione consensuale ovvero è intervenuta separazione di fatto quando la separazione di fatto stessa è iniziata anteriormente all'entrata in vigore della presente legge da almeno due anni. In tutti i predetti casi, per la proposizione della domanda di scioglimento o di cessazione degli effetti civili del matrimonio, le separazioni devono protrarsi ininterrottamente da almeno tre anni a far tempo dalla avvenuta comparizione dei coniugi innanzi al presidente del tribunale nella procedura di separazione personale; [...]." Übersetzt: „Art. 3. Die Auflösung der Ehe oder die Beendigung ihrer zivilrechtlichen Wirkungen kann von einem der Ehegatten beantragt werden: [...] 2. in den Fällen, in denen: [...] b) eine gerichtliche Trennung zwischen den Ehegatten durch rechtskräftiges Urteil ausgesprochen oder eine einverständliche Trennung gerichtlich bestätigt worden ist oder wenn eine tatsächliche Trennung besteht, sofern diese tatsächliche Trennung wenigstens 2 Jahre vor dem Inkrafttreten dieses Gesetzes begonnen hat. In allen vorgenannten Fällen muss für die Einreichung des Antrags auf Auflösung der Ehe oder Beendigung ihrer zivilrechtlichen Wirkungen die Trennung zwischen den Ehegatten ununterbrochen mindestens 3 Jahre gedauert haben, gerechnet von dem Zeitpunkt an, zu dem die Ehegatten im Ehetrennungsverfahren vor dem Gerichtspräsidenten erschienen sind; [...]."

176 Dies liegt einerseits daran, dass das EuGVÜ im Rahmen der EWG geschlossen wurde. Deren Grundkonzept basierte aber lediglich auf Fragen der wirtschaftlichen Zusammenarbeit. Fragen, die das Familienrecht in den Mitgliedstaaten betrafen, waren vor diesem Hintergrund eher nebensächlich, Sumampouw (2000), 729. Zum anderen wiesen die materiellen Regelungen des Familienrechts in den Mitgliedstaaten noch zu große Differenzen auf, Beaumont/Moir, ELR 1995, 270.

177 Beaumont/Moir, ELR 1995, 273; Pirrung ULR/RDU 1998, 630; van der Velden, WPNR 2000, 753; die damit verbundenen Probleme verdeutlicht das Fallbeispiel bei Pirrung (1993), 189 f.

178 Boele-Woelki, ZfRV 2001, 126.

dungsbereichs des EuGVÜ auf das Familienrecht aus[179]. Nachdem im Juni 1994 Deutschland den Vorsitz im Rat erlangte, wurde ein Übereinkommensentwurf vorgelegt. Dieser sah aber eine eigenständige Regelung für Verfahren vor, in denen Eheleute geschieden, ohne Auflösung des Ehebandes getrennt oder eine Ehe für ungültig erklärt werden sollte[180]. Dadurch wollte man den Problemen dieser Rechtsgebiete eine angemessenere Lösung zukommen lassen, als dies bei einer bloßen Erweiterung des Anwendungsbereichs des EuGVÜ der Fall gewesen wäre[181]. Federführend zeigte sich dabei der heutige Richter am Gericht erster Instanz der Europäischen Gemeinschaft in Luxemburg Jörg Pirrung[182].
Auf Initiative Spaniens und Frankreichs wurden Regelungen für Verfahren, in denen die elterliche Verantwortung aus Anlass einer Ehesache neu geregelt wird, zwar mit in den Entwurf des Abkommens einbezogen[183]. Dieser Teilbereich sollte nach damaligen Vorstellungen aber erst in einem zweiten Schritt umgesetzt werden. Die deutsche Ratspräsidentschaft legte nach weiteren Überarbeitungen der zuständigen EU-Arbeitsgruppe einen Vorschlag für einen Vertragstext vor, der im Stil des EuGVÜ gestaltet war[184]. Schließlich zirkulierte seit 1997 in Brüssel unter den nationalen Vertretern ein Entwurf für eine „Convention on jurisdiction, recognition and enforcement of judgements in matrimonial matters“[185], der dem endgültigen Vertragstext bereits sehr nahe kam.

---

179 Beaumont/Moir, ELR 1995, 268; van der Velden, NIPR 1995, 3; Pirrung, ULR/RDU 1998, 631 f.

180 Der wesentliche Inhalt wurde bereits dargestellt bei Pirrung (1993), 197 ff.

181 Van der Velden, NIPR 1995, 3.

182 Pirrung (1993), 189; Wagner, IPRax 2001, 74.

183 Sturlèse, JCP 1998, 1147; Freudenthal/van der Velden (1999), 344; Sumampouw (2000), 744; van der Velden, WPNR 2000, 754.

184 Pirrung, ZEuP 1999, 843.

185 Boele-Woelki, FJR 1998, 125 und ZFRV 2001, 121, die die Art und Weise des Zustandekommens des EheÜbk kritisiert. Das EheÜbk sei praktisch über Nacht gekommen, ohne dass Praxis und Wissenschaft bei der Konzeption auf breiter Basis eingebunden worden wären. Selbst nach Unterzeichnung des Übereinkommens sei es lange Zeit nicht möglich gewesen, eine Ausfertigung der verbindlichen Fassung des Vertragstextes zu erhalten. Auch sei es unverständlich, dass der Anwendungsbereich des Übereinkommens zwar einerseits auf Ehesachen beschränkt, auf der anderen Seite aber um Entscheidungen über die elterliche Verantwortung erweitert wurde. So auch de Boer, FJR 1999, 245. Sumampouw (2000), 745 kritisiert des Weiteren, dass die Regelungen der EheVO hinsichtlich der elterlichen Verantwortung schlicht überflüssig seien, da der Anwendungsbereich der EheVO in diesem Bereich weit hinter dem des KSÜ zurückbleiben würde.

b) Bemühungen von Seiten der Wissenschaft

Parallel dazu wurde auf Initiative einiger Wissenschaftler die „Europäische Gruppe für Internationales Privatrecht“ gegründet[186]. Die Gruppe machte sich ans Werk, die Wechselwirkungen zwischen Gemeinschaftsrecht einerseits und internationalem Privat- und Verfahrensrecht andererseits zu analysieren. Einer der Schwerpunkte war dabei das Familienrecht[187].

Am 2.10.1993 wurde der Öffentlichkeit der sogenannte „Heidelberger Entwurf“ präsentiert. Die Europäische Gruppe hatte als Sachverständigenkommission einen Vorschlag für ein „Übereinkommen über die gerichtliche Zuständigkeit und die Vollstreckung von Entscheidungen in Familien- und Erbschaftssachen“ erarbeitet[188], das auf Art. 220 EGV gestützt werden sollte. Kurz darauf trat aber der Vertrag über die Europäische Union in Kraft, so dass ein entsprechendes Abkommen nun auf Art. K. 3 EUV gestützt werden konnte. Dieses sollte lediglich einige besonders umstrittene oder bereits von anderen Übereinkommen erfasste Aspekte wie das Namens- und Adoptionsrecht sowie Schutzmaßnahmen für Minderjährige[189] ausklammern[190].

Fünf Jahre später wurde ein Vorentwurf für ein Übereinkommen über den Gerichtsstand und die Vollstreckung von Entscheidungen auf dem Gebiet des Familien- und Erbrechts vorgelegt[191]. Der Entwurf ging weit über das letztlich verabschiedete Übereinkommen hinaus. Aufgrund erheblicher innerstaatlicher Rechtsunterschiede musste der Anwendungsbereich des Übereinkommens stark beschränkt werden.

c) Der Weg vom EheÜbk zur EheVO

Ursprünglich sollten die Regelungen der EheVO in Form einer multilateralen Übereinkunft gestützt auf Art. K. 3 des Vertrages über die Europäische Union von Maastricht in Kraft treten. Damit zählte das EheÜbk zu den Verträgen, durch die auf supranationaler Ebene die Verwirklichung des Binnenmarktes und des freien Personenverkehrs gefördert werden sollte. Nachdem man die Entwürfe weiter überarbeitet hatte, wurde am 28.5.1998 von allen Mitgliedstaaten der

---

[186] Pirrung, ULR/RDU 1998, 632; Boele-Woelki, ZfRV 2001, 121.
[187] Furtak, IPRax 1992, 128.
[188] Borrás, Abl. EG 1998, Nr. C 221, 30, Rn. 7.
[189] Hier ist insbesondere an das MSA zu denken.
[190] Hau, FamRZ 1999, 485.
[191] Proposition pour une Convention concernant la compétence judiciaire et l’exécution des décisions en matière familiale et successorale, IPRax 1994, 67 – 69; Boele-Woelki, FJR 1998, 125; Kropholler (1998), Einl. Rn. 10.

EG das „Übereinkommen aufgrund von Art. K. 3 des Vertrages über die Europäische Union über die Zuständigkeit und die Anerkennung und Vollstreckung von Entscheidungen in Ehesachen“ unterzeichnet.
Das Übereinkommen war ein sog. „Doppelabkommen“[192]. Es enthielt sowohl Regelungen für die Zuständigkeit der Gerichte als auch Vorschriften über die Anerkennung und Vollstreckung von ausländischen Entscheidungen. Das Abkommen bedurfte innerstaatlicher Umsetzung. Für Fragen, die nicht im Abkommen geregelt waren, galt innerstaatliches Recht[193].
Nach Inkrafttreten des Vertrages von Amsterdam[194] stellte sich die Frage, ob die Mitgliedstaaten weiterhin die Kompetenz besaßen, das EheÜbk zu ratifizieren. Die Rechtsetzungskompetenz für den vom EheÜbk betroffenen Rechtsbereich war nunmehr von der Union auf die Gemeinschaft übergegangen[195]. Daher beschloss der Ministerrat, dass das EheÜbk innerhalb einer (Übergangs-)Frist von zwei Jahren ratifiziert werden müsse. Andernfalls seien die Regelungen durch eine Verordnung der EG umzusetzen.
Nachdem die Frist fruchtlos verstrichen war, wurde die Umsetzung des EheÜbk in eine Verordnung auf Grundlage des „Aktionsplans zur bestmöglichen Umsetzung des Amsterdamer Vertrags“[196] in Angriff genommen[197]. Am 29.5.2000 erfolgte schließlich die Verabschiedung der EheVO durch den Rat der Europäischen Union.

---

192 Sturlèse, JCP 1998, 1146.

193 Borrás, Abl. EG 1998, Nr. C 221, 33, Rn. 13.

194 Vertrag vom 2.10.1997, Abl. EG 1997, Nr. L 179, 12; BGBl. 1998 II, 385; Berichtigung in BGBl. 1999 II, 416.

195 Durch den EGV i.d.F. des Vertrages von Amsterdam wurde die Struktur der EU an einigen Stellen verändert. Die EU stützt sich auf drei Säulen. Die erste besteht aus den drei Gemeinschaften der „Europäischen Gemeinschaft für Kohle und Stahl“ (EGKS), „Euratom“ und der EG. Die zweite Säule stellt die „Gemeinsame Außen- und Sicherheitspolitik“ (GASP) dar. Die dritte Säule besteht aus der Zusammenarbeit in Justiz und Innerem, Boele-Woelki (1999), 356. Die justitielle Zusammenarbeit in Zivilsachen, genauer gesagt das internationale Privat- und Verfahrensrecht, wurde nun aber durch den Amsterdamer Vertrag von der dritten in die erste Säule übertragen, Betlem/Hondius, NJB 1999, 1140; Tarko, ÖJZ 1999, 403; de Boer, FJR 1999, 245; Boele-Woelki (2000), 62; Müller-Graff/Friedemann, DRiZ 2000, 350; Leible/Staudinger, ELF 2000/01, 225.

196 Aktionsplan des Rates und der Kommission zur bestmöglichen Umsetzung der Bestimmungen des Amsterdamer Vertrages über den Aufbau eines Raumes der Freiheit, der Sicherheit und des Rechts, Abl. EG 1999, Nr. C 19, 10.

197 De Boer, FJR 1999, 245.

d) Das Verhältnis des EheÜbk zur EheVO

Die EheVO übernimmt den wesentlichen Inhalt des EheÜbk[198]. Allerdings enthält sie auch einige neue Bestimmungen, die eine Übereinstimmung mit den Regelungen der „Verordnung über die gerichtliche Zuständigkeit und die Anerkennung und Vollstreckung von Urteilen in Zivil- und Handelssachen“ (ZivVO) sicherstellen sollen[199].

aa) Unterschiede und Gemeinsamkeiten zwischen dem EheÜbk und der EheVO

Der Geltungsbereich der EheVO stimmt im Wesentlichen mit dem des EheÜbk überein, allerdings findet die EheVO keine Anwendung auf das Königreich Dänemark. Des Weiteren sind die in Art. 2 EheVO gewählten Zuständigkeitsanknüpfungen grds. dieselben wie die im EheÜbk. Während aber im EheÜbk u.a. auch an den Wohnsitz der Parteien angeknüpft wurde, ist dies bei der EheVO nicht der Fall. Nachdem in Art. 2 Abs. 3 EheÜbk der Begriff des Wohnsitzes mit dem des „domicile“ des britischen Rechts gleichgesetzt wurde und daher nur alternativ entweder an den Wohnsitz oder an das domicile angeknüpft werden konnte[200], ist die Anknüpfung an den Wohnsitz in der EheVO entfallen. Vielmehr wurde das domicile zum eigenständigen Anknüpfungskriterium. Daraus ergibt sich im Rahmen der EheVO ein zusätzlicher Anknüpfungspunkt für Sachverhalte, in die das Vereinigte Königreich oder Irland verstrickt sind. Diese unterschiedliche Anknüpfung zeigt sich auch bei der Restzuständigkeit i.S.v. Art. 8 EheVO, bei der das Anknüpfungsmoment des Wohnsitzes ebenfalls entfiel.

Soll ein Versäumnisurteil anerkannt werden, so hat das ersuchte Gericht zu überprüfen, ob im Ursprungsverfahren die Ladungs- und Zustellungsvorschriften eingehalten wurden. Gem. Art. 10 Abs. 2 EheVO ist hierfür Art. 19 Zustel-

---

[198] Zu Verordnungen der EG gibt es keinen erläuternden Bericht. Erwägungsgrund 6 zur EheVO verweist aber ausdrücklich darauf, dass die Ergebnisse des EheÜbk gewahrt bleiben sollten, so dass auch der erläuternde Bericht zum EheÜbk (Abl. EG 1998, Nr. C 221, 27 – 64) – trotz eines gewissen Vorbehalts wegen einiger Unterschiede zwischen dem EheÜbk und der EheVO – für die Auslegung der EheVO herangezogen werden kann; so auch Boele-Woelki, ZfRV 2001, 128.

[199] Siehe Erwägungsgrund 6 zur EheVO; daneben sind Änderungen durch die abweichende Rechtsetzungstechnik und das geänderte institutionelle Umfeld bedingt, Boele-Woelki, ZfRV 2001, 128.

[200] Die Vertragsparteien mussten eine Erklärung darüber abgeben, an welches Kriterium auf ihrem Territorium angeknüpft werden sollte, Sturlèse, JCP 1998, 1148.

lungsVO der Bewertungsmaßstab[201] und nicht mehr das „Übereinkommen über die Zustellung gerichtlicher und außergerichtlicher Schriftstücke in Zivil- oder Handelssachen in den Mitgliedstaaten der Europäischen Union“[202], wie dies noch beim EheÜbk der Fall war. Dessen Art. 15 kommt aber gem. Art. 10 Abs. 3 EheVO nach wie vor dann zum Zug, wenn die ZustellungsVO nicht anwendbar ist.

Eine der wichtigsten Neuerungen der EheVO befindet sich in Art. 11. Dort wurde im Vergleich zur Parallelvorschrift im EheÜbk ein vierter Absatz angefügt. Dieser soll der näheren Bestimmung des Zeitpunkts der Rechtshängigkeit dienen. Die Regelung in Art. 16 EheVO hinsichtlich der Nichtanerkennung einer Entscheidung bei entgegenstehender zwischenstaatlicher Übereinkunft ist nahezu identisch mit Art. 16 Abs. 1 i.V.m. Art. 43 EheÜbk. Allerdings eröffnet Art. 16 EheVO nur die Möglichkeit, eine derartige Entscheidung nicht anzuerkennen[203], während der Wortlaut des Übereinkommens nahe legt, dass die Entscheidung zwingend nicht anzuerkennen ist. Dies ist allerdings nur missverständlich formuliert. Der offizielle Erläuterungsbericht stellt noch einmal klar, dass auch hier nur die Möglichkeit[204] und nicht die Verpflichtung zu einer Nichtanerkennung bestehen sollte[205].

Durch Art. 26 EheVO werden Rechtsbehelfe gegen die Entscheidungen der Gerichte gewährt. Dies findet seine Entsprechung in den Artt. 25 f. EheÜbk. Allerdings sind in Art. 26 EheVO die Absätze 3 und 4 eingefügt worden. Dort sind die im Einzelnen einzuhaltenden Verfahrensvorschriften niedergelegt. Da Dänemark die EheVO nicht angenommen hat, fehlt eine Art. 31 Abs. 2 EheÜbk entsprechende Regelung für die Gewährung von Prozesskostenhilfe in Dänemark.

---

201 Dieser ist mit Art. 10 Abs. 1 EheVO vergleichbar. Allerdings ist in Art. 19 Abs. 2 ZustellungsVO die Möglichkeit vorgesehen, dass nach Ablauf von sechs Monaten in der Sache entschieden werden darf.

202 Vom 26.5.1997, BGBl. 1977 II, 1453.

203 Eine solche Übereinkunft besteht nur im Vertrag zwischen Deutschland und dem Königreich Norwegen (s.o.). Dieser Vertrag ist allerdings gem. dessen Art. 3 Nr. 1 nicht auf Ehe- und Familienstandssachen anzuwenden, so dass in Deutschland kein Anwendungsbereich für Art. 16 EheVO eröffnet ist.

204 Etwas Anderes gilt für die übrigen Nichtanerkennungsgründe. Während einige Mitgliedstaaten schon im Rahmen der Verhandlungen zum EheÜbk nur eine fakultative Wirkung der Nichtanerkennungsgründe anstrebten, setzte sich die Mehrheit der Mitgliedstaaten dahingehend durch, dass die Nichtanerkennungsgründe fakultative Wirkung entfalten sollten.

205 Borrás, Abl. EG 1998, Nr. C 221, 52, Rn. 74.

Das Diskriminierungsverbot des Art. 31 EheVO entspricht dem des Art. 32 EheÜbk, allerdings könnte theoretisch der fehlende inländische Wohnsitz mangels anderweitiger Regelung in der EheVO ein zulässiger Diskriminierungsgrund sein. Dies resultiert aber daraus, dass die EheVO zur Bestimmung der Gerichtszuständigkeit überhaupt nicht mehr an den Wohnsitz anknüpft und es daher zu einer Diskriminierung aufgrund des Wohnsitzes überhaupt nicht mehr kommen kann.
Im Übrigen variieren z.T. die Nummerierungen der Artikel des EheÜbk und der EheVO. In anderen Fällen setzt sich eine Norm des EheÜbk nun aus zwei Vorschriften der EheVO zusammen, so bei Art. 33 Abs. 3 EheÜbk, der sich im Wortlaut der EheVO nicht ausdrücklich wiederfindet, dessen Inhalt jedoch über die Verweisung des Art. 33 i.V.m. Anh. IV Nr. 7 der EheVO erfasst ist, bzw. bei Art. 34 des Übereinkommens, dessen Regelungsinhalt sich in Art. 33 i.V.m. Anh. V Nr. 8.1 der EheVO wiederfindet.

bb) Gründe für die Unterschiede zwischen dem EheÜbk und der EheVO

Es gibt verschiedene Gründe für die Unterschiede zwischen dem EheÜbk und der EheVO. Zum einen spielen die unterschiedlichen Rechtsnaturen der Regelwerke eine Rolle. Das EheÜbk ist eine staatsvertragliche Regelung, während es sich bei der EheVO um einen Rechtsakt der EG handelt. Weiterhin musste auf die Vorgaben über die justitielle Zusammenarbeit[206] in Art. 65 EGV Rücksicht genommen werden. Dies liegt darin begründet, dass durch den EGV i.d.F. des Vertrages von Amsterdam und dessen Art. 65 die Struktur der EU z.T. verändert wurde[207]. Außerdem war eine Anpassung an die ZivVO geboten, um widersprüchliche Ergebnisse bei solchen Entscheidungen zu vermeiden, für die sowohl auf Regelungen der EheVO als auch der ZivVO zurückzugreifen ist. Letztlich spielte es auch eine Rolle, dass Dänemark die EheVO nicht angenommen hat, da so eine einheitliche Anwendung der EheVO im gesamten Raum der EG verhindert wurde.

2. Die mit der EheVO angestrebten Ziele

Mit den Regelungen der EheVO strebt man eine Erleichterung des Personenverkehrs zwischen den Mitgliedstaaten und damit einen verbessert funktionierenden

[206] Stellungnahme des Wirtschafts- und Sozialausschusses zu dem „Vorschlag für eine Verordnung (EG) des Rates über die Zuständigkeit und die Anerkennung und Vollstreckung von Entscheidungen in Ehesachen und in Verfahren betreffend die elterliche Verantwortung für die gemeinsamen Kinder der Ehegatten", ABl. EG 1999, Nr. C 368, 22.
[207] Zu den Einzelheiten s.o., S. 46 Fn. 195.

Binnenmarkt an[208]. Dies soll dadurch geschehen, dass den Mitgliedsbürgern der Zugang zu den Gerichten anderer Mitgliedstaaten erleichtert und die Voraussetzungen für die Anerkennung und Vollstreckung in einem anderen Staat vereinheitlicht werden[209]. Damit will man dem Umstand Rechnung tragen, dass immer häufiger soziale Beziehungen zwischen Personen geknüpft werden, die Angehörige unterschiedlicher Mitgliedstaaten sind oder in unterschiedlichen Mitgliedstaaten wohnen[210], und dass immer mehr Bürger in jedem Mitgliedstaat vor Gericht die gleichen Rechte fordern wie in ihrem Heimatstaat[211].

Vor dem Inkrafttreten der EheVO musste zur Bestimmung des international zuständigen Gerichts zumeist auf die Regelungen des Staates, in dem ein Gericht angerufen wurde, zurückgegriffen werden. So hat z.B. Deutschland keinerlei Staatsverträge abgeschlossen, in denen die internationale Zuständigkeit in Ehesachen mit Bindungswirkung für den Richter im Erkenntnisverfahren geregelt ist[212]. Dies und der Umstand, dass die nationalen Scheidungsrechte z.T. erhebliche Unterschiede aufwiesen, führte zum einen zu Rechtsunsicherheit[213]. Zum anderen wurde den Beteiligten aber auch die Möglichkeit des sogenannten „forum shopping“ eröffnet. Darunter versteht man die Möglichkeit, zwischen mehreren international zuständigen Gerichten wählen zu können[214]. Diese können dann mitunter je nach Ausgestaltung des Kollisionsrechts des Gerichtsstaates ein für den Kläger mehr oder weniger vorteilhaftes Recht zur Anwendung bringen[215]. Zwar gibt es in allen EG-Staaten die Möglichkeit, eine Ehe aufzulösen. In den meisten Mitgliedstaaten sind des Weiteren auch Verfahren vorgesehen, um eine Ehe für ungültig zu erklären. Die dafür erforderlichen Voraussetzungen

---

208 Siehe Erwägungsgrund 4 zur EheVO.

209 Müller-Graff/Kainer, DRiZ 2000, 351.

210 Borrás, Abl. EG 1998, Nr. C 221, 29, Rn. 4; Hausmann, ELF 2000/01, 272.

211 Stellungnahme des Wirtschafts- und Sozialausschusses, Abl. EG 1999, Nr. C 368/23, Nr. 2.1; Sumampouw (2000), 730; van der Velden, WPNR 2000, 754; Leible/Staudinger, ELF 2000/01, 228.

212 Geimer, IPRax 1992, 5; Bergerfurth (2000), Rn. 215 Fn. 20; Hau, FamRZ 2000, 1333; Geimer in Zöller (2002), § 606a ZPO Rn. 36; Hohloch, FF 2001, 47. Für Frankreich bestand eine vergleichbare Situation.

213 Freudenthal/van der Velden (1999), 344; Hohloch/Mauch, FPR 2001, 197.

214 Hohloch, FF 2001, 46.

215 Forum shopping wird vor allem im Hinblick auf das zur Anwendung kommende materielle Recht betrieben. Doch auch prozessuale Aspekte, wie z.B. die Verfahrenssprache, der Verfahrensablauf, die Prozessdauer sowie Vollstreckungsmöglichkeiten, spielen in der Praxis eine nicht zu unterschätzende Rolle.

sind in den einzelnen Staaten aber recht unterschiedlich ausgestaltet[216], so dass es zu hinkenden Ehen kommen konnte (und aufgrund des beschränkten Regelungsbereichs der EheVO wohl auch weiterhin – wenn auch in geringerem Maße – noch kommen kann). Dies wiederum brachte Folgeprobleme in anderen familien- und erbrechtlichen Verfahren mit sich, in denen über das Bestehen der Ehe als Vorfrage zu entscheiden war[217]. Daher wurde ein einheitliches Regelwerk für die Bestimmung der internationalen Zuständigkeit der Gerichte geschaffen. Nur so konnte die Grundlage für ein Vertrauen in die Gerichtsverfahren der anderen Mitgliedstaaten geschaffen werden, um letztlich den Weg für die Erleichterung der Anerkennung und Vollstreckung einer Entscheidung in einem anderen Mitgliedstaat zu ebnen[218].
Ein weiteres Anliegen der Verordnung ist es, die nationalen Gesetzgeber mit den Mitteln des Verfahrensrechts zu einer Vereinheitlichung der materiellen Regelungen für Ehesachen zu bewegen[219]. Daher wird ganz bewusst das erfolgreiche Konzept des EuGVÜ zumindest ansatzweise auch auf eherechtliche Fragen ausgedehnt[220].

---

216 So können in Deutschland gem. § 1566 Abs. 1 BGB die Ehegatten erst nach einer einjährigen Trennungsdauer geschieden werden, wenn beide Ehegatten scheidungswillig sind. Demgegenüber kann in Frankreich eine Ehe gem. Art. 230 Abs. 3 Code civil in den ersten sechs Ehemonaten aufgrund gegenseitiger Vereinbarung überhaupt nicht geschieden werden, während ansonsten gem. Art. 231 Code civil nur eine dreimonatige Bedenkzeit eingehalten sein muss. Geht der Scheidungsantrag hingegen nur auf das Bestreben eines Ehegatten zurück, so muss in Deutschland gem. § 1566 Abs. 2 BGB nur eine dreijährige Trennungsfrist verstrichen sein, um das Scheitern der Ehe unwiderleglich zu vermuten. Demgegenüber müssen die Ehegatten gem. Art. 237 frz. Code civil bereits sechs Jahre getrennt leben, um diese Folge herbeizuführen.

217 Hohloch/Mauch, FPR 2001, 197.

218 Stellungnahme des Wirtschafts- und Sozialausschusses, Abl. EG 1999, Nr. C 368, 23, Nr. 1.7; Bergerfurth, FF 2001, 16.

219 Freudenthal/van der Velden (1999), 344; Kohler, NJW 2001, 10; hier kann die EG nur mittelbar Einfluss auf die nationalen Gesetzgeber ausüben. Eine Harmonisierung des materiellen Zivilrechts kann nämlich nicht auf Art. 65 EGV gestützt werden, Leible/Staudinger, ELF 2000/01, 228.

220 Aufgrund der bereits bestehenden Abkommen wird aber befürchtet, dass der Erfolg der EheVO hinter dem des EuGVÜ zurückbleiben könnte, Boele-Woelki, FJR 1998, 125; de Boer, FJR 1999, 244; Sumampouw (2000), 730.

3. Anwendungsbereich und Adressaten der EheVO

a) Allgemeines

Die EheVO ist supranational geltendes Recht, das zwar nicht mit nationalen Gesetzen gleichgesetzt werden kann, da das Normensystem der EG die innerstaatliche Unterscheidung zwischen Gesetz und Rechtsverordnung[221] nicht kennt[222]. Dennoch handelt es sich um eine quasi-legislatorische Maßnahme[223].
Die Verordnungen der EG erfüllen grds. eine Doppelfunktion als grundlegendes europäisches Gesetz einerseits und als kurzlebige Durchführungsverordnung andererseits[224]. Das letzte Kriterium wird man bei der EheVO etwas weiter fassen müssen, da deren Geltungskraft aufgrund von Art. 43 S. 1 EheVO zumindest bis zum 1.3.2006 gesichert scheint. Die Verordnung wurde gem. Art. 249 Abs. 1 EGV vom Rat auf Vorschlag der Kommission erlassen[225]. Die Adressaten der EheVO sind die Gemeinschaft als Ganzes, die einzelnen Mitgliedstaaten sowie (natürliche) Einzelpersonen in den Mitgliedstaaten[226].

b) Sachlicher Anwendungsbereich

aa) Allgemeines

Gem. Art. 1 Abs. 1 lit. a EheVO sind von der Verordnung sachlich die Verfahren erfasst, die die Ehescheidung, die Trennung ohne Auflösung des Ehebandes oder die Ungültigerklärung einer Ehe betreffen. Zum anderen findet die EheVO gem. Art. 1 Abs. 1 lit. b EheVO auf zivilgerichtliche Verfahren Anwendung, in denen die elterliche Verantwortung geregelt wird, wenn die Verfahren aus Anlass eines der unter Art. 1 Abs. 1 lit. a EheVO genannten Verfahren betrieben werden. Der Anwendungsbereich erfasst gem. Art. 1 Abs. 2 und Erwägungsgrund 9 zur EheVO Verfahren vor den Zivilgerichten sowie außergerichtliche Verfahren, die in einigen Mitgliedstaaten zugelassen sind. Ausgenommen sind Verfahren, die nur innerhalb einer Religionsgemeinschaft vorgesehen sind. Die

---

221 Die Rechtsverordnung i.S.v. Art. 80 Abs. 1 GG ist dabei strikt von einer Verordnung i.S.v. Art. 249 Abs. 2 EGV zu unterscheiden.

222 Oppermann (1999), Rn. 540.

223 EuGH, Urt. vom 16.7.1956 – Rs. 8/55, EuGHE 1955/56, 197 (227).

224 EuGH, Urt. vom 27.9.1979 – Rs. 230/78, EuGHE 1979, 2749 (2771 f.).

225 Das Rechtsetzungsverfahren der Gemeinschaft unterliegt bis zum 30.4.2004 der Sonderregelung des Art. 67 Abs. 1 EGV. Art. 67 Abs. 1 EGV bestimmt, dass Rechtsakte trotz des allgemeinen Initiativmonopols der Kommission auch auf Vorschlag eines Mitgliedstaates zustande kommen können.

226 Oppermann (1999), Rn. 546.

EheVO findet außerdem keine Anwendung auf Fragen des Scheidungsverschuldens, des Ehegüterrechts und der Unterhaltspflicht[227].
Die EheVO bezieht sich allein auf das Verfahrensrecht. Die Ausgestaltung des materiellen Rechts bleibt nach wie vor den einzelstaatlichen Gesetzgebern überlassen[228]. Allerdings sind gemeinschaftsweite Kollisionsnormen aufgrund eines bereits aufgestellten Aktionsplans des Rates und der Kommission[229] zu erwarten.

bb) Einbeziehung von Feststellungsverfahren

Inzwischen wurde die Frage aufgeworfen, ob die EheVO auch auf Verfahren Anwendung finden kann, in denen das Bestehen oder Nichtbestehen einer Ehe festgestellt werden soll[230]. Diese Verfahren[231] sind nicht ausdrücklich in der EheVO erwähnt. Zum Teil stellt man auf den Sinn der EheVO, nämlich den Status der Parteien umfassend zu regeln, ab und bejaht eine (analoge) Anwendbarkeit[232]. Des Weiteren weist man darauf hin, dass es der beabsichtigten Vereinheitlichung des Verfahrensrechts zuwiderliefe, wenn Feststellungsverfahren einer gesonderten Zuständigkeits- und Anerkennungsregelung unterworfen würden. Außerdem sei eine eigenständige Regelung schlicht unökonomisch[233], da Feststellungsverfahren vergleichsweise selten betrieben würden.
Schließlich trägt man für die Einbeziehung von rein feststellenden Entscheidungen vor, dass die EheVO Fragen des Scheidungsverschuldens, des Ehegüterrechts, der Unterhaltspflicht und sonstiger möglicher Nebenaspekte aus ihrem Anwendungsbereich ausklammert. Dies wird dahingehend interpretiert, dass von der EheVO zwar Entscheidungen hinsichtlich der Folgen der Ehescheidung und hinsichtlich sonstiger Nebenumstände ausgeschlossen sein sollen. Andererseits sollen dafür aber Statusentscheidungen jeglicher Art erfasst sein[234]. Zu diesen

[227] Vgl. zu den Vorteilen einer Einbeziehung der Nebenfolgen der Ehescheidung in eine einheitliche Regelung Beaumont/Moir, ELR 1995, 286.
[228] Vogel, MDR 2000, 1046.
[229] Aktionsplan des Rates und der Kommission zur bestmöglichen Umsetzung der Bestimmungen des Amsterdamer Vertrags über den Aufbau eines Raums der Freiheit, der Sicherheit und des Rechts, Abl. EG 1999, Nr. C 19, 1 (10).
[230] Hau, FamRZ 2000, 1333; Wagner, IPRax 2001, 76 Fn. 58; Boele-Woelki, ZfRV 2001, 122; Hüßtege in Thomas/Putzo (2001), Art. 1 EheVO Rn. 2.
[231] So z.B. das Verfahren in Deutschland nach § 632 ZPO.
[232] Gruber, FamRZ 2000, 1130.
[233] Vogel, MDR 2000, 1045.
[234] Bergerfurth, FF 2001, 16.

seien auch Feststellungsentscheidungen zu zählen, da auch diese für Klarheit über den Status der Parteien sorgen würden[235].
Dem ist entgegenzuhalten, dass sich der eindeutige Wortlaut der EheVO nur auf statusändernde Entscheidungen bezieht. Zwar wurde früher diskutiert, ob die Gestaltungsklage nicht ein Unterfall der Leistungsklage sei und sie damit eine gewisse Nähe zur Feststellungsklage aufweise[236]. Doch nach heute einhelliger Auffassung besteht eine eindeutige dogmatische Trennung zwischen Gestaltungsklagen einerseits und Feststellungsklagen andererseits[237]. Während die Leistungs- und die Feststellungsklage dogmatische Übereinstimmungen aufweisen[238], strebt man mit der Gestaltungsklage einen völlig anderen Rechtsschutz an[239]. Die Entscheidung, die auf eine Feststellungsklage hin ergeht, stellt eine Rechtslage allein mit dem Ziel fest, ein bestehendes Rechtsverhältnis zu sichern[240]. Demgegenüber wird bei der Gestaltungsklage durch das rechtskräftige Urteil[241] eine neue Rechtslage geschaffen[242].
Die eindeutig vom nationalen Gesetzgeber beabsichtigte und zu beachtende Trennung zwischen bloßer Feststellung einerseits und Gestaltung andererseits hat ihren Ursprung im materiellen Recht[243]. Grds. ist der Rechtsträger selbst in der Lage, rechtsgestaltend tätig zu werden. Dies ist ihm aber gerade bei der Ehescheidung verwehrt[244]. Vielmehr muss diese von einer staatlichen Stelle vorgenommen werden[245].
Alle statusbezogenen Aspekte in den Anwendungsbereich einer einheitlichen Regelung einzubeziehen, ist zwar wünschenswert. Dieser Wunsch hat aber letztlich in der EheVO keinen Ausdruck gefunden. Die gegenteilige Auffassung berücksichtigt zum einen nicht, dass in Art. 1 Abs. 1 lit. a die von der EheVO erfassten Ehesachen explizit aufgeführt werden und für eine lediglich beispielhafte, nicht abschließende Aufzählung keine Anhaltspunkte ersichtlich sind.

---

235 Hau, FamRZ 1999, 485.
236 Wach (1885), 12 f.; Schrutka von Rechtenstamm, ZPöR 1889, 617, 619.
237 Henke, JA 1987, 589.
238 Rosenberg/Schwab/Gottwald (1993), § 93 I.
239 Rosenberg/Schwab/Gottwald (1993), § 94 I 1.
240 Henke, JA 1987, 226.
241 Schmidt, JuS 1986, 38; Henke, JA 1987, 596.
242 Thomas in Thomas/Putzo (2001), Vor § 253 ZPO Rn. 5.
243 Jauernig (1998), 129.
244 Henke, JA 1987, 593.
245 So z.B. im deutschen Recht durch den Richter gem. § 1564 S. 1 BGB.

Darüber hinaus muss der Vertrauensgrundsatz als tragendes Element der EheVO berücksichtigt werden[246]. Dieser Grundsatz besagt, dass die Entscheidungen der Gerichte der anderen Mitgliedstaaten aufgrund eines verlässlichen und in allen Mitgliedstaaten vergleichbaren Verfahrensablaufs anzuerkennen sind. Weder in der Verordnung selbst noch in den Materialien zur EheVO kommt zum Ausdruck, dass der Verfahrensablauf bei Feststellungsverfahren in den Staaten der EG in ausreichendem Maße als vergleichbar angesehen wird. Dies sowie der Umstand, dass Feststellungsverfahren nicht ausdrücklich in die EheVO aufgenommen wurden, lässt darauf schließen, dass der Rat der Europäischen Union eine vergleichbare Vertrauensgrundlage für Feststellungsverfahren aufgrund der unterschiedlichen nationalen Regelungen nicht sah[247]. Somit fallen Feststellungsverfahren nicht in den Anwendungsbereich der EheVO[248].

c) Räumlicher Anwendungsbereich

Die Verordnungen der EG haben gem. Art. 249 Abs. 2 EGV allgemeine Geltung. Sie sind in allen Teilen verbindlich und gelten unmittelbar einheitlich[249] mit ihrer Veröffentlichung im Amtsblatt, so dass kein weiterer innerstaatlicher Umsetzungsakt erforderlich ist. Die EheVO gilt in allen Staaten der EG, die in Art. 299 Abs. 1 EGV aufgezählt sind, mit Ausnahme Dänemarks. Daneben erstreckt sich der Geltungsbereich der EheVO auf die in Art. 299 Abs. 2 und 5 EGV genannten Gebiete.

[246] De Boer, FJR 1999, 245; Hausmann, ELF 2000/01, 348.

[247] So im Ergebnis auch Hausmann, ELF 2000/01, 273; Gottwald in Lüke/Wax (2001), Art. 1 EheGVO Rn. 2; Helms, FamRZ 2001, 260.

[248] Sollte man dennoch der Gegenauffassung folgen wollen, stellt sich die Frage, inwieweit die zunächst erhobene positive Feststellungsklage einer späteren Nichtigkeits-, Scheidungs- und Trennungsklage entgegenstehen würde. Während in der Literatur zur Vermeidung einander widersprechender Entscheidungen eine Sperrwirkung bejaht wird, Gruber, FamRZ 2000, 1132, wird dies gegenüber Klagen auf Scheidung und Trennung der Ehe verneint, Hausmann, ELF 2000/01, 346. Dies stellt sich aber unter prozessökonomischen Gesichtspunkten zumindest als zweifelhaft dar. Sollte nämlich die positive Feststellungsklage abgewiesen werden, würde damit gleichzeitig das Nichtbestehen der Ehe festgestellt werden, RG, Urt. vom 4.1.1892 – Rep. IV. 267/91, RGZ 29, 345 (346 f.); RG, Urt. vom 3.10.1929 – VIII 215/29, RGZ 126, 18 (19); Rosenberg/Schwab/Gottwald (1993), § 93 I. Dies aber würde das Scheidungs- oder Trennungsverfahren überflüssig machen.

[249] Vogel, MDR 2000, 1045.

d) Verhältnis der EheVO zu nationalem Recht

Durch die EheVO wird das unilateral gesetzte innerstaatliche Recht verdrängt[250]. Dabei tritt grds. nur ein Anwendungsvorrang[251] ein und es muss von Fall zu Fall entschieden werden, ob das nationale Gesetz nichtig ist[252]. Die nationale Nachformung des Verordnungsinhalts ist wegen dessen unmittelbarer Geltung überflüssig und wegen der Gefahr, dass dies verkannt werden könnte, auch rechtswidrig[253].

e) Die besonderen Positionen Dänemarks, des Vereinigten Königreichs und Irlands aufgrund der Protokolle zum EU- und EG-Vertrag

Das Vereinigte Königreich, Irland und Dänemark besitzen aufgrund des Protokolls 4 bzw. 5 zum Vertrag zur Gründung der Europäischen Gemeinschaft eine besondere Stellung innerhalb der EG. Die Protokolle stellen gem. Art. 31 Abs. 2 lit. a des „Wiener Übereinkommens über das Recht der Verträge" wie der Vertrag selbst völkerrechtlich verbindliche Regelungen dar[254]. Diese besondere Stellung wirkt sich insbesondere auf Maßnahmen aus, die auf Grundlage derjenigen Ermächtigungsnormen, die sich in Titel IV des EGV befinden, getroffen werden. Die EheVO beruht auf Art. 65[255] i.V.m. Art. 61 EGV, die eben diesem Titel IV des EGV angehören und durch die das internationale Privat- und Verfahrensrecht vergemeinschaftet wurde[256].

Seit Inkrafttreten des Amsterdamer Vertrages wurden einige weitere Verordnungen auf die dadurch neu geschaffene Kompetenzgrundlage gestützt. So trat am 31.5.2001 die „Verordnung (EG) Nr. 1348/2000 des Rates vom 29. Mai 2000 über die Zustellung gerichtlicher und außergerichtlicher Schriftstücke in Zivil- oder Handelssachen in den Mitgliedstaaten"[257] (ZustellungsVO), am 1.7.2001 die „Verordnung (EG) Nr. 1206/2001 des Rates vom 28. Mai 2001 über die Zusammenarbeit zwischen den Gerichten der Mitgliedstaaten auf dem

---

250 Wagner, IPRax 2001, 75; Hüßtege in Thomas/Putzo (2001), Vor Art. 1 EheVO Rn. 7.

251 Müller-Graff/Kainer, DRiZ 2000, 351.

252 Oppermann (1999), Rn. 545.

253 EuGH, Urt. vom 14.12.1971 – Rs. 43/71, EuGHE 1971, 1039 (1049); EuGH, Urt. vom 7.2.1973 – Rs. 39/72, EuGHE 1973, 101 (114 ff.); Hohloch/Mauch, FPR 2001, 200.

254 Die Protokolle gehören somit wie die Gründungsverträge der Gemeinschaften, spätere Änderungs- sowie Beitritts- und Assoziierungsverträge zum primären EG-Recht, Vedder in Grabitz (1989), Art. 239 EWGV Rn. 5; Bleckmann/Pieper in Dauses (2001), B I Rn. 3.

255 Zur Kritik am neuen Art. 65 EGV Schack, ZEuP 1999, 805 – 808; Jayme, IPRax 2000, 167.

256 Jayme/Kohler, IPRax 2000, 454.

257 Abl. EG 2000, Nr. L 160, 37 – 52.

Gebiet der Beweisaufnahme in Zivil- und Handelssachen" (Beweisaufnahme-VO)[258], am 1.3.2002 die „Verordnung (EG) Nr. 44/2001 des Rates vom 22. Dezember 2000 über die gerichtliche Zuständigkeit und die Anerkennung und Vollstreckung von Entscheidungen in Zivil- und Handelssachen"[259] (ZivVO) und am 31.5.2002 die „Verordnung (EG) Nr. 1346/2000 des Rates vom 29. Mai 2000 über Insolvenzverfahren"[260] (InsoVO) in Kraft.

aa)Die Position des Vereinigten Königreichs und Irlands

Gem. Art. 1 des „Protokolls Nr. 4 über die Position des Vereinigten Königreichs und Irlands" beteiligen sich diese Staaten nicht an der Annahme von Maßnahmen, die aufgrund von Titel IV des EGV vorgeschlagen werden. Daher entfalten weder die Maßnahmen der Organe der Gemeinschaft noch die Entscheidungen des EuGH, die auf Normen des Titels IV gestützt werden, Wirkung gegenüber diesen Staaten[261].

Art. 3 des Protokolls eröffnet diesen beiden Staaten die Möglichkeit, sich an den Maßnahmen, die den Titel IV des EGV betreffen, zu beteiligen. Wenn dem Rat ein Rechtssetzungsvorschlag der Kommission oder eine Initiative eines Mitgliedstaates zu einer den Artikel IV betreffenden Maßnahme vorliegt, können Irland und das Vereinigte Königreich innerhalb von drei Monaten über eine Beteiligung an der Maßnahme entscheiden. Die Entscheidung über die Annahme und die Anwendung muss dem Präsidenten des Rates schriftlich mitgeteilt werden. Die Teilnahme kann dem Vereinigten Königreich und Irland gem. Art. 3 Abs. 1 S. 1 des Protokolls nicht verweigert werden. Ist die Mitteilung erfolgt, so wird die daraufhin ergehende Maßnahme gegenüber Großbritannien und Irland im Verhältnis zu allen anderen Mitgliedstaaten wirksam[262]. Von dieser Teilnahmeoption haben das Vereinigte Königreich und Irland im Fall der EheVO Gebrauch gemacht[263], so dass sie auch in diesen Staaten volle Rechtswirkung entfaltet.

---

258 Abl. EG 2001, Nr. L 174, 1 – 24.
259 Abl. EG 2000, Nr. L 12, 1 – 23.
260 Abl. EG 2000, Nr. L 160, 1 – 18.
261 Brechmann in Calliess (1999), Art. 69 EGV Rn. 2; Wiedmann in Schwarze (2000), Art. 69 EGV Rn. 2.
262 Leible/Staudinger, ELF 2000/01, 226.
263 Vgl. Erwägungsgrund 24 zur EheVO.

bb) Die Position Dänemarks

Gem. Art. 1 S. 1 des „Protokolls Nr. 5 über die Position Dänemarks" beteiligt sich das Königreich Dänemark ähnlich wie das Vereinigte Königreich und Irland grds. nicht an der Annahme von solchen Maßnahmen des Rates, die auf Normen des Titels IV des EGV basieren. Demzufolge bestimmt Art. 2 des Protokolls, dass die Vorschriften des Titels IV und aufgrund dieses Titels beschlossene Maßnahmen sowie Entscheidungen des Gerichtshofs, in denen solche Vorschriften oder Maßnahmen ausgelegt werden, für Dänemark keine Geltung entfalten.

Dänemark steht nicht die Möglichkeit offen, nur einzelne Maßnahmen der EG zu übernehmen, wie dies für das Vereinigte Königreich und Irland der Fall ist[264]. Dies hängt mit der Ausgestaltung der dänischen Verfassung zusammen. Schon im Rahmen des Beitritts zur Europäischen Union musste Dänemark einen Vorbehalt hinsichtlich der Übertragung von Kompetenzen auf die EU im Bereich Justiz und Inneres in die Verfassung integrieren.

Es besteht für Dänemark aber auf einem anderem Weg die Möglichkeit, Maßnahmen, die den Titel IV des EGV betreffen, zu übernehmen. Gemäß Art. 7 S. 1 des Protokolls kann Dänemark durch einfache Mitteilung an die übrigen Mitgliedstaaten[265] auf seine aus dem Protokoll herrührenden Rechte verzichten. Allerdings dürfte für Dänemark eine recht hohe Hemmschwelle im Hinblick auf einen solchen Schritt bestehen. Gem. Art. 7 S. 2 des Protokolls fänden dann nämlich sämtliche bislang getroffenen einschlägigen Maßnahmen des Rates und ebenso die Entscheidungen des EuGH[266] in vollem Umfang auch auf Dänemark Anwendung. Daher hat Dänemark diese Erklärung bislang noch nicht abgegeben, mit der Folge, dass Dänemark an der Annahme der Verordnung nicht mitwirkt. Somit ist die EheVO Dänemark gegenüber nicht anwendbar[267]. Mit Dänemark soll aber eine gesonderte Abmachung getroffen werden, um auch im Verhältnis zu diesem Staat mit der EheVO vergleichbare Regelungen zur Geltung kommen zu lassen[268].

---

[264] Brechmann in Calliess (1999), Art. 69 EGV Rn. 9; Grabitz/Hilf (2000), Art. 69 EGV Rn. 14; vgl. auch Leible/Staudinger, ELF 2000/01, 226.

[265] Wiedmann in Schwarze (2000), Art. 69 EGV Rn. 6.

[266] Grabitz/Hilf (2000), Art. 69 EGV Rn. 17.

[267] Vgl. Erwägungsgrund 25 zur EheVO.

[268] Kohler/Pintens, FamRZ 2000, 1141; Bergerfurth, FF 2001, 16; vgl. auch zu dem Bedürfnis für eine völkerrechtliche Vereinbarung mit Dänemark, Leible/Staudinger, ELF 2000/01, 226.

cc) Die Gründe für die Sonderstellung Dänemarks, des Vereinigten Königreichs und Irlands

Die Einräumung der Sonderstellung für Dänemark einerseits und Irland und das Vereinigte Königreich andererseits hat unterschiedliche Gründe. Das dänische Referendum über die Ratifikation des Vertrages über die Europäische Union ging mit knapper Mehrheit gegen einen Beitritt zur EU aus[269]. Mangels Ratifikation hätte somit der EUV für Dänemark nicht in Kraft treten können. Somit musste eine Sonderregelung für Dänemark geschaffen werden[270].

Die Irland und dem Vereinigten Königreich eingeräumte Sonderstellung ist mit deren Insellage zu erklären[271]. Die Ermächtigungsgrundlage des Art. 65 EGV muss nämlich in Zusammenhang mit Art. 61 EGV gelesen werden. Diese Norm ermächtigt dazu, Maßnahmen zur Verbesserung des Personenverkehrs zu ergreifen. Doch gerade der grenzüberschreitende Personenverkehr hat für Irland und das Vereinigte Königreich aufgrund deren besonderer geographischer Lage eine erhöhte Bedeutung. Dieser unterliegt für beide Staaten gesonderten Regelungen[272], so dass ein entsprechender Vorbehalt, insbesondere im Hinblick auf die Ergebnisse des Schengener Abkommens, in den EGV aufgenommen werden musste[273]. Dieser strahlt bis auf die Zusammenarbeit in justitiellen Angelegenheiten aus[274].

4. Die formelle Rechtmäßigkeit der EheVO und deren Verhältnismäßigkeit

Bis zur Feststellung der Nichtigkeit eines Rechtsakts der EG durch den EuGH im Rahmen einer Nichtigkeitsklage werden dessen Gültigkeit und Rechtmäßigkeit gem. Art. 230 EGV vermutet[275]. Dennoch stellt sich die Frage nach der Rechtmäßigkeit der EheVO. Dabei spielen insbesondere die Ermächtigungsgrundlage[276] und die Verhältnismäßigkeit der EheVO eine entscheidende Rolle.

a) Ermächtigungsgrundlage

Die EG darf aufgrund des in Art. 5 Abs. 1 EGV niedergelegten Prinzips der beschränkten Verbandskompetenz nur aufgrund einer ausdrücklich im Vertrag

---

269 50,7 % dagegen, 49,3 % dafür, FAZ vom 4.6.1992, 4.

270 Schuster, EuZW 1993, 177.

271 Grabitz/Hilf (2000), Art. 69 EGV Rn. 19.

272 Brechmann in Calliess (1999), Art. 69 EGV Rn. 6; Grabitz/Hilf (2000), Art. 69 EGV Rn. 1.

273 Weber, ZAR 1998, 151.

274 Weber, ZAR 1998, 147; Hausmann, ELF 2000/01, 273.

275 Oppermann (1999), Rn. 677; Schwarze in Schwarze (2000), Art. 231 EGV Rn. 2.

276 Zur Ermächtigungsgrundlage für das EheÜbk Beaumont/Moir, ELR 1995, 275.

verankerten Kompetenzermächtigung rechtsetzend tätig werden[277], da durch jegliches Handeln der EG, das nicht durch eine Ermächtigungsgrundlage gedeckt ist, rechtswidrig in den Kompetenzbereich der Mitgliedstaaten eingegriffen wird[278]. Als Ermächtigungsgrundlage für die EheVO kommt zum einen Art. 94 EGV in Betracht. Die Norm eröffnet die Möglichkeit, Richtlinien zur Rechtsangleichung zu erlassen. Zwar sollte mit der EheVO eine Rechtsangleichung herbeigeführt werden. Es wurde aber zum einen keine Richtlinie erlassen. Zum anderen stellt Art. 65 i.V.m. Art. 61 EGV seit dem Inkrafttreten des Vertrages von Amsterdam für den Erlass von Maßnahmen auf dem Gebiet der justitiellen Zusammenarbeit in Zivilsachen mit grenzüberschreitenden Bezügen die speziellere Kompetenznorm dar[279].

b) Zulässigkeit der Handlungsform

Art. 65 lit. b EGV ermächtigt u.a. zu Maßnahmen, die der Förderung der Vereinbarkeit der in den Mitgliedstaaten geltenden Vorschriften zur Vermeidung von Kompetenzkonflikten dienen. Aufgrund dieser Formulierung stellt sich die Frage, ob mit einer Verordnung die richtige Handlungsform gewählt wurde. Art. 65 lit. b EGV spricht lediglich davon, dass diese Maßnahmen zu einer „Förderung der Vereinbarkeit" führen sollen. Eine solche Wortwahl impliziert aber, dass die zu treffende Maßnahme milder auszugestalten ist als eine rigorose Rechtsvereinheitlichung, die durch eine Verordnung herbeigeführt wird. Daher kann nach einer in der Literatur geäußerten Auffassung nur eine Richtlinie auf Art. 65 EGV gestützt werden, da nur diese dem nationalen Gesetzgeber den erforderlichen Gestaltungsspielraum belässt[280].

Gegen diese Ansicht spricht zum einen, dass in Art. 61 ff. EGV nicht ausdrücklich vorgesehen ist, dass nicht alle der in Art. 249 EGV aufgeführten Handlungsformen zur Verfügung stehen sollen. Weiterhin sind Sinn und Zweck des Art. 65 EGV zu berücksichtigen. Durch die Umsetzung einer Vielzahl von Richtlinien wurde in der Vergangenheit ein verschlungenes System einzelstaatlicher kollisionsrechtlicher Regelungen geschaffen. Dies konnte aber nur geschehen, weil die Richtlinien den einzelstaatlichen Gesetzgebern einen letztlich verhängnisvollen Spielraum belassen haben. Eine solche Entwicklung kann im Rahmen einer ef-

277 Lienbacher in Schwarze (2000), Art. 5 EGV Rn. 7.

278 Vgl. Geiger (2000), Art. 5 EGV Rn. 2.

279 Besse, ZeuP 1999, 108 f.; Herrnfeld in Schwarze (2000), Art. 94 EGV Rn. 5; Leible/Staudinger, ELF 2000/01, 225; Hausmann, ELF 2000/01, 272.

280 Vgl. zu dieser Problematik Leible/Staudinger, ELF 2000/01, 233.

fektiven Rechtsangleichung nur durch den Erlass einer Verordnung vermieden werden, da diese unmittelbar und einheitlich in den Mitgliedstaaten in Kraft tritt.

c) Verhältnismäßigkeit der EheVO

Das Prinzip der Verhältnismäßigkeit findet, wenn auch z.T. mit anderer Bezeichnung, auf der Ebene des EG-Rechts ebenfalls Anwendung. Aufgrund der Abgrenzung von nationalen und gemeinschaftlichen Kompetenzen vermischen sich dabei Fragen der Zuständigkeit mit denen der Verhältnismäßigkeit. Eine Maßnahme der EG kann nämlich nur dann verhältnismäßig sein, wenn und soweit die EG rechtsetzungsbefugt ist. Daraus resultiert, dass die Zuständigkeit der EG trotz bestehender Ermächtigungsgrundlage (s.o., S. 59) einer erneuten Überprüfung aus Sicht des Subsidiaritätsprinzips[281], das aus Art. 5 Abs. 2 EGV hergeleitet wird, standhalten muss[282].

aa) Das Subsidiaritätsprinzip

(1) Zweck des Subsidiaritätsprinzips

Das Subsidiaritätsprinzip hat die Aufgabe, die nationale Identität der Mitgliedstaaten und deren Kompetenzen zu wahren. Dies wird aus der Überlegung hergeleitet, dass das Individuum vorrangig vor den übergeordneten Einheiten zuständig ist, wenn es eine Aufgabe eigenverantwortlich übernehmen kann. Daher darf die größere Einheit niemals Aufgaben übernehmen, die die kleinere Einheit zufriedenstellend erfüllen kann[283].

(2) Anwendbarkeit

Das Subsidiaritätsprinzip kann nicht immer angewendet werden. Sein Anwendungsbereich ist auf die Kompetenzbereiche der Gemeinschaft beschränkt, in denen der Gemeinschaft nicht die ausschließliche Handlungskompetenz zusteht, also auf die Gebiete der „parallelen“ bzw. „konkurrierenden“ Kompetenz[284]. Erhebliche praktische Probleme bereitet der Umstand, dass im EGV nicht definiert ist, für welche Sachbereiche eine ausschließliche Kompetenz besteht[285]. Somit

---

[281] Zur Frage, ob im Rahmen des EheÜbk das Subsidiaritätsprinzip gewahrt wurde, Beaumont/Moir, ELR 1995, 281 – 285.

[282] Vgl. Boele-Woelki, FJR 1998, 125.

[283] Bulletin BReg. 1992, 1277 (1280); „Protokoll über die Anwendung der Grundsätze der Subsidiarität und der Verhältnismäßigkeit“, Abl. EG 1997, Nr. C 340, 105; dieses Protokoll erlangte den Rang primären Gemeinschaftsrechts.

[284] Geiger (2000), Art. 5 EGV Rn. 7; Leible/Staudinger, ELF 2000/01, 234.

[285] Geiger (1995), 267 f.

müssen die Fälle ausschließlicher Zuständigkeit durch Auslegung nach Sinn und Zweck der jeweiligen Kompetenzvorschrift im Lichte des gesamten Vertrages ermittelt werden. Es muss sich um Gebiete handeln, in denen es das Gemeinschaftsinteresse erfordert, dass jedwede Rechtsetzungstätigkeit der Mitgliedstaaten unterbleibt. Dies setzt daher voraus, dass die Gemeinschaft in diesen Bereichen eines weitergehenden Schutzes bedarf, um funktionsfähig zu bleiben, und dass das Rücksichtnahmegebot und schlichte Vorrangregeln nicht ausreichen, um die Ziele der Gemeinschaft zu erreichen[286].

(a) Indizwirkung bilateraler Verträge

Man könnte daran denken, die bilateralen Abkommen, die die gegenseitige Anerkennung und Vollstreckung von gerichtlichen Entscheidungen, die auch Ehe- und andere Familiensachen betreffen, als Indiz für eine fehlende – zumindest anfängliche – ausschließliche Zuständigkeit heranzuziehen. Aus deutscher Sicht ist hier an die Verträge mit Belgien, Griechenland, Italien und Spanien zu denken, da diese auch zu Zeiten des EGV bis zum Inkrafttreten der EheVO noch in vollem Umfang galten[287]. Würde es sich bei den behandelten Bereichen um eine ausschließliche Gemeinschaftskompetenz handeln, so wären die Mitgliedstaaten nämlich nicht nur bei einer bereits existenten entgegenstehenden gemeinschaftlichen Regelung gehindert gewesen, eine eigenständige Regelung zu treffen, sondern es wäre eine einzelstaatliche Regelung als solche verboten gewesen[288]. Dies hätte zur Folge, dass einer (später geschaffenen) EG-Regelung automatisch Anwendungsvorrang zukäme[289] und eine entgegenstehende Regelung durch die EheVO nicht erst ausdrücklich außer Kraft gesetzt werden müsste.
Allerdings geht der EuGH davon aus, dass Art. 5 Abs. 2 EGV keine Rückwirkung auf Vorschriften zukommt, die vor dem Inkrafttreten des EGV erlassen wurden[290]. Die genannten bilateralen Abkommen sind nämlich ausschließlich vor dem Inkrafttreten des EGV (in seiner aktuellen Fassung) geschlossen worden, so dass mangels Sperrwirkung durch den EGV die bilateralen Abkommen keine Indizwirkung entfalten können.

---

286 Geiger (1995), 274. Dies ist z.B. beim Verbot von Zoll- und Handelsverträgen mit Drittstaaten der Fall, um das Funktionieren des Gemeinsamen Markts und die Gesamtinteressen der Gemeinschaft zu wahren.

287 Jayme/Hausmann (2000), 385 Fn. 23.

288 Geiger (1995), 273; Oppermann (1999), Rn. 610.

289 Arndt (1999), 75.

290 So schon zu Art. 3b Abs. 2 EGV, EuGH, Urt. vom 22.10.1998, Verbundene Rs. C – 36/97 und C – 37/97, EuGHE 1998, I – 6337 (I – 6363).

(b) Verwirklichung des Binnenmarktes

Bei der Entscheidung, ob der Rat eine ausschließliche Gemeinschaftszuständigkeit wahrgenommen hat, sind die mit der EheVO angestrebten Ziele zu berücksichtigen. Zu den grundlegenden Zielen des EGV gehört gem. Art. 3 lit. c EGV die Verwirklichung des Binnenmarktes, so dass der EG auf diesem Gebiet die ausschließliche Kompetenz zusteht[291]. Aus Erwägungsgrund 1 zur EheVO geht zwar hervor, dass diese gerade zur Herstellung des reibungslosen Funktionierens des Binnenmarktes erlassen wurde. Trotz dieser Behauptung stellt sich die nicht ganz fernliegende Frage, ob zur Herstellung des Binnenmarktes gerade eine Regelung zur Vereinheitlichung des Verfahrens in Ehesachen und anderen Familiensachen erlassen werden musste. Dies ist nur dann der Fall, wenn die Verwirklichung des reibungslosen Funktionierens des Binnenmarktes die getroffene Regelung erfordert.

Eine Norm ist zur Herstellung des gemeinsamen Binnenmarktes gem. Art. 65 EGV erforderlich, wenn sie einen Bezug zur Grundfreiheit des grenzüberschreitenden Personenverkehrs aufweist[292]. Dieses Ziel hat Ausdruck im Grundsatz der gegenseitigen Anerkennung von Entscheidungen der mitgliedstaatlichen Gerichte und Justizbehörden gefunden. Dazu zählen insbesondere familienrechtliche Entscheidungen[293]. Die Zuständigkeits-, Anerkennungs- und Vollstreckungsregelungen, die durch die EheVO geschaffen wurden, erleichtern die Durchsetzung der Interessen der Parteien in Ehesachen bei grenzüberschreitenden Sachverhalten. Dies bedeutet auf der anderen Seite aber auch, dass die Parteien geringere Bedenken haben, eine Ehe mit einem Partner, der aus einem anderen Staat stammt, einzugehen, da man im Falle des Scheiterns der Ehe nicht vor unüberwindbaren rechtlichen Scheidungshürden steht. Somit tritt durch die EheVO eine Erleichterung für den Entscheidungs- und damit auch für den Personenverkehr ein, so dass die EheVO aufgrund ihrer Regelungsmaterie zur Herstellung des gemeinsamen Binnenmarktes beiträgt. Dies hat zur Konsequenz, dass für die EheVO eine ausschließliche Zuständigkeit der EG bestand und das Subsidiaritätsprinzip hier nicht zur Anwendung kommt.

[291] Lienbacher in Schwarze (2000), Art. 5 EGV Rn. 14.

[292] Wiedmann in Schwarze (2000), Art. 65 EGV Rn. 9.

[293] So die Schlussfolgerungen des Vorsitzes des Europäischen Rates in Tampere vom 15./16.10.1999 in Bulletin BReg. 1999, 793 (796 f.); de Boer, FJR 1999, 244; Wiedmann in Schwarze (2000), Art. 65 EGV Rn. 18 f.

bb) Verhältnismäßigkeit des Einsatzes einer Verordnung

Eine Maßnahme der EG darf gem. Art. 5 Abs. 3 EGV nicht über das Maß hinausgehen, das notwendig ist, um das angestrebte Ziel zu erreichen. Dadurch kommt das bereits aus dem deutschen Recht bekannte Verhältnismäßigkeitsprinzip zum Ausdruck[294].

(1) Geeignetheit

Zunächst müsste die EheVO zur Erreichung des mit ihr angestrebten Ziels geeignet sein. Ein Rechtsakt der EG ist dann geeignet, wenn die Wahrscheinlichkeit erhöht wird, dass der angestrebte Erfolg eintritt[295]. Er muss weder vollständig noch mit dem Höchstmaß an Wahrscheinlichkeit eintreten. Hier verfolgte die Gemeinschaft mit dem Erlass der EheVO die durch den EGV vorgegebenen Ziele der Verwirklichung des Binnenmarktes und der Erleichterung des Personenverkehrs. Dazu zählt, wie bereits festgestellt (s.o., S. 49), gem. Art. 65 lit. c EGV die Verbesserung der justitiellen Zusammenarbeit insbesondere auf dem Gebiet der gegenseitigen Anerkennung und Vollstreckung von Entscheidungen[296]. Die Erfahrungen mit den bi- bzw. multilateralen Abkommen auf diesem Gebiet (s.o., S. 28 bzw. S. 34) bieten einen anschaulichen Anhaltspunkt dafür, dass mehr als nur die bloße Wahrscheinlichkeit besteht, dass der Rechtsakt der Gemeinschaft die justitielle Zusammenarbeit fördert. Hierdurch dürfte auch der Binnenmarkt verwirklicht und der grenzüberschreitende Personenverkehr erleichtert werden.

(2) Erforderlichkeit

Weiterhin müsste der Rechtsakt erforderlich sein[297]. Dies bedeutet, dass bei mehreren geeigneten Maßnahmen die am wenigsten belastende zu wählen ist, die aber doch zumindest gleich effizient sein muss[298]. Im Unterschied zu dem in Art. 5 Abs. 2 EGV niedergelegten Subsidiaritätsprinzip bezieht sich das Verhältnismäßigkeitsprinzip auf alle Maßnahmen der Gemeinschaft. Somit sind

---

294 Lienbacher in Schwarze (2000), Art. 5 EGV Rn. 34.

295 Vgl. Becker in Schwarze (2000), Art. 30 EGV Rn. 64.

296 Das materielle Zivilrecht unterfällt grds. nicht der justitiellen Zusammenarbeit. Es ist aber davon auszugehen, dass auch dieses im Laufe der Zeit durch die Mitgliedstaaten angeglichen wird, soweit dadurch die reibungslose Abwicklung grenzüberschreitender zivilrechtlicher Verfahren erleichtert wird, Müller-Graff/Kainer, DRiZ 2000, 350.

297 EuGH, Urt. vom 13.5.1997 – Rs. C – 233/94, EuGHE 1997, I – 2405 (I – 2461); vgl. EuGH, Urt. vom 22.10.1998, Verbundene Rs. C – 36/97 und C – 37/97, EuGHE 1998, I – 6337 (I – 6362).

298 Lienbacher in Schwarze (2000), Art. 5 EGV Rn. 39.

auch Akte erfasst, die aufgrund einer ausschließlichen Gemeinschaftskompetenz ergingen[299].

Dabei stellt sich die Frage, ob zum einen der Rechtsakt der Gemeinschaft als solcher und zum anderen die konkret gewählte Handlungsform erforderlich sind. Als Alternative zu einem Gemeinschaftsrechtsakt käme nur eine nationale Regelung in Betracht. Mit Hilfe der EheVO will man aber gerade die bisherigen nationalen Lösungen vereinheitlichen. Somit würde eine nationale Regelung zwar ein milderes Mittel darstellen. Sie wäre aber nicht nur weniger effizient, sondern würde ins Leere laufen.

Schwieriger ist die Frage zu beantworten, ob es tatsächlich erforderlich war, dass die Gemeinschaft eine Verordnung als Handlungsform wählte. Bei der Prüfung der Erforderlichkeit gem. Art. 5 Abs. 3 EGV muss insbesondere die Intensität der Bindungswirkung einer Maßnahme berücksichtigt werden. Es stellt sich daher die Frage, ob nicht das von den Mitgliedstaaten der EG abgeschlossene EheÜbk als milderes Mittel in Frage kommt, da dieses weitgehend mit der EheVO identisch ist. Der Erlass der EheVO war dann nicht erforderlich, wenn das Übereinkommen den einzelnen Mitgliedstaaten im Vergleich zur Verordnung einen höheren gesetzgeberischen Gestaltungsspielraum bietet und überdies keine Rechtfertigung für die Beschneidung der Rechte der einzelstaatlichen Gesetzgeber besteht.

(a) Rechtsnatur des EheÜbk

Ob dies der Fall ist, hängt zunächst von der Rechtsnatur des EheÜbk und den sich daraus ergebenden Rechtsfolgen für den nationalen Gesetzgeber ab. Bei dem EheÜbk handelt es sich nicht um einen Rechtsakt der EG, da diese – abgesehen von einigen informellen Akten – abschließend in Art. 249 EGV aufgeführt sind.

Vielmehr ist es ein völkerrechtlicher Vertrag. Ein völkerrechtlicher Vertrag liegt dann vor, wenn mindestens zwei Völkerrechtssubjekte Willenserklärungen abgegeben haben, durch die völkerrechtliche Wirkungen herbeigeführt werden sollen und die inhaltlich aufeinander bezogen sind[300]. Zu den Völkerrechtssubjekten zählen u.a. Staaten[301]. Hier haben die Mitgliedstaaten der EG durch den Abschluss des EheÜbk völkerrechtsrelevante Willenserklärungen abgegeben,

[299] Oppermann (1999), Rn. 514.
[300] Vitzthum in Vitzthum (2001), I Rn. 115.
[301] Hailbronner in Vitzthum (2001), III Rn. 81 ff.

die vom einheitlichen Wunsch getragen waren, Teile des Prozessrechts zu vereinheitlichen.
Zwar können die Mitgliedstaaten der EG einen solchen Vertrag dann nicht abschließen, wenn die Gemeinschaft für die betroffene Materie die alleinige Rechtsetzungsbefugnis besitzt[302]. Allerdings können die EG-Staaten untereinander durch den Abschluss von Übereinkommen, die sachlich eng mit der Tätigkeit der Gemeinschaft zusammenhängen, den politischen Gesamtstatus der EG weiter fördern[303]. So fordert Art. 293 EGV die Mitgliedstaaten ausdrücklich zum Abschluss von Vereinheitlichungsabkommen im Bereich des Prozessrechts auf. Dies gilt insbesondere für Abkommen, die sich auf Art. K. 3 EUV stützen[304], also auch für das EheÜbk. Trotz der sachlichen Nähe dieser Übereinkommen zu sonstigem EG-Recht werden sie nicht zu Gemeinschaftsrecht. Es handelt sich dabei vielmehr um („paralleles") Völkervertragsrecht, das zwischen den Mitgliedstaaten gilt und innerstaatlich nach den allgemeinen Transformationsregeln behandelt wird.

(b) Folgen für den gesetzgeberischen Umsetzungsspielraum

Für den nationalen Gesetzgeber besteht grds. keine Verpflichtung, den Vertrag wortwörtlich zu transformieren. Vielmehr steht ihm u.U. auch die Möglichkeit offen, formal abweichende, aber inhaltsgleiche innerstaatliche Regelungen zu schaffen[305].
Ein Kriterium für die Unterscheidung, ob die Bestimmungen des Vertrages mittelbar oder unmittelbar umgesetzt werden müssen, ist eine ausdrückliche Regelung im Vertrag. Im EheÜbk wurde aber keine entsprechende Regelung getroffen.
Weiterhin kann die Umsetzungsweise des Vertrages von der Notwendigkeit abhängen, innerstaatliche, vorgeschaltete Maßnahmen zu treffen[306]. Dies ist insbesondere dann der Fall, wenn eine Vertragsbestimmung nach innerstaatlichem Recht nur dann ausgeführt werden kann, wenn vorher ein zusätzlicher Rechtsakt erlassen wurde. Als Beispiel für einen solchen Rechtsakt kommen die Regelung der Zuständigkeit einer Behörde oder das von ihr einzuhaltende Verfahren in Betracht. Hierfür sind keine Anhaltspunkte ersichtlich. Insbesondere spricht die

302 Oppermann (1999), Rn. 610.
303 Oppermann (1999), Rn. 611.
304 Oppermann (1999), Rn. 612.
305 Rudolf in Seidl-Hohenveldern (1992), 243.
306 Vgl. Regehr (1974), 75.

fast vollständige Identität des EheÜbk mit der EheVO, die ja unmittelbar gilt[307] und in der keine weitergehenden Angaben hinsichtlich der Umsetzung und des Verfahrens gemacht sind, dafür, dass auch das EheÜbk umfassende einzelstaatliche Geltung erlangen sollte.

Kann die Umsetzungsweise an keinem anderen Kriterium eindeutig festgemacht werden, so ist durch Auslegung des Vertragstextes zu bestimmen, ob nach Inhalt, Zweck und Fassung einer Vertragsbestimmung noch weitere völker- und staatsrechtliche Akte für die Umsetzung in innerstaatliches Recht erforderlich sind. Das EheÜbk beinhaltet detaillierte Regelungen, in denen sogar Angaben zur Prozesskostenhilfe gemacht werden. Außerdem sind das EheÜbk und die EheVO nahezu identisch (s.o., S. 47). Daraus ergibt sich, dass die nationalen Gesetzgeber die Bestimmungen des EheÜbk unmittelbar, also wortwörtlich, umsetzen mussten. Daraus folgt, dass das Übereinkommen dem nationalen Gesetzgeber im Vergleich zu einer Verordnung keinen extensiveren gesetzgeberischen Spielraum belassen hätte.

Schließlich muss man berücksichtigen, dass das EheÜbk gem. seines Art. 47 Abs. 1 der Annahme durch die Mitgliedstaaten bedurfte, um in Kraft treten zu können. Das Übereinkommen wurde aber durch die Mitgliedstaaten nicht ratifiziert[308] und konnte somit nicht in Kraft treten[309]. Zwar enthält Art. 47 Abs. 4 EheÜbk eine Sonderregelung. Danach können einzelne Mitgliedstaaten eine vorzeitige zwischenstaatliche Geltung inter partes vereinbaren. Solche Vereinbarungen hätten allerdings ein „Europa der verschiedenen Geschwindigkeiten" zur Folge, was die einheitliche Anwendbarkeit der Regelungen beeinträchtigen

---

307 AG Leverkusen, Urt. vom 14.02.2002 – 34 F 134/01, FamRZ 2002, 1635.

308 In den Mitgliedstaaten wurden auch überhaupt keine Maßnahmen zur Ratifikation des Übereinkommens getroffen, da die Mitgliedstaaten bereits vor der Unterzeichnung des EheÜbk den Vertrag von Amsterdam am 18.6.1997 geschlossen hatten, Boele-Woelki, ZfRV 2001, 121.

309 Dabei zeigten sich die EG-Staaten nicht nur bei diesem Übereinkommen als äußerst zögerlich. Das „Haager Übereinkommen über die Anerkennung von Ehescheidungen und Ehetrennungen" wurde bereits am 1.6.1970 geschlossen, ist aber von vielen Staaten, u.a. auch Deutschland noch nicht ratifiziert worden, so dass sich der damalige EG-Kommissar Martin Bangemann gezwungen sah, eine entsprechende, aber originär wirksame Maßnahme der EG in Aussicht zu stellen. Auch das „Übereinkommen über die Zustellung gerichtlicher und außergerichtlicher Schriftstücke in Zivil- und Handelssachen", Abl. EG 1997, Nr. C 261, 1, ist nicht ratifiziert worden. Es wurde aber in Form der ZustellungsVO, Abl. EG 2000, Nr. L 160, 37 - 52, realisiert.

würde[310]. Dies will die EheVO aber gerade dadurch verhindern, dass sie in allen Staaten der EG zum gleichen Zeitpunkt in Kraft tritt[311].
Daher kann die Existenz des EheÜbk nicht als Argument gegen eine Erforderlichkeit der EheVO herangezogen werden. Somit waren sowohl der Erlass eines EG-Rechtsakts im Allgemeinen als auch der Erlass einer Verordnung im Besonderen erforderlich.

(3) Proportionalität oder Verhältnismäßigkeit i.e.S.

Die EheVO müsste schließlich auch proportional bzw. verhältnismäßig i.e.S. sein. Dies setzt voraus, dass die auferlegten Verkürzungen nationaler Kompetenzen in angemessenem Verhältnis zu den angestrebten Zielen stehen[312]. Mit der EheVO will man die Entwicklung des Binnenmarktes vorantreiben und dadurch den Personenverkehr zwischen den Mitgliedstaaten erleichtern (s.o., S. 63). Es stellt sich aber die Frage, in welche nationalen Rechte die EheVO überhaupt noch eingreifen kann. Eine Beschneidung der gesetzgeberischen Rechte in inhaltlicher Sicht kommt jedenfalls nicht in Betracht, da die nationalen Gesetzgeber durch das unmittelbare Umsetzungsgebot ohnehin gezwungen waren, das Übereinkommen wörtlich zu übernehmen und insoweit kein Spielraum für eigenständige gesetzgeberische Tätigkeiten bestand (s.o., S. 67).
Im Gegensatz zur EheVO, die unmittelbare Wirkung entfaltet, konnte das EheÜbk aufgrund von dessen Art. 47 Abs. 1 erst nach der Annahme des Übereinkommens durch sämtliche Vertragsstaaten in Kraft treten. Somit bestand für die nationalen Gesetzgeber nicht nur die Möglichkeit, die innerstaatliche Wirksamkeit zeitlich herauszuzögern, sondern ein Inkrafttreten, wie dann auch tatsächlich geschehen, durch eine Verweigerung der Annahme gänzlich zu verhindern. Dieses „Recht", das nach dem Abschluss des völkerrechtlichen Vertrages m.E. eher einem Rechtsmissbrauch gleichkommt, steht in klarem Widerspruch zu den Zielen des EGV und muss somit hinter den mit der EheVO verfolgten Zielen zurücktreten. Daher ist die EheVO verhältnismäßig und im Rahmen der betrachteten Facetten rechtmäßig.

---

310 Weber, ZAR 1998, 152.
311 Hausmann, ELF 2000/01, 273.
312 EuGH, Urt. vom 11.7.1989 – Rs. 265/87, EuGHE 1989, 2237 (2269 f.).

5. Die Befugnis und die Methoden des EuGH zur Auslegung der EheVO

a) Auslegungsbefugnis

Der EuGH sollte im Rahmen des EheÜbk bei Auslegungsfragen noch aufgrund eines gesonderten Protokolls[313], durch das man die einheitliche Auslegung des EheÜbk sichern wollte[314] und das dem Auslegungsprotokoll zum EuGVÜ[315] ähnelte, entscheiden. Nach Inkrafttreten des Amsterdamer Vertrages ist der EuGH aber gem. Art. 220 EGV bereits aufgrund primären Gemeinschaftsrechts für die Auslegung des sekundären EG-Rechts zuständig, um dessen einheitliche Interpretation zu gewährleisten[316]. Die EheVO zählt zum sekundären Gemeinschaftsrecht, so dass keine Erforderlichkeit für ein solches Protokoll besteht.

Die EheVO basiert auf Art. 65 i.V.m. Art. 61 EGV. Diese befinden sich im vierten Titel des EGV. Somit findet auf den Umfang der Auslegungsbefugnis des EuGH Art. 68 EGV Anwendung. Auch aufgrund dieser Vorschrift ist ein gesondertes Auslegungsprotokoll für die EheVO nicht erforderlich[317]. Allerdings schränkt Art. 68 Abs. 1 EGV die Möglichkeit, den EuGH im Rahmen des Vorabentscheidungsverfahrens anzurufen, ein. Demzufolge ist nicht mehr wie in Art. 234 S. 2 EGV jedes Gericht eines Mitgliedstaates vorlageberechtigt, sondern nur ein solches, gegen dessen Entscheidungen keine Rechtsmittel mehr eingelegt werden können[318].

Der Grund für die Beschränkung der Auslegungskompetenz des EuGH durch Art. 68 Abs. 1 EGV liegt in den von Titel IV des EGV erfassten Regelungsbereichen. Art. 61 lit. a EGV bezieht nämlich Maßnahmen in Asylsachen mit in den Anwendungsbereich des vierten Titels des EGV ein. Die Mitgliedstaaten befürchteten, dass der EuGH durch eine Vielzahl von Vorlagen in Asylsachen überlastet werden könnte. Unabhängig davon, ob diese Vermutung zutrifft, kann festgehalten werden, dass eine solche Vorlageflut im Bereich des internationalen Zivilverfahrensrechts, insbesondere also für die EheVO, nicht zu befürchten ist. Dies verdeutlichen die Erfahrungen mit dem EuGVÜ[319]. Daher spricht einiges

---

313 Abl. EG 1998, Nr. C 221/19; dieses sollte es ermöglichen, das EheÜbk rascher abschließen zu können. Über die Auslegungsbefugnis des EuGH sollte sodann getrennt verhandelt werden, Beaumont/Moir, ELR 1995, 280.

314 Van der Velden, NIPR 1995, 3; Sturlèse, JCP 1998, 1148; Meeusen, RW 1998-1999, 758.

315 Luxemburger Protokoll betreffend die Auslegung des EuGVÜ, BGBl. 1972 II, 846.

316 Van der Velden, WPNR 2000, 754.

317 Boele-Woelki, ZfRV 2001, 128.

318 Diese Beschränkung wird teilweise als zu weit gehend bewertet, van der Velden, WPNR 2000, 754.

319 Leible/Staudinger, ELF 2000/01, 227.

dafür, dass man Art. 68 Abs. 1 EGV besser nur auf einzelne Kompetenztitel in Titel IV des EGV hätte anwenden sollen.

Gegen die Regelung bestehen daher einige Bedenken. Gerade im Hinblick auf die ZivVO bedeutet sie einen Rückschritt im Rechtsschutz[320], da der Gerichtshof im Rahmen des EuGVÜ gem. Art. 2 Nr. 2 des „Luxemburger Protokolls betreffend die Auslegung des EuGVÜ“ auch auf Vorlage mitgliedstaatlicher Instanzgerichte angerufen werden kann. Die Neuregelung führt dann zu erheblichen Verfahrensverlängerungen, wenn bereits die Zuständigkeit des angerufenen Gerichts umstritten ist und erst nach langwieriger Beschreitung des Instanzenzugs eine abschließende Entscheidung über die Zuständigkeit durch den EuGH gefällt wird[321].

Diese eingeschränkte Zuständigkeit kompensiert z.T. das durch Art. 68 Abs. 3 EGV neu geschaffene abstrakte Auslegungsverfahren. Bei diesem können der Rat, die Kommission oder ein Mitgliedstaat dem Gerichtshof eine abstrakte Frage zur Auslegung des Titels IV des EGV oder eines hierauf gestützten Rechtsakts vorlegen. Das Verfahren ähnelt der in Art. 4 des Auslegungsprotokolls zum EuGVÜ eröffneten Divergenzvorlage[322]. Es weist aber eine kürzere Verfahrensdauer auf[323] und es kann auch ohne konkrete Anknüpfung an ein gerichtliches Verfahren in einem Mitgliedstaat zur Anwendung kommen[324]. Das Ergebnis dieses Vorlageverfahrens hat gem. Art. 4 Abs. 2 des Auslegungsprotokolls keine Auswirkung auf das bereits abgeschlossene nationale Verfahren, das den Anlass für den Antrag bildete, und es stellt auch keinen Wiederaufnahmegrund dar.

b) Die auf die EheVO anzuwendenden Auslegungsmethoden des EuGH

aa) Allgemeines

Der EuGH ist für die Auslegung der EheVO zuständig und wird dafür auf seine selbst entwickelten Auslegungsmethoden zurückgreifen. Man wendet die Grundlagen dieser Methoden in den Mitgliedstaaten traditionell an. Der EuGH modifizierte sie im Laufe der Zeit, um den Besonderheiten des Gemeinschafts-

320 So auch Leible/Staudinger, ELF 2000/01, 226.

321 Leible/Staudinger, ELF 2000/01, 227.

322 Diese lehnt sich an die im romanischen Rechtsraum bekannte „Klage im Interesse des Gesetzes“ an. Diese gewinnt dann an Bedeutung, wenn eine rechtskräftige Entscheidung eines Gerichts eines Mitgliedstaates der Auslegung durch den EuGH bzw. eines höheren Gerichts eines Mitgliedstaates widerspricht, Kropholler (1998), Einl. EuGVÜ Rn. 19.

323 Jayme/Kohler, IPRax 2000, 457; Wagner, IPRax 2001, 81.

324 Wiedmann in Schwarze (2000), Art. 68 EGV Rn. 9.

rechts Rechnung zu tragen[325]. So entwickelte er ein System gemeinschaftsrechtlicher Interpretationsgrundsätze, die sich aus völkerrechtlichen und verfassungsrechtlichen Auslegungsprinzipien zusammensetzen[326]. Dabei greift der EuGH auf die Wortlautauslegung, die systematische, die historische und die teleologische Auslegung zurück[327]. Primäres und sekundäres Gemeinschaftsrecht werden dabei grds. auf die gleiche Weise ausgelegt. Sekundäres Recht, zu dem auch die EheVO zählt, ist darüber hinaus primärrechtskonform auszulegen[328].
Dabei ist der allgemeine Grundsatz der „Einheitlichkeit der Auslegung des EG-Rechts" zu beachten. Danach muss der EuGH darauf achten, dass seine Entscheidungen einander nicht widersprechen[329]. Diesem Grundsatz kommt deswegen so große Bedeutung zu, weil der EuGH keine eigenen Möglichkeiten besitzt, um seine Entscheidungen in den Mitgliedstaaten durchzusetzen, und daher umso mehr von deren Rechtsbefolgungswillen abhängig ist[330].

bb) Wortlautauslegung

Der EuGH beginnt mit der Wortlautauslegung. Dabei untersucht er die Norm mit linguistischen und philologischen Mitteln[331]. Der Wortlaut stellt die Grenze der Auslegung dar[332]. Ist bereits der Wortlaut der Norm absolut eindeutig, verzichtet der EuGH zumeist darauf, auch die anderen Auslegungsmethoden (zumindest unterstützend) heranzuziehen[333]. Aufgrund der gemeinschaftsrechtli-

325 Die Notwendigkeit einer modifizierten Auslegungsweise ergibt sich dabei u.a. aus den unterschiedlichen Zielen, die mit nationalem Recht einerseits und dem Gemeinschaftsrecht andererseits verfolgt werden, de Wilmars, CDE 1986, 6.

326 Meyer, Jura 1994, 456.

327 De Wilmars, CDE 1986, 9.

328 EuGH, Urt. vom 13.12.1983 – Rs. 218/82, EuGHE 1983, 4063 (4075); EuGH, Urt. vom 21.3.1991 – Rs. C – 314/89, EuGHE 1991, I – 1647 (I – 1672); Bleckmann/Pieper in Dauses (2001), B I Rn. 4.

329 EuGH, Urt. vom 10.1.1980 – Rs. 69/79, EuGHE 1980, 75 (84); de Wilmars, CDE 1986, 12.

330 Daraus ging auch der Grundsatz „in dubio pro communitate" hervor, Bleckmann/Pieper in Dauses (2001), B I Rn. 1; vgl. zur Stellung des EuGH als Hüter des Gemeinschaftsrechts Pescatore (1972), 328.

331 De Wilmars, CDE 1986, 10.

332 EuGH, Urt. vom 1.4.1965 – Rs. 40/64, EuGHE 1965, 296 (312); EuGH, Urt. vom 13.7.1966 – Verbundene Rs. 56/64 und 58/64, EuGHE 1966, 321 (387); Bleckmann/Pieper in Dauses (2001), B I Rn. 5.

333 EuGH, Urt. vom 11.3.1965 – Rs. 31/64, EuGHE 1965, 112 (119); EuGH, Urt. vom 11.3.1965 – Rs. 33/64, EuGHE 1965, 134 (142); EuGH, Urt. vom 21.2.1974 – Rs. 162/73, EuGHE 1974, 201 (213 f.); EuGH, Urt. vom 21.3.1974, Rs. 151/ 73, EuGHE 1974, 285 (296); EuGH, Urt. vom 9.3.1978 – Rs. 79/77, EuGHE 1978, 611 (619).

chen Mehrstaatlich- und Mehrsprachlichkeit stellen sich bereits auf dieser ersten Stufe ganz eigene Probleme. Zum Teil haben die im EG-Recht verwendeten Begriffe in den Rechtsordnungen der Mitgliedstaaten ganz unterschiedliche Bedeutungen. Dies kompensiert man zwar oftmals durch eine neutrale Umschreibung des Begriffs in den Rechtsakten der EG, so z.B. durch die Verwendung des Begriffs der „elterlichen Verantwortung" in Art. 1 lit. b EheVO. Teilweise erschwert auch der Umstand, dass es in der EG elf Amtsprachen gibt[334], die gleichberechtigt nebeneinander stehen und durch einen Gemeinschaftsrechtsakt festgelegt wurden, die Auslegung[335]. Anders als bei vielen bilateralen Abkommen sind somit alle Textfassungen der EheVO als gleichrangig zu betrachten, so dass die verschiedenen Textfassungen zu einem einheitlichen EG-Wortlaut verschmolzen werden müssen[336], um die Einheit des EG-Rechts bei der Auslegung der EheVO zu gewährleisten[337].

cc) Systematische Auslegung

Bei der systematischen Auslegung untersucht der EuGH die Stellung einer Norm im System des EG-Rechts[338]. Dabei spielt für den EuGH das Verhältnis der Norm zum EGV die gewichtigste Rolle[339].

Der EuGH bleibt im Rahmen der systematischen Auslegung nicht auf der Ebene des EG-Rechts stehen. Vielmehr betrachtet er die Rechtsordnungen der einzelnen Mitgliedstaaten als ein Füllhorn, aus dem er zumindest indiziell auch Schlüsse hinsichtlich des Gemeinschaftsrechts ziehen will. Dabei untersucht er

---

334 Dänisch, Deutsch, Englisch, Finnisch, Französisch, Griechisch, Italienisch, Niederländisch, Portugiesisch, Schwedisch und Spanisch. Irisch ist hingegen keine offizielle Amtssprache, sondern nur eine der möglichen Verfahrenssprachen vor dem EuGH.

335 Protokoll über die Sprachenregelung der EGKS 1952; Verordnung Nr. 1 zur Regelung der Sprachenfrage für die EWG, Abl. EG 1958, Nr. 17, 385 f.; Artt. 29 ff. VerfO des Gerichtshofs der EG, Abl. EG 1991, Nr. L 176, 7; Art. 79 GeschO des Europäischen Parlaments; Erklärung Nr. 28 zum EUV 1992 zum Sprachgebrauch in der GASP; Art. 290 EGV. Die Anerkennung als Amtssprache hat zur Folge, dass alle Hoheitsakte und die offiziellen Publikationen der EG, auch in dieser Sprache veröffentlicht werden müssen. Näheres bei Bruha/Seeler(1998); Jansen, Bernhard, Die Verwendung der EU-Amtssprachen in internationalen Abkommen in EuZW 1999, 1; Lopes Sabino, RTDE 1999, 159 – 169; vgl. Yasue, RMC 1999, 277 – 283; Oppermann, NJW 2001, 2663 – 2668.

336 Zur Formung eines einheitlichen EG-Wortlauts EuGH, Urt. vom 5.12.1967 – Rs. 19/67, EuGHE 1967, 461 (463); EuGH, Urt. vom 12.7.1979 – Rs. 9/79, EuGHE 1979, 2717; de Wilmars, CDE 1986, 13; Bleckmann, NJW 1982, 1180.

337 So allgemein zur Auslegung des EG-Rechts, Groux (1987), 277.

338 EuGH, Urt. vom 12.5.1964 – Rs. 101/63, EuGHE 1964, 417 (432 f.); Bleckmann/Pieper in Dauses (2001), B I Rn. 30.

339 Pescatore (1972), 328.

die einzelstaatlichen Regelungen auf eine möglichst hohe Übereinstimmung mit den Grundgedanken des EG-Rechts[340]. Somit kann der EuGH die mitgliedstaatlichen Regelungen zumindest als Indiz bei der Auslegung der EheVO heranziehen.

dd) Historische Auslegung

Die historische Auslegung spielt für den EuGH nur eine untergeordnete Rolle. Durch sie soll ermittelt werden, welche Ziele ursprünglich mit einer Regelung verfolgt wurden[341]. Um den aktuellen Gesellschaftsverhältnissen gerecht zu werden, ist aber auf ein zu enges Verhaften am ursprünglichen Willen der Legislative zu verzichten[342].

Daneben ist im Rahmen der historischen Auslegung von EG-Recht auch oftmals auf schwer zugängliche Dokumente zurückzugreifen. Das EG-Recht wendet sich aber nicht nur an die Mitgliedstaaten und deren Vertreter, sondern an jeden einzelnen Bürger der EG. Für diese soll die Herleitung der Rechtsfindung aber auch möglich sein[343]. Dennoch kann im Rahmen der historischen Auslegung der EheVO auf Vorläuferregelungen wie z.B. das EheÜbk und die dazu herausgeformten Interpretationen – wenn auch mit einiger Zurückhaltung – zurückgegriffen werden[344], da zwischen der Unterzeichnung des EheÜbk durch die Vertragsstaaten und dem Inkrafttreten der EheVO nur ein geringer Zeitraum lag.

ee) Teleologische Auslegung

Bei der teleologischen Auslegung stellt der EuGH auf Sinn und Zweck der jeweiligen Gemeinschaftsrechtsnorm ab[345]. Die teleologische Auslegung wird vom EuGH z.T. zur Weiterentwicklung des Gemeinschaftsrechts verwendet, wobei ihm aber weiterhin Grenzen durch Wortlaut und Systematik sowie die allgemeinen Ziele der EG gesetzt sind[346].

---

340 Oppermann (1999), Rn. 684.

341 EuGH, Urt. vom 1.6.1961 – Rs. 15/60, EuGHE 1961, 239 (262); EuGH, Urt. vom 5.6.1973 – Rs. 81/72, EuGHE 1973, 575 (583); de Wilmars, CDE 1986, 14.

342 Vgl. Herdegen, ZHR 1991, 56 f.

343 Bleckmann/Pieper in Dauses (2001), B I Rn. 40.

344 So auch Erwägungsgrund 6 zur EheVO.

345 EuGH, Urt. vom 9.6.1964 – Rs. 92/63, EuGHE 1964, 611 (628f.); EuGH, Urt. vom 11.7.1968 – Rs. 4/68, EuGHE 1968, 561 (574 ff.); EuGH, Urt. vom 7.11.1972 – Rs. 20/72, EuGHE 1972, 1055 (1061); EuGH, Urt. vom 17.11.1983 – Rs. 292/82, EuGHE 1983, 3781 (3792).

346 Oppermann (1999), Rn. 685; Bleckmann/Pieper in Dauses (2001), B I Rn. 27.

Im Rahmen der teleologischen Auslegung hat der EuGH einige vertiefende Auslegungsfiguren entwickelt, die diese Auslegungsmethode vorhersehbarer gestalten soll. Hierher gehört insbesondere der Effektivitätsgrundsatz (effet utile). Dieser bestimmt, dass eine Norm so auszulegen ist, dass aus dieser ein möglichst großer Nutzen gezogen werden kann[347].

6. Die Regelungen der EheVO im Einzelnen

a) Die gerichtliche Zuständigkeit bei der EheVO

aa) Allgemeines

Im Gegensatz zu den bisherigen bi- und multilateralen Übereinkünften, die für die EG-Staaten Wirkung entfalten, sind durch die EheVO nicht nur die Anerkennung und Vollstreckung, sondern auch die Zuständigkeiten der mitgliedstaatlichen Gerichte eigenständig geregelt. Anders als bei jenen Abkommen wird somit eine völlig neue Zuständigkeit eröffnet[348]. Die verschiedenen Anknüpfungsmöglichkeiten, durch die die internationale Zuständigkeit eines Gerichts begründet werden kann, bestehen gleichrangig nebeneinander[349], so dass die Parteien im Einzelfall durchaus die Wahlmöglichkeit zwischen mehreren international zuständigen Gerichten haben können. Dies basiert auf der Überlegung, dass es in international gelagerten Sachverhalten oftmals kein sachnächstes Gericht gibt[350] und dass die Bedürfnisse der Parteien durch eine Wahlmöglichkeit am ehesten befriedigt werden können.

Die Vereinheitlichung der Zuständigkeitsregelungen bietet einen entscheidenden Vorteil. Durch sie wird das Vertrauen in die Verfahren in den anderen Mitgliedstaaten gestärkt. Dadurch muss eine ausländische Entscheidung bei deren Anerkennung und Vollstreckung weitaus weniger strikt überprüft werden. Dies bewirkt letztlich auch eine Beschleunigung des Verfahrens[351].

Hingegen bietet Erwägungsgrund 9 S. 2 zur EheVO Anlass zur Sorge. Danach fallen nämlich nicht nur die Entscheidungen der ordentlichen Gerichte, sondern auch die von außergerichtlichen Behörden in den Anwendungsbereich der

---

347 EuGH, Urt. vom 16.7.1956 – Rs. 8/55, EuGHE 1955/56, 197 (312); Streinz (1995), 1499.

348 Dies verkennt das AG Leverkusen, Urt. vom 14.02.2002 – 34 F 134/01, FamRZ 2002, 1635 völlig, indem es weiterhin auf die innerstaatlichen Zuständigkeitsregelungen zurückgreift.

349 Finger, FuR 1998, 347; Hau, FamRZ 2000, 1335; Hüßtege in Thomas/Putzo (2001), Art. 2 EheVO Rn. 1; Gottwald in Lüke/Wax (2001), Art. 2 EheGVO Rn. 2.

350 Hau, FamRZ 2000, 1339; Meyer-Götz, FF 2001, 18.

351 Meeusen, RW 1998-1999, 755.

EheVO. Diese müssen lediglich in einem amtlich anerkannten Verfahren ergangen sein. Zwar trägt man so nationalen Besonderheiten Rechnung. Allerdings besteht die nicht zu unterschätzende Gefahr, dass durch Verfahrensarten, die in den anderen Staaten unbekannt sind, das durch das einheitliche Zuständigkeitssystem aufgebaute Vertrauen wieder zunichte gemacht wird. Auch der Wirtschafts- und Sozialausschuss der EG betrachtete mit Sorge die möglicherweise fehlende Spezialisierung und Professionalität der außergerichtlichen Behörden, weshalb er (wenn auch erfolglos) für eine Vereinheitlichung der zur Entscheidung berufenen Stellen plädierte[352].

Wie Art. 7 EheVO klarstellt, ist die Aufzählung der Zuständigkeitsanknüpfungen in Artt. 2 – 6 EheVO abschließend[353]. Art. 9 EheVO unterstreicht zusätzlich, dass sich ein angerufenes Gericht von Amts wegen für unzuständig zu erklären hat, wenn es erkennt, dass die Zuständigkeitsvoraussetzungen nicht erfüllt sind. Die EheVO eröffnet dem Gericht nicht die Möglichkeit, die Sache an ein anderes Gericht zu verweisen. Daraus folgt gleichzeitig, dass weder die Möglichkeit einer Prorogation noch einer rügelosen Einlassung besteht[354].

bb) Entscheidungen in Ehesachen

Die EheVO regelt die Zuständigkeit der Behörden für Ehesachen und für Verfahren, in denen über die elterliche Verantwortung befunden werden soll. Die Regelung der Zuständigkeit der Behörden für Ehesachen befindet sich in Art. 2 EheVO.

(1) Internationale Zuständigkeit

Art. 2 EheVO regelt nur die internationale Zuständigkeit der Behörden für Ehesachen. Es wird also nur festgelegt, in welchem Staat der EG die Behörden zur Entscheidung berufen sind. Durch Art. 2 EheVO werden also die örtliche, die sachliche und die funktionelle Zuständigkeit nicht geregelt. Auch sind Verfahren, in denen über die elterliche Verantwortung befunden werden soll, von dieser Norm nicht erfasst.

---

[352] Abl. EG 1999, Nr. C 368, 24.

[353] Gottwald in Lüke/Wax (2001), Art. 2 EheGVO Rn. 4; Hüßtege in Thomas/Putzo (2001), Art. 2 EheVO Rn. 1.

[354] So auch Hüßtege in Thomas/Putzo (2001), Art. 2 Rn. 1 EheVO. Anders hingegen beim EuGVÜ, dort ist gem. Artt. 17, 12, 12a, 15 eine Gerichtsstandsvereinbarung möglich. So auch Geimer (1986), 181.

(a) Begriff der Ehesache

Zu den Ehesachen i.S.d. EheVO zählen Verfahren, die die Ehescheidung, die Trennung ohne Auflösung des Ehebandes und die Ungültigerklärung einer Ehe betreffen. Die Trennung ohne Auflösung des Ehebandes hat zwar für Deutschland keine (unmittelbare) Bedeutung, da sie im deutschen Recht nicht existiert. Sie ist aber in den Rechten anderer Mitgliedstaaten bekannt, so z.B. im italienischen Recht in Form der gerichtlichen Ehetrennung („separazione giudiziale") gem. Art. 151 Codice civile. Eine Trennung ohne Auflösung des Ehebandes kann damit allenfalls dann von einem deutschen Gericht ausgesprochen werden, wenn im Rahmen des Art. 17 Abs. 1 EGBGB ausländisches Recht zur Anwendung kommt[355].

(b) Anknüpfungspunkte für die gerichtliche Zuständigkeit

Anders als bei der ZivVO gibt es keinen allgemeinen Gerichtsstand, der im Einzelfall durch besondere Zuständigkeiten verdrängt werden kann. Vielmehr bestehen mehrere gleichwertige Anknüpfungsmöglichkeiten nebeneinander[356]. In Art. 2 EheVO sind sieben Zuständigkeitsgründe vorgesehen. Diese lassen sich in zwei Gruppen unterteilen.

(aa) Anknüpfungen an den gewöhnlichen Aufenthalt

Eine Gruppe der Zuständigkeitsgründe knüpft zumindest auch an den gewöhnlichen Aufenthalt einer Partei an. Der gewöhnliche Aufenthalt ist zentrales Anknüpfungsmoment in der EheVO. Sechs der sieben Zuständigkeitsgründe stellen hierauf zumindest partiell ab. In der EheVO findet man keine Definition des Begriffs des gewöhnlichen Aufenthalts. Vielmehr soll der Begriff durch den EuGH ausgefüllt[357] und autonom interpretiert werden[358]. Anhaltspunkte bieten dafür die Staatsverträge (s.o., S. 28) und die nationalen Rechte der Mitgliedstaaten[359].

---

355 BGH, Urt. vom 1.4.1987 – IVb ZR 40/86, FamRZ 1987, 793.

356 Aufgrund des nicht vereinheitlichten Kollisionsrechts wird daher weiterhin ein forum shopping befürchtet, Sturlèse, JCP 1998, 1147; Boele-Woelki (2000), 73; de Boer, FJR 1999, 245.

357 Borrás, Abl. EG 1998, Nr. C 221, 38, Rn. 32.

358 Vlas, WPNR 2001, 443.

359 Hierzu näher bei Baetge (1994), 102 ff.; Heldrich in Palandt (2002), Art. 5 EGBGB Rn. 10 ff.

(aaa) Anknüpfung an das forum rei

Gem. Art. 2 Abs. 1 lit. a Strich 1 und Strich 3 EheVO ist das Gericht am Ort des gewöhnlichen Aufenthalts beider Ehegatten bzw. des Antragsgegners zuständig. Dadurch wird der Anwendungsbereich der EheVO auch auf Personen ausgedehnt, die einem Drittstaat angehören. So ist z.B. ein niederländisches Gericht für Ehegatten zuständig, die ihren gewöhnlichen Aufenthalt in den Niederlanden haben, obwohl beide die chilenische Staatsangehörigkeit besitzen[360]. Dies hat zwar den positiven Effekt, dass Fragen der Zuständigkeit auch für viele solcher Sachverhalte einheitlich gelöst werden, bei denen Personen involviert sind, die keinem EG-Staat angehören. Allerdings kann dies auf der anderen Seite auch zu hinkenden Rechtsverhältnissen führen[361].

Das Anknüpfungsmoment in Art. 2 Abs. 1 lit. a Strich 1 EheVO kann hingegen keine eigenständige Bedeutung neben der Variante in Strich 3 haben[362]. Erstere eröffnet die Gerichtszuständigkeit nur in dem Staat, in dem beide Ehegatten ihren gewöhnlichen Aufenthalt haben. Dies geht aber in der in Strich 3 vorgesehenen Zuständigkeitsanknüpfung auf, da diese nur an den Aufenthaltsort des Antragsgegners anknüpft[363].

> Beispiel: Die Eheleute M und F haben ihren gewöhnlichen Aufenthalt in Luxemburg. Ende 2001 will die Ehefrau die Scheidung einreichen. Gem. Art. 2 Abs. 1 lit. a Strich 1 EheVO sind die Gerichte in Luxemburg zuständig, da beide Ehegatten ihren gewöhnlichen Aufenthalt in Luxemburg haben. Die Zuständigkeit der luxemburgischen Gerichte ist aber auch aufgrund von Art. 2 Abs. 1 lit. a Strich 3 EheVO gegeben, da M, der Antragsgegner, seinen gewöhnlichen Aufenthalt in Luxemburg hat. Die Zuständigkeit der Gerichte in Luxemburg wäre also schon dann gegeben, wenn nur M, nicht aber F, seinen gewöhnlichen Aufenthalt in Luxemburg hätte.

Die Regelung in Art. 2 Abs. 1 lit. a Strich 1 EheVO muss im Lichte des deutschen Vorentwurfs zum EheÜbk gesehen werden. Dieser betrachtete den gewöhnlichen Aufenthalt der Ehegatten im selben Staat als vorrangiges Anknüp-

---

360 Beispiel aus Vlas, WPNR 2001, 443.

361 So auch Vogel, MDR 2000, 1045.

362 Vlas, WPNR 2001, 443.

363 Zum Teil wird der zu geringe Stellenwert des gemeinsamen Antrags in der EheVO kritisiert. Wenn die Eheleute in einer Ehesache einen gemeinsamen Antrag auf richterliche Entscheidung stellen, müsse es möglich sein, auch in anderen Staaten als dem, in dem mindestens ein Ehegatte seinen gewöhnlichen Aufenthalt hat, ein Gericht anzurufen, de Boer, FJR 1999, 249.

fungsmoment[364]. Die im Entwurf vorgesehene Vorrangstellung der Zuständigkeit nach Strich 1 wurde aber aufgegeben, so dass dieses Anknüpfungsmoment letztlich überflüssig ist.

(bbb) Anknüpfung an das forum actoris

Gem. Art. 2 Abs. 1 lit. a Strich 2 EheVO ist die Gerichtszuständigkeit in dem Staat begründet, in dem die Ehegatten ihren letzten gewöhnlichen Aufenthalt hatten, soweit einer von ihnen dort noch seinen Aufenthalt hat. Auch hier müssen sich die Ehegatten nicht gemeinsam an einem Ort aufgehalten haben. Vielmehr reicht es aus, wenn sie sich beide im selben Staat befunden haben. Somit ist der Antragsteller nicht darauf angewiesen, die Klage in dem Staat zu erheben, in den der Antragsgegner nach der Scheidung verzogen ist[365], und er braucht auch nicht die Sperrfristen, die in Strich 5 und 6 vorgesehen sind, abzuwarten.

Beispiel: Die Eheleute M und F lebten in Spanien. M hatte seinen gewöhnlichen Aufenthalt in Oviedo, während sich F gewöhnlich in Madrid aufhielt. Noch bevor M Anfang 2002 die Scheidungsklage erhob, war F nach Rom verzogen. Die spanischen Gerichte sind gem. Art. 2 Abs. 1 lit. a Strich 2 EheVO international zuständig.

Gem. Art. 2 Abs. 1 lit. a Strich 4 EheVO sind die Gerichte des Staates zuständig, in dem ein Ehegatte seinen gewöhnlichen Aufenthalt hat, wenn die Ehegatten einen gemeinsamen Antrag gestellt haben. Dabei ist es gleichgültig, ob der Kläger oder der Beklagte seinen gewöhnlichen Aufenthalt in diesem Staat hat[366]. So wären die italienischen Gerichte gem. Art. 2 Abs. 1 lit. a Strich 4 EheVO zuständig, wenn die Ehegatten die Scheidungsklage in Italien gemeinsam erhoben hätten und einer von ihnen seinen gewöhnlichen Aufenthalt in Italien hätte.

Es stellt sich die Frage, wie der gemeinsame Antrag auszusehen hat. Zwar sieht z.B. das frz. Recht in Artt. 230 ff. Code civil die Scheidung auf gemeinsamen Antrag der Ehegatten vor. Aus deutscher Sicht stellt dies aber ein Problem dar. Einen gemeinsamen Scheidungsantrag der Ehegatten gibt es nicht. Vielmehr kann dieser gem. § 630 ZPO nur von jedem Ehegatten gesondert gestellt werden[367]. Zum Teil verweist man auf § 1566 Abs. 1, 2. Alt. BGB[368]. Danach soll es bereits ausreichen, wenn nur einer der Ehegatten den Antrag stellt und der ande-

[364] Beaumont/Moir, ELR 1995, 285; Pirrung, ZEuP 1999, 844; Hau, FamRZ 2000, 1334.
[365] Hau, FamRZ 2000, 1334.
[366] Gottwald in Lüke/Wax (2001), Art. 2 EheGVO Rn. 7.
[367] Bergerfurth (2000), Rn. 32.
[368] Hausmann, ELF 2000/01, 276 f.

re diesem zustimmt[369]. Allerdings unterscheidet § 1566 Abs. 1 BGB für die Einleitung des Scheidungsverfahrens zwischen den (separaten) Anträgen beider Eheleute einerseits und einem einseitigen Antrag mit Zustimmung des anderen Ehegatten andererseits. Dennoch spricht vieles dafür, dass beides für einen gemeinsamen Antrag i.S.v. Art. 2 Abs. 1 lit. a Strich 4 EheVO ausreicht. Durch die Zuständigkeitsregelungen in Art. 2 Abs. 1 EheVO soll nämlich nur verhindert werden, dass der Ehegatte, der nach dem Scheitern der Ehe in einen anderen Staat verzieht, dem anderen Ehegatten eine Gerichtszuständigkeit aufoktroyieren kann, obwohl er selbst keine ausreichende Nähebeziehung zu diesem Staat aufweisen kann. Es kann in diesem Lichte aber keinen Unterschied machen, ob der Antrag nun von beiden Ehegatten in einem Schriftstück gestellt wird oder ob dies durch beiderseitiges separates Schreiben bzw. auf Antrag eines Ehegatten mit Zustimmung des anderen geschieht.

Gem. Art. 2 Abs. 1 lit. a Strich 5 EheVO genügt es für die Begründung der Gerichtszuständigkeit, wenn der Antragsteller seinen gewöhnlichen Aufenthalt im angerufenen Mitgliedstaat seit mindestens einem Jahr hatte. Mit dieser Regelung versucht man zu verhindern, dass der Antragsteller wahllos durch die Lande ziehen und dem Antragsgegner eine fremde Gerichtszuständigkeit aufbürden kann. Dies basiert auf dem Gedanken, dass eine Nähebeziehung zum Forumstaat und dessen Rechtsordnung bestehen muss. Diese wird von Art. 2 Abs. 1 lit. a Strich 5 EheVO nach einem Jahr vermutet.

Beispiel: Die Eheleute M und F lebten viele Jahre in Belgien. Nachdem die Ehe in die Krise geriet, zog F in die Niederlande um. Nach weiteren 1 ½ Jahren erhob F dort Scheidungsklage. Die niederländischen Gerichte sind gem. Art. 2 Abs. 1 lit. a Strich 5 EheVO international zuständig.

Die letzte Anknüpfungsmöglichkeit, die Art. 2 Abs. 1 lit. a EheVO enthält, verkürzt diese Frist auf sechs Monate, wenn der Antragsteller dem Gerichtsstaat angehört. Die Staatsangehörigkeit ist dabei anhand der lex fori des Staates des ersuchten Gerichts zu bestimmen[370]. Durch diese Regelung soll dem Ehegatten, der nach dem Scheitern der Ehe in seinen Heimatstaat zurückkehrt, eine Gerichtszuständigkeit eröffnet werden[371]. Dennoch bleibt eine Sperrfrist von sechs Monaten. Dies ist wohl damit zu erklären, dass der Antragsteller ein Näheverhältnis zu dem Ort aufweisen muss, an dem er die Klage erhebt. Art. 2 Abs. 1

369 Hau, FamRZ 2000, 1335.
370 Hüßtege in Thomas/Putzo (2001), Art. 2 EheVO Rn. 3.
371 Becker-Eberhard (1999), 90; Hau, FamRZ 2000, 1335; Hausmann, ELF 2000/01, 276.

lit. a Strich 6 EheVO enthält demnach die unwiderlegbare Vermutung, dass dieses Näheverhältnis durch einen (längerfristigen) Aufenthalt in einem anderen Staat verloren geht, so dass eine entsprechende Wiedereingewöhnungsfrist erforderlich ist. Dies bedeutet für das obige Beispiel, dass F die Scheidungsklage bereits nach sechs Monaten in den Niederlanden erheben kann, wenn sie die niederländische Staatsangehörigkeit besitzt.

(bb) Anknüpfung an die Staatsangehörigkeit

Art. 2 Abs. 1 lit. b EheVO greift für die Eröffnung der Gerichtszuständigkeit als einziges der sieben Anknüpfungsmomente allein auf die Staatsangehörigkeit der beiden Ehegatten bzw. für das Vereinigte Königreich und Irland auf das gemeinsame domicile zurück und eröffnet damit ein forum patriae[372]. Die Ehegatten müssen die gleiche Staatsangehörigkeit besitzen. Die Anknüpfung an die Staatsangehörigkeit besteht alternativ zu den Zuständigkeitsbegründungen durch den gewöhnlichen Aufenthalt i.S.v. Art. 2 Abs. 1 lit. a EheVO[373].

Es ist, anders als z.B. nach § 606a Abs. 1 Nr. 1, 2. Var. ZPO, auf die Staatsangehörigkeit z.Z. der Antragstellung abzustellen[374], während der Staatsangehörigkeit z.Z. der Eheschließung keine Bedeutung beigemessen wird[375].

Beispiel: Die Eheleute M und F, die beide z.Z. der Eheschließung die deutsche Staatsangehörigkeit besaßen, wollen sich scheiden lassen. M verzog zwischenzeitlich nach Schweden und er hat auch die schwedische Staatsangehörigkeit erworben. Die Staatsangehörigkeit der Beteiligten bestimmt sich im Rahmen der EheVO nach der lex fori (s.o., S. 79). Gem. § 17 Nr. 1 i.V.m. § 25 Abs. 1 StAG hat M die deutsche Staatsangehörigkeit verloren. Somit sind die deutschen Gerichte für die Scheidungsklage zumindest nicht aufgrund von Art. 2 Abs. 1 lit. b EheVO international zuständig.

Der Grund für die Anknüpfung an die Staatsangehörigkeit in Art. 2 Abs. 1 lit. b EheVO wird in der Natur der Sache gesehen[376]. Die EheVO geht an dieser Stelle davon aus, dass dann, wenn beide Parteien demselben Staat angehören, keiner von ihnen durch die Zuständigkeit der Gerichte ihres Heimatstaates benachteiligt wird.

---

[372] De Boer, FJR 1999, 246; zur Rechtmäßigkeit der Anknüpfung an die Staatsangehörigkeit Hau, FamRZ 2000, 1335 ff..

[373] Borrás, Abl. EG 1998, Nr. C 221, 37, Rn. 28; Hau, FamRZ 2000, 1335; Hausmann, ELF 2000/01, 277.

[374] Hau, FamRZ 2000, 1335.

[375] Hausmann, ELF 2000/01, 277.

[376] Hau, FamRZ 2000, 1335.

(c) Auswirkungen doppelter Staatsangehörigkeit

Bei Doppelstaatern stellt sich die Frage, ob jede ihrer Staatsangehörigkeiten o-der aber nur die effektive zu berücksichtigen ist. Zum Teil wird gefordert, dass dies anhand nationaler Kriterien entschieden werden sollte[377]. Dies hätte allerdings zur Folge, dass unter dem Deckmantel der Effektivitätskontrolle nationale Erwägungen in das Zuständigkeitssystem der EheVO einflössen. Dafür finden sich aber weder Anhaltspunkte im Wortlaut des Art. 2 Abs. 1 lit. b EheVO, noch dient es der Rechtssicherheit in Zuständigkeitsfragen. Vielmehr muss auf die vom EuGH im Rahmen des EuGVÜ entwickelten Grundsätze zurückgegriffen werden. Danach ist auch eine andere als die effektive Staatsangehörigkeit zu berücksichtigen[378]. Dies entspricht einem Grundsatz im internationalen Verfahrensrecht, nach dem die internationale Zuständigkeit der Behörden möglichst umfassend begründbar sein soll. Somit kann im Rahmen der EheVO auch eine andere als die effektive Staatsangehörigkeit die internationale Zuständigkeit einer Behörde eröffnen[379].

(d) Der Begriff des „domicile“

Die EheVO knüpft für die Eröffnung der Zuständigkeit in Art. 2 Abs. 1 lit. b grds. an die Staatsangehörigkeit der Parteien an. Demgegenüber kommt es bei Verbindungen der Beteiligten zum Vereinigten Königreich oder Irland auf deren „domicile“ an. Der Inhalt des Begriffs des domicile richtet sich gem. Art. 2 Abs. 2 EheVO nach britischem und irischem Recht. Im Common law-Rechtsraum ist sowohl der Begriff des gewöhnlichen Aufenthalts („habitual residence“) als auch der des domicile bekannt[380]. Zwar erfolgte noch durch Art. 2 Abs. 3 EheÜbk eine Gleichstellung des Begriffs des domicile mit dem des

[377] Borrás, Abl. EG 1998, Nr. C 221, 39, Rn. 33 a.E; Gottwald in Lüke/Wax (2001), Art. 2 EheGVO Rn. 12.

[378] EuGH, Urt. vom 2.10.1997 – Rs. C – 122/96, EuGHE 1997, I – 5325 (I – 5342); so im Ergebnis auch Hau, FamRZ 2000, 1337.

[379] OLG Celle, Urt. vom 25.6.1986 – 17 UF 224/85, FamRZ 1987, 159 (160); OLG Stuttgart, Urt. vom 24.1.1989 – 18 UF 326/88, FamRZ 1989, 760 (761); Schack (1996), Rn. 371; Henrich in Johannsen/Henrich (1998), § 606a ZPO Rn. 13; Becker-Eberhard in Wieczoreck/Schütze (1998), § 606a ZPO Rn. 38; Hohloch (1998), § 1 Rn. 6; einschränkend Spellenberg in Staudinger (1997), §§ 606 ff. ZPO Rn. 152 ff. Auch in den Niederlanden spielt die Frage, ob es sich um die effektive Staatsangehörigkeit handelt, keine Rolle, van der Velden, WPNR 2000, 755. Anders aber de Boer, FJR 1999, 246, der sich dafür ausspricht, dass zu dem Staat, auf dessen Rechtsordnung sich eine Partei aufgrund ihrer Staatsangehörigkeit beruft, eine „reelle“ Beziehung bestehen muss.

[380] Rogerson, ICLQ 49 (2000), 99.

Wohnsitzes[381]. Von dieser Regelung weicht Art. 2 Abs. 1 lit. b, 2. Hs. EheVO aber eindeutig ab. Das domicile stellt vielmehr eine echte Anknüpfungsalternative zum gewöhnlichen Aufenthalt dar. Dadurch kommt zum Ausdruck, dass der Begriff des domicile strikt vom Begriff des gewöhnlichen Aufenthalts abzugrenzen ist. Beide Begriffe sind nämlich nicht völlig deckungsgleich[382], sondern weisen mitunter minimale Abweichungen auf. So berücksichtigt der Begriff des domicile z.B. in größerem Maße den Willen der Betroffenen sich an einem Ort niederzulassen[383].

Ursprünglich war vom Begriff des domicile nur der Ort der dauerhaften Heimstätte erfasst[384]. Trotz einiger Reformversuche wurde eine völlige Gleichstellung mit dem Begriff des gewöhnlichen Aufenthalts aber abgelehnt, da dieser Begriff nach britischer Auffassung zu pauschal ausgestaltet ist[385]. Dennoch verbleiben einige Parallelen. Beiden Begriffen liegt der Aufenthaltsort als Anknüpfungspunkt zugrunde. Auch die Absicht des Betroffenen, an einem Ort verweilen zu wollen, stellt kaum ein geeignetes Abgrenzungskriterium dar. Während für die Begründung eines domicile die Absicht bestehen muss, sich dauerhaft und endgültig an einem Ort niederzulassen[386], ist es nach der Common-law Rechtsprechung auch für die Begründung eines gewöhnlichen Aufenthalts erforderlich, dass die Absicht besteht, sich zumindest für eine gewisse Dauer niederzulassen[387].

Einzig die Dauer des Aufenthalts scheint zumindest ansatzweise Abgrenzungsfragen lösen zu können. Es ist leichter, den gewöhnlichen Aufenthalt zu ändern, da dies bereits zum Zeitpunkt des Umzugs an einen anderen Ort bei gleichzeitigem Willen, nie wieder zurückkehren zu wollen, erfolgen kann[388]. Demgegenüber kann man ein neues domicile grds. erst nach einem längeren Verweilen an einem Ort begründen[389].

---

381 Wobei der Begriff des Wohnsitzes wiederum marginal vom Begriff des gewöhnlichen Aufenthalts abweicht.

382 Rogerson, ICLQ 49 (2000), 99.

383 Z.B. im Vergleich zum niederländischen „woonplaats", van der Velden, WPNR 2000, 755.

384 Rogerson, ICLQ 49 (2000), 100.

385 Rogerson, ICLQ 49 (2000), 100.

386 House of Lords, Urt. vom 14.5.1868, Bell v. Kennedy L.R. Sc. & Div. 1 (1869), 307 (319).

387 Rogerson, ICLQ 49 (2000), 100.

388 Rogerson, ICLQ 49 (2000), 100.

389 House of Lords, Urt. vom 10.5.1904, Winans v. A.–G., A.C. 1904, 287 (290).

Es stellt sich die Frage, ob der Begriff des domicile i.S.d. EheVO nur das sog. „domicile of origin" oder auch das sog. „domicile of choice" erfasst. Zum Teil vertritt man die Auffassung, dass mit dem Begriff des domicile nur das „domicile of origin" gemeint ist, d.h., dass man nur auf den Geburtsort, der im Wesentlichen mit der Schweizer Heimatgemeinde übereinstimmt, abstellen kann[390]. Würde man den Begriff des domicile hingegen weit auslegen, so wäre auch das domicile of choice erfasst. Dieses begründet der Betroffene durch Zuzug an einen anderen Ort[391]. Für die erste Lösung sprechen zum einen ein Vergleich der einschlägigen Regelungen des EheÜbk und der EheVO und zum anderen die systematische Stellung der Zuständigkeitseröffnung durch das domicile. Während Art. 2 Abs. 3 EheÜbk das domicile noch mit dem Wohnsitz der Parteien gleichsetzte, ist dies in der EheVO nicht geschehen. Vielmehr sind sowohl in Art. 2 Abs. 1 lit. a Strich 6 EheVO als auch in Art. 2 Abs. 1 lit. b EheVO das domicile und die Staatsangehörigkeit der Parteien auf eine Stufe gestellt worden. Um die Staatsangehörigkeit zu ändern, muss man aber grds. weitaus größere Anstrengungen auf sich nehmen. Daher ist der Begriff des domicile i.S.d. EheVO restriktiv auszulegen, so dass darunter nur das domicile of origin fällt.
Ursprünglich leitete man nach dem Recht des Vereinigten Königreichs das domicile der Ehefrau von dem des Ehemannes ab. Diese Regelung wurde 1973 gestrichen. Somit kann die Ehefrau nun ein eigenständiges domicile begründen[392]. Das domicile der Kinder richtet sich nach dem der Eltern. Ab dem 16. Lebensjahr können Kinder ein eigenes domicile begründen[393].
Es bestehen viele Parallelen zwischen dem Begriff des domicile im irischen und dem im britischen Recht. Seit Inkrafttreten des „Domicile And Recognition of Foreign Divorces Act 1986" ist das domicile der Ehefrau unabhängig von dem des Mannes zu bestimmen. Das domicile der Kinder richtet sich bis zur Volljährigkeit bzw. Heirat nach demjenigen der Eltern. Leben die Eltern getrennt, so ist das domicile des Elternteils maßgebend, bei dem die Kinder leben[394].

(2) Sachliche, örtliche und funktionelle Zuständigkeit

Die sachliche, örtliche und funktionelle Zuständigkeit für Ehesachen ist in der EheVO nicht geregelt. Somit bleibt deren Ausgestaltung auch weiterhin dem nationalen Gesetzgeber überlassen.

---

390 Vgl. Sturlèse, JCP 1998, 1147 f.
391 House of Lords, Urt. vom 10.5.1904, Winans v. A.–G., A.C. 1904, 287 (290).
392 Section 1 des „Domicile and Matrimonial Proceedings Act 1973".
393 Coester-Waltjen in Bergmann/Ferid (1998), Irland, 3 a, Fn. 9.
394 Coester-Waltjen in Bergmann/Ferid (1998), Irland, 3 a.

cc) Entscheidungen in anderen Familiensachen

Verfahren, die die elterliche Verantwortung für ein gemeinsames Kind der beiden Ehegatten betreffen und die aus Anlass einer Ehesache betrieben werden, haben in der EheVO in Art. 3 eine eigenständige Regelung erfahren. Die EheVO unterscheidet zwischen Fällen, in denen das Kind gem. Art. 3 Abs. 1 EheVO seinen gewöhnlichen Aufenthalt in einem Mitgliedstaat hat, und solchen Sachverhalten, in denen sich das Kind gem. Art. 3 Abs. 2 EheVO nicht in einem Mitgliedstaat aufhält.

(1) Eröffnung der internationalen Zuständigkeit

(a) Voraussetzungen für die Zuständigkeitseröffnung

(aa) Zuständigkeit gem. Art. 3 Abs. 1 EheVO

Art. 3 Abs. 1 EheVO eröffnet die Zuständigkeit der Gerichte, wenn die elterliche Verantwortung für ein gemeinsames Kind[395] der Ehegatten, das seinen gewöhnlichen Aufenthalt in einem Mitgliedstaat hat, geregelt werden soll. Die Parteien müssen das Verfahren aus Anlass einer Ehesache betreiben, für die in diesem Staat die Zuständigkeit gem. Art. 2 EheVO begründet ist.

(aaa) Begriff der elterlichen Verantwortung

Der Begriff der „elterlichen Verantwortung" ist in der EheVO nicht definiert. Teilweise wird daher vertreten, dass sich die Auslegung des Begriffs an der lex fori orientieren müsse[396]. Dabei wird aber auch gleich der darin liegende Schwachpunkt zugegeben. Überlässt man die Auslegung des Begriffs den nationalen Gerichten, so wird diese zwischen den Mitgliedstaaten unweigerlich auseinanderdriften[397]. Dies liegt nicht zuletzt daran, dass einige Rechtsordnungen nicht einmal den Begriff der elterlichen Verantwortung kennen[398]. Um dieser Entwicklung entgegenzuwirken, will diese Auffassung die Interpretationen des Begriffs der elterlichen Verantwortung, die einigen zwischenstaatlichen Übereinkünften zugrunde liegen – wie z.B. beim KSÜ[399] –, heranziehen. Dann muss

[395] Eine Erweiterung des Anwendungsbereichs auf andere als gemeinsame Kinder ist bereits geplant, Boele-Woelki, ZfRV 2001, 122.
[396] Borrás, Abl. EG 1998, Nr. C 221, 36, Rn. 24; Sumampouw (2000), 730.
[397] Sumampouw (2000), 730.
[398] Borrás, Abl. EG 1998, Nr. C 221, 36, Rn. 24.
[399] Insbesondere an dem dort gewählten Verständnis der elterlichen Verantwortung soll sich die Auslegung dieses Begriffs auch in der EheVO orientieren, Meeusen, RW 1998-1999, 755; van der Velden, WPNR 2000, 755; Vlas, WPNR 2001, 444.

man sich allerdings die Frage stellen, warum man den Begriff der elterlichen Verantwortung i.S.d. EheVO nicht gleich autonom auslegt.
In der Literatur ist man sich nicht einig, welche Rechte unter den Begriff der elterlichen Verantwortung fallen. Eindeutig ist nur, dass durch die EheVO Entscheidungen erfasst sind, die das Sorgerecht der Eltern regeln. Dazu zählen Entscheidungen, die die Personen- und/oder Vermögenssorge einschränken oder übertragen[400].
Einige bezweifeln hingegen, ob Entscheidungen, die das Umgangsrecht[401] des nichtsorgeberechtigten Elternteils regeln, erfasst sind[402]. Dafür spricht zum einen die Wahl des weitgefassten Begriffs der „elterlichen Verantwortung". Zumindest als Indiz kann die deutsche Rechtslage herangezogen werden. So bestimmt § 1684 Abs. 1 BGB nach der Kindschaftsrechtsreform[403], dass die Eltern neben dem Recht auch die Pflicht zum Umgang mit dem Kind haben. Auch viele andere Rechtsordnungen kennen ein Umgangsrecht des nichtsorgeberechtigten Elternteils. So sieht in Italien Art. 155 Abs. 3 S. 2 Codice civile[404] das Recht und die Pflicht des Nichtsorgeberechtigten vor, die Ausbildung und Erziehung der Kinder zu überwachen. In Großbritannien können die Gerichte gem. Art. 10 Abs. 1[405] i.V.m. Art. 8[406] des „Children Act 1989" eine „Contact order"

[400] So auch Kohler, NJW 2001, 13, der in diesem Zusammenhang nur von Sorgerechtsentscheidungen spricht, ohne sich der Problematik der Umgangsrechtsentscheidungen anzunehmen.

[401] Dieses kann in Deutschland u.a. durch Besuche, Telefonate und Briefe ausgeübt werden, Rogner in Bäumel (1998), § 1684 BGB Rn. 7 ff.; Garbe in Finke/Garbe (2001), § 1 Rn. 115a.

[402] Für eine solche Einbeziehung spricht sich ohne weitere Begründung Gottwald in Lüke/Wax (2001), Art. 1 EheGVO Rn. 3 aus.

[403] „Gesetz zur Reform des Kindschaftsrechts", BGBl. 1997 I, 2942, in Kraft getreten am 1.7.1998.

[404] „Art. 155. (3) [...] Il coniuge cui i figli non siano affidati ha il diritto e il dovere di vigilare sulla loro istruzione ed educazione e può ricorrere al giudice quando ritenga che siano state assunte decisioni pregiudizievoli al loro interesse." Übersetzt: „Art. 155. (3) [...] Der Ehegatte, dem kein Sorgerecht zusteht, hat das Recht und die Pflicht, die Erziehung und Ausbildung des Kindes zu überwachen und kann sich an den Richter wenden, wenn er der Auffassung ist, dass eine Maßnahme dem Kindeswohl zuwiderlaufen würde."

[405] „Art. 10. (1) In any family proceedings, in which a question arises with respect to the welfare of any child, the court may make a section 8 order with respect to the child [...]." Übersetzt: „Art. 10. (1) In allen Familienverfahren, in denen eine Frage des Wohls des Kindes auftritt, kann das Gericht unter Berücksichtigung der Interessen des Kindes eine Verfügung im Sinne des Art. 8 erlassen [...]."

[406] „Art. 8. (1) In this Act – „a contact order" means an order requiring the person with whom a child lives, or is to live, to allow the child to visit or stay with the person named in the order, or for that person and the child otherwise to have contact with each other; [...]." Ü-

erlassen, die einer Umgangsrechtsregelung gleichkommt. Vergleichbare Regelungen sind in Frankreich in Art. 288 Code civil und in Spanien in Art. 90a Código civil vorgesehen.
Weiterhin werden Entscheidungen über das Sorge- und Umgangsrecht in der Praxis der mitgliedstaatlichen Gerichte oft miteinander verbunden[407]. Für eine Trennung der Zuständigkeiten sind in der EheVO keine Anhaltspunkte ersichtlich[408]. Außerdem könnte eine Trennung der Zuständigkeiten dazu führen, dass Entscheidungen gefällt werden, die einander widersprechen[409].
Aus systematischer Sicht kann zum einen auf die Regelungen des KSÜ verwiesen werden. Das KSÜ wurde parallel zum EheÜbk ausgearbeitet und es fand ein reger Gedankenaustausch zwischen den beauftragten Arbeitsgruppen statt[410]. Die Definition des Begriffs der elterlichen Verantwortung in Art. 1 Abs. 2 KSÜ ist noch recht offen. Eine Konkretisierung erfolgt in Art. 3 KSÜ. In dessen lit. b wird ausdrücklich das Umgangsrecht erwähnt. Zum anderen kann man auf Art. 1 lit. c EuSAVÜ zurückgreifen. Danach erfasst der Begriff der Sorgerechtsentscheidung auch Entscheidungen über das Umgangsrecht.
Somit wird von beiden Übereinkommen das Umgangsrecht einbezogen. Allerdings verdrängt Art. 37 EheVO diese Abkommen, soweit ihre Anwendungsbereiche mit dem der EheVO überlappen. Würde man nun den Begriff der elterlichen Sorge eng auslegen, bliebe es für Verfahren, die ein Umgangsrecht betreffen, bei der alleinigen Anwendbarkeit dieser multilateralen Übereinkommen. Damit würde die angestrebte Rechtsvereinheitlichung innerhalb der EG aber ohne Not eingeschränkt[411]. Das gewichtigste Argument in diesem Zusammenhang stellt die geplante UmgangsrechtsVO dar. In deren Art. 1 Abs. 1 wird für Entscheidungen, die das Umgangsrecht betreffen, gerade auf den Anwendungsbereich der EheVO verwiesen, so dass der Begriff der elterlichen Verantwortung i.S.d. EheVO das Umgangsrecht wesensnotwendig umschließen muss[412].

---

bersetzt: „In diesem Gesetz bedeutet „eine Verfügung über den Kontakt“ eine Verfügung, die die Person, bei der das Kind lebt, oder leben soll, verpflichtet, dem Kind zu erlauben, dass es die Person, die in der Verfügung bezeichnet ist, zu besuchen oder bei ihr zu verweilen oder anderenfalls zu gestatten, dass die Person und das Kind Kontakt haben können; [...].“

407 Wagner, IPRax 2001, 76.
408 Wagner, IPRax 2001, 76; so im Ergebnis auch Kohler, FamRZ 2002, 711.
409 Vogel, MDR 2000, 1047.
410 Borrás, Abl. EG 1998, Nr. C 221, 31, Rn. 9; Sumampouw (2000), 731.
411 So auch Hausmann, ELF 2000/01, 274; Wagner, IPRax 2001, 77.
412 So auch Vlas, WPNR 2001, 445; vgl. insoweit auch die Erläuterungen zu Art. 2 des „Vorschlags für eine Verordnung des Rates über die Zuständigkeit und die Anerkennung und

(bbb) Aus Anlass einer Ehesache

In den Anwendungsbereich der EheVO fallen nur solche Entscheidungen in anderen Familiensachen, die aus Anlass einer Ehesache ergangen sind. Isolierte Sorge- oder Umgangsrechtsentscheidungen erfasst die EheVO hingegen nicht[413]. Wann eine Entscheidung aus Anlass einer Ehesache erging, ist in der EheVO nicht näher erläutert. Erwägungsgrund 11 zur EheVO gibt aber zumindest einen Anhaltspunkt für die Auslegung. Danach sind solche Verfahren erfasst, die in engem Zusammenhang mit einer Ehesache stehen. Dies setzt kein Verbundverfahren i.S.d. deutschen Verfahrensrechts voraus. Vielmehr genügt bereits ein sachlicher oder zeitlicher Zusammenhang[414], der schon dann existiert, wenn bis zum Abschluss der Ehesache ein Verfahren bzgl. der elterlichen Verantwortung angestrengt wird[415].

(bb) Zuständigkeit gem. Art. 3 Abs. 2 EheVO

Hat das Kind seinen gewöhnlichen Aufenthalt in einem anderen Mitgliedstaat als in dem, auf den Art. 3 Abs. 1 EheVO abstellt, so besteht noch die Möglichkeit der internationalen Zuständigkeit aufgrund von Art. 3 Abs. 2 EheVO. Liegt der gewöhnliche Aufenthalt des Kindes außerhalb des Geltungsbereichs der EheVO, so kann sich die Zuständigkeit allenfalls noch aus Art. 8 EheVO i.V.m. dem Recht des Staates des ersuchten Gerichts ergeben[416].

Für diesen Fall vertreten einige Autoren die Ansicht, die Zuständigkeit werde nur durch die nationalen Prozessrechtsvorschriften begründet[417]. Allerdings bestimmt Art. 8 Abs. 1 EheVO lediglich, dass in den Konstellationen, in denen sich die Zuständigkeit nicht aus den Artt. 2 – 6 EheVO ergibt, auf das eigene Recht des Mitgliedstaates zurückzugreifen ist. Zum Recht des Mitgliedstaates gehört neben dem nationalen Prozessrecht auch das durch Staatsverträge inkorporierte Recht[418]. Dies hat zur Folge, dass dann wieder auf die grds. durch

---

Vollstreckung von Entscheidungen über die elterliche Verantwortung“, Abl. EG 2001, 269 – 274.

413 Hohloch, FF 2001, 49.

414 Hüßtege in Thomas/Putzo (2001), Art. 1 EheVO Rn. 7.

415 Vogel, MDR 2000, 1047.

416 De Boer, FJR 1999, 248; van der Velden, WPNR 2000, 756; Sumampouw (2000), 736; Hüßtege in Thomas/Putzo (2001), Art. 3 EheVO Rn. 6.

417 So ausdrücklich Hausmann, ELF 2000/01, 277; ein Beispiel ohne weitere Ausführungen präsentieren Jayme/Kohler, IPRax 2000, 457.

418 Der Bericht von Borrás, Abl. EG 1998, Nr. C 221, 43 f., Rn. 47 lädt an dieser Stelle in der Tat zu Missverständnissen ein, da die dort aufgeführten Beispiele nur unilaterales innerstaatliches Recht beinhalten; so auch Sumampouw (2000), 736.

Artt. 36 f. EheVO ausgeschlossenen staatsvertraglichen Regelungen zurückgegriffen werden kann, was im Einzelfall sogar zur Nichtanerkennung von Entscheidungen aus den Mitgliedstaaten der EG führen kann[419]. Erst wenn diese Staatsverträge nicht einschlägig sind, ist auf die einfachgesetzlichen Prozessrechtsnormen des jeweiligen Staates zurückzugreifen. Das hat z.Z. für Deutschland im Bereich der Zuständigkeitsvorschriften mangels entgegenstehender staatsvertraglicher Regelung die von der Literatur beschriebene Folge, dass man wieder auf die Zuständigkeitsvorschriften der ZPO zurückgreifen muss. Dies würde sich ändern, wenn Deutschland dem KSÜ beiträte[420].

Nur wenn mindestens einer der Ehegatten die elterliche Verantwortung innehat, begründet Art. 3 Abs. 2 EheVO die Zuständigkeit des Gerichts. Außerdem muss die Zuständigkeit des Gerichts vom anderen Ehegatten anerkannt werden. Die Eröffnung der Zuständigkeit des Gerichts darf darüber hinaus nicht dem Kindeswohl zuwiderlaufen. Diese Voraussetzungen müssen kumulativ erfüllt sein[421].

Dabei stellt sich die Frage, welche Anforderungen an die Anerkennung der Zuständigkeit des Gerichts durch den anderen Ehegatten zu stellen sind. Eine Regelung findet sich dazu weder in der EheVO noch im KSÜ. Eine vergleichbare Konstellation erfasst Art. 18 EuGVÜ[422]. Danach ist keine ausdrückliche Anerkennung der Zuständigkeit des Gerichts erforderlich. Vielmehr genügt bereits ein rügeloses Verhandeln zur Hauptsache. Dazu zählt u.a. schon das Erheben von Einwendungen gegen das Verfahren als solches[423], nicht aber das bloße Bestreiten der Gerichtszuständigkeit[424].

Das Zusammenspiel zwischen der Anerkennung der Zuständigkeit des Gerichts und dem Kindeswohl für die Begründung der Gerichtszuständigkeit gem. Art. 3 Abs. 2 EheVO ist erläuterungsbedürftig. Durch die Norm wird zunächst der Grundsatz des KSÜ durchbrochen, dass das Gericht des Aufenthaltsstaates über das Wohl des Kindes zu befinden hat[425]. Zuweilen fordern daher einige Stimmen in der Literatur, dass man dem Merkmal der Anerkennung der Gerichtszustän-

---

419 Jayme/Kohler, IPRax 2000, 454.

420 Eine Ratifikation ist dabei trotz der Bindung der Mitgliedstaaten aufgrund der grds. vorrangigen Abschlusskompetenz der Gemeinschaft möglich, Jayme/Kohler, IPRax 2000, 454; vgl. auch insoweit das Fallbeispiel bei Sumampouw (2000), 736 f., das auf der Annahme beruht, dass die involvierten Staaten das Übereinkommen ratifizieren.

421 Van der Velden, WPNR 2000, 756.

422 Sumampouw (2000), 734; Boele-Woelki, ZfRV 2001, 124.

423 Müller in Bülow/Böckstiegel (1993), Art. 18 EuGVÜ Anm. II 1.

424 Kropholler (1998), Art. 18 EuGVÜ Rn. 8; Sumampouw (2000), 734.

425 Diesem Grundsatz liegt der Gedanke der Sachnähe zu Grunde.

digkeit durch die Ehegatten das ungeschriebene Merkmal der Einigung der Eltern über die Verteilung der elterlichen Verantwortung hinzufügen müsse. Dies begründen diese Autoren damit, dass andernfalls ein Gutachten der örtlichen Jugendschutzbehörde nicht eingeholt werden könnte, da sich das Kind nicht im Forumstaat befände[426]. Damit wird vermutet, dass bei einer Einigung der Eltern dem Kindeswohl entsprochen und auf ein entsprechendes Gutachten verzichtet werden kann[427]. Diese Auffassung übersieht zum einen, dass im Wege der Amtshilfe auch die Jugendbehörden im Aufenthaltsstaat dieses Gutachten erstellen können[428]. Gewichtiger erscheint aber noch, dass die Voraussetzung der Beachtung des Kindeswohls in weiten Teilen ihre eigenständige Bedeutung verlöre, wenn diese bereits im ungeschriebenen Merkmal der Einigung der Eltern über die Verteilung der elterlichen Verantwortung aufginge.
Art. 3 Abs. 2 lit. b EheVO bestimmt ausdrücklich, dass die Ehegatten die Zuständigkeit des Gerichts anerkennen müssen. Unerwähnt bleibt aber, ob auch Dritte, denen bereits in einem früheren Verfahren eine Mitverantwortung über das Kind übertragen wurde, die Zuständigkeit des Gerichts anerkennen müssen. Diese Frage stellt sich insbesondere dann, wenn das Gericht die Trennung bereits ausgesprochen hat und dabei neben einem Elternteil auch einem Dritten die elterliche Verantwortung mitübertragen hat[429]. In der Literatur vertreten einige Autoren die Auffassung, dass auch der Dritte die Zuständigkeit des Gerichts anerkennen muss, damit das Gericht aufgrund von Art. 3 Abs. 2 EheVO über die elterliche Verantwortung entscheiden kann[430]. Gegen diese Auffassung spricht ein Vergleich mit Art. 10 Abs. 1 lit. b KSÜ. Dort ist ausdrücklich vorgesehen, dass auch ein Dritter, der die elterliche Verantwortung hat, die Zuständigkeit der Behörden unter den dort genannten Voraussetzungen anerkennen muss, damit diese tätig werden dürfen. Dabei ist zu berücksichtigen, dass im Rahmen der Ausarbeitung des EheÜbk einerseits – dessen Art. 3 Abs. 2 mit dem der EheVO identisch ist – und des KSÜ andererseits ein intensiver Gedankenaustausch zwischen den beteiligten Arbeitsgruppen stattfand. Dennoch verzichteten die Vertragsparteien des EheÜbk und später auch der Rat der Europäischen Union auf die ausdrückliche Aufnahme dieser Voraussetzungen. Dies spricht eindeutig da-

[426] Boele-Woelki, ZfRV 2001, 124.
[427] Siehe zur Bedeutung der Elterneinigung in der Praxis: Helfer/Bünder, Kind-Prax 2001, 151 – 155.
[428] Wodurch sich aber das Problem der Anerkennung des ausländischen Gutachtens ergeben würde.
[429] So das Beispiel bei Sumampouw (2000), 734.
[430] Sumampouw (2000), 734 f.

gegen, dass im Rahmen einer anderen Familiensache i.S.v. Art. 3 Abs. 2 lit. b EheVO auch der Dritte zwingend anzuhören ist.
In Art. 3 Abs. 2 EheVO wirkt sich zudem das Problem aus, dass zwar die internationalen Zuständigkeitsregelungen, nicht aber das internationale Privatrecht vereinheitlicht wurden. Es stellt sich die Frage, nach welchem Recht das Gericht über die Verteilung der elterlichen Sorge entscheiden soll, wenn sich das Kind in einem Fall von Art. 3 Abs. 2 EheVO nicht in einem Forumstaat aufhält. Für eine Beurteilung nach der lex fori lässt sich der Gleichlauf von Verfahrensrecht und materiellem Recht ins Feld führen. Allerdings spricht für das Recht des Aufenthaltsstaates – in Übereinstimmung mit den Grundsätzen des internationalen Verfahrensrechts –, dass sich das Kind gerade im Geltungsbereich dieser Rechtsordnung aufhält und diese die Verhältnisse des Kindes am besten erfasst[431]. Nach den Vorstellungen des Wirtschafts- und Sozialausschusses ist bei der Auslegung von Art. 3 EheVO insbesondere zu berücksichtigen, dass die Mitgliedstaaten gemeinsame Maßstäbe entwickeln sollen, damit die EG-Bürger nicht in einem so sensiblen Bereich wie der Sorge für die gemeinsamen Kinder über unterschiedliche Rechte verfügen[432]. Somit kann man dieses Problem erst nach einer Vereinheitlichung der materiellen Normen in den einzelnen Mitgliedstaaten oder zumindest der Regelungen des internationalen Privatrechts abschließend lösen. Bis dahin muss man für Konstellationen i.S.v. Art. 3 Abs. 2 EheVO auf das Recht des Aufenthaltsortes des Kindes abstellen, da dies dem Kindeswohl aufgrund der vorstehend genannten Gründe am ehesten dient.

(b) Gründe für die Anknüpfung an den gewöhnlichen Aufenthalt

Durch Art. 3 EheVO wird dem gewöhnlichen Aufenthalt des Kindes eine besondere Bedeutung beigemessen. Wie Art. 3 Abs. 1 EheVO zum Ausdruck bringt, muss das Kind seinen gewöhnlichen Aufenthalt in dem Staat haben, dessen Gerichte aufgrund von Art. 2 EheVO für die Ehesache zuständig sind, damit die Annexzuständigkeit für die andere Familiensache i.S.v. Art. 3 EheVO eröffnet ist. Nur unter den besonderen Voraussetzungen des Art. 3 Abs. 2 EheVO kann davon abgewichen werden. Durch diese Regelung soll sichergestellt werden, dass zwischen dem Kind und dem angerufenen Forum ein ausreichendes Näheverhältnis besteht.
Des Weiteren will man dadurch, dass die EheVO nicht pauschal auf die Staatsangehörigkeit des Kindes, sondern auf dessen gewöhnlichen Aufenthalt abstellt,

431 Jayme/Kohler, IPRax 2000, 458.
432 Abl. EG 1999, Nr. C 368, Nr. 2.5.

dessen rechtliche Stellung verbessern. Kinder, die sich in einem Staat der EG aufhalten, aber einem anderen Staat angehören, sollen in den Genuss derselben Schutzmaßnahmen kommen können wie die Kinder in ihrer Umwelt[433].
Gegen eine Zuständigkeit der Behörden des Heimatstaates hat man sich u.a. deshalb entschieden, weil Fernmaßnahmen wegen der Schwierigkeit, Tatsachen auf Distanz festzustellen und zu würdigen, nur eine geringe Gewähr für eine sachgemäße Würdigung der für die Beurteilung des Falls entscheidenden Umstände bieten. Als abschreckendes Beispiel gegen eine (fast) ausschließliche Zuständigkeit der Heimatbehörden ist das „Haager Abkommen zur Regelung der Vormundschaft über Minderjährige" in seiner ursprünglichen Fassung vom 12.6.1902 zu nennen[434]. Die internationale Zuständigkeit der Behörden für die Anordnung einer Vormundschaft erfuhr dort keine ausdrückliche Regelung. In Art. 7 des Übereinkommens ist aber eine Eilzuständigkeit der örtlichen Behörden vorgesehen. Daraus ergibt sich im Umkehrschluss, dass die Vertragsparteien des Abkommens davon ausgingen, dass für die eigentliche Anordnung der Vormundschaft gerade nicht die örtlichen Behörden, sondern die Heimatbehörden zuständig sein sollten[435]. Die praktische Umsetzung des Übereinkommens gestaltete sich in der Vergangenheit recht schwierig. Dies lag nicht zuletzt an der mangelnden internationalen Behördenhilfe[436]. Diese Probleme wären durch eine Anknüpfung an den gewöhnlichen Aufenthalt des Betroffenen – wie im Rahmen der EheVO geschehen – von Anfang an zu verhindern gewesen.
Durch die in der EheVO getroffenen Regelungen entfällt des Weiteren die Differenzierung zwischen öffentlich- und privatrechtlichem Jugendschutz. Für den Bereich des öffentlichen Rechts ist allgemein anerkannt, dass die Behörden in dem Staat zuständig sind, in dem der Minderjährige seinen Aufenthalt hat. Es würde zu unnötigen Verfahrenserschwernissen führen, wenn man im Bereich

[433] Kropholler in Staudinger (1997), Vorbem. zu Art. 19 EGBGB Rn. 127.
[434] RGBl. 1904, 240; das Abkommen gilt heute nur noch im Verhältnis zu Belgien und Italien, BGBl. 1955 II, 188, da diese nicht dem MSA beigetreten sind. Dieses verdrängt gem. Art. 18 das Vormundschaftsabkommen im Verhältnis der Vertragsstaaten untereinander. Ursprünglich ist das Abkommen für das Deutsche Reich am 31.7.1904 im Verhältnis zu Belgien, Luxemburg, den Niederlanden und Rumänien in Kraft getreten, RGBl. 1904, 249. Bis zum 2. Weltkrieg galt das Abkommen zwar auch im Verhältnis zu Italien, Polen, Portugal, der Schweiz, Schweden und Spanien, wurde dann aber von Schweden, BGBl. 1959 II, 582, und Ungarn, BGBl. II 1974, 42, gekündigt.
[435] So im Ergebnis auch Kropholler in Staudinger (1997), Vorbem. zu Art. 19 EGBGB Rn. 120.
[436] Ferid, RabelsZ 27 (1962-63), 433.

des privatrechtlichen Minderjährigenschutzes für die Bestimmung der zuständigen Behörde an die Staatsangehörigkeit des Kindes anknüpfen würde[437].

(2) Adoptierte Kinder

Entscheidungen, in denen die elterliche Verantwortung für von beiden Ehegatten adoptierte Kinder geregelt wird, sind nicht ausdrücklich in der EheVO genannt. Allerdings gilt auch im Rahmen der Rechtsetzung der EG der Grundsatz des Schutzes der schwächeren Partei[438]. So weist der Wirtschafts- und Sozialausschuss[439] darauf hin, dass durch eine Ausklammerung von Entscheidungen, die adoptierte Kinder betreffen, die ohnehin in einigen Staaten schwächer ausgestaltete Stellung dieser Kinder weiter untergraben würde. Daher sind auch solche Entscheidungen vom Anwendungsbereich der EheVO erfasst, die von beiden Ehegatten adoptierte Kinder betreffen[440].

(3) Auswirkungen fehlenden Ehebundes der Eltern bzw. fehlender Verwandtschaft des Kindes mit einem der Partner

Von der EheVO werden nur solche Verfahren erfasst, die die elterliche Verantwortung für die gemeinsamen Kinder i.S.v. Art. 1 Abs. 1 lit. b EheVO betreffen. Es stellt sich die Frage, welche Anforderungen an diese „Gemeinsamkeit" zu stellen sind. Unumstritten ist, dass der Anwendungsbereich der EheVO solche Verfahren erfasst, die Kinder betreffen, die mit beiden Partnern verwandt sind, wenn die beiden Partner z.Z. der Einleitung der anderen Familiensache noch verheiratet waren. Es bestehen hingegen Zweifel bei solchen Konstellationen, in denen das Kind nur mit einem der Partner verwandt ist oder in denen es zwar mit beiden Partnern verwandt ist, aber die Partner gar nicht miteinander verheiratet sind. Dies spitzt sich schließlich in solchen Fällen zu, in denen ein Kind in einer Partnerschaft aufwächst, es aber nur mit einem der Partner verwandt ist und die Partner nicht verheiratet sind.

---

437 Kropholler in Staudinger (1997), Vorbem. zu Art. 19 EGBGB Rn. 121.

438 Abl. EG 1999, Nr. C 368, 24, Nr. 2.3.3.

439 Abl. EG 1999, Nr. C 368, 24, Nr. 2.3.3.

440 Van der Velden, WPNR 2000, 755; Vlas, WPNR 2001, 445; Hüßtege in Thomas/Putzo (2001), Art. 1 EheVO Rn. 6; Gottwald in Lüke/Wax (2001), Art. 1 EheGVO Rn. 3; so auch schon für das EheÜbk Borrás, Abl. EG 1998, Nr. C 221, 36, Rn. 25; Meeusen, RW 1998-1999, 755; Sumampouw (2000), 732.

(a) Auslegung des Begriffs der Gemeinsamkeit

(aa) Mit nur einem der verheirateten Partner verwandte Kinder

(aaa) Wortlautauslegung

Bei der Auslegung eines Begriffs einer Verordnung der EG ist zunächst vom Wortlaut der Vorschrift auszugehen[441]. Art. 1 Abs. 1 lit. b EheVO setzt voraus, dass es sich um gemeinsame Kinder der Partner handelt. Eine Gemeinsamkeit erfordert, dass eine Verbindung des Kindes zu beiden Ehegatten besteht[442]. Es stellt sich die Frage, ob diese Verbindung kraft Gesetzes bestehen muss oder ob auch ein faktisches Näheverhältnis ausreicht. Die Gemeinsamkeit könnte durch ein faktisches Näheverhältnis in Form eines Zusammenlebens in der häuslichen Gemeinschaft begründet sein. Der Wortlaut ist aber insoweit offen.

(bbb) Systematische Auslegung

(aaaa) Vergleich mit Entscheidungen in Ehesachen

Kommt die Wortlautauslegung zu keinem eindeutigen Ergebnis, so kann von der systematischen Auslegung Gebrauch gemacht werden. Bei ihr ist eine Norm aufgrund des Kontextes, in dem sie steht, zu interpretieren[443]. Der Begriff der Gemeinsamkeit ist im Licht des Regelungszusammenhangs mit den Entscheidungen in der Ehesache zu sehen. Mit der EheVO wird beabsichtigt, Regelungen für Entscheidungen bereitzustellen, die rechtlich relevante, aber zugleich auch persönliche Beziehungen betreffen. Auch die Entscheidungen in Ehesachen setzen eine mehr als bloß faktische Verbindung zwischen den betroffenen Parteien voraus. Bei der in Art. 3 EheVO vorgesehenen internationalen Zuständigkeit für eine solche Entscheidung handelt es sich aber lediglich um eine Annexkompetenz. Der Charakter der Beziehungen zwischen den Parteien in der Ehesache strahlt damit auch auf die Entscheidung über die Neuordnung der elterlichen Verantwortung aus. Würde man die „Gemeinsamkeit“ i.S.v. Art. 1 Abs. 1 lit. b EheVO schon durch ein faktisches Zusammenleben mit dem Kind begründen wollen, wäre der Anwendungsbereich der Norm im Vergleich zu Entscheidungen in Ehesachen überdehnt.

---

441 Zu den Einzelheiten der Wortlautauslegung durch den EuGH s.o., S. 71.

442 Vgl. insoweit Duden (1993), Stichwort „gemeinsam“. Danach muss etwas mehreren Personen in gleicher Weise gehören.

443 Dazu oben, S. 72.

(bbbb) Vergleich mit Entscheidungen, die adoptierte Kinder betreffen

Es besteht Einigkeit darüber, dass solche Entscheidungen in den Anwendungsbereich der EheVO fallen, die Kinder betreffen, die von beiden Ehegatten adoptiert wurden (s.o., S. 92). Demnach ist es nicht erforderlich, dass eine Blutsverwandtschaft zwischen den Betroffenen besteht, um den Anwendungsbereich von Art. 1 Abs. 1 lit. b EheVO zu eröffnen. Allerdings erlangte das Kind durch die Adoption zumindest rechtlich die Stellung eines Kindes des Annehmenden[444]. Sind die Eltern hingegen nicht miteinander verheiratet und wurde die Vaterschaft nicht anerkannt oder gerichtlich festgestellt, so gehen die meisten Rechtsordnungen in der EG davon aus, dass kein Verwandtschaftsverhältnis zwischen dem Mann und dem Kind besteht[445]. Somit spricht der Vergleich mit Entscheidungen, die adoptierte Kinder betreffen, gegen die Einbeziehung solcher Entscheidungen, die Kinder betreffen, die mit nur einem der Partner verwandt sind.

(cccc) Vergleich mit den einzelstaatlichen Regelungen

In einigen Mitgliedstaaten besteht die Möglichkeit, dass ein Elternteil und ein Dritter die elterliche Sorge gemeinsam ausüben. In den Niederlanden kann das Gericht gem. Art. 253t Abs. 1 BW[446] die Sorge für ein Kind einem Elternteil und einem Dritten, der in enger persönlicher Beziehung zu dem Kind steht, gemeinsam übertragen. Die gemeinsame Sorge kann das Gericht später auch wieder aufheben und dann sogar allein dem Dritten zusprechen. Diese Möglichkeit be-

---

444 So z.B. in Deutschland gem. § 1754 Abs. 1 und 2 des BGB und in den Niederlanden gem. Art. 199 lit. e BW. In Frankreich wird gem. Art. 356 Abs. 1, 1. Hs. Code civil ein Kindschaftsverhältnis begründet, dass an die Stelle der ursprünglichen Verwandtschaft tritt. In Italien findet sich diesbezüglich zwar keine ausdrückliche Regelung. Allerdings kann eine der deutschen und französischen Rechtslage entsprechende Rechtsfolge aus einem Umkehrschluss aus Art. 300 Abs. 2 Codice civile hergeleitet werden.

445 So z.B. § 1592 BGB. In Frankreich besteht das Verwandtschaftsverhältnis ebenfalls zwischen dem Kind und dem mit seiner Mutter verheirateten Mann gem. Art. 312 Abs. 1 Code civil, wenn der Vater das Kind gem. Art. 335 Abs. 1 Code civil anerkannt hat oder wenn die Vaterschaft gem. Art. 340 Abs. 1 Code civil gerichtlich festgestellt wurde. Vergleichbare Regelungen finden sich für Italien in den Artt. 231, 250 Abs. 1 und Art. 269 Abs. 1 Codice civile und in den Niederlanden in Art. 199 lit. a, c und d.

446 „Art. 253t. (1) Indien het gezag over een kind bij één ouder berust, kan de rechtbank op gezamenlijk verzoek van de met het gezag belaste ouder en een ander dan de ouder die in een nauwe persoonlijke betrekking tot het kind staat, hen gezamenlijk met het gezag over het kind belasten." Übersetzt: „Art. 253t. (1) Steht die Sorge für ein Kind einem Elternteil zu, kann das Landgericht auf gemeinsamen Antrag des mit der Sorge betrauten Elternteils und eines anderen als diesem Elternteil, der in einer engen persönlichen Beziehung zu dem Kind steht, diese gemeinsam mit der Sorge über das Kind betrauen."

steht gem. Art. 253v Abs. 3[447] i.V.m. Art. 253n Abs. 1 BW[448] unabhängig davon, ob dieser Elternteil und der Dritte jemals miteinander verheiratet gewesen sind. Nach schottischem Recht ist es gem. Art. 3 Abs. 1 des „Law Reform (Parent and Child) (Scotland) Act 1986“ möglich, dass die Sorge für ein Kind einem Elternteil und einem Dritten gemeinsam zugesprochen wird[449]. Hierfür ist es nicht erforderlich, dass der Dritte mit dem Kind verwandt ist. Aufgrund dieser Norm kann das Gericht die Sorge für das Kind später auch allein auf den Dritten übertragen.

Man könnte daran denken, sowohl die innerstaatlichen Regelungen in Schottland als auch in den Niederlanden als Indiz dafür heranzuziehen, dass die EheVO auch auf Kinder Anwendung finden soll, die zwar in einer Partnerschaft leben, die aber nicht mit beiden Partnern verwandt sind[450]. Allerdings ist die EheVO grds. autonom auszulegen (s.o., S. 76). Dies bedeutet insbesondere, dass

---

[447] „Art. 253v. [...] (3) Artikel 253n is van overeenkomstige toepassing, met dien verstande dat de rechtbank een beslissing tot beëindiging van het gezamenlijk gezag, bedoeld in artikel 253t, niet geeft dan nadat zij de niet met het gezag belaste ouder dan wel beide ouders tezamen in de gelegenheid heeft gesteld te verzoeken in het belang van het kind onderscheidenlijk hem met het gezag over het kind te belasten of hen gezamenlijk daarmee te belasten.“ Übersetzt: „Art. 253v. [...] (3) Art. 253n ist mit der Maßgabe entsprechend anwendbar, dass das Landgericht eine Entscheidung auf Beendigung der gemeinsamen Sorge, wie sie in Art. 253t bezeichnet ist, nicht erlässt, bevor es dem nicht mit der Sorge betrauten Elternteil bzw. beiden Eltern zusammen Gelegenheit gegeben hat, zu beantragen, im Interesse des Kindes ihn mit der Sorge über das Kind zu betrauen bzw. sie gemeinsam damit zu betrauen.“

[448] „Art. 253n. (1) Op verzoek van de niet met elkaar gehuwde ouders of een van hen kan de rechtbank het gezamenlijk gezag, bedoeld in de artikelen 251, tweede lid, 252, eerste lid, 253q, vijfde lid, of 277, eerste lid, beëindigen, indien nadien de omstandigheden zijn gewijzigd of bij het nemen van de beslissing van onjuiste of onvolledige gegevens is uitgegaan. Als dan bepaalt de rechtbank aan wie van de ouders voortaan het gezag over ieder der minderjarige kinderen toekomt.“ Übersetzt: „Art. 253n. (1) Auf Antrag der nicht miteinander verheirateten Eltern oder eines Elternteils kann das Landgericht die in den Artt. 251 Abs. 2, 252 Abs. 1, 253q Abs. 5 oder 277 Abs. 1 bezeichnete gemeinsame Sorge beenden, wenn sich zu späterem Zeitpunkt die Umstände geändert haben oder bei der Entscheidung von unrichtigen oder unvollständigen Angaben ausgegangen worden ist. Das Landgericht bestimmt dann, welchem Elternteil fortan im Kindesinteresse die Sorge über jedes der minderjährigen Kinder zukommt.“

[449] „Art. 3. (1) Any person claiming interest may make an application to the court for an order relating to parental rights and the court may make such order relating to parental rights as it thinks fit.“ Übersetzt: „Art. 3. (1) Jede interessierte Partei kann bei dem Gericht eine Anordnung bezüglich der elterlichen Rechte beantragen und das Gericht kann jede von ihm für richtig gehaltene Anordnung bezüglich der elterlichen Rechte treffen.“

[450] Auch der EuGH macht von der Rechtsvergleichung unter Rückgriff auf einzelstaatliche Regelungen Gebrauch, wenn EG-Recht ausgelegt werden soll und andere nennenswerte Auslegungshilfen nicht vorhanden sind, vgl. Bleckmann (1997), Rn. 572.

zwingende Regelungszusammenhänge, die sich aus der EheVO ergeben, nicht durch Rückschlüsse aus den einzelstaatlichen Regelungen verdrängt werden können. Diese zwingenden Grundsätze ergeben sich hier zum einen aus den Regelungen für Ehesachen (s.o., S. 76) und zum anderen aus einem Vergleich mit den Gründen, die dazu führen, dass Verfahren, die adoptierte Kinder betreffen, in den Anwendungsbereich der EheVO einzubeziehen sind. Damit erfasst der Anwendungsbereich der EheVO bei systematischer Auslegung die hier in Frage stehenden Entscheidungen nicht.

(ccc) Historische Auslegung

Bei der historischen Auslegung ist der Wille zu erforschen, der den Rat veranlasste, die Verordnung zu erlassen[451]. Der Rat kannte die Regelungen in den Niederlanden, England und Schottland, als er die EheVO ins Leben rief. Insbesondere die Niederlande setzten sich schon bei den Ausarbeitungen zum EheÜbk (dem nie in Kraft getretenen „Vorläufer“ der EheVO) dafür ein, dass auch die hier in Frage stehenden Entscheidungen vom Anwendungsbereich der EheVO erfasst werden sollten. Dennoch haben sich die Vertragsparteien des EheÜbk und später auch der Rat bewusst gegen eine anderslautende Formulierung entschieden[452]. Damit kommt die historische Auslegung zu dem Ergebnis, dass diese Entscheidungen nicht vom Anwendungsbereich der EheVO erfasst sind.

(ddd) Teleologische Auslegung

Schließlich wird im Rahmen der teleologischen Auslegung einer Regelung auf deren Sinn und Zweck abgestellt[453]. Mit den Regelungen der EheVO bezweckt man, das Verfahren zu beschleunigen, um dadurch letztlich die Gerichte und vor allem die Parteien zu entlasten. Diese Regelungen sind zwar begrüßenswert. Allerdings muss berücksichtigt werden, dass es zu einer solchen Verfahrensbeschleunigung nur dann kommen kann, wenn die Regelungen auch der Problematik des Einzelfalls gerecht werden. Würde man den Anwendungsbereich zu weit ausdehnen, hätte dies zur Folge, dass auch Fälle erfasst würden, in denen das Verfahren eher verlängert als verkürzt würde[454]. In diesem Zusammenhang sind Staatsverträge, wie z.B. das KSÜ oder das MSA, zu berücksichtigen. Diese beinhalten für die hier genannte Fallvariante speziellere Regelungen. Somit

[451] Zur Bedeutung, die der EuGH der historischen Auslegung zukommen lässt s.o., S. 73.
[452] Freudenthal/van der Velden (1999), 345 Fn. 5; van der Velden, WPNR 2000, 755.
[453] Siehe dazu im Einzelnen oben, 73.
[454] Dies kommt auch in Art. 4 EheVO zum Ausdruck.

spricht nicht nur die systematische und die historische, sondern auch die teleologische Auslegung gegen eine Anwendung der EheVO auf Fälle, in denen das Kind nur mit einem der beiden Ehegatten verwandt ist. Somit können die Regelungen der EheVO zumindest nicht unmittelbar auf Entscheidungen angewendet werden, die Kinder betreffen, die nicht mit beiden Partnern verwandt sind.

(bb) Kinder, die mit beiden der nicht miteinander verheirateten Partner verwandt sind

Daneben kann man an Entscheidungen hinsichtlich der elterlichen Verantwortung denken, in denen das Kind zwar mit beiden Partnern verwandt ist, bei denen die Partner aber nicht miteinander verheiratet sind. Es stellt sich mithin die Frage, ob zumindest diese Entscheidungen in den Anwendungsbereich der EheVO fallen.

Der Wortlaut von Art. 1 Abs. 1 lit. b EheVO stellt klar, dass es sich um Entscheidungen handeln muss, die Kinder der Ehegatten betreffen[455]. Dies bedeutet aber, dass nur solche Entscheidungen in den Anwendungsbereich der EheVO fallen können, die Kinder miteinander verheirateter Eltern betreffen. Der Wortlaut ist insoweit eindeutig. Eine Auslegung über den Wortlaut hinaus ist nicht zulässig. Somit kommt hier der Wortlautauslegung Sperrwirkung gegenüber den anderen Auslegungsmethoden zu, so dass es auf deren Ergebnis gar nicht mehr ankommt[456]. Daher kann man die EheVO nicht auf Entscheidungen anwenden, die Kinder betreffen, deren Eltern z.Z. der Einleitung des Verfahrens in der anderen Familiensache nicht miteinander verheiratet waren[457].

(cc) Kinder, die mit nur einem der nicht miteinander verheirateten Partner verwandt sind

Schließlich ist noch die Frage zu beantworten, ob die Regelungen der EheVO auf solche Entscheidungen bzgl. der elterlichen Verantwortung angewendet werden können, die Kinder betreffen, die nur mit einem der nicht miteinander

455 Zu den Details der Auslegung des Wortlauts einer EG-Rechtsnorm durch den EuGH s.o., S. 71.

456 S.o., S. 71.

457 Dieses Ergebnis wird von den Überlegungen des Rates gestützt, eine „Verordnung über die Zuständigkeit und die Anerkennung und Vollstreckung von Entscheidungen über die elterliche Verantwortung" zu erlassen, Abl. EG 2001, 269 – 274. Wie sich aus Artikel 1 Nr. 1 des Vorschlags der Kommission und den dazu veröffentlichten Erläuterungen ergibt, soll diese Verordnung alle Entscheidungen über die elterliche Verantwortung erfassen. Diese müssen daher nicht mehr in Zusammenhang mit einer Ehesache i.S.d. EheVO ergangen sein.

verheirateten Partner verwandt sind. Diese Entscheidungen weisen aber einen noch viel geringeren Bezug zum Regelungsbereich der EheVO auf, als dies bei den ohnehin nicht vom Anwendungsbereich der EheVO erfassten Entscheidungen der Fall ist, bei denen die Partner miteinander verheiratet sind und ein Verwandtschaftsverhältnis nur zwischen dem Kind und einem der Ehegatten besteht bzw. bei denen das Kind zwar mit beiden Partnern verwandt ist, diese aber nicht miteinander verheiratet sind. Somit entspricht es schon den Gesetzen der Logik, dass Entscheidungen, die Kinder betreffen, die mit nur einem der nicht miteinander verheirateten Partner verwandt sind, erst recht nicht in den Anwendungsbereich der EheVO fallen.

(b) Analogie

Die Regelungen der EheVO könnten auf die geschilderten Entscheidungen analog anzuwenden sein. Unter einer Analogie versteht man auch im EG-Recht[458] die Übertragung einer durch das Gesetz aufgestellten Regel auf einen gesetzlich nicht erfassten, aber vergleichbaren Fall[459]. Die Analogie ist dabei einerseits abzugrenzen von der Auslegung[460], andererseits von bloßen rechtspolitischen Wünschen[461], selbst wenn diese vom zuständigen Rechtsorgan geäußert, gesetzlich aber nicht umgesetzt wurden[462].

(aa) Vergleichbarkeit der Interessenlage

Damit eine Regelung auf einen Tatbestand analog angewendet werden kann, ist es zunächst erforderlich, dass eine vergleichbare Interessenlage zwischen den von der Regelung erfassten Tatbeständen einerseits und den nicht erfassten Konstellationen andererseits besteht[463]. Sowohl bei Verfahren, die die elterliche Verantwortung für Kinder betreffen, deren Eltern miteinander verheiratet gewesen sind, als auch bei den oben genannten Entscheidungsarten existiert ein Interesse der Parteien daran, dass die gefällten Entscheidungen bei grenzüberschreitenden Sachverhalten in den anderen Mitgliedstaaten der EG anerkannt werden. In allen Fallgestaltungen bedarf es eines raschen Verfahrensablaufs, um

---

458 Dauses (2001), B I Rn. 165.
459 Larenz (1991), 381.
460 Degenhart in Sachs (1999), Art. 103 GG Rn. 70.
461 So aus österreichischer Sicht OGH, Urt. vom 23.3.1976 – Ob 313/76, JBl. 1976, 490 (493).
462 Die Analogie ist verwandt mit der ausdehnenden Auslegung. Bei einer Analogie wird die Norm aber auch dann noch angewendet, wenn sie den Fall nicht mehr erfasst, Kallwass (1998), 15.
463 Larenz (1991), 381.

die Belastungen für die Parteien möglichst gering zu halten. Es macht insoweit keinen Unterschied, ob die beteiligten Elternteile ehemals verheiratet waren bzw. ob das Kind mit beiden Partnern verwandt ist oder nicht. Somit ist die Interessenlage bei dem von der EheVO erfassten Fall mit dem nicht geregelten Fall vergleichbar.

(bb) Regelungslücke

Des Weiteren muss eine Regelungslücke bestehen[464]. Diese existiert dann, wenn die Regelung planwidrig unvollständig[465] ist[466]. Eine Regelung ist unvollständig, wenn eine offene oder verdeckte Lücke vorliegt. Bei einer offenen Regelungslücke besteht eine Lücke im Gesetz, obwohl eine Regelung zu erwarten war[467]. Bei einer verdeckten Regelungslücke gibt es hingegen eine Regelung. Diese führt im betreffenden Einzelfall aber zu widersinnigen Ergebnissen, so dass davon auszugehen ist, dass der Gesetzgeber die Norm anders gefasst hätte, wenn er eben diesen Fall vorausgesehen hätte[468]. Die Auslegung der Regelungen der EheVO ergibt, dass diese nicht unmittelbar auf die genannten Arten von Verfahren anzuwenden ist (s.o., S. 98). Doch auch bei diesen Verfahren besteht grds. ein Bedürfnis für eine Vereinheitlichung der internationalen Zuständigkeits-, Anerkennungs- und Vollstreckungsregeln. Somit ist die Regelung unvollständig. Die Unvollständigkeit der Regelung müsste zudem planwidrig sein[469]. Daher ist festzustellen, ob eine Regelungslücke vorliegt, die der Absicht des Rechtsetzungsorgans widerspricht[470]. Die Legislative hätte, wenn sie die Lücke gekannt hätte, eine Regelung, die der getroffenen Analogie entspricht, schaffen müssen[471]. Maßstab ist hierfür das gesamte Recht[472], bei dessen Betrachtung eine nicht gewollte Lücke in den gesetzten Regelungen erkennbar sein muss. Sowohl

---

464 Vgl. EuGH, Urt. vom 15.12.1966 – Verbundene Rs. 15/64 und 60/65, EuGHE 1966, 685 (698); Bleckmann, NJW 1982, 1181.

465 Wenn in dieser Ausarbeitung von der Unvollständigkeit einer Regelung die Rede ist, soll dies mit Larenz (1991), 372 nur bedeuten, dass eine bestimmte Frage nicht geregelt ist. Ob es sich dabei um ein „beredtes Schweigen" handelt, das eine negative Sperrwirkung entfaltet, soll hingegen erst bei der Planwidrigkeit der Unvollständigkeit geprüft werden.

466 Elze (1916), 3 ff.

467 Pawlowski (1991), Rn. 470.

468 Brox (2001), Rn. 67.

469 Vgl. dazu Canaris (1983), 31 ff.

470 Dazu aus österreichischer Sicht OGH, Urt. vom 23.3.1976 – Ob 313/76, JBl 1976, 490 (492); OGH, Urt. vom 1.7.1976 – 6 Ob 8/76, JBl. 1977, 379 (380).

471 Brox (2001), Rn. 67; dies kommt z.B. in § 7 des österreichischen ABGB zum Ausdruck.

472 So auch aus österreichischer Sicht OGH, Urt. vom 23.3.1976 – Ob 313/76, JBl. 1976, 490 (493).

die Vertragsparteien des EheÜbk als auch der Rat der Europäischen Union kannten die Regelungen in den Niederlanden und in Schottland. Dennoch hat man sich gegen eine Einbeziehung solcher Entscheidungen in den Anwendungsbereich der EheVO entschieden (s.o., S. 96). Somit ist die festgestellte Regelungslücke nicht planwidrig, so dass die maßgeblichen Regelungen der EheVO auch nicht analog auf die genannten Entscheidungsarten angewendet werden können[473].

(4) Beendigung der internationalen Zuständigkeit

Das Gericht, das über die Ehesache zu befinden hat, verliert gem. Art. 3 Abs. 3 lit. a EheVO seine Kompetenz, auch über die andere Familiensache zu entscheiden, sobald die Entscheidung in der Ehesache rechtskräftig geworden ist. Ist zum Zeitpunkt der Rechtskraft der Entscheidung in der Ehesache das Verfahren bzgl. der elterlichen Verantwortung bereits anhängig, so bleibt die Gerichtszuständigkeit bis zur Rechtskraft der Entscheidung über die elterliche Verantwortung gem. Art. 3 Abs. 3 lit. b EheVO bestehen. Daneben kann die Gerichtszuständigkeit aufgrund von Art. 3 Abs. 3 lit. c EheVO aber dann entfallen, wenn die Ehesache oder das Verfahren hinsichtlich der elterlichen Verantwortung aus einem anderen Grund beendet wurde, z.B. weil die Eltern den Scheidungsantrag zurückgenommen haben[474] oder ein Ehegatte oder das betroffene Kind verstorben ist[475].

Daraus lässt sich im Umkehrschluss entnehmen, dass in allen anderen als den von der Verordnung genannten Fällen die Gerichtszuständigkeit bestehen bleibt. Dies gilt z.B. dann, wenn das betroffene Kind seinen gewöhnlichen Aufenthalt während des Verfahrens in einen anderen Mitgliedstaat verlegt. In diesem Fall greifen die Grundsätze der perpetuatio fori[476].

(5) Sachliche, örtliche und funktionelle Zuständigkeit

In der EheVO ist die sachliche, örtliche und funktionelle Zuständigkeit für andere Familiensachen nicht geregelt. Daher muss auf die nationalen Regelungen zurückgegriffen werden. Somit können diese im jeweiligen Staat für Ehesachen einerseits und für andere Familiensachen andererseits auseinanderfallen[477].

---

473 Van der Velden, WPNR 2000, 757; Vlas, WPNR 2001, 445.
474 Borrás, Abl. EG 1998, Nr. C 221, 41, Rn. 39c.
475 Sumampouw (2000), 735.
476 Sumampouw (2000), 735; Vlas, WPNR 2001, 445.
477 Meeusen, RW 1998-1999, 756; van der Velden, WPNR 2000, 755; Vlas, WPNR 2001, 442.

dd) Die Zuständigkeit der Gerichte bei einer Kindesentführung

Nachdem eine Ehe gescheitert ist, zieht meist ein Ehegatte aus der gemeinsamen Wohnung aus und sucht sich eine neue Unterkunft. Dabei kommt es in einigen Fällen vor, dass sich diese in einem anderen Staat befindet und der Ehegatte die gemeinsamen Kinder ohne die Zustimmung des anderen Elternteils mit ins Ausland nimmt.

(1) Gründe für die Entführung von Kindern durch die eigenen Eltern

Bei kleineren Kindern fürchten ausländische Väter die Solidarität deutscher Gerichte und Behörden mit der deutschen Mutter. Deutsche Gerichte tendieren nämlich dazu, das Sorgerecht für die Kinder, die in Deutschland aufgewachsen sind, im Interesse der Kontinuität ihrer Lebensbeziehungen der in Deutschland bleibenden Ehefrau zuzusprechen. Diese Tendenz wird dadurch verstärkt, dass die Gerichte ohnehin aufgrund der vermuteten engeren Mutter-Kind-Beziehung eher der Mutter als dem Vater das Sorgerecht zusprechen[478].
Daneben sind Entführungsfälle oftmals auch von finanziellen Überlegungen getragen. Oft versucht der unterhaltsverpflichtete Elternteil auf diese Weise seinen Verpflichtungen zu entgehen. Entführungsfälle kommen aber auch bei Gastarbeiterfamilien vor, bei denen beide Ehegatten die gleiche Staatsangehörigkeit aufweisen. Meistens ist es in diesen Fällen dem entführenden Elternteil unmöglich, die deutsche Gerichtszuständigkeit zu akzeptieren. Vielmehr wird in diesen Fällen jegliches Handeln der deutschen Behörden als unerwünschte Einmischung in zentrale familiäre Angelegenheiten verstanden[479].

(2) Die Notwendigkeit einer raschen Rückführung aus psychologischer Sicht

Eine rasche Rückführung des Kindes an seinen rechtmäßigen gewöhnlichen Aufenthaltsort ist aus psychologischer Sicht extrem wichtig. Andernfalls verliert das Kind den Bezug zu seinem gewohnten Umfeld. Dadurch büßt das Kind nicht nur seinen Kontakt zur elterlichen Wohnsphäre ein. Vielmehr wird auch die Verbindung zur bisherigen Schule, also der neben den Eltern in diesem Lebensabschnitt wichtigsten Institution für die geistig-seelische Entwicklung, unterbrochen[480]. Im schlimmsten Fall kann es beim Kind zu schweren psychischen Beeinträchtigungen kommen, wenn es ohne Einigung seiner Eltern und ohne Berücksichtigung seiner Belange, insbesondere ohne eigene Bestimmung über den

---

[478] Mallmann-Döll, Psychosozial 1980, Teilband 3, 44.
[479] Baer, ZRP 1990, 209.
[480] Baer, ZRP 1990, 210.

weiteren Verbleib, vom anderen Elternteil getrennt wird[481]. Weitere psychische Belastungen ergeben sich bei einer unvorbereiteten Konfrontation mit einem ungewohnten kulturellen, sozialen und sprachlichen Umfeld. Erschwerend kommt bei Entführungsfällen hinzu, dass die Integration völlig ohne oder zumindest ohne eine der gewohnten Bezugspersonen erfolgt[482].

(3) Die praktischen Schwierigkeiten bei der Rückführung dieser Kinder

In der Praxis zeigt sich, dass die Rückführung von Kindern, die von den eigenen Eltern entführt wurden, oftmals schwieriger ist, als man dies aufgrund der rechtlichen Lage vermuten mag. Vielfach wird der persönliche, briefliche oder telefonische Kontakt mit dem Kind unterbunden. Weitere Barrieren ergeben sich daraus, dass hiesige Richter und Anwälte in vielen Fällen weder die Sprache noch das Recht des Landes beherrschen, in das das Kind verbracht wurde.
Außerdem können schnell hohe Kosten für Gerichte, Anwälte und Reisen ins Ausland anfallen, die oftmals nur partiell über die Prozesskostenhilfe aufgefangen werden. Sollte bis zur Gerichtsverhandlung oder dem Einschreiten der örtlichen Behörden zuviel Zeit vergangen sein, kann das Kind oftmals gar nicht zurückgebracht werden, weil es sich bereits in seine neue Umgebung eingewöhnt hat.

(4) Rechtstechnische Bedeutung des Art. 4 EheVO

Die EheVO genießt aufgrund ihrer Artt. 36 f. grds. Vorrang vor den dort genannten Verträgen. Art. 4 EheVO macht von diesem Grundsatz eine Ausnahme. Dem weitaus älteren HÜK wird im Fall einer Kindesentführung, die mit einem Verfahren i.S.d. EheVO zusammenhängt, der Vorrang bei der Bestimmung der Zuständigkeit der Gerichte eingeräumt.
Der Zweck dieser Regelung liegt darin, dass sich die allgemeinen Zuständigkeitsregelungen der EheVO im Fall der Entführung des Kindes durch den nicht sorgeberechtigten Elternteil auf das Wohl des Kindes nachteilig auswirken könnten. Das HÜK sieht nämlich für Entführungsfälle speziellere Regelungen vor, durch die eine Rückführung des Kindes weitaus schneller bewerkstelligt werden kann. Daher darf das nach Art. 3 EheVO zuständige Gericht die Entscheidung über die elterliche Verantwortung erst treffen, wenn entschieden ist, dass das Kind nicht aufgrund einer Bestimmung des HÜK an den anderen El-

[481] Internationaler Sozialdienst (1998), 6.
[482] Ein anschauliches Beispiel stellt Mallmann-Döll, 48 ff. dar.

ternteil zurückzugeben ist[483]. Die Entscheidungszuständigkeit als solche bleibt aber dennoch bestehen[484]. Es wird lediglich das Verfahren, das die elterliche Verantwortung betrifft, solange ausgesetzt, bis über den Rückführungsantrag entschieden ist[485].

(5) Abgrenzung der Anwendungsbereiche von EheVO und HÜK

(a) Die Regelung in Art. 3 EheVO

Art. 3 Abs. 1 EheVO begründet eine Annexzuständigkeit der Gerichte des Mitgliedstaates, in dem über eine Ehesache befunden wird. Diese sind auch für das Verfahren, in dem über die elterliche Verantwortung für die gemeinsamen Kinder der Ehegatten entschieden werden soll, international zuständig. Die Annexzuständigkeit bezieht sich dabei nur auf die internationale Zuständigkeit, so dass im jeweiligen Mitgliedstaat die sachliche, örtliche und funktionelle Zuständigkeit für die Ehesache einerseits und das Verfahren bzgl. der elterlichen Verantwortung andererseits durchaus auseinanderfallen können. Würde man die Regelung isoliert betrachtet anwenden, so könnte dies dann, wenn der nicht sorgeberechtigte Elternteil ein gemeinsames Kind in einen anderen Mitgliedstaat entführt, darauf hinauslaufen, dass die Zuständigkeit des Gerichts in jenem Staat sowohl für die Ehesache als auch für die andere Familiensache begründet wäre, obwohl eine entgegenstehende Sorgerechtsentscheidung in dem Mitgliedstaat existiert, aus dem das Kind entführt wurde.

Dies resultiert aus den bruchstückhaften Regelungen der EheVO. Während in Art. 11 EheVO zwar die Folgen der Rechtshängigkeit eines Sorgerechtsverfahrens in einem anderen Staat aufgeführt sind und in Art. 15 Abs. 2 lit. e EheVO die Auswirkungen einer entgegenstehenden Entscheidung für die Anerkennung einer anderen Entscheidung niedergelegt sind, ist der Fall einer entgegenstehenden Entscheidung im Bereich der Zuständigkeitsregelungen nicht erfasst.

Zwar bleibt dem Elternteil, dem das Sorgerecht ursprünglich zugesprochen wurde, die Möglichkeit, die Sorgerechtsentscheidung in dem Mitgliedstaat, in den das Kind verbracht wurde, gem. Art. 14 EheVO anerkennen zu lassen. Man muss aber berücksichtigen, dass eine solche Anerkennung eine gewisse Zeit in Anspruch nehmen dürfte, auch wenn Art. 14 Abs. 1 EheVO ausdrücklich bestimmt, dass es für die Anerkennung keines besonderen Verfahrens bedarf.

483 Borrás, Abl. EG 1998, Nr. C 221, 42, Rn. 41.
484 Hau, FamRZ 2000, 1338; vgl. Erwägungsgrund 13 S. 2 zur EheVO.
485 Hüßtege in Thomas/Putzo (2001), Art. 3 EheVO Rn. 14.

Des Weiteren ist zu berücksichtigen, dass die Anerkennung nur auf Antrag einer Partei und nicht „ex officio" erfolgt (vgl. Artt. 14 Abs. 1, 20 Abs. 1 EheVO). Außerdem besteht die Gefahr der Nichtanerkennung. Dieses Risiko ergibt sich aus den in Art. 15 EheVO genannten Gründen für die Nichtanerkennung einer Entscheidung. Für dieses Risiko spricht auch der Umstand, dass mit Art. 14 Abs. 3 EheVO ein Bedürfnis für ein Verfahren gesehen wurde, in dem die Pflicht zur Anerkennung einer Entscheidung eigenständig festgestellt werden kann.

(b) Die Regelung von Art. 4 EheVO i.V.m. Artt. 3 und 16 HÜK

Um Probleme bei der raschen Rückführung des Kindes zu vermeiden, erklärt Art. 4 EheVO für den Fall einer Kindesentführung nicht die Zuständigkeitsanknüpfung des Art. 3 EheVO, sondern die des HÜK für anwendbar, was über Art. 16 HÜK eine Entscheidungssperre zur Folge hat. Dies bedeutet, dass eine (neue) Sorgerechtsentscheidung in dem Staat, in den das Kind verbracht wurde, erst ergehen darf, nachdem festgestellt wurde, dass die Voraussetzungen des Art. 16 HÜK nicht vorliegen.

(c) Die Voraussetzungen des Art. 16 HÜK im Einzelnen

(aa) Widerrechtliches Verbringen oder Zurückhalten eines Kindes

Damit die Entscheidungssperre eintreten kann, muss das Kind widerrechtlich in einen anderen Mitgliedstaat verbracht worden sein oder dort gegen den Willen des Berechtigten zurückgehalten werden. Das Verbringen oder Zurückhalten des Kindes war widerrechtlich i.S.v. Art. 3 HÜK, wenn dadurch die Ausübung des Sorgerechts zumindest teilweise unmöglich gemacht wurde und das Sorgerecht vom anderen Elternteil z.Z. der Entführung des Kindes auch tatsächlich ausgeübt wurde oder worden wäre. Gerade in der zweiten Voraussetzung liegt ein Vorteil für den Antragsteller. Der Antragsgegner trägt nämlich die Beweislast dafür, dass der Antragsteller das Sorgerecht weder tatsächlich ausgeübt hat noch hypothetisch ausgeübt hätte. Dabei geht ein non liquet zu Lasten des Antragsgegners[486].

[486] Kropholler in Staudinger (1997), Vor Art. 19 EGBGB Rn. 681.

(bb) Mitteilung an die Gerichte oder Verwaltungsbehörden hinsichtlich dieses Umstandes

Wurde das Kind widerrechtlich verbracht oder zurückgehalten, so genügt ein Antrag auf Herausgabe des Kindes i.S.d. Artt. 8, 29 HÜK oder eine isolierte Mitteilung bei (vorübergehendem) Fehlen einzelner Antragsvoraussetzungen. Adressat des Antrags oder der Mitteilung ist gem. Art. 8 Abs. 1 die zentrale Behörde des Staates, in dem sich das Kind befindet. Sollte diese den Antrag oder die Mitteilung an das betreffende Gericht nicht weiterleiten, so ist dies für deren Wirkungen i.S.v. Art. 16 HÜK unschädlich[487].

(cc)Keine entgegenstehende Entscheidung i.S.v. Art. 13 HÜK

Die Entscheidungssperre des Art. 16 HÜK greift nur dann ein, wenn das Gericht die Anordnung der Rückgabe nicht bereits abgelehnt hat. Als Ablehnungsgründe kommen die fehlende tatsächliche Sorgerechtsausübung durch den Antragsteller, seine Zustimmung oder Genehmigung im Hinblick auf die Mitnahme des Kindes durch den anderen Elternteil, eine schwerwiegende Gefahr für das Kind, der Widerstand des Kindes und ein negativ ausfallender Sozialbericht, der Auskunft über das Umfeld gibt, in den das Kind zurückgebracht werden soll, in Betracht. Liegen einer oder mehrere dieser Gründe vor, so ist das Gericht lediglich „nicht verpflichtet" eine Rückgabeanordnung auszusprechen. Diese Formulierung erscheint auf den ersten Blick übertrieben vorsichtig. Man könnte vielmehr erwarten, dass das Gericht beim Vorliegen der vorgenannten Gründe eine entsprechende Anordnung schlicht nicht mehr aussprechen darf. Die anders gewählte Formulierung weist aber lediglich auf ein Ermessen in Grenzfällen hin. Daraus ist zu schließen, dass die Vertragsstaaten die Wiederherstellung der formell rechtmäßigen Sorgerechtssituation als für das Kindeswohl am geeignetsten betrachteten[488].

(dd) Kein Antrag auf Herausgabe des Kindes innerhalb angemessener Frist

Der Antrag auf Herausgabe des Kindes hat nur dann Aussicht auf Erfolg, wenn dieser innerhalb einer angemessenen Frist gestellt wird. Die Länge dieser Frist ist im HÜK nicht festgelegt. Nach allgemeiner Auffassung sollte der Antrag aber nicht viel später als sechs Monate nach der Entführung des Kindes gestellt werden[489]. Andernfalls ist in den meisten Fällen davon auszugehen, dass sich

[487] Kropholler in Staudinger (1997), Vor Art. 19 EGBGB Rn. 692.
[488] Kropholler in Staudinger (1997), Vor Art. 19 EGBGB Rn. 687.
[489] Vgl. statt vieler Kropholler in Staudinger (1997), Vor Art. 19 EGBGB Rn. 693.

das Kind in seiner neuen Umgebung eingewöhnt hat und ein erneuter Umzug dem Kind mehr schadet als nützt.

(d) Die Bedeutung des Art. 4 EheVO für zukünftige Beitrittskandidaten

Gem. Art. 4 EheVO genießt das HÜK gegenüber der EheVO Anwendungsvorrang. In Fällen, in denen neben den Regelungen der EheVO auch das HÜK Anwendung findet, bestehen insoweit z.Z. keine Probleme, da alle Mitgliedstaaten der EG das HÜK ratifiziert haben. Sollten sich aber weitere Staaten entschließen, der EG beitreten zu wollen, so stellt sich die Frage, ob diese Staaten für die Annahme der EheVO zwingend das HÜK ratifizieren müssen[490]. Dies ist dann der Fall, wenn die EheVO voraussetzt, dass die Staaten, in denen die EheVO Anwendung findet, das HÜK ratifiziert haben. Dann muss das HÜK einen integralen Bestandteil der EheVO darstellen. Der Zweck des Art. 4 EheVO ist es, dass Kinder, die innerhalb des Geltungsbereichs der EheVO entführt wurden, nicht schlechter gestellt werden als Kinder, die in einen Drittstaat entführt wurden, in dem zwar nicht die EheVO, wohl aber das HÜK Anwendung findet[491]. Eine solche Benachteiligung kommt aber dann nicht in Betracht, wenn die involvierten Staaten das HÜK überhaupt nicht ratifiziert haben. Somit wird durch Art. 4 EheVO nur die Subsidiarität der EheVO im Verhältnis zum HÜK zum Ausdruck gebracht[492]. Folglich stellt es kein Hindernis für die Annahme der EheVO dar, wenn der betreffende Staat das HÜK nicht ratifiziert hat[493]. Dies bedeutet des Weiteren, dass in Fällen, in denen zwar sowohl die EheVO als auch das HÜK Anwendung fänden, einer der betroffenen Staaten aber das HÜK nicht ratifiziert hat, von den zuständigen staatlichen Stellen nur die Regelungen der EheVO zugrunde gelegt werden können.

[490] Demgegenüber kann weder die Annahme der EheVO noch die Ratifikation des HÜK eine Voraussetzung für den Beitritt zur EG sein. So war Dänemark bereits Mitglied der EG als die EheVO in Kraft trat. Dennoch beteiligte sich dieser Staat nicht an der Annahme der EheVO. Dieselbe Wahlmöglichkeit muss aber auch einem potentiellen Beitrittskandidaten offen stehen.

[491] So im Ergebnis auch Sumampouw (2000), 740 f.

[492] Anders Borrás, Abl. EG 1998, Nr. C 221, 42, Rn. 41, die eine Ratifikation als zwingende Voraussetzung der Annahmen der EheVO ansieht.

[493] So auch Vlas, WPNR 2001, 446; anders aber van der Velden, WPNR 2000, 756, der davon ausgeht, dass alle Staaten, auf die die EheVO Anwendung findet, auch das HÜK ratifiziert haben müssen. Damit ist für ihn die Ratifikation des Übereinkommens eine echte Beitrittsvoraussetzung zur EG.

ee)Der Gegenantrag

Für einen Gegenantrag muss gem. Art. 5 EheVO das Gericht angerufen werden, bei dem ein Antrag aufgrund der Artt. 2 – 4 EheVO anhängig ist. Dies gilt allerdings nur dann, wenn der Gegenantrag in den Anwendungsbereich der EheVO fällt. Die Vorschrift bezweckt die Verhinderung einer Verfahrensaufsplittung und einer gleichzeitigen Rechtshängigkeit mehrerer Verfahren in derselben Sache bei verschiedenen Gerichten.

ff) Die Umwandlung einer Entscheidung

Das Gericht, das die Trennung ohne Auflösung des Ehebandes ausgesprochen hat, ist gem. Art. 6 EheVO auch für die Umwandlung der Entscheidung in eine Ehescheidung zuständig. Der Grund für diese Regelung besteht darin, dass das Gericht, das die Ursprungsentscheidung getroffen hat, den zugrundeliegenden Sachverhalt besser kennt und daher auch über die Umwandlungsentscheidung befinden sollte.

gg) Der räumlich persönliche Anwendungsbereich der EheVO

Durch die Artt. 7 f. EheVO wird der Anwendungsbereich der EheVO gegenüber den nationalen Zuständigkeitsvorschriften abgegrenzt[494]. Gem. Art. 7 EheVO darf der Antragsgegner, der seinen gewöhnlichen Aufenthalt in einem Mitgliedstaat hat bzw. diesem angehört, in einem anderen Mitgliedstaat nur dann verklagt werden, wenn die in den Artt. 2 – 6 EheVO aufgestellten Anforderungen erfüllt sind[495].

Zu welchem Zeitpunkt der gewöhnliche Aufenthalt bzw. die Staatsangehörigkeit des Antragsgegners gegeben sein muss, ist in der EheVO nicht festgelegt. In der Literatur wird z.T. auf den Zeitpunkt der Rechtshängigkeit i.S.v. Art. 11 Abs. 4 EheVO abgestellt[496]. Dies ist aber systemwidrig, da man auf einen zu frühen Zeitpunkt abstellt. Schon im Rahmen des EuGVÜ diskutierte man, zu welchem Zeitpunkt die Zuständigkeitsvoraussetzungen vorliegen müssen. Nach allgemeiner Auffassung war dabei auf den Zeitpunkt der Sachentscheidung abzustel-

494 So auch Hausmann, ELF 2000/01, 278.

495 Teilweise wird in der Literatur etwas mißverständlich gesagt, dass die internationale Zuständigkeit aufgrund der Artt. 2 bis 6 EheVO nur dann gegeben sei, wenn die Voraussetzungen des Art. 7 vorliegen, Hausmann, ELF 2000/01, 275. Diese Auffassung zäumt das Pferd von hinten auf.

496 Hausmann, ELF 2000/01, 279.

len[497]. Hätte man sich nämlich am Zeitpunkt der Rechtshängigkeit orientiert, so hätte der Antragsteller bei späterem Eintritt der Zuständigkeitsvoraussetzungen nach der Klageabweisung den Antrag erneut einbringen müssen[498]. Nichts anderes kann aber im Rahmen der EheVO gelten. Auch hier ist der Grundsatz der Prozessökonomie zu wahren und somit auf den Zeitpunkt der Sachentscheidung abzustellen.

Davon ist die Frage zu unterscheiden, welche Auswirkungen ein Wegfall einzelner Zuständigkeitsvoraussetzungen während des Verfahrens hat. Diese Frage wurde in der EheVO nicht geregelt. Im Rahmen des EuGVÜ geht man überwiegend davon aus, dass bei einer einmal begründeten Zuständigkeit auch bei späterem Wegfall einzelner Zuständigkeitsvoraussetzungen die Entscheidungskompetenz des Gerichts i.S.e. perpetuatio fori bestehen bleibt[499]. Dies erscheint im Hinblick auf die vorstehend erörterte Problematik auf den ersten Blick widersprüchlich. Während man dort auf den Zeitpunkt der Sachentscheidung abstellt, soll hier der Zeitpunkt der Rechtshängigkeit ausschlaggebend sein. Allerdings ist dabei der Grundsatz der Verfahrensökonomie[500] zu berücksichtigen. Dieser Grundsatz erlangt vor allem dann Relevanz, wenn das zunächst angerufene Gericht bereits Maßnahmen zur Sachverhaltsaufklärung ergriffen hat. Diese Recherchen müssten von einem anderen Gericht erneut durchgeführt werden. Um diesen doppelten Arbeitsaufwand zu vermeiden, ist auch für die EheVO davon auszugehen, dass die Zuständigkeit des Gerichts im Sinne einer perpetuatio fori bestehen bleibt.

hh) Die Restzuständigkeit

(1) Die Zuständigkeit für Ehesachen

Art. 8 Abs. 1 EheVO sieht vor, dass in den Fällen, in denen die Zuständigkeitsvoraussetzungen der Artt. 2 – 6 EheVO nicht erfüllt sind, die Zuständigkeit der Behörden über das jeweilige innerstaatliche Recht begründet werden kann. Hingegen kann die Zuständigkeit der Gerichte eines Mitgliedstaates nicht durch innerstaatliches Recht begründet werden, wenn deren Zuständigkeit bereits durch

---

[497] Geimer, NJW 1976, 445 f.; Schlafen in Bülow/Böckstiegel (1993), vor Titel II Anm. 5; vgl. Geimer in Zöller (2002), IZPR Rn. 96.

[498] Kropholler (1998), vor Art. 2 EuGVÜ Rn. 13.

[499] Kropholler (1998), vor Art. 2 EuGVÜ Rn. 14.

[500] Vgl. zu diesem bereits Schumann (1986), 302.

die Regelungen der EheVO begründet ist, da die EheVO die innerstaatlichen Normen insoweit verdrängt[501].

Allerdings stellt sich die Frage, ob in den Fällen, in denen die EheVO die Zuständigkeit der Gerichte eines Mitgliedstaates eröffnet, eine alternative Zuständigkeit der Gerichte eines anderen Mitgliedstaates, die über einzelstaatliches Recht begründet wird, Berücksichtigung finden kann. Für eine solche Lösung spricht der Wortlaut des Art. 8 Abs. 1 EheVO. In der deutschen Fassung wird der Begriff „Soweit" verwendet. Daraus könnte man schließen, dass die Zuständigkeiten nicht nur entweder über die EheVO oder andernfalls hilfsweise über das nationale Recht begründet werden können. Eine solche Alternativität hätte vielmehr durch ein einleitendes „Wenn" zum Ausdruck kommen müssen[502]. Allerdings ist die deutsche Fassung der EheVO an dieser Stelle etwas ungenau. In der englischen, französischen und spanischen Fassung wird gerade dieses „Wenn" verwendet.

Gegen eine alternative Zuständigkeitsanknüpfung sprechen Sinn und Zweck der EheVO. Durch die Regelungen der EheVO wollte man die internationale Zuständigkeit der Gerichte für Ehe- und andere Familiensachen vereinheitlichen. Eine alternative Anknüpfung über das unilaterale Recht würde dieser Absicht aber gerade zuwiderlaufen[503].

Gem. Art. 8 Abs. 2 EheVO kann jeder Angehörige eines Mitgliedstaates, der seinen gewöhnlichen Aufenthalt in einem anderen Mitgliedstaat hat, die in diesem Staat geltenden Zuständigkeitsvorschriften wie ein Inländer gegenüber einem Antragsgegner geltend machen, wenn dieser weder seinen gewöhnlichen Aufenthalt im Hoheitsgebiet eines Mitgliedstaates hat noch einem Mitgliedstaat angehört oder dort sein domicile hat. Dadurch wird der Anwendungsbereich des innerstaatlichen Verfahrensrechts über die bloße Zuständigkeitseröffnung in Art. 8 Abs. 1 EheVO erweitert, was zu einer Privilegierung des Angehörigen eines Mitgliedstaates führt[504]. Dies hat die überraschende Konsequenz, dass in den Fällen des Art. 8 Abs. 2 EheVO die Voraussetzungen für die Zuständig-

---

[501] Dies verkennt das AG Leverkusen, Urt. vom 14.02.2002 – 34 F 134/01, FamRZ 2002, 1635. Darauf weist auch Gottwald hin, FamRZ 2002, 1636. Demgegenüber stützt das AG Leverkusen im Urt. vom 10.1.2002 – 34 F 346/97, FamRZ 2002, 1636 die Eröffnung der internationalen Zuständigkeit zutreffend auf die Normen der EheVO.

[502] Anders die wohl herrschende Meinung in der Literatur, die der Auffassung ist, dass sich der Wortlaut „klar" gegen eine doppelte Zuständigkeitsbegründung ausspreche, so Hau, FamRZ 2000, 1341; Hausmann, ELF 2000/01, 279.

[503] So im Ergebnis auch de Boer, FJR 1999, 246; Hau, FamRZ 2000, 1341.

[504] So auch Hau, FamRZ 2000, 1341; Hausmann, ELF 2000/01, 279.

keitsbegründung, die die EheVO aufstellt, durch die auf nationaler Ebene geschaffenen Regelungen des Aufenthaltsstaates umgangen werden können und eine Zuständigkeit der Gerichte dieses Staates, die für rein innermitgliedstaatliche Fälle nicht bestünde, begründet werden kann[505].

(2) Die Zuständigkeit für andere Familiensachen

Soweit die Artt. 2 – 6 EheVO keine Zuständigkeit eines Gerichts begründen, kann man gem. Art. 8 Abs. 1 EheVO auf die nationalen Zuständigkeitsregelungen zurückgreifen. Dies stellt für Ehesachen grds. kein Problem dar (s.o., S. 108).

Allerdings stellt sich die Frage, ob die Zuständigkeit eines Gerichts für eine andere Familiensache auch über eine Restzuständigkeit i.S.v. Art. 8 EheVO begründet werden kann, wenn sich das Kind in einem anderen Staat als dem des forum divortii aufhält. Dabei sind zwei Konstellationen zu unterscheiden. Hält sich das Kind während der Ehesache in einem Staat auf, auf den die Regelungen der EheVO keine Anwendung finden, so kann die Zuständigkeit des forum divortii unstreitig über Art. 8 Abs. 1 EheVO i.V.m. den Regeln des Forumstaates eröffnet werden[506].

Befinden sich die Kinder hingegen in einem anderen Mitgliedstaat, so kommt dem Gericht, das über die Ehesache zu befinden hat, grds. eine Annexkompetenz für die Entscheidung über die elterliche Verantwortung zu, wenn die Voraussetzungen des Art. 3 Abs. 2 EheVO erfüllt sind. Umstritten ist in diesem Zusammenhang, ob eine Restzuständigkeit i.S.v. Art. 8 Abs. 1 EheVO auch dann besteht, wenn die Zuständigkeit aufgrund von Art. 3 Abs. 2 EheVO deshalb nicht gegeben ist, weil einzelne Voraussetzungen nicht vorliegen, z.B. weil die Zuständigkeit des Gerichts von einem Elternteil nicht anerkannt wird.

Zum Teil vertritt man in der Literatur die Auffassung, dass in diesem Fall eine Restzuständigkeit nicht eröffnet sei. Diese Auffassung wird damit begründet, dass bereits Art. 3 Abs. 2 EheVO eine Ausnahmeregelung zur gewöhnlichen Zuständigkeitsbegründung für andere Familiensachen i.S.v. Art. 3 Abs. 1 EheVO darstelle. Dieser Ausnahmetatbestand könne nicht nochmals durch Art. 8 Abs. 1 EheVO extensiviert werden, so dass sich das Gericht in diesem Fall für unzuständig zu erklären habe[507].

---

505 So z.B. im Fall des Art. 2 Abs. 1 lit. a Strich 5 EheVO. Die Jahresfrist entfällt und die nationalen Vorschriften über die internationale Zuständigkeit sind unmittelbar anwendbar.

506 De Boer, FJR 1999, 248; Sumampouw (2000), 736; van der Velden, WPNR 2000, 756; Vlas, WPNR 2001, 446.

507 Boele-Woelki, ZfRV 2001, 125.

Gegen diese Ansicht spricht zum einen der Wortlaut des Art. 8 Abs. 1 EheVO. Dort ist nur die Rede davon, dass dann Raum für eine Restzuständigkeit bleibt, wenn eine Zuständigkeit der Gerichte nicht durch die Artt. 2 – 6 EheVO eröffnet ist. Art. 8 Abs. 1 EheVO verweist damit auch auf Art. 3 EheVO[508]. Zum anderen erscheint es unverständlich, warum bei der Restzuständigkeit zwischen Ehesachen und Verfahren, in denen über die elterliche Verantwortung entschieden wird, ohne jeden Anhaltspunkt in der EheVO differenziert werden sollte. Die Zuständigkeitsbegründungen in der EheVO basieren auf dem Gedanken des gegenseitigen Vertrauens der EG-Staaten auf die Gerichtsverfahren in den anderen Mitgliedstaaten. Es ist nicht einzusehen, warum dieses Vertrauen bei Verfahren in anderen Familiensachen trotz der Begründung der Annexzuständigkeit in Art. 3 EheVO für die Restzuständigkeit in Art. 8 Abs. 1 EheVO entfallen sollte[509].

Dabei geht die Gegenmeinung sehenden Auges das Risiko ein, dass wegen fehlender Zuständigkeit nach Art. 3 EheVO während der Anhängigkeit der Ehesache überhaupt kein Forum mehr zuständig ist, wenn sich das Kind in einem anderen Mitgliedstaat aufhält[510]. Vielmehr müssten die Eltern dann warten, bis die Entscheidung in der Ehesache rechtskräftig geworden ist. Dann kann nämlich die EheVO nicht mehr angewendet werden und es besteht wieder die Möglichkeit, auf das nationale Recht zurückzugreifen. Eines der erklärten Ziele der EheVO ist aber die Wahrung und Stärkung der Interessen des Kindes. Mit einer Entscheidung über die elterliche Verantwortung bis nach Beendigung der Ehesache zu warten, dient aber nicht der Rechtssicherheit und belässt die Beteiligten in einer Unsicherheit, die zu erheblichen psychischen Zwängen führen kann.

Dagegen wird zwar vorgetragen, dass auch bei der Nichteröffnung der Restzuständigkeit über Art. 8 Abs. 1 EheVO die gemeinsamen Kinder nicht völlig schutzlos gestellt würden, da über Art. 12 EheVO immerhin noch vorläufige Maßnahmen getroffen werden könnten[511]. Allerdings läuft eine solche Lösung dem Kindeswohl vollends zuwider, da die Betroffenen auch in diesem Fall für eine endgültige Regelung den Ausgang der Ehesache abwarten müssen. Dies kann dazu führen, dass die Entscheidung über die elterliche Verantwortung nach Beendigung der Ehesache anders ausfällt, als dies noch im Rahmen der einstweiligen Maßnahme der Fall war. Dadurch würde das Kind dann aber erneut aus

508 So auch van der Velden, WPNR 2000, 756.
509 So im Ergebnis auch Jayme/Kohler, IPRax 2000, 457; Hausmann, ELF 2000/01, 277.
510 Sumampouw (2000), 737.
511 Sumampouw (2000), 737.

Verhältnissen gerissen, in die es sich vielleicht gerade erst mühsam eingewöhnt hat.
Schließlich spricht für die Eröffnung einer Restzuständigkeit der Umstand, dass ein Kind, das sich in einem Nichtmitgliedstaat aufhält, besser gestellt würde als ein Kind, das seinen gewöhnlichen Aufenthalt in einem Mitgliedstaat hat. Hält es sich in einem Nichtmitgliedstaat auf, so sind unstreitig über Art. 8 Abs. 1 EheVO die Zuständigkeitsvorschriften des forum divortii anzuwenden. Somit kann neben der Ehesache zugleich das Verfahren bzgl. der elterlichen Verantwortung entschieden werden. Befindet sich das Kind aber in einem Mitgliedstaat, so weist es doch gerade ein höheres Näheverhältnis zum Regelungsbereich der EheVO auf. Dies darf dann nicht dazu führen, dass die EheVO jeglichen Zugang zu den Gerichten der Mitgliedstaaten verwehrt.

(3) Die einschlägigen Regelungen in den Mitgliedstaaten im Rahmen der Restzuständigkeit

Die meisten Rechtsordnungen der EG-Staaten sehen unilaterale Regelungen der internationalen Zuständigkeit vor. Auf die nationalen Zuständigkeitsregelungen kann aber nur dann zurückgegriffen werden, wenn sich aus den vorrangigen Regelungen der EheVO keine internationale Zuständigkeit ergibt und die nationalen Zuständigkeitsregelungen nicht dem Sinn und Zweck der EheVO zuwiderlaufen[512]. Daraus ergeben sich folgende nationale Restzuständigkeiten:

(a) Belgien

Eine Restzuständigkeit verbleibt in Belgien zum einen aufgrund von Art. 15 des Bürgerlichen Gesetzbuches. Die belgische Gerichtsbarkeit kann danach schon dann angerufen werden, wenn der Beklagte die belgische Staatsangehörigkeit besitzt[513]. Entgegen Art. 1 Abs. 1 lit. b EheVO ist es für die Begründung der Zuständigkeit der belgischen Gerichte nicht erforderlich, dass beide Parteien die belgische Staatsangehörigkeit besitzen. Eine weitere (Rest-)Zuständigkeit ergibt sich aus Art. 635 Nr. 2 der belgischen ZPO. Danach ist die belgische Gerichtsbarkeit bereits dann zuständig, wenn der Antragsteller unabhängig von seiner Staatsangehörigkeit seinen gewöhnlichen Aufenthalt oder seinen Wohnsitz in

---

512 Vgl. dazu allgemein Henrich (1998), Rn. 71.

513 „Art. 15. Een Belg kan voor een Belgische rechtbank worden gedagvaard wegens verbintenissen die hij in het buitenland, zelfs jegens een vreemdeling, heeft aangegaan.“ Übersetzt: „Art. 15. Ein Belgier kann wegen Verpflichtungen vor ein belgisches Gericht geladen werden, die er im Ausland, und zwar auch gegenüber einem Ausländer, eingegangen ist.“

Belgien hat[514]. Somit entfallen die weiteren Voraussetzungen, die in Art. 1 Abs. 1 lit. a Strich 5 bzw. 6 EheVO vorgesehen sind.

(b) Deutschland

Eine Restzuständigkeit wird in Deutschland durch § 606a Abs. 1 S. 1 Nr. 1 ZPO begründet, da die Ehegatten dort entgegen Art. 2 Abs. 1 lit. b EheVO nicht demselben Staat angehören müssen. Vielmehr genügt es bereits, dass ein Ehegatte Deutscher ist bzw. dies bei der Eheschließung war. Weiterhin spielt § 606a Abs. 1 S. 1 Nr. 3 ZPO eine Rolle. Dieser erfasst den nicht von der EheVO geregelten Fall, dass ein Ehegatte Staatenloser mit gewöhnlichem Aufenthalt im Inland ist. Schließlich spielt in diesem Zusammenhang § 606a Abs. 1 S. 1 Nr. 4 ZPO eine Rolle. Hier ist die Zuständigkeit bereits dann eröffnet, wenn ein Ehegatte seinen gewöhnlichen Aufenthalt im Inland hat, ohne dass die weiteren Voraussetzungen des Art. 2 Abs. 1 lit. a Strich 2, 5 oder 6 EheVO vorliegen müssen.

(c) Finnland

Für die finnischen Gerichte ergibt sich eine Restzuständigkeit aus Art. 8[515] des „Gesetzes über bestimmte familienrechtliche Situationen mit internationalen Aspekten“[516]. Danach sind die finnischen Gerichte selbst dann zuständig, wenn

---

[514] „Art. 635. Les étrangers peuvent être assignés devant les tribunaux du royaume, soit par un Belge, soit par un étranger, dans les cas suivants: [...] (2) s'ils ont en Belgique un domicile ou une résidence, ou s'ils y ont fait élection de domicile; [...].“ Übersetzt: „Art. 635. Ausländer können sowohl von einem Belgier als auch von einem Ausländer in folgenden Fällen vor die Gerichte des Königreichs geladen werden: [...] (2) wenn sie in Belgien einen Wohnsitz oder Aufenthalt haben oder wenn sie dort ein Wahldomizil haben; [...].“

[515] „§ 8. Talan angående återgång av äktenskap, hemskillnad eller äktenskapsskillnad må i Finland upptagas till prövning, om 1) båda makarna äro finska medborgare eller käranden är finsk medborgare och har eller har haft hemvist här; eller 2) käranden sedan minst två år haft eller svaranden har hemvist här. Ansöka makarna gemensamt om hemskillnad eller äktenskapsskillnad, må talan upptagas till prövning i Finland, om av någondera maken anhängiggjord talan angående hemskillnad eller äktenskapsskillnad enligt 1 mom. skulle kunna upptagas till prövning här. [...].“ Übersetzt: „§ 8. Über einen Scheidungsantrag kann in Finnland verhandelt und entschieden werden, wenn 1) einer der beiden Ehegatten seinen Wohnsitz in Finnland hat; oder 2) der Antragsteller seinen Wohnsitz in Finnland oder eine sonstige enge Verbindung zu Finnland gehabt hat und er die die Scheidung betreffende Sache nicht in dem fremden Staat der gerichtlichen Klärung zuführen kann, in dem einer oder beide Ehegatten ihren Wohnsitz haben oder das dem Antragsteller unzumutbare Schwierigkeiten bereiten würde, und wenn die Verhandlung in Finnland im Hinblick auf die Verhältnisse für begründet zu halten ist. [...].“

[516] Laki eräistä kansainvälisluontoisista perheoikeudellisista suhteista/Lag angående vissa familjerättsliga förhållanden av internationell natur, Gesetz Nr. 379 vom 5.12.1929.

keiner der Ehegatten seinen gewöhnlichen Aufenthalt in Finnland hat, aber eine sonstige enge Verbindung zu Finnland besteht. Die Regelung greift nur dann ein, wenn die Gerichte in dem Staat, in dem die Ehegatten ihren gewöhnlichen Aufenthalt haben, unzuständig sind oder die Anrufung dieser Gerichte unzumutbar erscheint und es unter Berücksichtigung der Umstände angebracht ist, die Zuständigkeit finnischer Gerichte zuzulassen.

(d) Frankreich

Der französische Code civil sieht in Art. 14[517] ähnlich wie § 606 Abs. 1 S. 1 Nr. 1 der deutschen ZPO die Zuständigkeit französischer Gerichte vor, wenn der Antragsteller die französische Staatsangehörigkeit besitzt. Damit kommt eine Restzuständigkeit insbesondere dann in Betracht, wenn nicht beide Ehegatten die französische Staatsangehörigkeit besitzen, was von Art. 2 Abs. 1 lit. b EheVO gefordert wird.

(e) Griechenland

In Griechenland sind die Gerichte gem. Art. 3 Abs. 1 griechischer ZPO[518] sowohl für In- als auch Ausländer international zuständig. Somit kommt es auf die Staatsangehörigkeit für die Begründung der internationalen Zuständigkeit der Gerichte nicht an. Anderweitige spezielle Regelungen der internationalen Zuständigkeit sind in der griechischen Rechtsordnung nicht vorgesehen. Daher muss zur Feststellung der internationalen Zuständigkeit auf die Regelungen der örtlichen Zuständigkeit zurückgegriffen werden[519]. Dabei ergibt sich eine Rest-

---

517 „Art. 14. L'étranger, même non résidant en France, pourra être cité devant les tribunaux français, pour l'exécution des obligations par lui contractées en France avec un Français; il pourra être traduit devant les tribunaux de France, pour les obligations par lui contractées en pays étranger envers des Français." Übersetzt: „Art. 14. Ein Ausländer kann, auch wenn er keinen Wohnsitz in Frankreich besitzt, vor einem französischen Gericht wegen einer Verpflichtung, die er in Frankreich gegenüber einem Franzosen eingegangen ist, verklagt werden. Ebenso kann er wegen einer im Ausland einem Franzosen gegenüber eingegangenen Verpflichtung vor ein französisches Gericht zitiert werden."

518 „Art. 3. (1) Στη δικαιοδοσία των πολιτικών δικαστηρίων υπάγονται Έλληνες και αλλοδαποί, εφόσον υπάρχει αρμοδιότητα ελληνικού δικαστηρίου." Übersetzt: „Art. 3. (1) Der Gerichtsbarkeit der Zivilgerichte unterliegen Inländer und Ausländer, sofern die Zuständigkeit eines griechischen Gerichts gegeben ist."

519 Auch in vielen Rechtsordnungen ist der Grundsatz anerkannt, dass die örtliche Zuständigkeit die internationale Zuständigkeit indiziert. So auch aus deutscher Sicht BGH, Urt. vom 17.5.1977 – VI ZR 174/74, BGHZ 69, 37 (44); BGH, Urt. vom 29.4.1992 – XII ZR 40/91, NJW-RR 1993, 5.

zuständigkeit i.S.v. Art. 8 Abs. 1 EheVO aus Art. 39 griechischer ZPO[520]. Dieser sieht nämlich vor, dass das Gericht örtlich und damit auch international zuständig ist, in dessen Bezirk die Ehegatten ihren letzten gemeinsamen Aufenthaltsort hatten. Anders als in Art. 2 Abs. 1 lit. a Strich 2 EheVO wird damit nicht vorausgesetzt, dass zumindest ein Ehegatte auch weiterhin dort seinen Aufenthalt hat.

(f) Irland

Die irischen Gerichte sind bereits dann international zuständig, wenn einer der Ehegatten z.Z. der Verfahrenseinleitung seinen gewöhnlichen Aufenthalt in Irland hatte, soweit es um eine Trennung ohne Auflösung des Ehebandes gem. Art. 31 Abs. 4 i.V.m. Abs. 2[521] des „Judicial Separation and Family Law Reform Act 1989", die Ungültigerklärung einer Ehe gem. Art. 39[522] des „Family Law Act 1995" oder eine Ehescheidung gem. Art. 39[523] des „Family Law (Divorce)

---

520 „Art. 39. Γαμικές διαφορές μπορούν να εισαχθούν και οτο δικαοτήριο, στην περιφέρεια του οποίου βρίσκεται α τόπος της τελευταίας κοινής διαμονής των συζύγων." Übersetzt: „Art. 39. Für Ehestreitigkeiten ist auch das Gericht zuständig, in dessen Bezirk der letzte gemeinsame Aufenthaltsort der Ehegatten liegt."

521 „Art. 31. [...] (2) Subject to the other provisions of this section, the Circuit Family Court shall, concurrently with the High Court, have jurisdiction to hear and determine proceedings under this Act for a decree of judicial separation. [...] (4) The jurisdiction referred to in subsection (2) of this section shall only be exercisable where either of the spouses is domiciled in the State on the date of the application commencing proceedings or is ordinarily resident in the State throughout the period of one year ending on that date." Übersetzt: „Art. 31. [...] (2) Ungeachtet der übrigen Bestimmungen dieses Abschnitts soll der Circuit Family Court übereinstimmend mit dem High Court zuständig sein für die Anhörung und Entscheidung in Ehescheidungsverfahren. (4) Die Gerichtszuständigkeit, auf die in Unterabschnitt (2) dieses Abschnitts verwiesen wird, soll nur zur Anwendung kommen, wenn einer der beiden Ehegatten sein domicile z.Z. der Verfahrenseinleitung im Inland hat oder wenn er im Zeitraum eines Jahres vor diesem Zeitpunkt dort seinen gewöhnlichen Aufenthalt hatte."

522 „Art. 39. (1) The court may grant a decree of nullity if, but only if, one of the following requirements is satisfied: (a) either of the spouses concerned was domiciled in the State on the date of the institution of the proceedings concerned, (b) either of the spouses was ordinarily resident in the State throughout the period of one year ending on that date, [...]." Übersetzt: „Art. 39. (1) Das Gericht ist für die Ungültigerklärung einer Ehe zuständig, wenn und nur wenn eine der folgenden Voraussetzungen erfüllt ist: (a) einer der beiden beteiligten Ehegatten hatte z.Z. der Einleitung des Verfahrens sein domicile im Inland, (b) eine der Parteien hatte im Zeitraum von einem Jahr vor diesem Datum ihren gewöhnlichen Aufenthalt im Inland, [...]."

523 „Art. 39. (1) The court may grant a decree of divorce if, but only if, one of the following requirements is satisfied (a) either of the spouses concerned was domiciled in the State on the date of the institution of the proceedings concerned, (b) either of the spouses was ordi-

Act 1996" geht. Somit genügt es entgegen den Regelungen in Art. 2 Abs. 1 lit. a EheVO, dass allein der Antragsteller seinen gewöhnlichen Aufenthalt in Irland hatte.

(g) Italien

In Italien enthalten die Artt. 3, 4, 32 und 37 des „Gesetzes zur Reform des italienischen internationalen Privatrechts" eine Restzuständigkeit[524]. Art. 3 Abs. 1[525] eröffnet die Gerichtszuständigkeit in Italien nicht nur, wenn der Antragsgegner im Gerichtsstaat seinen gewöhnlichen Aufenthalt hat, wie dies bei der EheVO der Fall ist, sondern auch, wenn sich dort sein Wohnsitz befindet. Wie in § 606 Abs. 1 S. 1 Nr. 1 der deutschen ZPO ist auch dann in Art. 32 Abs. 1[526] des „Gesetzes für Verfahren bzgl. der Ungültigerklärung, der persönlichen Trennung und der Auflösung einer Ehe" die Zuständigkeit italienischer Gerichte vorgesehen, wenn nur einer der Ehegatten italienischer Staatsangehöriger ist. Die italienischen Gerichte sind des Weiteren dann zuständig, wenn die Ehe in Italien geschlossen wurde.

(h) Luxemburg

Im luxemburgischen Recht ist die internationale Zuständigkeit nicht ausdrücklich geregelt. Vielmehr muss auf die Regelungen für innerstaatliche Sachver-

---

narily resident in the State throughout the period of one year ending on that date, [...]." Übersetzt: „Art. 39. (1) Das Gericht ist für die Scheidung einer Ehe zuständig, wenn und nur wenn eine der folgenden Voraussetzungen erfüllt ist: (a) einer der beiden beteiligten Ehegatten hatte z.Z. der Einleitung des Verfahrens sein domicile im Inland, (b) eine der Parteien hatte im Zeitraum von einem Jahr vor diesem Datum ihren gewöhnlichen Aufenthalt im Inland, [...]."

524 Gesetz Nr. 218 vom 31.5.1995, Supplemento ordinario n. 68 alla Gazetta Ufficiale.

525 „Art. 3. (1) La giurisdizione italiana sussiste quando il convenuto è domiciliato o residente in Italia o vi ha un rappresentante che sia autorizzato a stare in giudizio a norma dell'articolo 77 del codice di procedura civile e negli altri casi in cui è prevista dalla legge." Übersetzt: „Art. 3. (1) Die italienische Gerichtsbarkeit besteht, wenn der Beklagte seinen Wohnsitz oder seinen gewöhnlichen Aufenthalt in Italien hat oder dort einen Vertreter hat, der gemäß Artikel 77 der Zivilprozeßordnung bevollmächtigt ist, vor Gericht aufzutreten, und in den anderen vom Gesetz vorgesehenen Fällen."

526 „Art. 32. (1) In materia di nullità e di annullamento del matrimonio, di separazione personale e di scioglimento del matrimonio, la giurisdizione italiana sussiste, oltre che nei casi previsti dall'articolo 3, anche quando uno die coniugi è cittadino italiano o il matrimonio è stato celebrato in Italia." Übersetzt: „Art. 32. (1) Auf den Gebieten der Nichtigkeit und der Annullierung der Ehe, der persönlichen Trennung und der Auflösung der Ehe besteht die italienische Gerichtsbarkeit über die in Artikel 3 vorgesehenen Fälle hinaus auch dann, wenn einer der Ehegatten die italienische Staatsangehörigkeit besitzt oder die Ehe in Italien geschlossen wurde."

halte zurückgegriffen werden[527]. Art. 14 des luxemburgischen Zivilgesetzbuches eröffnet die Zuständigkeit luxemburgischer Gerichte bereits dann, wenn der Kläger die luxemburgische Staatsangehörigkeit besitzt[528]. Gem. Art. 15 sind die luxemburgischen Gerichte zuständig, wenn der Beklagte Luxemburger ist[529]. Somit werden vom luxemburgischen Recht weniger strenge Anforderungen gestellt als von Art. 2 Abs. 1 lit. b EheVO. Zwar bezieht sich der Wortlaut der Normen nur auf das Vertragsrecht. Allerdings werden diese Vorschriften auch auf Statusklagen – insbesondere Scheidungsklagen – angewendet[530].

(i) Niederlande

Das Recht der Niederlande enthält keine Norm, die eine Restzuständigkeit eröffnen kann. In den Niederlanden regelt Art. 814 Rv die internationale Zuständigkeit niederländischer Gerichte. Ist der Antragsteller Ausländer, so muss der Antragsgegner gem. Art. 814 Abs. 1 lit. b Rv[531] in den Niederlanden seit mindestens 12 Monaten seinen Wohnsitz haben. Besitzt der Antragsgegner die niederländische Staatsangehörigkeit, so muss er dort nur seit mindestens sechs Monaten seinen Wohnsitz haben. In Art. 2 Abs. 1 EheVO werden aber überhaupt

527 Cieslar in Bergmann/Ferid (1998), Luxemburg III. A. 4 a) aa).

528 „Art. 14. L'étranger, même non résidant dans le Luxembourg, pourra être cité devant les tribunaux luxembourgeois, pour l'exécution des obligations par lui contractées dans le Luxembourg avec un Luxembourgeois; il pourra être traduit devant les tribunaux luxembourgeois, pour les obligations par lui contractées en pays étranger envers des Luxembourgeois.“ Übersetzt: „Art. 14. Ein Ausländer kann für die Erfüllung der von ihm in Luxemburg mit einem Luxemburger eingegangenen Verpflichtungen auch dann vor die luxemburgischen Gerichte geladen werden, wenn er keinen Wohnsitz in Luxemburg hat; er kann vor luxemburgischen Gerichten wegen der Verpflichtungen belangt werden, die er im Ausland gegenüber einem Luxemburger eingegangen ist.“

529 „Art. 15. Un Luxembourgeois pourra être traduit devant un tribunal luxembourgeois, pour des obligations par lui contractées en pays étranger, même avec un étranger.“ Übersetzt: „Art. 15. Ein Luxemburger kann vor einem luxemburgischen Gericht wegen Verpflichtungen verklagt werden, die er im Ausland, und zwar auch gegenüber einem Ausländer, eingegangen ist.“

530 Cieslar in Bergmann/Ferid (1998), Luxemburg III. A. 4 a) bb).

531 „Art. 814. (1) Met betrekking tot echtscheiding, scheiding van tafel en bed en ontbinding van het huwelijk na scheiding van tafel en bed komt aan de rechter rechtsmacht toe, indien ten tijde van de indiening van het verzoekschrift: [...] b. een der echtgenoten sedert twaalf maanden, of, indien hij Nederlander is, sedert zes maanden woonplaats in Nederland heeft.“ Übersetzt: „Art. 814. (1) In Bezug auf eine Ehescheidung, Trennung von Tisch und Bett und Auflösung einer Ehe nach Trennung von Tisch und Bett ist der Richter zuständig, wenn zur Zeit der Einreichung der Klageschrift: [...] b. einer der Ehegatten seit zwölf Monaten, oder, wenn dieser Niederländer ist, seit sechs Monaten seinen Wohnsitz in den Niederlanden hat.“

keine Anforderungen an die Dauer des Wohnsitzes des Antragsgegners im Forumstaat gestellt. Aufgrund der strengeren Anforderungen des Art. 814 Rv verbleibt für diesen folglich insoweit kein Anwendungsbereich[532]. Daneben sieht Art. 814 Abs. 1 lit. b Rv für den Fall, dass sich der Antragsgegner im Ausland aufhält, dieselben Voraussetzungen wie Art. 2 Abs. 1 lit. a Strich 5 und 6 EheVO vor, so dass sich auch daraus keine Restzuständigkeit niederländischer Gerichte ergibt[533]. Somit bleibt es bei der alleinigen Anwendbarkeit der EheVO[534].

(j) Österreich

Für Österreich verbleibt eine Restzuständigkeit aufgrund von § 76 Abs. 2 Nr. 1 und 3 des „Gesetzes betreffend die Einführung des Gesetzes über die Ausübung der Gerichtsbarkeit und die Zuständigkeit der ordentlichen Gerichte in bürgerlichen Rechtssachen“[535]. Danach reicht es für die Eröffnung der Zuständigkeit der österreichischen Gerichtsbarkeit aus, wenn gem. § 76 Abs. 2 Nr. 1 einer der Ehegatten die österreichische Staatsangehörigkeit besitzt. Des Weiteren genügt es, wenn der Antragsteller gem. § 76 Abs. 2 Nr. 3[536] seinen gewöhnlichen Aufenthalt im Inland hat, er zugleich Staatenloser ist, aber z.Z. der Eheschließung noch die österreichische Staatsangehörigkeit besaß. Daraus resultiert im Vergleich zu Art. 2 Abs. 1 lit. b bzw. Art. 2 Abs. 1 lit. a Strich 5 und 6 EheVO eine erweiterte Zuständigkeit der österreichischen Gerichte.

(k) Portugal

Das portugiesische Recht hält in Art. 75 Zivilprozessgesetzbuch eine Restzuständigkeit bereit. Danach ist für Scheidungs- und Trennungsklagen das Gericht

---

532 So auch de Boer, FJR 1999, 247; van der Velden, WPNR 2000, 757.

533 In der niederländischen Literatur wird vermutet, dass sich eine Restzuständigkeit über Art. 814 Rv allenfalls in den Fällen bestehen kann, in denen sich Unterschiede durch die Anknüpfung der EheVO an den gewöhnlichen Aufenthalt und in Art. 814 Rv an den Wohnsitz ergeben. Allerdings wird die Anzahl der möglichen Fälle als eher gering eingestuft, de Boer, FJR 1999, 247. Daneben kann Art. 814 Rv aber noch bei der Auflösung eingetragener Partnerschaften Bedeutung zukommen, soweit man diese nicht vom Anwendungsbereich der EheVO erfasst sieht, Vlas, WPNR 2001, 444.

534 Borrás, Abl. EG 1998, Nr. C 221, 43, Rn. 47; Art. 814 Rv behält damit nur noch für diejenigen Fälle eine Bedeutung, in denen die EheVO nicht anwendbar ist.

535 Gesetz vom 1.8.1895, RGBl. Nr. 110.

536 „§ 76. (2) Die inländische Gerichtsbarkeit für die im Abs. 1 genannten Streitigkeiten ist gegeben, wenn 1. einer der Ehegatten österreichischer Staatsbürger ist oder [...] 3. der Kläger seinen gewöhnlichen Aufenthalt im Inland hat und [...] der Kläger staatenlos ist oder zur Zeit der Eheschließung österreichischer Staatsbürger gewesen ist.“

am Wohnsitz oder Aufenthaltsort des Klägers zuständig[537]. Somit können die portugiesischen Gerichte auch dann angerufen werden, wenn die zusätzlichen Voraussetzungen von Art. 1 Abs. 1 lit. a Strich 5 bzw. 6 EheVO nicht vorliegen.

(l) Schweden

Eine Restzuständigkeit besteht in Schweden aufgrund von § 2 des „Gesetzes über bestimmte Fragen des internationalen Rechts in Bezug auf die Ehe und Vormundschaft“[538]. Danach kann die schwedische Gerichtsbarkeit angerufen werden, wenn gem. § 2 Nr. 2 des Gesetzes der Antragsteller schwedischer Staatsangehöriger ist und er seinen gewöhnlichen Aufenthalt in Schweden hat bzw. diesen nach Erreichen des 18. Lebensjahrs zumindest zeitweise dort hatte. Weiterhin sind die schwedischen Gerichte gem. § 2 Nr. 6 zuständig, wenn von der Regierung die Genehmigung erteilt wird, dass die Sache in Schweden verhandelt wird. Dies darf nur dann geschehen, wenn einer der Ehegatten schwedischer Staatsangehöriger ist oder der Antragsteller nicht die Möglichkeit hat, die Gerichte seines Heimatstaates anzurufen[539].

(m) Spanien

Im spanischen Recht ist in Art. 22 Nr. 3[540] der Gerichtsordnung[541] ein Fall der Restzuständigkeit aufzufinden. Danach sind die spanischen Gerichte zuständig,

---

537 „Art. 75. Para as acções de divórcio e de separação de pessoas e bens é competente o tribunal do domicílio ou da residência do autor.“ Übersetzt: „Art. 75. Für Klagen auf Scheidung und Trennung der Personen und Güter ist das Gericht am Wohnsitz oder Aufenthaltsort des Klägers zuständig.“

538 Lag om vissa internationella rättsförhållanden rörande äktenskap och förmynderskap von 1904.

539 „§ 2. Äktenskapsmål får upptagas av svensk domstol, om [...] 2. käranden är svensk medborgare och har hemvist här i riket eller tidigare haft hemvist här sedan han fyllt aderton år, [...] 6. i annat fall än som avses i 1 – 5 regeringen eller myndighet som regeringen bestämmer finner skäl att talan prövas här i riket, under förutsättning att endera maken är svensk medborgare eller käranden ej kan få sin talan prövad i den stat där han är medborgare.“ Übersetzt: „§ 2. Ehesachen können von einem schwedischen Gericht angenommen werden, wenn [...] 2. der Kläger schwedischer Staatsangehöriger ist und seinen Wohnsitz im Inland hat oder nach Vollendung des 18. Lebensjahres seinen Wohnsitz früher hier gehabt hat, [...] 6. in anderen als den in Nr. 1–5 genannten Fällen die Regierung oder die von der Regierung bestimmte Behörde eine gerichtliche Entscheidung im Inland für begründet erachtet unter der Voraussetzung, dass einer der Ehegatten schwedischer Staatsangehöriger ist oder dass der Kläger die gerichtliche Entscheidung in dem Staat, dessen Staatsangehöriger er ist, nicht erlangen kann.“

540 „Art. 22. En el orden civil, los Juzgados y Tribunales espanoles serán competentes: [...] 3. En defecto de los criterios precedentes y en materia de declaración de ausencia o fallecimiento, cuando el desaparecido hubiere tenido su último domicilio en territorio

wenn der Antragsteller die spanische Staatsangehörigkeit besitzt und er in Spanien wohnt, ohne dass eine der Voraussetzungen von Art. 2 Abs. 1 EheVO erfüllt sein müsste.

(n) Vereinigtes Königreich

Die britischen Gerichte nehmen eine Restzuständigkeit gem. Art. 19 Abs. 2 „Family Law Act" wahr, wenn eine der Parteien z.Z. der Antragstellung im Vereinigten Königreich ihren gewöhnlichen Aufenthalt hat oder im Fall des Umzugs in ein anderes Land unmittelbar vor der Antragstellung ein Jahr lang hatte[542]. In Schottland bleibt in noch größerem Maße Raum für eine Restzuständig-

espanol; en materia de incapacitación y de medidas de protección de la persona o de los bienes de los menores o incapacitados, cuando éstos tuviesen su residencia habitual en Espana; en materia de relaciones personales y patrimoniales entre cónyuges, nulidad matrimonial, separación y divorcio, cuando ambos cónyuges posean residencia habitual en Espana al tiempo de la demanda o el demandante sea espanol y tenga su residencia habitual en Espana; así como cuando ambos cónyuges tengan la nacionalidad espanola, cualquiera que seasu lugar de residencia, siempre que promuevan su petición de mutuo acuerdo o uno con el consentimiento del otro; en materia de filiación y de relaciones paternofilias, cuando el hijo tenga su residencia habitual en Espana al tiempo de la demanda o el demandante sea espanol o resida habitualmente en Espana; para la constitución de la adopción, cuando el adoptante o el adapto sea espanol o resida habitualmente en Espana; en materia de alimentación, cuando el acreedor de los mismos tenga su residencia habitual en territorio espanol; [...]." Übersetzt: „Art. 22. In der Zivilrechtsordnung sind die spanischen Gerichte zuständig: [...] 3. Bei Fehlen der vorstehenden Kriterien und im Fall der Erklärung von Abwesenheit oder Tod, wenn der Abwesende seinen letzten Aufenthalt auf spanischem Gebiet hatte; im Fall der Geschäftsunfähigkeit und in Fällen der Ergreifung von Maßnahmen zur Sicherung der Person oder des Vermögens der Minderjährigen oder der Geschäftsunfähigen, wenn diese ihren Wohnaufenthalt in Spanien hatten; in Umgangs- und Sorgerechtssachen zwischen Eltern, deren Heirat für ungültig erklärt worden ist, die getrennt oder geschieden sind, wenn beide Eheleute zur Zeit der Klage ihren Aufenthalt in Spanien hatten oder der Kläger die spanische Staatsangehörigkeit besitzt und seinen Aufenthalt in Spanien hat; genauso wenn beide Eheleute die spanische Staatsangehörigkeit besitzen, wo auch immer ihr Wohnsitz sein mag, wenn der Antrag im gegenseitigen Einvernehmen gestellt wird oder der Antrag des einen mit der Zustimmung des anderen erfolgt; im Fall der filiacion und von paternofilias Beziehungen, wenn der Sohn seinen Aufenthalt zur Zeit der Klage in Spanien hat oder der Kläger die spanische Staatsangehörigkeit besitzt oder seinen Aufenthalt in Spanien hat; für die Begründung der Adoption, wenn der Adoptierende oder der zu Adoptierende die spanische Staatsangehörigkeit besitzt oder seinen Aufenthalt in Spanien hat; in Unterhaltssachen, wenn der Gläubiger seinen Aufenthalt auf spanischem Gebiet hat; [...]."

541 Ley organica 6/1985, de 1.7.1985, del poder judicial (BOE núm. 157, de 2.7.1985).

542 „Art. 19. (2) The court's jurisdiction is exercisable only if (a) at least one of the parties was domiciled in England and Wales on the statement date; (b) at least one of the parties was habitually resident in England and Wales throughout the period of one year ending with the statement date; [...]." Übersetzt: „Art. 19. (2) Die Zuständigkeit der Gerichte ist nur

keit. Es genügt für die Zuständigkeit der schottischen Gerichte bereits, dass man in den letzten 40 Tagen vor der Antragstellung in Schottland wohnte. Ist dies nicht der Fall, so muss man zumindest 40 Tage lang in Schottland gewohnt haben und es dürfen seit dem Zeitpunkt des Umzugs in ein anderes Land nicht mehr als 40 Tage vergangen sein.

(4) Die Anwendbarkeit der Zuständigkeitsvorschriften gem. Art. 8 Abs. 2 EheVO

Art. 8 Abs. 2 EheVO regelt die verfahrensrechtlichen Folgen der Fälle, in denen ein Angehöriger eines Mitgliedstaates seinen gewöhnlichen Aufenthalt in einem anderen Mitgliedstaat hat und er dessen Gerichte anrufen will, wobei der Antragsgegner weder seinen gewöhnlichen Aufenthalt noch sein domicile in einem Mitgliedstaat hat und dieser auch nicht Angehöriger eines Mitgliedstaates ist. Für diesen Fall wurden in der Konzeptionsphase der EheVO verschiedene Lösungsansätze vertreten.

(a) Lösungsmodelle im Rechtssetzungsverfahren

(aa) Betroffenheitskriterium

Nach einer Auffassung sollte die Frage, ob in diesen Fällen die Zuständigkeit der Gerichte eines Mitgliedstaates eröffnet ist, anhand des Betroffenheitskriteriums beantwortet werden. Die Zuständigkeit der Gerichte bestimmt sich danach in diesen Fällen nach dem Recht des Mitgliedstaates, zu dem die beiden Ehegatten die engste Verbindung aufweisen[543]. In vielen Fällen wird dies der Staat der EG sein, in dem einer der Ehegatten verblieb. Dies ist allerdings nicht zwingend. Hatten die Ehegatten vor der Trennung einen gemeinsamen gewöhnlichen Aufenthalt in einem anderen Mitgliedstaat der EG, so kann eine engste Verbindung im Einzelfall auch weiterhin zu diesem Staat bestehen.

(bb) Integrationsmodell

Demgegenüber sieht das Integrationsmodell eine einfachere Lösung für Angehörige eines Mitgliedstaates vor. Danach soll der Antragsteller, der einem Mitgliedstaat angehört und seinen gewöhnlichen Aufenthalt in irgendeinem anderen

---

eröffnet, wenn (a) zumindest eine der Parteien z.Z. der Antragstellung ihr domicile in England oder Wales hatte; (b) zumindest eine der Parteien ihren gewöhnlichen Aufenthalt für die Dauer eines Jahres vor der Antragstellung in England oder Wales hatte; [...].“

543 Borrás, Abl. EG 1998, Nr. C 221, 43, Rn. 47.

Mitgliedstaat hat, die innerstaatlichen Zuständigkeitsvorschriften dieses Staates wie ein Inländer geltend machen können.

(cc) Gründe für das Integrationsmodell

Der Rat der Europäischen Union hat sich schließlich in Art. 8 Abs. 2 EheVO für das Integrationsmodell entschieden. Das Integrationsmodell greift in modifizierter Form auf Gedanken der Rechtsangleichung und der Rechtsvereinheitlichung zurück. Während bei einer Rechtsangleichung den Mitgliedstaaten die Wahl der Form und Mittel zur Annäherung der Regelungsinhalte offen steht und die Mitgliedstaaten nationale Eigenheiten aufrecht erhalten können, ist die Rechtsvereinheitlichung auf die Schaffung einheitlicher Kodifikationen gerichtet[544].

Diese Gedanken werden in Art. 8 Abs. 2 EheVO dahingehend fortentwickelt, dass einzelne Rechtsvorschriften nicht aus anderen Rechtssystemen übernommen werden. Vielmehr eröffnet Art. 8 Abs. 2 EheVO deren Anwendbarkeit den Angehörigen aller Mitgliedstaaten. Somit treibt man in erster Linie nicht die Vereinheitlichung des Rechts, sondern vielmehr die Vereinheitlichung der Behandlung der EG-Bürger voran. Diese Lösung weist einen Nachteil auf. Während das Fernziel der EheVO die Vereinheitlichung des formellen und materiellen Scheidungsrechts ist, besteht aufgrund dieser Regelung die Gefahr, dass dem forum shopping Vorschub geleistet wird. Schließlich muss der Antragsteller aufgrund der in Art. 8 Abs. 2 EheVO gewählten Lösung nur noch seinen gewöhnlichen Aufenthalt in einem Forumstaat seiner Wahl begründen.

(b) Gründe für das Bedürfnis der ausdrücklichen Anwendbarkeitserklärung

Es drängt sich die Frage auf, ob Art. 8 Abs. 2 EheVO konstitutive oder nur deklaratorische Wirkung besitzt. Dies hängt davon ab, ob in Fällen, in denen die Voraussetzungen von Art. 8 Abs. 2 EheVO vorliegen, eine Zuständigkeitsbegründung auch dann durch innerstaatliches Recht erfolgen würde, wenn dies in der EheVO nicht ausdrücklich vorgesehen wäre. Durch Art. 8 Abs. 2 EheVO wird die Zugehörigkeit zu einem Mitgliedstaat mit der Zugehörigkeit zum Forumstaat gleichgestellt, wenn der Antragsteller dort seinen gewöhnlichen Aufenthalt hat. Dies hat keine Auswirkungen auf solche Sachverhalte, die Rechtsordnungen tangieren, in denen für die Zuständigkeitsbegründung ohnehin an den gewöhnlichen Aufenthalt des Antragstellers angeknüpft wird, wie dies z.B. in Italien in Art. 32 i.V.m. Art. 3 des „Gesetzes über die Reform des italienischen

[544] Fischer/Köck (1997), 49.

internationalen Privatrechts“[545] der Fall ist. Art. 8 Abs. 2 EheVO besitzt aber für diejenigen Rechtsordnungen Bedeutung, die für eine Zuständigkeitseröffnung in international gelagerten Sachverhalten an die Staatsangehörigkeit des Antragstellers anknüpfen. So setzt z.B. § 22 Abs. 3 der spanischen Gerichtsordnung[546] für Sorgerechtssachen aus Anlass von Ehesachen in Fällen, in denen sich der Beklagte z.Z. der Klageerhebung in einem Drittstaat aufhält, voraus, dass der Kläger die spanische Staatsangehörigkeit besitzen muss und seinen gewöhnlichen Aufenthalt in Spanien haben muss. Ohne Art. 8 Abs. 2 EheVO wäre die Zuständigkeit spanischer Gerichte somit in den Fällen nicht gegeben, in denen der Kläger die spanische Staatsangehörigkeit nicht besitzt. Somit kommt Art. 8 Abs. 2 EheVO konstitutive Wirkung zu.

ii) Die Zuständigkeit für Unterhaltssachen

Die EheVO findet nur auf Ehesachen sowie Verfahren, die die elterliche Verantwortung betreffen, Anwendung. Regelungen für Unterhaltssachen sind hingegen nicht in die EheVO aufgenommen worden. In diesen Fällen ist die gerichtliche Zuständigkeit auch weiterhin mittels anderer Regelwerke zu ermitteln[547]. Hier gilt ergänzend die ZivVO bzw. für Dänemark das EuGVÜ[548] sowie das „Haager Übereinkommen über die Anerkennung und Vollstreckung von

545 Supplemento ordinario n. 68 alla Gazzetta Ufficiale 3 giugno 1995, n. 128; so eröffnet Art. 3 Abs. 1 zunächst die Gerichtsbarkeit im Allgemeinen: „Art. 3. (1) La giurisdizione italiana sussiste quando il convenuto è domiciliato o residente in Italia o vi ha un rappresentante che sia autorizzato a stare in giudizio a norma dell'articolo 77 del codice di procedura civile e negli altri casi in cui è prevista dalla legge.“ Übersetzt: „Art. 3. (1) Die italienische Gerichtsbarkeit besteht, wenn der Beklagte seinen Wohnsitz oder seinen gewöhnlichen Aufenthalt in Italien hat oder dort einen Vertreter hat, der gemäß Artikel 77 der Zivilprozeßordnung bevollmächtigt ist vor Gericht aufzutreten, und in den anderen vom Gesetz vorgesehenen Fällen.“ Art. 3 wird nun von Art. 32 auch in Ehesachen für anwendbar erklärt und um einige Anknüpfungspunkte ergänzt: „Art. 32. In materia di nullità e di annullamento del matrimonio, di separazione personale e di scioglimento del matrimonio, la giurisdizione italiana sussiste, oltre che nei casi previsti dall'articolo 3, anche quando uno die coniugi è cittadino italiano o il matrimonio è stato celebrato in Italia.“ Übersetzt: „Art. 32. Auf den Gebieten der Nichtigkeit und der Annullierung, der persönlichen Trennung und der Auflösung der Ehe besteht die italienische Gerichtsbarkeit über die in Artikel 3 vorgesehenen Fälle hinaus auch dann, wenn einer der Ehegatten die italienische Staatsangehörigkeit besitzt oder die Ehe in Italien geschlossen wurde.“

546 S.o., S. 119 Fn. 540.

547 Vogel, MDR 2000, 1046.

548 Vgl. Bergerfurth, FF 2001, 17; Meyer-Götz, FF 2001, 18, Fn. 4.

Unterhaltsentscheidungen“[549], das von Deutschland ratifiziert wurde[550].
Auch wenn diese Regelungen ihrerseits Fragen des Personenstandes ausklammern, dürfte es doch in der überwiegenden Zahl der Fälle zu einem Gleichlauf der internationalen Zuständigkeit für die Ehesache einerseits und für die Unterhaltssache andererseits kommen. Art. 2 Abs. 1 ZivVO stellt für die Begründung der Zuständigkeit des Gerichts in Unterhaltssachen auf den Wohnsitz des Beklagten ab, so dass in den meisten Fällen ein Gleichlauf mit der Zuständigkeit für die Ehesache besteht, wenn diese durch Art. 2 Abs. 1 lit. a Strich 1 bzw. 3 EheVO begründet ist. Dies gilt des Weiteren im Fall von Art. 2 Abs. 1 lit. a Strich 2 EheVO, wenn der Beklagte den gewöhnlichen Aufenthalt, den die beiden Ehegatten hatten, beibehält, und im Fall von Art. 2 Abs. 1 lit. a Strich 4 EheVO, wenn der gemeinsame Antrag in dem Staat gestellt wurde, in dem der Unterhaltsgläubiger die Klage gegen den Unterhaltsschuldner erhoben hat.
Eine Spezialregelung zu Art. 2 ZivVO stellt Art. 5 Nr. 2, 2. Var. ZivVO für die meisten der hier untersuchten Fälle dar, in denen über eine Unterhaltssache im Zusammenhang mit einer Personenstandssache zu entscheiden ist. In diesen Fällen bestimmt das Recht des Wohnsitzstaates des Beklagten über die internationale Gerichtszuständigkeit. Diese Zuständigkeit kommt dann nicht zur Anwendung, wenn sie allein auf der Staatsangehörigkeit einer Partei beruht. Dies ist z.B. bei Art. 15 des belgischen und bei den Artt. 14 und 15 des französischen und des luxemburgischen Code civil der Fall. Etwas anderes gilt wiederum dann, wenn die Zuständigkeit auf der Staatsangehörigkeit beider Ehegatten beruht[551], da in diesem Fall kein Verstoß gegen das Diskriminierungsverbot des Art. 12 Abs. 1 EGV vorliegt.

b) Rechtshängigkeit

aa) Allgemeines

Art. 11 EheVO stellt die Voraussetzungen auf, unter denen ein Rechtsstreit als rechtshängig gilt. Daneben sind die Auswirkungen dieser Rechtshängigkeit auf Verfahren in anderen Mitgliedstaaten geregelt. Die Vorschrift stellt ein Korrektiv zu den alternativ[552] bestehenden Zuständigkeitsregelungen des Art. 2 EheVO

---

549 Vom 2.10.1973.

550 BGBl. 1987 II, 220. Das Übereinkommen gilt im Verhältnis zu Dänemark, Estland, Finnland, Frankreich, Italien, Luxemburg, den Niederlanden, Polen, der Slowakei, Spanien, der Tschechischen Republik, der Türkei und dem Vereinigten Königreich.

551 Kropholler (1998), Art. 5 EuGVÜ Rn. 37.

552 Hau, FamRZ 2000, 1339; Boele-Woelki (2000), 73.

dar[553] und soll verhindern, dass Verfahren doppelt geführt und widersprüchliche Entscheidungen gefällt werden[554].
Die Regelung orientiert sich an Art. 21 EuGVÜ[555] bzw. Artt. 27 – 30 ZivVO. Wie dort wird auch in Art. 11 EheVO ein autonomer Streitgegenstandsbegriff zugrunde gelegt[556]. Anders als im deutschen innerstaatlichen Recht[557] wird die Rechtshängigkeit der Streitsache in einem anderen Staat unabhängig davon berücksichtigt, ob die Entscheidung im Staat des später angerufenen Gerichts voraussichtlich anzuerkennen ist[558]. Vielmehr soll die EheVO gerade dazu beitragen, dass eine Entscheidung in allen Mitgliedstaaten anerkannt werden kann[559].
In Art. 11 Abs. 2 EheVO traf man eine besondere Regelung für das Verhältnis von bereits rechtshängigen, in der Sache zwar nicht identischen, aber ähnlich ausgestalteten Ansprüchen. Dies dient der Kompensation der zwischen den Mitgliedstaaten bestehenden verfahrensrechtlichen Unterschiede[560].

bb) Die Lage vor Inkrafttreten der EheVO

Die Rechtshängigkeit bei international gelagerten Ehesachen und anderen Familiensachen aus Anlass einer Ehesache war für Deutschland bereits vor Inkrafttreten der EheVO zum einen in Staatsverträgen geregelt. Hier sind Art. 15 des Abkommens mit Belgien (s.o., S. 34), Art. 11 des Abkommens mit Italien (s.o., S. 34), Art. 18 des Vertrages mit Griechenland (s.o., S. 34) und Art. 21 Abs. 1 des Vertrages mit Spanien (s.o., S. 35) zu nennen.

---

553 So wohl auch Pirrung, ZEuP 1999, 846.

554 Finger, FuR 1998, 349.

555 Hausmann, ELF 2000/01, 345.

556 EuGH, Urt. vom 8.12.1987 – Rs. 144/86, NJW 1989, 665 (666) = RIW 1988, 818 (819); EuGH, Urt. vom 6.12.1994 – Rs. C – 406/92, EuGHE 1994 I – 5439 (I – 5473) = EuZW 1995, 309 (311); Schumann (1986), 312; Hau (1996), 132; Geimer (2001), Rn. 2694a.

557 Demgegenüber ist im deutschen Recht im Umkehrschluss zu § 328 Abs. 1 Nr. 3 ZPO eine Anerkennungsprognose durchzuführen, Philippi, FamRZ 2000, 525.

558 Hau, IPRax 1998, 458; Gruber, FamRZ 1999, 1568; Hau, FamRZ 1999, 484, 487; Gruber, FamRZ 2000, 1132; Hausmann, ELF 2000/01, 346; Gottwald in Lüke/Wax (2001), Art. 11 EheGVO Rn. 2; Bergerfurth, FF 2001, 17; zum EuGVÜ Kropholler (1998), Art. 21 EuGVÜ Rn. 6 f. und Rn. 15 f.

559 Vgl. Finger, FuR 1998, 347.

560 Dadurch wird zugleich auch das für das deutsche Recht bestehende Problem der Streitgegenstandsidentität von Ehescheidung einerseits und Trennung ohne Auflösung des Ehebandes, Aufhebung und Ungültigerklärung einer Ehe anderseits umgangen; so auch Hüßtege in Thomas/Putzo (2001), Art. 11 EheVO Rn. 1; hierzu aus deutscher Sicht OLG Frankfurt, Beschl. vom 14.8.1974 – 18 W 51/74, FamRZ 1975, 632; KG, Urt. vom 11.2.1983 – 3 UF 3908/82, NJW 1983, 2324 (2325); OLG Karlsruhe, Beschl. vom 6.3.1984 – 16 UF 46/84, IPRax 1985, 106 (107).

Im unilateralen innerdeutschen Recht ist zum anderen auf § 261 Abs. 3 Nr. 1 ZPO zu verweisen. Zwar beschäftigt sich dieser seinem Wortlaut nach nicht ausdrücklich mit der Frage ausländischer Rechtshängigkeit. Die Norm wird darauf aber entsprechend angewendet, soweit keine anderweitige Regelung besteht[561]. Demnach kann in Deutschland bei gleichzeitiger ausländischer Rechtshängigkeit ein Verfahren dann nicht mehr betrieben werden, wenn derselbe Streitgegenstand betroffen ist[562], das ausländische Verfahren früher rechtshängig gemacht wurde und die Entscheidung in Deutschland voraussichtlich anzuerkennen ist[563].

cc)Die Regelungen des Art. 11 EheVO im Einzelnen

Das Gericht hat das Verfahren gem. Art. 11 Abs. 1 EheVO von Amts wegen auszusetzen[564], wenn es in Erfahrung bringt, dass in derselben Sache wegen desselben Anspruchs bereits ein Gericht in einem anderen Mitgliedstaat angerufen wurde. Das Aussetzungsverfahren richtet sich dabei nach innerstaatlichem Recht[565]. Stellt sich im weiteren Verlauf die Zuständigkeit des anderen Gerichts heraus, so hat sich das später angerufene Gericht gem. Art. 11 Abs. 3 S. 1 EheVO (endgültig) für unzuständig zu erklären. Dieses darf aber keinesfalls die Zuständigkeit des früher angerufenen Gerichts selbst überprüfen[566].

Durch diese zweistufige Regelung soll ein „negativer Kompetenzkonflikt" verhindert werden[567]. Es soll vermieden werden, dass sich das später angerufene Gericht für unzuständig erklärt und sich danach (überraschend) die Unzuständigkeit des zuerst angerufenen Gerichts herausstellt[568]. Dies würde nämlich dazu führen, dass der Kläger das Verfahren erneut in Gang setzen müsste. Das hätte dann nochmals beim später angerufenen Gericht, das objektiv betrachtet von

561 Gruber, FamRZ 1999, 1563 f.; Philippi, FamRZ 2000, 525.

562 Schack (1996), Rn. 752 f.; Hau (1996), 130 f.; Stein/Jonas (1998), § 261 ZPO Rn. 12; Geimer (2001), Rn. 2693; zum Streitgegenstandsbegriff i.S.d. Art. 21 EuGVÜ Leipold (1993), 228 f.

563 BGH, Urt. vom 10.10.1985 – I ZR 1/83, RIW 1986, 218; BGH, Urt. vom 12.2.1992 – XII ZR 25/91, FamRZ 1992, 1058 (1059) = NJW-RR 1992, 642; Schumann (1986), 306; Schack (1996), Rn. 754; Kropholler (1998), Art. 21 EuGVÜ Rn. 15; Philippi, FamRZ 2000, 525.

564 Anders z.B. in Art. 15 Abs. 1 des deutsch-belgischen Abkommens (s.o., S. 34).

565 Gruber, FamRZ 2000, 1133 Fn. 43.

566 So schon zu Art. 21 Abs. 1 EuGVÜ Kropholler (1998), Art. 21 EuGVÜ Rn. 16.

567 Gottwald in Lüke/Wax (2001), Art. 11 EheGVO Rn. 2.

568 Schon zu Art. 21 EuGVÜ Droz (1972), Nr. 311 ff.; Kropholler (1998), Art. 21 Rn. 20. Demgegenüber erklären sich bei einem „positiven Kompetenzkonflikt" Gerichte mehrerer Staaten für zuständig, Hohloch, FF 2001, 47.

Anfang an zuständig war, aber seine Zuständigkeit wegen anderweitiger Rechtshängigkeit nicht ausübte, zu geschehen.
Ob bereits ein anderes Gericht i.S.d. EheVO angerufen wurde, ist vom Gericht zu ermitteln und nicht von den Parteien beizubringen. Dabei stellt sich die Frage, wie weit die Bemühungen des Gerichts gehen müssen, um dies in Erfahrung zu bringen. Sicherlich kann ein Gericht diese Frage nicht bei jedem Fall in epischer Breite eruieren. Aufgrund der Vielzahl der von den Gerichten zu bewältigenden Fälle mit Auslandsbezug dürfte es kaum ausreichen, dass zumindest eine der Parteien einem anderen Staat angehört. Vielmehr ist auf Verdachtsmomente, die sich aus den Umständen des Einzelfalls ergeben, abzustellen. Tragen die Parteien offen vor, dass sie ein Verfahren in einem anderen Staat eingeleitet haben, so muss das Gericht diesen Angaben natürlich nachgehen. Wurde im Vorfeld des Verfahrens ein gemeinsames Kind von einem der Elternteile entführt, so kann in vielen Fällen davon ausgegangen werden, dass der entführende Elternteil zu allem entschlossen ist, um die Gewalt über das Kind zu behalten. Folglich muss mit einem weiteren Verfahren im jeweiligen Heimatstaat selbst dann gerechnet werden, wenn dieser Elternteil gegenteilige Angaben macht.
Beachtlich ist, dass – anders als bspw. nach § 328 ZPO[569] – das Gericht bei der Bestimmung der anderweitigen Rechtshängigkeit keine Nachforschungen darüber anstellen muss, ob die in einem anderen Mitgliedstaat erstrebte Entscheidung voraussichtlich in Deutschland anerkannt wird[570].

(1) Der Streitgegenstandsbegriff

Ob die Rechtshängigkeit bereits in einem anderen Staat eingetreten ist, hängt davon ab, ob das ausländische Verfahren denselben Streitgegenstand betrifft. Dies kann nicht unter Zugrundelegung des deutschen zweigliedrigen Streitgegenstandsbegriffs[571] überprüft werden. Für die Auslegung des Begriffs ist vielmehr zu berücksichtigen, dass die EheVO einen Gleichlauf von EheÜbk und EheVO in Auslegungsfragen vorsieht[572]. Das EheÜbk stützt sich seinerseits in weiten Teilen auf die Begriffe des EuGVÜ und deren Auslegung[573]. Nach der

569 Vgl. zum deutschen Recht insoweit auch Safferling (1996), 32; Burckhardt (1997), 36 ff.; Henrich (1998), Rn. 16; Heiderhoff (1998), 134; Gruber, FamRZ 1999, 1566; Finger, FuR 1999, 314; Philippi, FamRZ 2000, 525.
570 Gruber, FamRZ 2000, 1129, 1132; Hau, FamRZ 2000, 1339.
571 Rosenberg/Schwab/Gottwald (1993), § 95 IV 1.
572 Anders für den Begriff der Rechtshängigkeit Borrás, Abl. EG 1998, Nr. C 221, 46, Rn. 52.
573 Borrás, Abl. EG 1998, Nr. C 221, 30, Rn. 6; Meeusen, RW 1998-1999, 755; Freudenthal/van der Velden (1999), 345; van der Velden, WPNR 2000, 758.

Rechtsprechung des EuGH zu Art. 21 EuGVÜ hat die Auslegung des Streitgegenstandsbegriffs autonom zu erfolgen und sich damit gerade nicht an der betroffenen lex fori auszurichten[574]. Der EuGH legt den Begriff weit aus. Es genügt, wenn die Kernpunkte[575] der Streitigkeiten im Wesentlichen übereinstimmen, eine völlige Identität der Klageanträge und Klagegründe muss demnach nicht vorliegen[576]. Umso erstaunlicher ist es, dass ein Bedürfnis für die Sonderregelung in Art. 11 Abs. 2 EheVO gesehen wurde[577].
Die EheVO verzichtet darauf (abgesehen von der Überschrift des Art. 11 EheVO), das Verfahren als anhängig oder rechtshängig zu bezeichnen. Dies geht auf die von Deutschland und einigen anderen Staaten abgeschlossenen bilateralen Staatsverträge zurück, in denen die Voraussetzungen für die Anerkennung und Vollstreckung von Entscheidungen, die im Partnerstaat getroffen wurden, niedergelegt sind. In diesen wird oftmals das Verfahren als anhängig bezeichnet, so z.B. in Art. 11 des deutsch-italienischen Abkommens (s.o., S. 34). Gemeint ist aber in diesen Fällen nicht das anhängige Verfahren i.S.d. deutschen unilateralen Rechts. Vielmehr sind diese Abkommen autonom auszulegen, so dass man die Rechtshängigkeit i.S.d. deutschen Rechts zugrunde legen muss[578].
Solche Auslegungsschwierigkeiten wollte man insbesondere wegen der unterschiedlichen Terminologien in den einzelnen Mitgliedstaaten von vornherein vermeiden. Daher bezeichnete man das Gericht als „angerufen". Um nun aber neuen Interpretationsproblemen vorzubeugen und eine einheitliche Anwendung des Art. 11 EheVO in den Mitgliedstaaten sicherzustellen, wurde zusätzlich zu den Rechtshängigkeitsregelungen des EheÜbk ein neuer Abs. 4 hinzugefügt. In diesem wird definiert, ab welchem Zeitpunkt ein Gericht i.S.v. Art. 11 EheVO als angerufen gilt.
Bei der Feststellung der Rechtshängigkeit ist das Prioritätsprinzip zu beachten. Das Prioritätsprinzip besagt, dass das zuerst begonnene Verfahren alle folgenden, in der Sache verwandten Verfahren blockiert. Dies gilt selbst dann, wenn die später angestrengten Verfahren weitergehende Anträge enthalten sollten, die

---

574 EuGH, Urt. vom 8.12.1987 – Rs. 144/86, EuGHE 1987, 4861 (4871 ff.) = NJW 1989, 665 (666); EuGH, Urt. vom 6.12.1994 – Rs. C – 406/92, EuGHE 1994, I – 5439 (I – 5473) = EuZW 1995, 309 (311); Hau (1996), 132.

575 Zur Kernpunkttheorie bei internationalen Sachverhalten aus deutscher Sicht auch schon BGH, Urt. vom 8.2.1995 – VIII ZR 14/94, EuZW 1995, 378; LG Düsseldorf, Urt. vom 27.1.1998 – 4 O 418/97, IPRax 1999, 461 (463).

576 So nun auch für die EheVO Hüßtege in Thomas/Putzo (2001), Art. 11 EheVO Rn. 6.

577 Zum Abweichen der Regelung von der Kernpunkttheorie des EuGH Gottwald in Lüke/Wax (2001), Art. 11 EheGVO Rn. 3.

578 Henrich (1998), Rn. 24.

u.U. sogar das zunächst angestrengte Verfahren sachlich entleeren[579]. Dies ist z.B. dann der Fall, wenn zunächst ein Antrag auf Trennung und später ein Antrag auf Scheidung der Ehe gestellt wird.

(2) Der Zeitpunkt der Rechtshängigkeit

Ein Gericht gilt gem. Art. 11 Abs. 4 lit. a EheVO dann als angerufen, wenn das verfahrenseinleitende Schriftstück oder ein Schriftstück, das diesem gleichgestellt ist, bei Gericht eingegangen ist. Art. 11 Abs. 1 EheVO sieht nicht vor, dass der Antrag bei einem aufgrund der EheVO zuständigen Gericht gestellt worden sein muss, um die Wirkungen der Rechtshängigkeit auszulösen. Dafür besteht auch gar kein Bedürfnis. Aufgrund des zweistufigen Verfahrens des Art. 11 Abs. 1 EheVO hat das Gericht das Verfahren ohnehin schon dann auszusetzen, wenn bereits irgendein anderes Gericht eines Mitgliedstaates angerufen wurde. Erst wenn dieses Gericht seine Zuständigkeit festgestellt hat, besteht für das andere Gericht die Verpflichtung sich für unzuständig zu erklären. Daraus folgt im Umkehrschluss, dass das zunächst angerufene Gericht nicht zwingend zuständig sein muss, damit ein dort eingereichter Antrag dennoch die Folgen der Rechtshängigkeit auslösen kann.

In der EheVO ist nicht geregelt, welche (Form-)Erfordernisse an das verfahrenseinleitende Schriftstück zu stellen sind. Durch die Verordnung soll aber auch gar nicht in das Verfahrensrecht der jeweiligen nationalen Gesetzgeber eingegriffen werden. Folglich ergeben sich die Anforderungen an das verfahrenseinleitende Schriftstück aus der jeweiligen lex fori[580].

Die Folgen der Rechtshängigkeit werden bereits mit dem Eingang des verfahrenseinleitenden Schriftstücks ausgelöst. Damit diese Wirkungen nicht rückwirkend entfallen, muss der Antragsteller anschließend von seiner Seite aus alles unternehmen, damit das Schriftstück beim Antragsgegner zugehen kann. Die Anforderungen an Art und Weise des Zugangs richten sich ebenfalls nach der lex fori[581].

Durch diese Handhabung kommen zwei Absichten zum Ausdruck. Zum einen werden die Anforderungen an die Antragsstellung auf das von der jeweiligen nationalen Rechtsordnung vorgegebene Maß begrenzt. Die Anforderungen werden für die Verfahren jeweils einheitlich von der lex fori aufgestellt und nicht

---

579 Hau, FamRZ 2000, 1339; Gottwald in Lüke/Wax (2001), Art. 11 EheGVO Rn. 9.

580 So auch Finger, FuR 1998, 347; Gruber, FamRZ 2000, 1133.

581 Gruber, FamRZ 2000, 1133; Hausmann, ELF 2000/01, 346; Gottwald in Lüke/Wax (2001), Art. 11 EheGVO Rn. 7.

etwa von den Rechtsordnungen, in deren Geltungsbereich sich die Parteien aufhalten. Dadurch wird eine Zersplitterung des Verfahrensrechts vermieden. Zum anderen wird der Zeitpunkt, ab dem das Gericht als angerufen gilt, faktisch vorverlagert. Durch die Ausgestaltung des Art. 11 Abs. 4 lit. a EheVO wird deutlich, dass zwar letztlich beide Voraussetzungen gegeben sein müssen, um ein Gericht als angerufen zu bezeichnen, nämlich die Einreichung des Schriftstücks bei Gericht und die Ergreifung aller Maßnahmen zur Zustellung beim Antragsgegner. Ausschlaggebend ist aber ausschließlich der Zeitpunkt der Erfüllung der ersten Voraussetzung, soweit nur dafür gesorgt wird, dass auch die zweite Voraussetzung erfüllt werden kann[582]. Dadurch soll die Möglichkeit einer doppelten Rechtshängigkeit möglichst früh abgeschnitten werden.

Die Ausgestaltung der Norm ist ein Kompromiss zwischen den Lagern in der Literatur, die sich zu Art. 11 EheÜbk bzw. zu Art. 21 EuGVÜ gebildet hatten[583]. In beiden Regelungen waren zwar die Folgen mehrfacher gleichzeitiger Rechtshängigkeit festgelegt, es fehlte aber eine präzise Bestimmung des Zeitpunkts der Rechtshängigkeit[584]. Einige legten den Begriff des „Anhängigmachens" i.S.d. Art. 21 EuGVÜ dahingehend aus, dass für den Beginn der Rechtshängigkeit auf den Zeitpunkt der Einreichung der Klage bei Gericht abzustellen sei[585]. Andere hingegen befürworteten demgegenüber den Zeitpunkt der Zustellung der Klage beim Beklagten[586]. Bemerkenswert ist in diesem Zusammenhang, dass der EuGH in seiner Rechtsprechung zu Art. 21 EuGVÜ einen völlig anderen Weg beschritt. Er ging von einer Regelungslücke aus und wollte für die Frage der Rechtshängigkeit die jeweilige lex fori zur Anwendung kommen lassen[587]. Damit verfolgte er einen ähnlichen Weg wie der BGH bei der Bestimmung der ausländischen Rechtshängigkeit unter Rückgriff auf eine Analogie zu § 261 Abs. 3 Nr. 1 ZPO[588]. Daraus wurde in der Literatur z.T. gefolgert, dass in diesem Sinn auch der Zeitpunkt der Rechtshängigkeit in Art. 11 EheÜbk zu

582 Diese muss der Antragsteller zwingend erfüllen, wenn er sich nicht dem Vorwurf der Verfahrensverschleppung aussetzen will. So im Ergebnis auch Kohler (2000), 25; Gruber, FamRZ 2000, 1133.

583 Meeusen, RW 1998-1999, 757.

584 Zur Kritik an diesem Zustand Hau, IPRax 1998, 457 ff.; Geimer (1999), 181 ff.

585 Rauscher, IPRax 1985, 319 und IPRax 1986, 276 f.; Schack (1996), Rn. 760; Dohm (1996), 130.

586 Linke, RIW 1984, 740; Isenburg-Epple (1991), 258; Rüßmann, IPRax 1995, 78.

587 Kropholler (1998), Art. 21 EuGVÜ Rn. 12; Hau, IPRax 1998, 456, 458.

588 BGH, Urt. vom 18.3.1987 – IVb ZR 24/86, IPRax 1989, 104; BGH, Urt. vom 12.2.1992 – XII ZR 25/91, IPRax 1994, 40; Siehr, IPRax 1989, 93; Linke, IPRax 1994, 18.

bestimmen sei[589]. Um diese Streitigkeiten ein für alle mal zu beenden und um Trugschlüssen vorzubeugen, wurde in Art. 11 Abs. 4 EheVO eine ausdrückliche und von diesen Auffassungen abweichende Regelung aufgenommen.

Vergleicht man die Regelung in Art. 11 Abs. 4 lit. a EheVO mit der deutschen Rechtshängigkeitsregelung, so stellt man fest, dass der in der EheVO beschriebene Zeitpunkt mit der Anhängigkeit i.S.d. deutschen Rechts übereinstimmt. Diese tritt nämlich schon dann ein, wenn die Klageschrift bei Gericht eingegangen ist[590]. Demgegenüber tritt die Rechtshängigkeit erst ein, wenn die Klage i.S.v. § 253 Abs. 1 ZPO erhoben wurde, wenn also die Klageschrift dem Beklagten bereits zugestellt wurde[591]. Trotz dieser abweichenden Regelung ist Art. 11 Abs. 4 lit. a und nicht lit. b der EheVO anzuwenden, wenn festgestellt werden soll, ob ein Verfahren vor einem deutschen Gericht rechtshängig ist. Dies liegt daran, dass in Deutschland zunächst das betroffene Gericht und dann erst der Antragsgegner zu informieren ist.

Für Rechtsordnungen, in denen dies entgegengesetzt vonstatten geht, findet hingegen Art. 11 Abs. 4 lit. b EheVO Anwendung. Dieser bestimmt, dass ein Gericht dann als angerufen gilt, wenn die Stelle, die für die Zustellung des Schriftstücks an den Antragsgegner zuständig ist, das entsprechende Schriftstück erhalten hat. Dies gilt spiegelbildlich zur Regelung in Art. 11 Abs. 4 lit. a EheVO aber nur dann, wenn der Antragsteller in der Folge die (nach der lex fori, s.o., S. 129) notwendigen Maßnahmen ergriffen hat, damit das Schriftstück auch bei Gericht eingehen konnte.

Mit den alternativen Regelungen in Art. 11 Abs. 4 lit. a und b EheVO will man zum einen nationalen Unterschieden bei der Verfahrenseinleitung Rechnung tragen. Zum anderen will man die Parteien aber auch nicht den Unwägbarkeiten im Rahmen des internationalen Rechtshilfeverkehrs bei ihrem „race to the court house" aussetzen, was bei Art. 21 EuGVÜ noch der Fall war[592]. Vielmehr sollen beide Parteien die gleiche Chance besitzen, das Verfahren zuerst rechtshängig zu machen[593].

---

589 Gruber, FamRZ 1999, 1568.

590 Philippi in Zöller (2002), § 622 ZPO Rn. 2.

591 LG Stuttgart, Urt. vom 3.11.1967 – 10 R 88/67, JZ 1968, 706; Greger in Zöller (2002), § 261 ZPO Rn. 2.

592 Geimer/Schütze (1997), Art. 21 EuGVÜ Rn. 10.

593 Boele-Woelki, ZfRV 2001, 126.

(3) Abhängige Verfahren

Art. 11 Abs. 2 EheVO legt wie Abs. 1 die Folgen eines entgegenstehenden rechtshängigen Verfahrens fest. Allerdings bezieht sich Art. 11 Abs. 2 EheVO nicht auf solche Fälle, in denen es um denselben Anspruch geht. Vielmehr sind solche Fälle erfasst, in denen ein Antrag auf Ehescheidung, Trennung ohne Auflösung des Ehebandes oder Ungültigerklärung einer Ehe gestellt worden ist und in denen danach in einem weiteren Mitgliedstaat ein anderer dieser Anträge gestellt wurde. Auch in diesem Fall hat das später angerufene Gericht das Verfahren von Amts wegen auszusetzen, bis die Zuständigkeit des zuerst angerufenen Gerichts geklärt ist. Dies gilt selbst dann, wenn das später angerufene Gericht das Rechtsinstitut, das im Verfahren bei dem zuerst angerufenen Gericht eine Rolle spielt, gar nicht kennt[594]. Diese Regelung findet aber keine Anwendung auf Verfahren über die elterliche Verantwortung[595]. Der Zweck des Art. 11 Abs. 2 EheVO ist die Wahrung der Einheit der Rechtsordnung einerseits und die Durchführung des Verfahrens auf ökonomische Art und Weise andererseits. Dadurch versucht man wie bei Art. 11 Abs. 1 EheVO zu verhindern, dass ein Gericht tätig wird, obwohl sich später herausstellt, dass ein Gericht in einem anderen Mitgliedstaat zuständig war. Mit dieser Regelung will man zum einen dem unzuständigen Gericht unnötigen Arbeitsaufwand ersparen und zum anderen verhindern, dass zwei sich möglicherweise widersprechende Entscheidungen gefällt werden[596].

Auf den ersten Blick verwundert es angesichts eines solchen Regelungszweckes, dass Art. 11 Abs. 2 EheVO die erwähnte Rechtsfolge trifft, obwohl es doch eigentlich um zwei verschiedene Anträge geht. In solchen Fällen erwartet man eigentlich keine einander widersprechenden Entscheidungen. Es ist aber durchaus vorstellbar, dass in dem zuerst durchgeführten Verfahren einzelne Aspekte verbindlich festgestellt werden, die auch von dem später angerufenen Gericht zu berücksichtigen sind, da die in Art. 11 Abs. 2 EheVO aufgeführten Verfahrensarten miteinander verwandt sind. Würde das später angerufene Gericht sein Ver-

---

594 Borrás, Abl. EG 1998, Nr. C 221, 47, Rn. 57; dieses Problem haben auch Gruber, FamRZ 2000, 1129 (1134 f.) und Kohler, NJW 2001, 12 erkannt.

595 Der Grund hierfür dürfte wohl nicht zuletzt in der Kernpunkttheorie des EuGH liegen. Schließlich drehen sich die Verfahren bzgl. der elterlichen Verantwortung immer um die Frage, wie das Sorgerecht und daran anknüpfende Rechte zu verteilen sind. Verfahrensrechtliche Unterschiede können insoweit außen vor bleiben. So auch Gruber, FamRZ 2000, 1132.

596 Vgl. Kohler, NJW 2001, 12 mit guter Darstellung des Spannungsfeldes zwischen der (schwedischen) nationalen Regelung und der EheVO.

fahren nicht aussetzen, so könnten sich die Entscheidungen der beiden Gerichte zumindest in einzelnen Punkten widersprechen. Doch bereits durch Art. 11 Abs. 1 EheVO sollen einander widersprechende Entscheidungen verhindert werden. Art. 11 Abs. 2 EheVO ist folglich nur der nächste logische Schritt.

(4) Die Bedeutung von Art. 11 Abs. 3 S. 2 EheVO

Durch Art. 11 Abs. 3 S. 2 EheVO wird keine eigene Zuständigkeit i.S.d. Artt. 2 – 6 EheVO begründet. Vielmehr eröffnet die Norm dem Antragsteller, dessen Antrag aufgrund der Rechtshängigkeitsregelung in Art. 11 EheVO im später angerufenen Forum gesperrt ist, die Möglichkeit, seinen Antrag umgehend einer gerichtlichen Überprüfung zukommen zu lassen. Diese Möglichkeit besteht ab dem Zeitpunkt, an dem sich das später angerufene Gericht für unzuständig erklärt hat[597]. Geht der später gestellte Antrag sachlich über den zuerst eingebrachten Antrag hinaus, so wirkt sich dies auf das Verfahren des zuerst angerufenen Gerichts aus. In diesem Fall muss nicht die rechtskräftige Entscheidung in der ersten Sache abgewartet werden, um anschließend getrennt die zweite Sache zu verhandeln. Vielmehr können beide Anträge miteinander verbunden werden. Die Vorschrift dient also im Wesentlichen der Verfahrensökonomie. Zum anderen soll verhindert werden, dass prozessuale Antragsfristen die von der EheVO angepeilte Zuständigkeitskonzentration zunichte machen[598].

In der Literatur werden gegen die Vorschrift z.T. Bedenken erhoben. So weist man zu Recht darauf hin, dass das zuerst angerufene Gericht nicht zwingend dasselbe Sachrecht wie das später angerufene Gericht zugrunde legt. Dadurch könnte dem Antragsteller eine stattgebende Entscheidung vom zuerst angerufenen Gericht verweigert werden, obwohl er das Verfahren eigentlich vor dem später angerufenen Gericht ausfechten wollte, das seinem Begehren stattgegeben hätte. Daraus folgt nun nach dieser Auffassung, dass der Antragsteller besser auf Nummer sicher gehen und statt einer Verfahrenserweiterung im Staat des zuerst befassten Gerichts besser später ein eigenständiges Verfahren in dem Staat betreiben solle, dessen Gerichte wegen des Rechtshängigkeitseinwandes nicht tätig werden durften[599]. Diese Ansicht übersieht allerdings, dass der Antragsteller durch die Erweiterung des Verfahrens im Erststaat überhaupt kein Risiko eingeht. Denn selbst bei einem für ihn negativen Verfahrensausgang könnte er

597 Durch die Einleitung von S. 2 „In diesem Fall..." wird auf die in S. 1 erwähnte Unzuständigkeitserklärung durch das später angerufene Gericht verwiesen. So auch Borrás, Abl. EG 1998, Nr. C 221, 46 f., Rn. 55.

598 Gottwald in Lüke/Wax (2001), Art. 11 EheGVO Rn. 5.

599 Gruber, FamRZ 2000, 1134.

das Verfahren erneut im anderen Staat betreiben. Der Rechtskrafteinwand gilt insoweit nämlich nur für stattgebende Entscheidungen, also solche, die die Ehe tatsächlich trennen, für ungültig erklären oder scheiden, nicht aber für abweisende Entscheidungen[600].

Art. 11 Abs. 3 S. 2 EheVO ist nur anwendbar, solange sich das Gericht noch mit der Sache beschäftigt. Liegt hingegen eine formell rechtskräftige Entscheidung vor, so kann eine Verfahrenserweiterung mangels anderweitiger Rechtshängigkeit nicht mehr erfolgen[601].

(5) Rechtshängigkeit des Erstverfahrens vor Inkrafttreten der EheVO

Die EheVO ist grds. nur auf Verfahren anzuwenden, die nach Inkrafttreten der EheVO eingeleitet wurden, vgl. Art. 42 Abs. 1 EheVO. Dies gilt auch für die Regelungen der Voraussetzungen und Folgen der Rechtshängigkeit in Art. 11 EheVO. Im Rahmen von Art. 11 EheVO stellt sich die Frage, ob die Rechtshängigkeitsregelungen auch dann Anwendung finden können, wenn zwar das spätere, nicht aber das frühere Verfahren nach Inkrafttreten der EheVO eingeleitet wurde, aber auch das zuerst eingeleitete Verfahren erst nach Inkrafttreten der EheVO beendet wird.

Zwar könnte man auf den ersten Blick meinen, dass sich diese Frage mit Hilfe von Art. 42 Abs. 2 EheVO lösen lässt. Allerdings betrifft die Norm nur den Fall, dass bereits eine Entscheidung getroffen wurde und nun der Anwendungsbereich der EheVO auch auf diese ausgedehnt werden soll. Muss aber über die Frage der entgegenstehenden Rechtshängigkeit befunden werden, so ist noch gar keine Entscheidung gefallen. Mithin könnte allenfalls aus dem Sinn von Art. 42 Abs. 2 EheVO geschlossen werden, dass die Rechtshängigkeitsregelungen des Art. 11 EheVO auch auf solche Verfahren ausgedehnt werden können, die aus der ex ante-Sicht betrachtet in den Anwendungsbereich des Art. 42 Abs. 2 EheVO fallen werden.

(a) Die Lösung des EuGH

Der EuGH hat für vergleichbare Fälle im Rahmen von Art. 21 EuGVÜ eine eigene Lösung entwickelt. Art. 21 EuGVÜ ist die Parallelnorm zu Art. 11 EheVO. Weist die Sache zu einem Staat Verbindungen auf, der erst nach Rechtshängigkeit der Sache dem EuGVÜ beigetreten ist, so macht der EuGH die Sperrwir-

---

600 Dies geht zwar nicht unmittelbar aus dem deutschen, wohl aber z.B. aus der englischen Fassung hervor. Vgl. auch insoweit die Ausführungen zur Anerkennung einer Entscheidung unter dem Regime der EheVO, S. 138.

601 So auch Gruber, FamRZ 2000, 1134.

kung dieser Rechtshängigkeit gegenüber nach dem Beitritt eingeleiteten Verfahren von einer Anerkennungsprognose abhängig. Dabei sieht er drei verschiedene Konstellationen. In der ersten Fallgestaltung kann die Anerkennungsfähigkeit der Entscheidung des zuerst angerufenen Gerichts festgestellt werden. In diesem Fall hat das später angerufene Gericht das Verfahren auszusetzen und sich ggf. für unzuständig zu erklären[602].

In der zweiten Variante kann die Anerkennungsfähigkeit nicht festgestellt werden. Dies hat zur Folge, dass eine Entscheidung des Erstgerichts im Staat des später angerufenen Gerichts keine Wirkungen entfaltet[603]. Folglich besteht für das Zweitgericht keine Notwendigkeit das Verfahren auszusetzen, da seine Entscheidung der des Erstgerichts nicht entgegensteht[604].

In der dritten Variante geht der EuGH für Fälle, in denen das Erstgericht noch nicht über seine Zuständigkeit entschieden hat, davon aus, dass das Zweitgericht das Verfahren aussetzen und sich später je nach Ausgang der Entscheidung des Erstgerichts und der Anerkennungsprognose für zuständig oder unzuständig zu erklären hat[605].

(b) Bewertung der EuGH-Rechtsprechung

Zwar läuft die Lösung des EuGH auf eine Anerkennungsprognose hinaus, die gerade durch Art. 11 EheVO verhindert werden sollte. Würde man Art. 11 EheVO aber restriktiv anwenden, so würde dies dazu führen, dass die Rechtshängigkeitsregelung auf das zuerst eingeleitete Verfahren keine Anwendung fände[606]. Würde man nun aber auch auf das zweite Verfahren Art. 11 EheVO nicht anwenden, so würden beide Verfahren vollständig durchgeführt und eine Kollision der entgegenstehenden Entscheidungen könnte erst bei der Anerkennung einer der Entscheidungen im jeweils anderen Staat verhindert werden[607]. Dies würde allerdings dem Sinn und Zweck der Rechtshängigkeitsregelungen der EheVO – der Vermeidung von einander widersprechenden Entscheidungen und doppelter Inanspruchnahme der Gerichte – zuwiderlaufen, so dass auch auf die hier untersuchten Verfahren Art. 11 EheVO im Rahmen der vom EuGH entwickelten Grundsätze Anwendung finden muss.

---

602 EuGH, Urt. vom 9.10.1997 – Rs. C – 163/95, EuGHE 1997, I – 5451 (I – 5475).
603 EuGH, Urt. vom 9.10.1997 – Rs. C – 163/95, EuGHE 1997, I – 5451 (I – 5476).
604 EuGH, Urt. vom 9.10.1997 – Rs. C – 163/95, EuGHE 1997, I – 5451 (I – 5476).
605 EuGH, Urt. vom 9.10.1997 – Rs. C – 163/95, EuGHE 1997, I – 5451 (I – 5476).
606 EuGH, Urt. vom 9.10.1997 – Rs. C – 163/95, EuGHE 1997, I – 5451 (I – 5475).
607 Einen vergleichbaren Fall zu Art. 21 EuGVÜ stellt Rauscher, IPRax 1999, 80 dar.

c) Anerkennung von Entscheidungen

aa) Allgemeines

In den Artt. 13 - 20 EheVO ist die Anerkennung von Entscheidungen, die in anderen Mitgliedstaaten gefällt wurden, geregelt. Gem. Art. 13 Abs. 1 EheVO beinhaltet der Begriff der Entscheidung jede von einem Gericht[608] eines Mitgliedstaates erlassene Entscheidung in einem Verfahren i.S.v. Art. 1 Abs. 1 und 2 EheVO[609]. Weiterhin sind die sich daraus ergebenden Kostenfestsetzungsbeschlüsse und Maßnahmen des einstweiligen Rechtsschutzes gem. Art. 13 Abs. 2 EheVO erfasst[610].

Grds. soll für die Anerkennung einer Entscheidung kein gesondertes Verfahren durchgeführt werden, Art. 14 Abs. 1 EheVO[611]. Es stellt sich die Frage, ob man durch diese Formulierung zum Ausdruck bringen wollte, dass eine Entscheidung, die in einem Mitgliedstaat erging, auch in jedem anderen Mitgliedstaat ipso iure Geltung entfalten soll[612] oder ob die Entscheidung in einem gerichtlichen Verfahren zumindest noch inzident anerkannt werden muss. In der Literatur hat man sich überwiegend für die letztgenannte Möglichkeit entschieden[613]. Für diese Auffassung spricht der Wortlaut des Art. 14 Abs. 1 EheVO, der für die Anerkennung zwar nicht mehr ein „gesondertes", aber doch immerhin überhaupt ein Verfahren vorsieht. Außerdem kämen andernfalls die Anerkennungsversagungsgründe in Art. 15 EheVO nur dann zum tragen, wenn von einem Beteiligten die gesonderte Feststellung gem. Art. 14 Abs. 3 EheVO beantragt würde. Es ist aber kaum vorstellbar, dass ein solch detaillierter Katalog für eine wohl geringe Anzahl von Fällen in die EheVO aufgenommen wurde[614]. Vielmehr wollte

---

608 Entgegen dem Wortlaut sind auch die Entscheidungen sonstiger außergerichtlicher Behörden erfasst, s. Erwägungsgrund 9 zur EheVO.

609 Nicht erfasst werden die Nebenentscheidungen, auch wenn diese in derselben Entscheidung abgefasst sein sollten.

610 Hausmann, ELF 2000/01, 348.

611 Damit hat sich der Rat der Europäischen Union ausdrücklich gegen die in Deutschland gewählte Regelung entschieden. Dort ist nämlich ein eigenständiges Anerkennungsverfahren erforderlich.

612 So ohne nähere Begründung Hub, NJW 2001, 3149 und Wagner, IPRax 2001, 79.

613 De Boer, FJR 1999, 249; Sumampouw (2000), 741; Vlas, WPNR 2001, 447; Hub, NJW 2001, 3147; Wagner, IPRax 2001, 78; Hüßtege in Thomas/Putzo (2001), Art. 14 EheVO Rn. 6; Gottwald in Lüke/Wax (2001), Art. 14 EheGVO Rn. 1; deswegen ist § 33 AVAG, der auf Art. 7 § 1 FamRÄndG verweist, auf die EheVO gem. § 50 Abs. 1 S. 1 AVAG nicht anwendbar.

614 So im Ergebnis wohl auch AG Leverkusen, Urt. vom 14.02.2002 – 34 F 134/01, FamRZ 2002, 1635, das von einer „grundsätzlich" automatischen Anerkennung spricht.

der Rat der Europäischen Union mit Art. 14 Abs. 1 EheVO nur zum Ausdruck bringen, dass ein separates Anerkennungsverfahren, das in Deutschland in Art. 7 § 1 FamRÄndG vorgesehen ist, nach Inkrafttreten der EheVO nicht mehr erforderlich ist. Stattdessen erfolgt die Anerkennung der Entscheidung inzident.

Doch es besteht für die Parteien im Rahmen eines Verfahrens zur Prüfung der Zuständigkeit oder der Zulässigkeit eines Verfahrens nach Abschnitt 2 und bei einem Verfahren zur Bestimmung einer anderweitigen Rechtshängigkeit nach Abschnitt 3 der EheVO die Möglichkeit, ein eigenständiges Anerkennungsfeststellungsverfahren zu betreiben, Art. 14 Abs. 3 EheVO. Diese Möglichkeit steht dem Antragsteller nur offen, wenn er ein Feststellungsinteresse nachweisen kann. Der Wortlaut der EheVO setzt nicht voraus, dass es sich dabei um ein rechtliches Interesse handeln muss. Somit könnten auch rein ideelle Erwägungen zu berücksichtigen sein. Allerdings wird mit der EheVO eine Verfahrenserleichterung und -beschleunigung angestrebt, so dass ein rechtliches Interesse zu fordern ist. Das rechtliche Interesse besteht vor allem dann, wenn die Behörden und Gerichte im ersuchten Staat die Anerkennungsfähigkeit unterschiedlich beurteilen bzw. diese vom ehemaligen Ehepartner bestritten wird[615].

Durch die Regelung in Art. 14 Abs. 1 EheVO will man zum einen die Verfahrensdauer verkürzen. Zum anderen soll die Neigung der Gerichte, Entscheidungen aus anderen Mitgliedstaaten nicht anzuerkennen, möglichst eingedämmt werden.

Dies hat für Deutschland zur Folge, dass das Anerkennungsverfahren des Art. 7 § 1 FamRÄndG für Entscheidungen aus den Mitgliedstaaten, in denen die EheVO Wirkung entfaltet, entfällt[616] und nur noch für Entscheidungen aus Drittstaaten, zu denen i.S.d. EheVO auch Dänemark zählt, Bedeutung behält[617].

Zwar wird in der Literatur ein eigenständiges Anerkennungsverfahren aufgrund der limitierten Anerkennungsversagungsgründe nicht mehr so sehr für erforderlich gehalten, da nun die Wahrscheinlichkeit einander widersprechender Anerkennungsentscheidungen geringer sei[618]. Allerdings ist zu bedenken, dass es aufgrund des weiten Entscheidungsbegriffs i.S.d. EheVO innerhalb der Mit-

---

615 Hüßtege in Thomas/Putzo (2001), Art. 14 EheVO Rn. 7.

616 Dadurch wird eine Angleichung an die Anerkennungsregelungen des EuGVÜ und die Anerkennungsmechanismen des § 328 ZPO bzw. § 16a FGG erreicht; vgl. Hub, NJW 2001, 3147.

617 Jayme/Kohler, IPRax 2000, 457; Vogel, MDR 2000, 1049; Wagner, IPRax 2001, 75; Hüßtege in Thomas/Putzo (2001), Vor Art. 1 EheVO Rn. 8; Gottwald in Lüke/Wax (2001), Art. 11 EheGVO Rn. 2.

618 Vogel, MDR 2000, 1049.

gliedstaaten nicht nur zu widersprüchlichen Gerichtsentscheidungen kommen kann. Vielmehr sind auch konträre Behördenentscheidungen denkbar, so dass ein nicht zu vernachlässigendes Konfliktpotential besteht.

bb) Die Voraussetzungen für die Anerkennung von Entscheidungen

Die Voraussetzungen für die Anerkennung von Entscheidungen in Ehesachen und in anderen Familiensachen sind grds. einheitlich geregelt. Die Anerkennung erfasst wie bei Art. 26 Abs. 1 EuGVÜ nur die Wirkungen der Entscheidung[619]. Dies bedeutet, dass vor allem die materielle Rechtskraft, die Präklusionswirkung sowie die Gestaltungswirkungen anerkannt werden[620].

Es werden nur solche Entscheidungen anerkannt, die einem Antrag stattgeben[621]. Dies geht zwar nicht unmittelbar aus Art. 13 Abs. 1 der deutschen Fassung der EheVO hervor[622], wohl aber aus Erwägungsgrund 15 zur EheVO und z.B. aus der englischen Fassung des Art. 13 Abs. 1 EheVO[623]. Eine negative Entscheidung führt hingegen dazu, dass die Parteien den Antrag in einem anderen Mitgliedstaat, dessen Gerichte ebenfalls zuständig sind, erneut einbringen können[624]. Diese Lösung beruht auf einem Kompromiss zwischen denjenigen Staaten, die scheidungsfreundlich eingestellt sind, und den Staaten, die dieses Rechtsinstitut eher restriktiv handhaben[625].

Damit eine Entscheidung anerkannt werden kann, hat der Antragsteller gem. Art. 32 EheVO beweiskräftige Urkunden für die Existenz der anzuerkennenden Entscheidung beim ersuchten Gericht vorzulegen. Kommt der Antragsteller dieser Pflicht nicht nach, so kann das Gericht gem. Art. 34 Abs. 1 EheVO hierfür entweder eine Frist setzen oder sich mit gleichwertigen Urkunden zufrieden geben.

---

619 EuGH, Urt. vom 4.2.1988 – Rs. 145/86, EuGHE 1988, 645 (666); Geimer/Schütze (1997), Art. 26 EuGVÜ Rn. 1.

620 Gottwald in Lüke/Wax (2001), Art. 14 EheGVO Rn. 2.

621 Kohler, FamRZ 2000, 13; Hausmann, ELF 2000/01, 348; Vlas, WPNR 2001, 446; Helms, FamRZ 2001, 258; Wagner, IPRax 2001, 76; Boele-Woelki, ZfRV 2001, 127; Hüßtege in Thomas/Putzo (2001), Vor Art. 13 EheVO Rn. 1; Gottwald in Lüke/Wax (2001), Art. 13 EheGVO Rn. 2.

622 So auch Wagner IPRax 2001, 76.

623 Im Rahmen der Beratungen zum EheÜbk wurde hingegen noch erwogen, die Wirkungen der EheVO auch auf ablehnende Entscheidungen zu erstrecken, so van der Velden, NIPR 1995, 3.

624 Van der Velden, WPNR 2000, 758.

625 Wagner, IPRax 2001, 76.

cc) Die Verweigerung der Anerkennung einer Entscheidung

Die abschließend[626] geregelten Gründe für die Verweigerung der Anerkennung der Entscheidung differenzieren in Art. 15 Abs. 1 und 2 EheVO zwischen Verfahren in Ehesachen einerseits und Verfahren in anderen Familiensachen andererseits. Die Gründe für diese Differenzierung liegen zum einen darin, dass die EheVO zwar eine internationale Annexzuständigkeit für andere Familiensachen vorsieht, wobei aber die sachliche Zuständigkeit für die Ehesache und die andere Familiensache im jeweiligen Staat dennoch auseinanderfallen kann. Zum anderen unterscheidet sich der Verfahrensgegenstand einer Ehesache stark von dem eines Verfahrens, in dem um die elterliche Verantwortung gestritten wird[627].

(1) Bei Entscheidungen in Ehesachen

Die Gründe für die Versagung der Anerkennung von Entscheidungen in Ehesachen sind in Art. 15 Abs. 1 EheVO enthalten. Diese entsprechen denen in Art. 34 ZivVO. Dadurch soll ein Gleichlauf zwischen Entscheidungen, die (mittelbar) Bezugspunkte zu beiden Verordnungen aufweisen, gewährleistet werden. Dies spielt insbesondere bei Unterhaltsentscheidungen, auf die die ZivVO Anwendung findet, eine Rolle. Für diese Entscheidungen können Vorfragen im Rahmen einer Entscheidung i.S.d. EheVO ausschlaggebend sein.

(a) Verstoß gegen den ordre public

Gem. Art. 15 Abs. 1 lit. a EheVO wird eine Entscheidung dann nicht anerkannt, wenn dies offensichtlich dem ordre public im Staat des ersuchten Gerichts zuwiderlaufen würde. Ein Verstoß gegen den ordre public liegt dann vor, wenn die Anerkennung der Entscheidung in unüberwindbarem Widerspruch zu den Grundgedanken und Wertvorstellungen der Rechtsordnung des Staates des ersuchten Gerichts steht[628].

Dabei stellt man nicht darauf ab, ob die Entscheidung als solche der öffentlichen Ordnung zuwiderläuft[629], sondern nur, ob dies durch die erbetene Anerkennung geschehen würde. Bei der Überprüfung, ob die Anerkennung einer Entscheidung

---

626 Hüßtege in Thomas/Putzo (2001), Art. 14 EheVO Rn. 2.

627 Borrás, Abl. EG 1998, Nr. C 221, 50, Rn. 68.

628 So schon für Deutschland BGH, Beschl. vom 17.9.1968 – IV ZB 501/68, BGHZ 50, 370 (376); BGH, Beschl. vom 18.6.1970 – IV ZB 69/69, BGHZ 54, 123 (131); Bar (1987), Rn. 632 f.; Lüderitz (1992), Rn. 203; Jayme (1989), 9.

629 Dies könnte bei einer ablehnenden Entscheidung als Mißbilligung einer fremden Rechtsordnung fehlinterpretiert werden und würde der europäischen Integration gerade zuwiderlaufen.

gegen den ordre public verstößt, kann im EG-Recht nicht allein auf die Rechtsordnung des Staates des ersuchten Gerichts abgestellt werden. Zwar kann der EuGH den Umfang des ordre public nicht für alle EG-Staaten einheitlich bestimmen. Eine rein nationale Sichtweise ist aber aufgrund der europäischen Integration ebenso verfehlt[630]. Vielmehr ist bei der Bestimmung des ordre public eine Kooperation von nationalem und gemeinschaftlichem Recht anzustreben.
Schon während der Entstehung des EuGVÜ war umstritten, ob ein Verstoß gegen den ordre public als Anerkennungsversagungsgrund überhaupt aufgenommen werden sollte[631]. Die Ergebnisse dieser Diskussion setzt Art. 15 Abs. 1 lit. a EheVO um. Auch wenn man sich wegen weiterhin bestehender Rechtsunterschiede nicht auf einen völligen Verzicht dieses Anerkennungsversagungsgrunds einigen konnte, wurde er doch zumindest durch das Merkmal der „Offensichtlichkeit" eingeschränkt[632].
Dementsprechend ist das Kriterium auszulegen. Zu geringe Ansprüche an dieses Merkmal könnten dazu führen, dass die innerstaatlichen Stellen mit Hilfe dieses ohnehin ausfüllungsbedürftig formulierten Kriteriums zu einem Anerkennungsprotektionismus ermutigt würden. Doch gerade der Erwägungsgrund 16 zur EheVO bringt zum Ausdruck, dass die Nichtanerkennungsgründe restriktiv zu handhaben sind, so dass man nur in Extremfällen von einem Verstoß gegen den ordre public ausgehen darf[633].

(b) Verstoß gegen Zustellungsvorschriften

Gem. Art. 15 Abs. 1 lit. b EheVO wird eine Versäumnisentscheidung nicht anerkannt, wenn dem Antragsgegner das verfahrenseinleitende Schriftstück fehlerhaft oder gar nicht zugestellt wurde[634] und er sich daher nicht verteidigen konnte. Dies gilt allerdings nur dann, wenn er sich mit der Entscheidung nicht einverstanden erklärt hat.
In dieser Vorschrift kommt der Grundsatz, dass die Anerkennungsgründe möglichst restriktiv zu handhaben sind, gleich mehrfach zum Ausdruck. Zum einen wird die Anerkennung nicht allein deshalb versagt, weil die Zustellung fehler-

630 So auch Kropholler (1998), Art. 27 EuGVÜ Rn. 4.
631 Kropholler (1998), Art. 27 EuGVÜ Rn. 2.
632 Dieses Merkmal war in Art. 27 Nr. 1 EuGVÜ noch nicht enthalten.
633 So auch schon die Rechtsprechung zum EuGVÜ, EuGH, Urt. vom 20.5.2000 – Rs. C – 38/98, ELF 2000/01, 133.
634 Hier werden die Vorschriften der „Verordnung (EG) Nr. 1348/2000 des Rates vom 29. Mai 2000 über die Zustellung gerichtlicher und außergerichtlicher Schriftstücke in Zivil- oder Handelssachen in den Mitgliedstaaten" relevant.

haft vonstatten ging[635], sondern nur, wenn sich der Antragsgegner aufgrund dieses Umstandes nicht ausreichend verteidigen konnte. Zum anderen soll auch dieser Mangel unter der Voraussetzung, dass sich der Antragsgegner mit der Entscheidung einverstanden erklärt hat, geheilt sein. Diese Erklärung kann nicht nur ausdrücklich, sondern auch konkludent abgegeben werden[636].

(c) Unvereinbarkeit mit einer Entscheidung im Anerkennungsstaat

Weiterhin wird gem. Art. 15 Abs. 1 lit. c EheVO eine Entscheidung dann nicht anerkannt, wenn sie mit einer anderen Entscheidung, die im Staat des ersuchten Gerichts gefällt wurde, unvereinbar ist. Der Begriff der Unvereinbarkeit ist einschränkend auszulegen. Zwar müssen die Entscheidungen nicht denselben Anspruch betreffen. Vielmehr gilt der autonome Streitgegenstandsbegriff wie bei Art. 11 EheVO (s.o., S. 125). Allerdings schließt die Statusentscheidung in einem Mitgliedstaat die Anerkennung einer weiterreichenden ausländischen Entscheidung nicht prinzipiell aus. Dies ist nur dann der Fall, wenn sich die Entscheidungen eindeutig widersprechen bzw. wenn die anzuerkennende Entscheidung durch die frühere Entscheidung gegenstandslos wurde[637].
Es ist nicht erforderlich, dass die inländische Entscheidung früher gefällt wurde, um die Anerkennung einer ausländischen Entscheidung zu verweigern[638]. Dies hat eine Privilegierung der Entscheidungen der Gerichte in dem Staat zur Folge, in dem man die Anerkennung der ausländischen Entscheidung begehrt, da diese auch dann Vorrang genießen, wenn sie später gefällt wurden[639]. Daraus folgt nach allgemeiner Auffassung, dass die im ersuchten Staat anerkennungsfähige ausländische Entscheidung mit Vorliegen einer entgegenstehenden inländischen Entscheidung ex nunc ihre Anerkennungsfähigkeit im ersuchten Staat verliert[640]. Auf der anderen Seite bedeutet dies aber auch, dass eine inländische abweisende

---

[635] So auch Hausmann, ELF 2000, 349; Helms, FamRZ 2001, 264.

[636] Borrás, Abl. EG 1998, Nr. C 221, 51, Rn. 70; Gottwald in Lüke/Wax (2001), Art. 15 EheGVO Rn. 5; eine solche konkludente Erklärung kann in der Eingehung einer anderen Ehe, dem Verlangen von nachehelichem Unterhalt, der Durchführung des Versorgungsausgleichs und der einvernehmlichen Verteilung der ehelichen Güter gesehen werden, Hüßtege in Thomas/Putzo (2001), Art. 15 EheVO Rn. 3.

[637] So bereits auch zum EuGVÜ EuGH, Urt. vom 4.2.1988 – Rs. 145/86, EuGHE 1988, 645 (668 f.). Vgl. auch das Beispiel bei Hausmann, ELF 2000/01, 350.

[638] Wagner, IPRax 2001, 78; so auch schon zu Art. 27 Nr. 3 EuGVÜ, Droz (1972), Nr. 517; Geimer (1986), 183; Kropholler (1998), Art. 27 EuGVÜ Rn. 48.

[639] Vgl. insoweit auch schon Art. 27 Nr. 3 EuGVÜ.

[640] So bereits zu Art. 27 Nr. 3 EuGVÜ Linke in Bülow/Böckstiegel (1993), Art. 27 EuGVÜ Anm. IV 2.

Entscheidung nachträglich durch die Anerkennung einer ausländischen stattgebenden Entscheidung verdrängt wird[641], da die Anerkennungsregelungen der EheVO nur auf stattgebende Entscheidungen anwendbar sind (s.o., S. 138). Dies könnte zukünftig einen „Scheidungstourismus"[642] zur Folgen haben.

(d) Unvereinbarkeit mit einer früheren Entscheidung aus einem anderen Staat

Gem. Art. 15 Abs. 1 lit. d EheVO wird eine Entscheidung aus einem anderen Mitgliedstaat zum einen dann nicht anerkannt, wenn diese in Widerspruch zu einer früheren Entscheidung aus einem anderen Mitgliedstaat in derselben Sache steht und diese frühere Entscheidung die Anerkennungsvoraussetzungen des ersuchten Mitgliedstaates erfüllt[643]. Daneben entfaltet aber auch eine Entscheidung aus einem Drittstaat diese Sperrwirkung, soweit sie die Anerkennungsvoraussetzungen im betroffenen Mitgliedstaat erfüllt[644]. Anders als bei Entscheidungen aus einem der Mitgliedstaaten kann man dann mangels Geltungskraft natürlich nicht auf die Anerkennungsvoraussetzungen der EheVO abstellen. Vielmehr sind dann nur das innerstaatliche Recht und ggf. abgeschlossene Staatsverträge zu berücksichtigen.

(2) Bei Entscheidungen bzgl. der elterlichen Verantwortung

Die Nichtanerkennung von Entscheidungen bzgl. der elterlichen Verantwortung ist in Art. 15 Abs. 2 EheVO separat geregelt. Die dort genannten Versagungsgründe bestehen nicht zusätzlich zu denen in Art. 15 Abs. 1 EheVO, sondern sind völlig eigenständig[645]. Dies zeigen die Parallelen in Art. 15 Abs. 1 lit. a zu Art. 15 Abs. 2 lit. a, in Art. 15 Abs. 1 lit. b zu Art. 15 Abs. 2 lit. c, in Art. 15 Abs. 1 lit. c zu Art. 15 Abs. 2 lit. e und in Art. 15 Abs. 1 lit. d zu Art. 15 Abs. 2 lit. f EheVO. Die Gründe für die Versagung der Anerkennung wurden im Wesentlichen aus Art. 23 Abs. 2 KSÜ übernommen, um Spannungen zwischen der

641 Boele-Woelki, ZfRV 2001, 127.

642 So Helms, FamRZ 2001, 265.

643 Diese Konstellation war im EuGVÜ nicht ausdrücklich geregelt. Doch nach allgemeiner Auffassung galt für kollidierende mitgliedstaatliche Entscheidungen auch dort das Prioritätsprinzip, d.h., dass die Rechtskraft der älteren Entscheidung die Geltungskraft einer späteren Entscheidung in derselben Sache sperren muss, Bülow RabelsZ 38 (1974), 273 f.; Martiny (1984), II Rn. 145; Geimer/Schütze (1997), Art. 27 EuGVÜ Rn. 137; Kropholler (1998), Art. 27 EuGVÜ Rn. 49.

644 Dieser Fall war hingegen bereits in Art. 27 Nr. 5 EuGVÜ zur Vermeidung diplomatischer Konflikte geregelt, vgl. Schlosser, Bericht zum EuGVÜ, Abl. EG 1979, Nr. C 59, 71 – 151, Nr. 205.

645 So auch Klauer, ELR 1998, 485.

EheVO und dem KSÜ zu vermeiden[646]. Im Folgenden sollen die Gründe für die Verweigerung der Anerkennung einer Entscheidung in einer anderen Familiensache nur insoweit dargestellt werden, als Unterschiede zu den Gründen in Art. 15 Abs. 1 EheVO bestehen.

(a) Verstoß gegen den ordre public

Das Wohl des Kindes ist bei der Verweigerung der Anerkennung einer Entscheidung in einer anderen Familiensachen in besonderem Maße zu berücksichtigen[647]. Demzufolge genügt es im Rahmen von Art. 15 Abs. 2 lit. a EheVO im Gegensatz zu Art. 15 Abs. 1 lit. a EheVO auch nicht allein, dass die Anerkennung der Entscheidung dem ordre public des Staates des ersuchten Gerichts widersprechen würde. Vielmehr sind bei der Abwägung zwischen dem ordre public und dem Interesse des Einzelnen an der Anerkennung der Entscheidung auch die Belange des Kindes zu berücksichtigen.

(b) Entscheidung ohne Anhörung des Kindes

Des Weiteren ist die Anerkennung gem. Art. 15 Abs. 2 lit. b EheVO zu versagen, wenn die Entscheidung hinsichtlich der elterlichen Verantwortung ohne Anhörung des Kindes erging und dadurch gegen wesentliche Verfahrensvorschriften des Ursprungsstaates verstoßen wurde[648]. Dies setzt voraus, dass im Recht des betroffenen Staates ein solches Anhörungsrecht überhaupt vorgesehen ist. Wurde die Anhörung versäumt, so kann dies nicht durch eine spätere Nachholung geheilt werden[649].

(c) Fehlende Anhörung einer Person, deren elterliche Verantwortung betroffen ist

Einen weiteren Versagungsgrund, der nicht in Art. 15 Abs. 1 EheVO enthalten ist, sieht Art. 15 Abs. 2 lit. d EheVO vor. Danach ist die Anerkennung zu verweigern, wenn die Person, in deren elterliche Verantwortung die Entscheidung eingreift, nicht angehört wurde. Diese Voraussetzung besteht unabhängig von der jeweiligen nationalen Verfahrensausgestaltung. Dieser Versagungsgrund

---

646 Borrás, Abl. EG 1998, Nr. C 221, 40, Rn. 38; vgl. Wagner, IPRax 2001, 76; Boele-Woelki, ZfRV 2001, 124.

647 Wagner, IPRax 2001, 78; Boele-Woelki, ZfRV 2001, 127.

648 Hier ist insbesondere das „Übereinkommen der Vereinten Nationen über die Rechte des Kindes“ vom 20.11.1989, BGBl. 1992 II, 122, zu beachten. In dessen Art. 12 Abs. 1 ist ein Äußerungsrecht vorgesehen, das gem. Art. 12 Abs. 2 auch verfahrensrechtlich abgesichert sein muss.

649 Vogel, MDR 2000, 1050.

wird nicht von Amts wegen geprüft. Vielmehr müssen die Beteiligten dies beantragen. Somit folgt aus Art. 15 Abs. 2 lit. d EheVO ein gegenüber lit. c erweitertes Zustellungserfordernis. Eine ordnungsgemäße Zustellung ist nicht nur hinsichtlich der Verfahrenseinleitung, sondern auch hinsichtlich der Ladung zum Anhörungstermin zu gewährleisten.

(d) Entgegenstehende jüngere Entscheidungen

In Art. 15 Abs. 2 lit. e und f EheVO fällt auf, dass, anders als bei den Parallelvorschriften in Art. 15 Abs. 1 EheVO, nur solche Entscheidungen eine Sperrwirkung gegenüber ausländischen widersprechenden Entscheidungen entfalten können, die später ergangen sind. Auch diese Vorgabe hat ihren Ursprung in dem Grundsatz, dass das Kindeswohl zu berücksichtigen ist. Durch das Gesetz wird die unwiderlegliche Vermutung aufgestellt, dass die spätere Entscheidung der aktuellen Situation des Kindes eher gerecht wird[650].

dd) Überprüfungs- und Anerkennungsverweigerungsverbote

In den Artt. 17 – 19 EheVO ist aufgeführt, welche Aspekte der ausländischen Entscheidung im Anerkennungsverfahren nicht überprüft werden dürfen und unter welchen Umständen eine Anerkennung nicht verweigert werden darf. Art. 17 S. 1 EheVO bestimmt, dass im Anerkennungsverfahren die Zuständigkeit des Gerichts des Ursprungsstaates nicht überprüft werden darf. Dies gilt selbst dann, wenn das Ursprungsgericht seine Zuständigkeit unter grober Verkennung der Zuständigkeitsvorschriften der EheVO begründet sah[651]. Insoweit hat Art. 17 S. 2 EheVO klarstellende Funktion. Danach kann eine solche Überprüfung auch nicht über den Schleichweg des ordre public-Einwandes erfolgen[652].

Die Entscheidung darf gem. Art. 18 EheVO weder formell – mit Ausnahme der elementaren Grundsätze, die in Art. 15 EheVO genannt sind – noch gem.

---

650 Vgl. Wagner, IPRax 2001, 74. Insoweit wird hier der in den U.S.A. gewählten Lösung, dass die jüngere Entscheidung vorzuziehen sei, weil diese der aktuellen Situation am besten gerecht wird, gefolgt, Supreme Court of the United States – 308 US 66–78, Treinies v. Sunshine Mining Co., S. Ct. 84 (1939), 85 (86); Supreme Court, Appellate Division, 1st Dep., Urt. vom 25.3.1952, Perkins v. De Witt, 111 N.Y.S. 2d, 752; Supreme Court, Special Term, New York County, Part I, Urt. vom 30.10.1952, Ambatielos v. Foundation Co., 116 N.Y.S. 2d, 641 (642); Ehrenzweig (1962), 222; vgl. Kegel/Schurig (2000), § 22 V 1e.

651 Hausmann, ELF 2000/01, 348; Helms, FamRZ 2001, 262.

652 Gleiches muss dann natürlich auch gelten, wenn nach dem Internationalen Privatrecht des Anerkennungsstaates ein anderes Sachrecht berufen gewesen wäre. In diesem Sinne auch Wagner, IPRax 2001, 77.

Art. 19 EheVO materiell überprüft werden. Gem. Art. 20 Abs. 1 EheVO kann das ersuchte Gericht das Anerkennungsverfahren aussetzen, wenn im Ursprungsstaat gegen die Entscheidung ein Rechtsbehelf eingelegt wurde. Daraus folgt zugleich, dass die in Rede stehende Entscheidung nicht rechtskräftig geworden sein muss, um anerkannt zu werden[653]. Dies ist hingegen bei den meisten der bisherigen staatsvertraglichen Regelungen noch der Fall gewesen. Zwar bietet dies den betroffenen Parteien den Vorteil, dass die von der EheVO angestrebte Verfahrensbeschleunigung erreicht wird, da nun nicht mehr die Rechtsmittelfrist abzuwarten ist. Allerdings birgt diese Regelung doch auch das Wagnis einer gewissen Rechtsunsicherheit.

d) Vollstreckung von Entscheidungen

Entscheidungen, die das Umgangsrecht bzw. Ansprüche auf Herausgabe von Kindern betreffen, können – anders als Entscheidungen in Ehesachen und Entscheidungen, die das Sorgerecht betreffen, – vollstreckt werden[654]. Um die Vollstreckungsvoraussetzungen zu vereinheitlichen, war auch für diesen Bereich eine staatenübergreifende Regelung erforderlich.

aa) Die Regelungen der EheVO

Die EheVO regelt in den Artt. 21 – 31 eng angelehnt an die Verfahrensvoraussetzungen in den Artt. 38 ff. ZivVO das Verfahren der Vollstreckbarerklärung der in einem anderen Mitgliedstaat ergangenen Entscheidungen. Ausdrücklich erfasst sind davon gem. Art. 21 Abs. 1 EheVO die Entscheidungen, die die elterliche Verantwortung betreffen. Hingegen werden Kostenentscheidungen in Ehesachen in den Artt. 21 ff. EheVO nicht erwähnt. Allerdings ergibt sich aus Art. 13 Abs. 2 EheVO, dass nicht nur die Anerkennungs-, sondern auch die Vollstreckungsregelungen auf diese anwendbar sind[655].

---

[653] So auch Vogel, MDR 2000, 1050. Nach anderer Auffassung muss die Entscheidung rechtskräftig geworden sein, damit sie anerkannt werden kann, Haecker (2000), 17. Diese Auffassung übersieht aber, dass das Anerkennungsverfahren gem. Art. 20 Abs. 1 EheVO ausgesetzt werden kann, wenn gegen die Entscheidung ein Rechtsbehelf eingelegt worden ist. Daraus folgt im Umkehrschluss, dass die anzuerkennende Entscheidung grds. noch nicht in Rechtskraft erwachsen sein muss.

[654] Hub, NJW 2001, 3147.

[655] So werden auf diese die „Bestimmungen dieses Kapitels“, in dem sich sowohl Anerkennungs- als auch Vollstreckungsregelungen befinden, für anwendbar erklärt; vgl. auch Borrás, Abl. EG 1998, Nr. C 221, 54 f., Rn. 84; Gottwald in Lüke/Wax (2001), Art. 21 EheGVO Rn. 2.

Die Vollstreckbarerklärung ist eine gerichtliche Entscheidung, durch die die Zwangsvollstreckung aus einem ausländischen Titel zugelassen wird. Die Vollstreckbarerklärung ist Voraussetzung für die Vollstreckung aus ausländischen Entscheidungen, da inländische Vollstreckungsorgane nur aus inländischen Entscheidungen vollstrecken dürfen (s.o., S. 27).
Kann eine Entscheidung nicht vollständig für vollstreckbar erklärt werden, z.B. weil sie sich aus mehreren Einzelentscheidungen zusammensetzt und davon einzelne nicht den Anforderungen der EheVO entsprechen, ist es gem. Art. 29 EheVO auch möglich, eine Entscheidung nur teilweise für vollstreckbar zu erklären. Die eigentliche Zwangsvollstreckung bestimmt sich aber mangels Regelung in der EheVO nach wie vor nach dem Recht des Staates, in dem vollstreckt werden soll[656].

(1) Voraussetzungen der Vollstreckbarerklärung

(a) Vollstreckbarkeit im Ursprungsstaat und Zustellung an den Antragsgegner

Die Voraussetzungen, unter denen eine Entscheidung in einem anderen Mitgliedstaat vollstreckt werden kann, sind in Art. 21 EheVO aufgestellt. Zunächst muss es sich um eine Entscheidung handeln, die in einem Mitgliedstaat i.S.d. EheVO gefällt wurde.
Diese muss gem. Art. 21 Abs. 1 EheVO im Ursprungsstaat vollstreckbar sein und dem Antragsgegner zugestellt worden sein[657]. Die Vollstreckbarkeits- und Zustellungsvoraussetzungen richten sich nach der lex fori des Ursprungsstaates[658]. Dies hat den unangenehmen Nebeneffekt, dass entgegen den Zielen der EheVO die angestrebte Verfahrensvereinheitlichung nicht vollständig umgesetzt wird. Dies liegt daran, dass die nationalen Rechtsordnungen unterschiedliche Vollstreckbarkeitsbegriffe zugrunde legen[659]. Während in einigen Staaten das Rechtsinstitut der vorläufigen Vollstreckbarkeit vorgesehen ist, fehlt dies in anderen Rechtsordnungen[660]. Fehlt die vorläufige Vollstreckungsmöglichkeit im Ursprungsstaat aber, so kann die Entscheidung auch dann nicht im Staat des ersuchten Gerichts vollstreckt werden, wenn das Rechtsinstitut dort anerkannt, die (endgültige) Vollstreckbarkeit im Ursprungsstaat aber noch nicht eingetreten

---

[656] Hausmann, ELF 2000/01, 351; Wagner, IPRax 2001, 79.
[657] Die Zustellung wird vom Ursprungsgericht gem. Art. 33 EheVO i.V.m. dem Formblatt i.S.v. Anh. V gem. Art. 10 ZustellungsVO bestätigt.
[658] Vogel, MDR 2000, 1050.
[659] So bereits zum EuGVÜ, Kropholler (1998), Art. 31 EuGVÜ Rn. 10.
[660] Zurückhaltender Wagner, IPRax 2001, 80.

ist[661]. Daraus folgt, dass Entscheidungen, die in einem Staat gefällt wurden, in dem man die vorläufige Vollstreckbarkeit nicht kennt, im Verhältnis zu Entscheidungen, die aus einer Rechtsordnung stammen, in der dieses Rechtsinstitut existiert, erst später für vollstreckbar erklärt werden können.

Umgekehrt können sich auch Benachteiligungen ergeben, wenn die Entscheidung aus einem Staat stammt, in dem die Vollstreckbarkeit wieder entfallen kann[662]. Eine weitere Unwägbarkeit folgt daraus, dass sich die Vollstreckbarkeit nicht nur aus Gesetzen, sondern auch aus der Entscheidung selbst sowie einer offiziellen Vollstreckbarkeitsbescheinigung, die in manchen Staaten ausgestellt wird, ergeben kann[663].

(b) Antrag durch eine berechtigte Partei

(aa) Begriff der Partei

Wer den Antrag auf Vollstreckbarerklärung stellen darf, ist in der EheVO nicht geregelt. Nach Sinn und Zweck muss aber festgehalten werden, dass auf jeden Fall die Ehegatten und wohl auch die betroffenen Kinder antragsbefugt sind[664]. Daneben kommen auch die zuständigen staatlichen Behörden als Partei in Betracht, soweit dies die jeweilige nationale Rechtsordnung zulässt[665].

(bb) Anforderungen an den Antrag

Die Anforderungen an den Antrag auf Vollstreckbarerklärung ergeben sich gem. Art. 23 Abs. 1 EheVO aus dem jeweiligen Recht des Mitgliedstaates, in dem die Entscheidung vollstreckt werden soll. In Deutschland ist dies im neugefassten AVAG[666] geregelt, das zeitgleich mit der EheVO am 1.3.2001 in Kraft trat[667].

---

661 Jenard, Abl. EG 1979, Nr. C 59, 1 – 70.

662 So aus deutscher Sicht z.B. im Fall von § 929 Abs. 2 ZPO bei Verstreichen der Monatsfrist.

663 Bellet, RTDE 1975, 39.

664 A.A. wohl Gottwald in Lüke/Wax (2001), Art. 22 EheGVO Rn. 3.

665 Wagner, IPRax 2001, 79; Helms, FamRZ 2001, 261; Hub, NJW 2001, 3149; Gottwald in Lüke/Wax (2001), Art. 15 EheGVO Rn. 1; vgl. zum EheÜbk, Borrás, Abl. EG 1998, Nr. C 221, 54, Rn. 80.

666 Gesetz zur Ausführung zwischenstaatlicher Verträge und zur Durchführung von Verordnungen der Europäischen Gemeinschaft auf dem Gebiet der Anerkennung und Vollstreckung in Zivil- und Handelssachen vom 22.2.2001, BGBl. 2001 I, 288 – 301.

667 Aus Anlass des Inkrafttretens der EheVO wurde auch das AVAG neu gefaßt. Es ist ein Durchführungsgesetz als Ergänzung zum EuGVÜ, zum „Haager Übereinkommen über die Anerkennung und Vollstreckung von Unterhaltsentscheidungen" vom 2.10.1973, zum „Vertrag zwischen der Bundesrepublik Deutschland und dem Königreich Norwegen über die gegenseitige Anerkennung und Vollstreckung gerichtlicher Entscheidungen und ande-

Mit dem Antrag sind gem. Art. 32 EheVO die Urkunden, die die Existenz der zu vollstreckenden Entscheidung beweisen, beim ersuchten Gericht vorzulegen. Kommt der Antragsteller dieser Pflicht nicht nach, so kann das Gericht gem. Art. 34 Abs. 1 EheVO hierfür entweder eine Frist setzen oder sich mit gleichwertigen Urkunden zufrieden geben.

(2) Das zuständige Gericht für die Vollstreckbarerklärung

(a) Sachliche Zuständigkeit

Die sachliche Zuständigkeit für die Vollstreckbarerklärung wurde (entgegen der amtlichen Überschrift) in Art. 22 Abs. 1 i.V.m. Anhang I[668] der EheVO geregelt[669]. Danach ist in Deutschland grds. nur das Familiengericht am Sitz desjenigen OLG zuständig, in dessen Bezirk vollstreckt werden soll. Lediglich für den Bezirk des Kammergerichts wurde eine Sonderregelung getroffen. Dort ist das Familiengericht Pankow/Weißensee zuständig.

---

rer Schuldtitel in Zivil- und Handelssachen“ vom 17.6.1977, zum „Vertrag zwischen der Bundesrepublik Deutschland und dem Staat Israel über die gegenseitige Anerkennung und Vollstreckung gerichtlicher Entscheidungen in Zivil- und Handelssachen“ vom 20.7.1977 und zur EheVO. Die Normen der EheVO gelten zwar unmittelbar in den Mitgliedstaaten, allerdings bedürfen einzelne Regelungen der Ergänzung durch das jeweilige innerstaatliche Verfahrensrecht. Die erforderlichen Durchführungsbestimmungen werden in das bereits bestehende Anerkennungs- und Vollstreckungsausführungsgesetz vom 30.5.1988 (BGBl. 1988 I, 662) eingefügt. Zwar wurden auch Überlegungen angestellt, ein eigenständiges Durchführungsgesetz zu erlassen. Letztlich entschied man sich aber für eine einheitliche Regelung diverser Materien, um Abgrenzungsschwierigkeiten zwischen den einzelnen Bereichen zu verhindern, BT-Drucks. 14/4591. Dies führt allerdings zu Spannungen, da das bisherige AVAG nur für vermögensrechtliche Fragen im Rahmen zwischenstaatlicher Übereinkünfte konzipiert war und nun neben den neu einzufügenden familienrechtlichen Regelungsgegenständen auch noch die Besonderheiten bei der Durchführung von EG-Verordnungen zu berücksichtigen sind, BR-Drucks. 656/00, 2. Dies versucht der Gesetzgeber dadurch zu kompensieren, dass im allgemeinen Teil die für alle Regelungsmaterien zu beachtenden Grundsätze niedergelegt sind, während man im Besonderen Teil des AVAG Spezialregelungen für die einzelnen Bereiche vorfindet. Die durch weitere EG-Verordnungen anstehenden Veränderungen (z.B. die, die die ZivVO mit sich bringt) sollen durch weitere Spezialnormen in den besonderen Teil des AVAG integriert werden, BT-Drucks. 14/4591, 20.

668 In den Niederlanden wurde die sachliche Zuständigkeit mittlerweile durch die Verordnung (EG) Nr. 1185/2002 der Kommission vom 1. Juli 2002 zur Änderung der Liste der zuständigen Gerichte in Anhang I der Verordnung (EG) Nr. 1347/2000 des Rates über die Zuständigkeit und die Anerkennung und Vollstreckung von Entscheidungen in Ehesachen und in Verfahren betreffend die elterliche Verantwortung für die gemeinsamen Kinder der Ehegatten (ZustÄndVO), Abl. EG 2002, Nr. L 160, 3 geändert.

669 Hohloch/Mauch, FPR 2001, 199.

Die Konzentration der gerichtlichen Zuständigkeit bei nur jeweils einem Familiengericht in den 24 Oberlandesgerichtsbezirken dient dem Kindeswohl. Die bei diesen Gerichten tätigen Familienrichter sollen sich mit dieser Spezialmaterie vertraut machen, um die anstehenden Entscheidungen mit besonderer Sachkunde und Erfahrung treffen zu können. Daher dehnte man diese Zuständigkeitskonzentration auch auf Folgeverfahren aus, die trotz der Entscheidung in der Hauptsache nach den Erfahrungen der Vergangenheit auch weiterhin Konfliktpotential beinhalten[670]. Im Vergleich zur parallelen Regelung in Art. 21 Abs. 1 EheÜbk fällt auf, dass Art. 22 Abs. 1 EheVO übersichtlicher gestaltet wurde. Dies liegt an der gesonderten Aufführung der einzelstaatlichen Zuständigkeiten im Anhang I der EheVO.

(b) Örtliche Zuständigkeit

Die örtliche Zuständigkeit bestimmt sich gem. Art. 22 Abs. 2 Unterabs. 1 EheVO grds. wahlweise nach dem gewöhnlichen Aufenthaltsort der Person, gegen die sich die Vollstreckung richtet, oder nach dem Ort des gewöhnlichen Aufenthalts des Kindes, auf das sich der Antrag auf Vollstreckbarerklärung bezieht. Nur wenn keiner der beiden Orte in dem Mitgliedstaat liegt, in dem die Vollstreckung betrieben werden soll, bestimmt sich die örtliche Zuständigkeit gem. Art. 21 Abs. 2 Unterabs. 2 EheVO nach dem Ort der Vollstreckung. Diese Anknüpfung dürfte wohl vor allem bei der Vollstreckung von Kostenentscheidungen in Ehesachen bei im Ausland belegenem Vermögen des Kostenschuldners Bedeutung erlangen.
In Art. 22 Abs. 3 EheVO ist bestimmt, dass sich die örtliche Zuständigkeit des Gerichts, das über das Feststellungsverfahren i.S.v. Art. 14 Abs. 3 EheVO zu entscheiden hat, nach der lex fori des Staates des ersuchten Gerichts richtet. In Deutschland regelt § 51 AVAG die örtliche Zuständigkeit. Daraus ergibt sich die örtliche Zuständigkeit des Familiengerichts am Sitz des jeweiligen OLG[671]. Gem. § 51 Nr. 1 AVAG ist der OLG-Bezirk betroffen, in dem der Antragsgegner oder das Kind, auf das sich die Entscheidung bezieht, seinen gewöhnlichen Aufenthalt besitzt. Als Antragsgegner kommt dabei jeder in Betracht, gegen den die Entscheidung wirkt[672]. Kann die Zuständigkeit nicht über § 51 Nr. 1 AVAG begründet werden, so eröffnet § 51 Nr. 2 AVAG die Zuständigkeit in dem OLG-Bezirk, in dem das Interesse an der Feststellung hervortritt. Dies kann insbeson-

670 BR-Drucks. 656/00, 2.
671 BT-Drucks. 14/4591, 25.
672 Hub, NJW 2001, 3150 Fn. 61.

dere der Bezirk sein, in dem der Antragsteller seinen gewöhnlichen Aufenthalt hat[673]. Ergab sich aus den vorhergehenden Anknüpfungspunkten keine Zuständigkeit, so kann diese schließlich noch gem. § 51 Nr. 3 AVAG im Bezirk des KG begründet sein. Die durch § 51 AVAG begründeten Zuständigkeiten sind ausschließlich. Somit kommt weder eine Prorogation noch eine rügelose Einlassung in Betracht.

(3) Das Verfahren im Einzelnen

Im Verfahren zur Vollstreckbarerklärung einer Entscheidung entscheidet das Gericht gem. Art. 24 Abs. 1 EheVO nach Aktenlage. Zweck der Regelung ist die Beschleunigung des Verfahrens[674]. Der Betroffene hatte bereits im Erkenntnisverfahren die Gelegenheit zur Stellungnahme. Nun soll die gefällte Entscheidung rasch umgesetzt werden. Als Korrektiv dazu sieht Art. 26 EheVO ein Rechtsbehelfsverfahren vor, in dem die Vollstreckbarkeitserklärung angegriffen werden kann und in dem der Betroffene Gelegenheit zur Stellungnahme erhält.
Die Entscheidung darf gem. Art. 24 Abs. 2 EheVO nur aus den in Artt. 15 – 17 EheVO genannten Gründen nicht für vollstreckbar erklärt werden. Die in Artt. 15 und 16 EheVO aufgeführten Aspekte gelten originär für die Versagung der Anerkennung von Entscheidungen und werden nun auf die Verweigerung der Erklärung der Vollstreckbarkeit übertragen.
Auffällig ist, dass Art. 24 Abs. 2 EheVO auch auf Art. 17 EheVO verweist. Dieser enthält aber keine konkreten Gründe, aufgrund derer die Anerkennung und somit über Art. 24 Abs. 2 EheVO auch die Vollstreckbarerklärung verweigert werden dürfte. Vielmehr sieht Art. 17 EheVO ein Nachprüfungsverbot vor, das die Ablehnungsgründe in Artt. 15 und 16 EheVO beschränkt. Es stellt sich somit die Frage, ob der Verweis auf Art. 17 EheVO lediglich ein redaktionelles Versehen war. Dagegen spricht, dass bereits Art. 23 Abs. 2 EheÜbk auf die Vorgängervorschrift von Art. 17 EheVO, nämlich Art. 16 Abs. 3 EheÜbk, verweist. Somit kann die Verweisung nur als eine sprachliche Ungenauigkeit erklärt werden. Die Verweisung ist so zu verstehen, dass nicht auf einen konkreten Grund zur Versagung der Vollstreckbarkeit verwiesen werden soll, sondern dass die Vollstreckbarerklärung gerade nicht aus den in Art. 17 EheVO genannten Gründen verweigert werden darf[675]. Somit wirkt der Verweis auf Art. 17 EheVO auch

673 BT-Drucks. 14/4591, 25 f.
674 Gottwald in Lüke/Wax (2001), Art. 24 EheGVO Rn. 2.
675 Im Ergebnis so wohl auch Wagner, IPRax 2001, 80.

im Rahmen der Vollstreckbarkeitserklärung als Korrektiv zu den Versagungsgründen in Art. 24 Abs. 2 i.V.m. Artt. 15 und 16 EheVO.
Gem. Art. 24 Abs. 3 EheVO hat eine Nachprüfung in der Sache (eine sogenannte „révision au fond"[676]) zu unterbleiben. Gem. Art. 25 EheVO wird die Entscheidung dem Antragsteller vom Urkundsbeamten der Geschäftsstelle in der Form der jeweiligen lex fori mitgeteilt[677]. Zu beachten ist, dass die Vollstreckbarerklärung nur in dem jeweils ersuchten Staat Geltung entfaltet[678].

(4) Das Rechtsbehelfsverfahren

Gegen die Entscheidung im Exequaturverfahren kann jede Partei einen Rechtsbehelf einlegen[679]. Dies gilt sowohl dann, wenn dem Antrag entsprochen wurde, als auch dann, wenn dieser zumindest teilweise zurückgewiesen wurde[680]. Als Partei kommt hier wie schon im Exequaturverfahren neben den Ehegatten auch das von der Entscheidung betroffene Kind in Betracht[681]. Das für den Rechtsbehelf zuständige Gericht nennt Art. 26 i.V.m. Anh. II der EheVO.
Der Rechtsbehelf ist gem. Art. 26 Abs. 5 S. 1 EheVO innerhalb eines Monats ab Zustellung der Entscheidung im Exequaturverfahren einzulegen. Die Art und Weise der Fristberechnung richtet sich nach der lex fori[682]. Hat der Vollstreckungsschuldner seinen gewöhnlichen Aufenthalt in einem anderen Mitgliedstaat als in demjenigen, in dem die Vollstreckbarerklärung erging, beträgt für ihn diese Frist zwei Monate. Hat hingegen der Vollstreckungsgläubiger seinen gewöhnlichen Aufenthalt in einem anderen Mitgliedstaat, so bleibt es weiterhin bei der Monatsfrist, vgl. Art. 26 Abs. 5 S. 1 EheVO.
Nicht geregelt ist hingegen der Fall, in dem der Vollstreckungsschuldner seinen gewöhnlichen Aufenthalt außerhalb des Geltungsbereichs der EheVO hat. Aufgrund systematischer Erwägungen kann man aber davon ausgehen, dass auch hier eine Frist von zwei Monaten einzuhalten ist, da Art. 26 Abs. 5 S. 3 EheVO klarstellt, dass auch bei großen Distanzen keine darüber hinausgehende Verlän-

---

676 Vlas, WPNR 2001, 447.
677 Allerdings muss gem. § 53 Abs. 1 S. 1 AVAG der Beschluß auf Vollstreckbarerklärung erst rechtskräftig werden, bevor der Titel gem. § 50 Abs. 2 S. 2 AVAG mit der Vollstreckungsklausel versehen werden kann.
678 Wagner, IPRax 2001, 80.
679 In Deutschland ist dies die Beschwerde beim OLG, Art. 26 Abs. 2 i.V.m. Anhang II der EheVO.
680 Dies erklärt, warum gem. Art. 26 Abs. 4 EheVO auch der Antragsteller einen Rechtsbehelf einlegen kann.
681 Wagner, IPRax 2001, 80.
682 In Deutschland ist somit auf § 222 ZPO i.V.m. §§ 187 ff. BGB abzustellen.

gerung der Frist in Betracht kommt. Dies untermauert in Deutschland § 50 Abs. 2 S. 4 i.V.m. § 10 Abs. 2 AVAG. Die Norm weist darauf hin, dass die Frist bei einer Zustellung im Ausland oder bei öffentlicher Zustellung über die Monatsfrist hinaus verlängert werden kann. Zwar wird für diese Fristverlängerung keine Obergrenze festgelegt. Dies ist aufgrund der Sperrwirkung von Art. 26 Abs. 5 S. 3 EheVO auch gar nicht notwendig.

Die Entscheidung in diesem Rechtsbehelfsverfahren kann dann noch einmal durch den Rechtsbehelf i.S.v. Art. 27 i.V.m. Anh. III der EheVO angegriffen werden. In Deutschland ist dies die Rechtsbeschwerde zum BGH[683]. Das Rechtsbehelfsverfahren kann gem. Art. 28 Abs. 1 S. 1 EheVO ausgesetzt werden, wenn im Ursprungsstaat ein Rechtsbehelf eingelegt wurde oder dies noch möglich ist. Dadurch will man verhindern, dass im Rechtsbehelfsverfahren im ersuchten Staat eine Entscheidung getroffen wird, die derjenigen im Rechtsbehelfsverfahren im Ursprungsstaat widerspricht. Hierdurch kommt ganz klar zum Ausdruck, dass die Korrektur von Entscheidungsfehlern primär durch die Rechtsprechungsorgane im Ursprungsstaat erfolgen soll. Ist der Rechtsbehelf im Ursprungsstaat noch nicht eingelegt worden, so kann das Gericht hierfür gem. Art. 28 Abs. 1 S. 2 EheVO eine Frist setzen. Dadurch erhält der Richter im ersuchten Staat die Option, das Verfahren noch stärker zu beschleunigen, als dies durch die nationalen Rechtsbehelfsfristen ohnehin schon geschieht.

(5) Der Beginn der Zwangsvollstreckung im jeweiligen Staat

Die EheVO enthält keine Regelung, ab welchem Zeitpunkt mit der Zwangsvollstreckung im Staat des ersuchten Gerichts begonnen werden darf. Einige Stimmen in der Literatur vertreten die Auffassung, dass die Vollstreckung erst mit der Rechtskraft der ausländischen Entscheidung betrieben werden kann. Dazu will man sich einiger systematischer Argumente bedienen. Diese Autoren verweisen insbesondere darauf, dass vor der Möglichkeit der Zwangsvollstreckung zunächst die Rechtsbehelfsfrist des Art. 26 Abs. 5 EheVO verstrichen sein muss[684].

Will man schon systematische Erwägungen ins Feld führen, so muss man doch berücksichtigen, dass die EheVO eine Rechtskraft der Entscheidung an keiner

[683] Die Anrufung des BGH ist aber nur statthaft, wenn gem. § 15 Abs. 1 AVAG durch die Entscheidung im Rahmen des ersten Rechtsbehelfs von der Rechtsprechung des EuGH abgewichen wurde und die Abweichung entscheidungserheblich war oder wenn das OLG die Rechtsbeschwerde ausdrücklich zuließ, § 546 Abs. 1 ZPO.

[684] Hohloch/Mauch, FPR 2001, 199; so wohl auch Wagner, IPRax 2001, 80, der Zurückhaltung bei der Vollstreckung ausländischer, nicht rechtskräftiger Entscheidungen fordert.

Stelle fordert und auch für die Vollstreckbarerklärung einer Entscheidung nur die Vollstreckbarkeit[685] der Entscheidung im Ursprungsstaat erforderlich ist, nicht aber die Rechtskraft[686]. Darüber hinaus geht auch die Regelung des Rechtsbehelfsverfahrens in Art. 27 EheVO, mit dem eine Aussetzung des Vollstreckungsverfahrens bewirkt werden kann, davon aus, dass die betreffende Entscheidung im Heimatstaat noch nicht in Rechtskraft erwachsen sein muss (s.o., S. 152). Somit kann die Zwangsvollstreckung ab dem Zeitpunkt betrieben werden, ab dem die Entscheidung auch im Ursprungsstaat vollstreckt werden könnte.

bb) Die Vollstreckung von Umgangsrechtstiteln

(1) Allgemeines

Art. 21 Abs. 1 EheVO sieht trotz aller Reformbemühungen weiterhin vor, dass Entscheidungen, die die elterliche Verantwortung betreffen und in einem anderen Mitgliedstaat vollstreckt werden sollen, dort für vollstreckbar erklärt werden müssen. Um das Verfahren zur Vollstreckung von Umgangsrechtsentscheidungen zugunsten des nicht sorgeberechtigten Elternteils zu vereinfachen und zu beschleunigen, wurde von der französischen Ratspräsidentschaft gestützt auf Art. 61 lit. c i.V.m. Art. 67 Abs. 1 EGV ein „Vorschlag auf Erlass einer Verordnung des Rates über die gegenseitige Vollstreckung von Entscheidungen über das Umgangsrecht" (UmgangsrechtsVO-E) vorgelegt[687]. Mit dieser Verordnung will man es ermöglichen, grenzüberschreitende Umgangsrechtsentscheidungen ohne vorherige Vollstreckbarerklärung im jeweils ersuchten Staat unmittelbar zu vollstrecken[688]. Dadurch will man den regelmäßigen Umgang des Kindes mit beiden Elternteilen gewährleisten[689]. Auch der nicht sorgeberechtigte Elternteil soll sowohl an der Erziehung als auch an der Ausbildung der Persönlichkeit des Kindes teilhaben[690]. Weiterhin strebt man eine Verbesserung und Beschleunigung der Verfahrensabläufe an, Erwägungsgrund 4 zum UmgangsrechtsVO-E.

685 Zum weiten Vollstreckbarkeitsbegriff s.o., S. 146.
686 Dies sieht auch Hohloch/Mauch, FPR 2001, 199.
687 Entwurf der Verordnung in IPRax 2000, 361 und Abl. EG 2000, Nr. C 234, 7 – 11; Heß, IPRax 2000, 361. Der Wirtschafts- und Sozialausschuß hat bereits seine zustimmende Stellungnahme abgegeben, Abl. EG 2001, Nr. C 14, 82 – 86.
688 Jayme/Kohler, IPRax 2000, 458.
689 Siehe Erwägungsgrund 3 zum UmgangsrechtsVO-E.
690 Stellungnahme des Wirtschafts- und Sozialausschusses, Abl. EG 2001, Nr. C 14, 82 – 86.

Mittelfristig beabsichtigt man, die Entwicklung eines rechtsgebieteübergreifenden europäischen Vollstreckungstitels voranzutreiben[691].
Wie schon bei der EheVO wirkt Dänemark gem. Erwägungsgrund 21 zum UmgangsrechtsVO-E an der Annahme der Verordnung nicht mit. Anders als dort haben aber auch das Vereinigte Königreich und Irland noch keine der in Art. 3 des Protokolls zum EGV und EUV vorgesehenen Erklärungen abgegeben, so dass auch sie an der Annahme der UmgangsrechtsVO nicht mitwirken würden. Somit würde die UmgangsrechtsVO diesen Staaten gegenüber keine Wirkung entfalten.

(2) Die Regelungen der UmgangsrechtsVO im Einzelnen

(a) Materieller Anwendungsbereich

Die Verordnung ist auf Entscheidungen anwendbar, die die elterliche Verantwortung betreffen und die aufgrund von Art. 1 Abs. 1 lit. b der EheVO – zu der die UmgangsrechtsVO eine Ausnahmeregelung darstellt[692] – ergangen sind. Dies gilt allerdings nur insoweit, als die Entscheidungen das Umgangsrecht des nicht sorgeberechtigten Elternteils betreffen, Art. 1 UmgangsrechtsVO-E. Somit sind Entscheidungen über Umgangsrechte anderer Personen, so z.B. von Vätern nichtehelicher Kinder, von Großeltern und von anderen dem Kind nahestehenden Personen, ausgenommen[693]. Das Umgangsrecht muss des Weiteren in einem anderen Mitgliedstaat zu vollstrecken sein als in dem, dessen Behörden die Entscheidung erlassen haben.
Weiterhin darf das von der Entscheidung betroffene Kind das 16. Lebensjahr noch nicht vollendet haben. Die Festsetzung dieses Höchstalters soll die Entwicklung des Heranwachsenden berücksichtigen, auch wenn damit sehenden Auges eine Ungleichbehandlung von Kindern, die älter als 16 Jahre sind, in Kauf genommen wird[694]. Letztlich dürfte diese Altersgrenze aber auch darauf ausgelegt sein, eine Übereinstimmung der UmgangsrechtsVO mit Art. 4 S. 2 HÜK zu sichern, da das HÜK, vermittelt über Art. 4 EheVO, auch im Rahmen der UmgangsrechtsVO Anwendung findet.

[691] So das Ergebnis der am 3. und 4.7.2000 in Paris von der französischen Ratspräsidentschaft mit dem Titel „La reconnaissance mutuelle des décisions civiles“ durchgeführten Tagung. Vgl. auch www.justice.gouv.fr./europe.
[692] Stellungnahme des Wirtschafts- und Sozialausschusses, Abl. EG 2001, Nr. C 14, 82 – 86.
[693] Hohloch/Mauch, FPR 2001, 198; vgl. im deutschen Recht § 1685 BGB.
[694] Stellungnahme des Wirtschafts- und Sozialausschusses, Abl. EG 2001, Nr. C 14, 82 – 86.

Art. 1 Abs. 2 des UmgangsrechtsVO-E definiert zumindest ansatzweise das Umgangsrecht. Danach zählt dazu das Recht, den Aufenthaltsort des Kindes zumindest zeitweise zu ändern.

(b) Das Ziel der UmgangsrechtsVO

Das eigentliche Anliegen der UmgangsrechtsVO kommt in ihrem Art. 2 zum Ausdruck. Danach sollen die genannten Umgangsrechtsentscheidungen ohne zusätzliches Verfahren in jedem anderen Mitgliedstaat vollstreckt werden können. Es entfällt danach das in den Artt. 21 ff. EheVO vorgesehene Exequaturverfahren[695]. Gem. Art. 3 UmgangsrechtsVO-E können dann aufgrund der Umgangsrechtsentscheidung im ersuchten Staat dieselben Vollstreckungsmaßnahmen ergriffen werden, die ergriffen werden könnten, wenn die Entscheidung in diesem Staat ergangen wäre.

Das eigentliche Vollstreckungsverfahren ist in der UmgangsrechtsVO nicht geregelt. Dies bleibt nach wie vor dem nationalen Gesetzgeber überlassen. Daher wird es sich in der deutschen Verfahrenspraxis erst noch zeigen müssen, ob die angestrebte Verfahrensbeschleunigung tatsächlich eintritt. Denn gem. § 33 FGG ist für die Vollziehung der Umgangsrechtsentscheidung nach wie vor die Einschaltung des Familiengerichts erforderlich[696].

(3) Voraussetzungen der Vollstreckungsversagung

In den Artt. 4 – 8 UmgangsrechtsVO-E sind die Voraussetzungen aufgeführt, unter denen die Vollstreckung eines Umgangsrechtstitels versagt werden kann. Die zugrundeliegenden Umstände muss der sorgeberechtigte Elternteil vortragen, Art. 4 UmgangsrechtsVO-E.

Die Vollstreckung der Entscheidung kann gem. Art. 4 lit. a Umgangsrechts VO-E ausgesetzt werden, wenn durch sie eine schwerwiegende und unmittelbare Gefahr für die körperliche oder seelische Gesundheit des Kindes herbeigeführt würde oder wenn im ersuchten Staat eine bereits vollstreckbare entgegenstehende Entscheidung vorliegt. Aus dem Zusammenspiel mit Art. 5 Abs. 2 UmgangsrechtsVO-E ergibt sich, dass diese Entscheidung noch nicht rechtskräftig sein muss. Es genügt vielmehr bereits die vorläufige Vollstreckbarkeit, soweit dieses Rechtsinstitut im ersuchten Staat vorhanden ist.

---

[695] So auch die Stellungnahme des Wirtschafts- und Sozialausschusses, Abl. EG 2001, Nr. C 14, 82 – 86.

[696] Daher spricht sich Heß, IPRax 2000, 363 für eine Anpassung des deutschen Verfahrensrechts aus.

Art. 5 Abs. 1 UmgangsrechtsVO-E stellt klar, dass eine Feststellungsklage, die im Rahmen von Art. 14 Abs. 3 EheVO zur Feststellung der Nichtanerkennungsfähigkeit bzw. Nichtvollstreckbarkeit einer Entscheidung erhoben wird, keinen Suspensiveffekt entfaltet[697]. Dadurch wird das Verfahren beschleunigt[698]. Dies ist erforderlich, um eine Entfremdung des Kindes gegenüber dem nicht sorgeberechtigten Elternteil zu vermeiden. Erst wenn gem. Art. 5 Abs. 2 UmgangsrechtsVO-E die Rechtskraft einer solchen Feststellungsentscheidung eingetreten ist, kann diese der Vollstreckung der Umgangsrechtsentscheidung entgegengehalten werden. Dies mag gerade im Hinblick auf den Verweis in Art. 5 Abs. 2 auf Art. 4 (lit. b) UmgangsrechtsVO-E verwundern, da dort bereits eine lediglich vorläufig vollstreckbare Entscheidung der Vollstreckung entgegenstehen kann. Während sich Art. 5 Abs. 2 UmgangsrechtsVO-E nur auf Feststellungsentscheidungen bezieht, erfasst Art. 4 lit. b UmgangsrechtsVO-E auch alle anderen Arten von Entscheidungen, so dass insbesondere für Leistungsentscheidungen noch ein eigener Anwendungsbereich für Art. 4 lit. b UmgangsrechtsVO-E verbleibt.

In Art. 6 i.V.m. Anh. II des UmgangsrechtsVO-E ist die internationale Zuständigkeit des Gerichts geregelt, das für die Anfechtung der Vollstreckung der Umgangsrechtsregelung zuständig ist. Anh. II des UmgangsrechtsVO-E eröffnet die Zuständigkeit des Gerichts in dem Staat, in dem das Kind seinen gewöhnlichen Aufenthalt hat. Art. 7 UmgangsrechtsVO-E regelt das Verfahren für die Anfechtung der Ausübung des Umgangs- und Aufnahmerechts. Die für die Einreichung und Zustellung des Antrags zu beachtenden Vorschriften sind danach diejenigen des Staates, in dem der sorgeberechtigte Elternteil seinen Wohnsitz hat. Es handelt sich dabei gem. Art. 7 Abs. 2 UmgangsrechtsVO-E um ein Eilverfahren, bei dem beide Parteien angehört werden. Die Entscheidung hat gem. Art. 7 Abs. 3 UmgangsrechtsVO-E innerhalb einer Frist von acht Tagen nach der Stellungnahme des umgangsberechtigten Elternteils zu ergehen. Diese Frist soll der Verfahrensbeschleunigung dienen[699]. Es besteht allerdings die Gefahr der Verfahrensverschleppung durch den umgangsberechtigten Elternteil, da für den Zeitpunkt des Fristbeginns gerade auf dessen Stellungnahme abgestellt wird. Es fehlt aber eine Frist, innerhalb derer dieser Elternteil seine Stellungnahme

697 Stellungnahme des Wirtschafts- und Sozialausschusses, Abl. EG 2001, Nr. C 14, 82 – 86.

698 Weiterhin wird das Verfahren durch die Anerkennungsfeststellung in § 52 Abs. 1 AVAG beschleunigt. Danach darf sich nämlich nur der Antragsteller zur Sache äußern. Ein langwieriger Schriftwechsel mit dem Antragsgegner entfällt also.

699 Stellungnahme des Wirtschafts- und Sozialausschusses, Abl. EG 2001, Nr. C 14, 82 – 86.

abgeben muss. Aufgabe einer Revision des UmgangsrechtsVO-E wird es deshalb sein, eine Fristenregelung zu schaffen, die es ermöglicht, bei Bedarf eine Versäumnisentscheidung zuungunsten des umgangsberechtigten Elternteils zu erlassen.
Gegen die Entscheidung über die Anfechtung der Umgangsrechtsregelung kann gem. Art. 8 i.V.m. Anh. III des UmgangsrechtsVO-E ein Rechtsbehelf eingelegt werden. Dieser entfaltet gem. Art. 7 Abs. 3 S. 2 UmgangsrechtsVO-E keinen Suspensiveffekt.

(4) Neugestaltung der elterlichen Verantwortung

Art. 9 UmgangsrechtsVO-E hält fest, dass die Dauer des Aufenthalts des Kindes in einem anderen Mitgliedstaat nicht dazu führen darf, dass die ursprünglich gefällte Entscheidung, die die elterliche Verantwortung betrifft, geändert wird. Dadurch soll verhindert werden, dass sich der angestrebte Zweck der UmgangsrechtsVO, dem nicht sorgeberechtigten Elternteil rasch ein umfassendes Recht zum Umgang mit dem Kind zu verschaffen, für den ursprünglich sorgeberechtigten Elternteil zu einem Boomerang entwickelt. Ein längerer Aufenthalt kann nämlich zur Eingewöhnung des Kindes in seine neue Umgebung führen. Dies kann unter dem Gesichtspunkt des Kindeswohls eine Neubewertung der Aufenthaltsentscheidung erforderlich machen[700].
Die Ursache für diese Neubewertungsmöglichkeit liegt im Verweis von Art. 4 EheVO auf das HÜK. Eine Entscheidung, die die elterliche Verantwortung betrifft, muss aufgrund von Art. 4 EheVO im Einklang mit dem HÜK stehen. Gewöhnt sich das Kind nun in die neue Umgebung ein, so besteht die Möglichkeit, dass dies gem. Art. 13 HÜK einer Rückgabe des Kindes an den sorgeberechtigten Elternteil entgegensteht. Doch genau das wird – mit Ausnahme zwingender Fälle – durch Art. 9 UmgangsrechtsVO-E verhindert.

(5) Sicherstellung der Rückgabe

Sollte der umgangsberechtigte Elternteil die Herausgabe des Kindes nach dem Ende der Besuchszeit verweigern, so kann gem. Art. 10 UmgangsrechtsVO-E über die zentrale Stelle des Mitgliedstaates, in dem der sorgeberechtigte Elternteil oder das Kind seinen gewöhnlichen Aufenthalt hat, die Herausgabe des Kindes verlangt werden. Diese ordnet gem. Art. 11 UmgangsrechtsVO-E die sofor-

[700] Vgl. hierzu auch das von der Kommission im „Vorschlag für eine Verordnung des Rates über die Zuständigkeit und die Anerkennung und Vollstreckung von Entscheidungen über die elterliche Verantwortung“, Abl. EG 2001, 269 gebildete Beispiel.

tige Rückgabe des Kindes an, ohne dass der umgangsberechtigte Elternteil dagegen Einspruch erheben kann.

(6) Das Verhältnis zu anderen Übereinkommen

Umgangsrechtsentscheidungen werden bislang mit Hilfe des EuSAVÜ und des HÜK auf internationaler Ebene durchgesetzt (s.o.). Beide Übereinkommen hat die Bundesrepublik Deutschland ratifiziert. Gegenüber diesen Übereinkommen bietet die geplante UmgangsrechtsVO den Vorteil, dass sie auf ein gesondertes Anerkennungsverfahren verzichtet. Daraus resultiert eine gewisse Verfahrensbeschleunigung.
Anders als die EheVO regelt die UmgangsrechtsVO das Verhältnis zu den bestehenden einschlägigen Staatsverträgen nicht. Die UmgangsrechtsVO stellt aber nur eine Ausnahmeregelung für einen Teilbereich der EheVO dar (s.o., S. 154). Würde sie in Kraft treten, wäre sie zwar ein eigenständiger Rechtsakt. Dennoch käme ihr systematisch nur eine Annexfunktion zu, so dass sie gegenüber dem EuSAVÜ und dem HÜK – vermittelt über Art. 37 EheVO – ebenfalls vorrangig anzuwenden wäre.

7. Einzelfragen

a) Das Verhältnis der EheVO zu bestehenden Übereinkünften

Aufgrund ihres weiten Anwendungsbereichs kommt es zwischen der EheVO und vielen der bi- und multilateralen Übereinkünfte, die die teilnehmenden Mitgliedstaaten getroffen haben, zu Kollisionen. Die EheVO trifft daher Regelungen, um diese Kollisionen aufzulösen.

aa) Allgemeines

Gem. Art. 4 EheVO gehen die Regelungen des HÜK der EheVO vor. Demgegenüber findet die EheVO aufgrund ihres Art. 37 Anwendungsvorrang vor den dort genannten Übereinkommen, soweit diese Bereiche betreffen, die in der Verordnung geregelt sind. Im Übrigen bleiben die Übereinkommen anwendbar und werden daher nicht völlig außer Kraft gesetzt, was Art. 38 Abs. 1 EheVO nochmals klarstellt[701].
Anders ist gem. Art. 36 Abs. 1 EheVO das Verhältnis zu den zwischenstaatlichen Übereinkommen der Mitgliedstaaten ausgestaltet. Die EheVO verdrängt diese Übereinkommen, wenn (und in diesem Fall nicht „soweit") in der EheVO

---

[701] So auch Vogel, MDR 2000, 1046.

geregelte Bereiche betroffen sind. Die betroffenen Verträge werden aufgrund ihrer Vielzahl nicht einzeln genannt[702]. Involviert sind aus deutscher Sicht insbesondere die Abkommen mit Belgien (s.o., S. 34), Griechenland (s.o., S. 34), Italien (s.o., S. 34) und Spanien (s.o., S. 35).
Einzig Schweden und Finnland hält Art. 36 Abs. 2 EheVO die Möglichkeit offen, das „Übereinkommen mit Bestimmungen des internationalen Verfahrensrechts über Ehe, Adoption und Vormundschaft“ [703] in ihren gegenseitigen Beziehungen für vorrangig anwendbar zu erklären. Von dieser Möglichkeit haben die beiden Staaten auch Gebrauch gemacht[704].

bb) Umfang und Auswirkungen des Vorrangs der EheVO auf die in Art. 37 EheVO genannten Übereinkommen

Dadurch, dass Art. 37 EheVO die dort aufgezählten Abkommen im Übrigen anwendbar belässt, ergibt sich für diese in zweifacher Hinsicht ein weiterhin bestehender Anwendungsraum. Zum einen behalten diejenigen Normen der Übereinkommen auch im Verhältnis zu den anderen Mitgliedstaaten der EG ihre Wirkung, die Regelungsbereiche betreffen, die nicht von der EheVO erfasst sind[705]. Zum anderen gelten die Übereinkommen in vollem Umfang im Verhältnis zu denjenigen Staaten weiter, die nicht Mitglied der EG sind bzw. die wie im Fall Dänemarks die EheVO nicht angenommen haben[706]. Es bleibt allerdings der allgemeine Grundsatz zu beachten, dass die Regelungen der Übereinkommen, die neben der EheVO ihre Geltungskraft behalten, dem Sinn und Zweck der EheVO nicht zuwiderlaufen dürfen[707].

(1) Das Haager Übereinkommen über die Zuständigkeit der Behörden und das anzuwendende Recht auf dem Gebiet des Schutzes von Minderjährigen

(a) Anwendungsbereich der Normen

Art. 37 Strich 1 EheVO sieht vor, dass bei einer Überschneidung der Anwendungsbereiche von MSA und EheVO der Letzteren Anwendungsvorrang zukommt. Die EheVO regelt nur die internationale Zuständigkeit der Gerichte für

---

702 Boele-Woelki, ZfRV 2001, 127.
703 Vom 6.2.1931. Weitere Vertragsstaaten sind Dänemark, Island und Norwegen.
704 Abl. EG 2001, Nr. L 58, 22.
705 Hausmann, ELF 2000/01, 274.
706 Beispiele hierzu bei Jayme/Kohler, IPRax 2000, 457.
707 Vgl. Henrich (1998), Rn. 71; Henrich in Johannsen/Henrich (1998), Art. 18 EGBGB Rn. 40.

Ehesachen und andere Familiensachen aus Anlass einer Ehesache sowie die Anerkennung und Vollstreckung der von diesen Gerichten getroffenen Entscheidungen in anderen Staaten der EG. Zum einen bleibt das MSA somit in den Fällen anwendbar, in denen Maßnahmen zum Schutz von Kindern außerhalb dieser Verfahren ergriffen werden sollen. Zum anderen wird in der EheVO nicht bestimmt, welches materielle Recht anzuwenden ist. Demgegenüber trifft das MSA u.a. in Art. 2 Regelungen über das anwendbare Recht, so dass das MSA in diesem Teilbereich trotz der Regelung in Art. 37 EheVO anwendbar bleiben könnte.

Es stellt sich somit die Frage, ob die Vorschriften der EheVO nicht nur die Zuständigkeitsregeln für die von der EheVO erfassten Verfahren, sondern auch die Regelungen hinsichtlich des anwendbaren Rechts verdrängen. Gegen deren Anwendbarkeit spricht, dass die Kollisionsregeln einerseits und die Zuständigkeitsregelungen andererseits unmittelbar ineinander greifen. Allerdings muss man berücksichtigen, dass man bei einer Unanwendbarkeit des Art. 2 MSA auf die kollisionsrechtlichen Regelungen der jeweiligen Mitgliedstaaten zurückgreifen müsste. Dies würde aber gerade dem mit der EheVO angestrebten Ziel der Rechtsvereinheitlichung zuwiderlaufen. Eine Anwendung der Kollisionsregeln des MSA birgt zwar den Nachteil, dass man die staatsvertraglichen Regelungen bei der Lösung des Falls in das Konzept der EheVO hineinlesen muss. Doch zum einen wird dieser Nachteil ausdrücklich in Art. 4 EheVO in Kauf genommen. Zum anderen haben immerhin acht Staaten, die dem Regime der EheVO unterfallen, das MSA ratifiziert. Statt nun einzelstaatliche Kollisionsregeln heranzuziehen, kann zumindest im Verhältnis dieser Staaten untereinander auf eine einheitliche Regelung zurückgegriffen werden. Somit kann davon ausgegangen werden, dass die EheVO zwar die Zuständigkeitsregelungen des MSA, nicht aber dessen Kollisionsregeln verdrängt[708].

(b) Umfang der Einbeziehung von Staaten

Die EheVO entfaltet nur in den Mitgliedstaaten der EG ihre Wirkungen. Verträge zwischen den Mitgliedstaaten, die in den Anwendungsbereich einer Verord-

---

[708] Einen anderen Weg beschreitet das AG Leverkusen, Urt. vom 10.1.2002 – 34 F 346/97. Es geht davon aus, dass Art. 2 MSA, der das anwendbare Recht bestimmt, dasselbe Schicksal teilt wie die Zuständigkeitsregelung in Art. 1 MSA, also ebenfalls von der EheVO verdrängt wird. Dennoch will es den Normzweck des Art. 2 MSA heranziehen, um das anwendbare Recht zu ermitteln. Dann muss sich das AG Leverkusen aber fragen lassen, warum es nicht Farbe bekennt und die Kollisionsregel in Art. 2 MSA neben den Regelungen der EheVO anwendbar beläßt.

nung der EG fallen und dieser zuwiderlaufen, sind nicht mehr zulässig[709]. Das MSA trat aber nicht nur für einige Staaten der EG, sondern auch für Polen[710], die Schweiz[711] und die Türkei[712] in Kraft. Aus Art. 307 Abs. 1 EGV ergibt sich, dass völkerrechtliche Vereinbarungen, die von den Mitgliedstaaten mit Drittstaaten getroffen wurden, gemäß dem Grundsatz „pacta sunt servanda" weitergelten sollen[713]. Dies hat zur Folge, dass das MSA für Sachverhalte, bei denen sowohl EG-Mitgliedstaaten als auch Nichtmitgliedstaaten involviert sind, in vollem Umfang anwendbar bleibt.

(2) Das Luxemburger Übereinkommen über die Anerkennung von Entscheidungen in Ehesachen

(a) Anwendungsbereich der Normen

Die EheVO hat gem. deren Art. 37 Strich 2 grds. Vorrang vor dem „Luxemburger Übereinkommen über die Anerkennung von Entscheidungen in Ehesachen"[714]. Wie sich aus dem Erwägungsgrund 10 zur EheVO ergibt, erstreckt sich diese nicht auf Fragen des Scheidungsverschuldens, des Ehegüterrechts[715], der Unterhaltspflicht und sonstiger möglicher Nebenaspekte[716]. Demzufolge behält Art. 7 Abs. 1 des Übereinkommens für solche Sachverhalte Bedeutung, in denen allein zu den Vertragsstaaten Verbindungen bestehen und in denen Entscheidungen anerkannt werden sollen, die das Verschulden einer Partei oder die Gutgläubigkeit bei Nichtigerklärungen von Ehen betreffen.

Weiterhin gilt Art. 9 des Übereinkommens in vollem Umfang weiter. Art. 9 verbietet es, eine Eheschließung zu verweigern, falls die Ehe zumindest eines Heiratswilligen zuvor aufgelöst oder für nichtig erklärt wurde und diese Entscheidung zwar in einem Vertragsstaat anerkannt wurde, aber die Auflösung oder Nichtigerklärung in einem Drittstaat nicht anerkannt wird. Diesen Fall greift die

---

709 Oppermann (1999), Rn. 610.

710 BGBl. 1994 II, 388.

711 BGBl. 1971 II, 1150.

712 BGBl. 1984 II, 460.

713 Oppermann (1999), Rn. 605.

714 Vom 8.9.1967.

715 Soweit aber die internationale Zuständigkeit durch die EheVO begründet ist, ergibt sich aufgrund der §§ 621 Abs. 2, 623 ZPO die internationale Verbundzuständigkeit auch für güterrechtliche Ansprüche, Spellenberg in Staudinger (1997), §§ 606 ff. ZPO Rn. 117; Gottwald in Lüke/Wax (2001), Vor Art. 1 EheGVO Rn. 6.

716 Für eine Einbeziehung der Nebenfolgen der Scheidung im Rahmen der Vorarbeiten zum EheÜbk hatten sich noch Beaumont/Moir, ELR 1995, 286 ausgesprochen.

EheVO nicht auf. Vielmehr ist nur die davon zu unterscheidende Konstellation einer entgegenstehenden Entscheidung im angerufenen Staat als Grund für die Nichtanerkennung in Art. 15 Abs. 1 lit. c EheVO erfasst. Dies dürfte damit zusammenhängen, dass mittlerweile in allen Staaten der EG die Möglichkeit besteht, eine Ehe scheiden zu lassen[717], auch wenn nach wie vor nicht in allen Mitgliedstaaten eine Ehe für ungültig erklärt werden kann.

(b) Umfang der Einbeziehung von Staaten

Die EheVO gilt für (nahezu) alle Mitgliedstaaten der EG (s.o., S. 58), während das Abkommen nur zwischen Österreich, den Niederlanden und der Türkei, die kein EG-Mitglied ist, in Kraft getreten ist[718]. Dies hat zur Konsequenz, dass das Übereinkommen in Fällen, in denen der Sachverhalt eine Verknüpfung zur Türkei einerseits und Österreich bzw. den Niederlanden andererseits aufweist, vollständig anwendbar bleibt.

(3) Das Haager Übereinkommen über die Anerkennung von Ehescheidungen und der Trennung von Tisch und Bett

(a) Anwendungsbereich der Normen

Das „Haager Übereinkommen über die Anerkennung von Ehescheidungen und der Trennung von Tisch und Bett"[719] wird gem. Art. 37 Strich 3 EheVO grds. von der EheVO verdrängt. Art. 11 des Übereinkommens enthält eine ähnliche Regelung wie Art. 9 des „Luxemburger Übereinkommens über die Anerkennung von Entscheidungen in Ehesachen". Art. 11 verbietet es, eine Wiederverheiratung abzulehnen, wenn der Staat, in dem die Eheschließung begehrt wird, zur Anerkennung eines für die Wiederverheiratung erforderlichen Scheidungsurteils verpflichtet ist, aber das Recht eines dritten Staates die Anerkennung dieser Scheidung verweigert. Diesen Fall erfasst die EheVO nicht, so dass diese Norm selbst bei rein innergemeinschaftlichen Sachverhalten ihre vollständige Anwendbarkeit behält.

---

717 Als letzter Mitgliedstaat hat Irland durch den „Family Law (Divorce) Act 1996" die Ehescheidung eingeführt.

718 (Österreichisches) BGBl. 1978, 464.

719 Vom 1.6.1970.

(b) Umfang der Einbeziehung von Staaten

Das Übereinkommen gilt neben einigen Mitgliedstaaten der EG[720] auch für Ägypten[721], Australien[722], Norwegen[723], die Schweiz[724], die Slowakische und die Tschechische Republik[725] und Zypern[726]. Somit bleibt das Übereinkommen in den Fällen vollständig anwendbar, in denen lediglich eine Verbindung der Parteien zu den Staaten besteht, die nicht Mitglied der EG sind, oder in den Fällen, in denen einerseits eine Verbindung zu einem Mitgliedstaat und andererseits eine Verbindung zu einem Nichtmitgliedstaat existiert.

(4) Das Europäische Übereinkommen über die Anerkennung und Vollstreckung von Entscheidungen über das Sorgerecht für Kinder und die Wiederherstellung des Sorgeverhältnisses

(a) Anwendungsbereich der Normen

Das „Europäische Übereinkommen über die Anerkennung und Vollstreckung von Entscheidungen über das Sorgerecht für Kinder und die Wiederherstellung des Sorgeverhältnisses"[727] ist gem. Art. 37 Strich 4 EheVO insoweit außer Kraft gesetzt, als es Sorgerechtsentscheidungen aus Anlass einer Ehesache betrifft. Der Vertrag bleibt aber auf solche Sorgerechtsentscheidungen im vollen Umfang anwendbar, die nicht im Zusammenhang mit einer Ehesache gefällt wurden[728].

(b) Umfang der Einbeziehung von Staaten

Das Übereinkommen gilt neben den oben aufgeführten Staaten der Europäischen Gemeinschaft (s.o., S. 32 Fn. 137) auch für Island[729], Liechtenstein[730],

[720] Das Übereinkommen ist am 24.8.1975 für Dänemark, Schweden und das Vereinigte Königreich, am 15.8.1977 für Finnland, am 22.8.1981 für die Niederlande, am 9.7.1985 für Portugal, am 20.4.1986 für Italien und am 14.4.1991 für Luxemburg in Kraft getreten.
[721] Seit dem 20.6.1980.
[722] Seit dem 23.11.1985.
[723] Seit dem 14.10.1978. Norwegen ist aufgrund eines Volksentscheids vom 28.11.1995 kein Mitglied der EG. Es stimmten 52 % der Wähler gegen einen Beitritt.
[724] Seit dem 17.7.1976.
[725] Seit dem 1.1.1993.
[726] Seit dem 14.3.1983.
[727] Vom 20.5.1980.
[728] So auch Hohloch/Mauch, FPR 2001, 200.
[729] Seit dem 1.11.1996, BGBl. 1996 II, 2136.
[730] Seit dem 1.8.1997, BGBl. 1997 II, 2136.

Norwegen[731], Polen[732], die Schweiz[733] und Zypern[734]. Somit entfaltet das Übereinkommen bei Sachverhalten, in denen zu diesen Staaten eine Verbindung besteht, auch weiterhin uneingeschränkte Geltungskraft.

(5) Das Haager Übereinkommen über die Zuständigkeit, das anzuwendende Recht, die Anerkennung, Vollstreckung und Zusammenarbeit auf dem Gebiet der elterlichen Verantwortung und der Maßnahmen zum Schutz von Kindern

(a) Anwendungsbereich der Normen

(aa) Allgemeines

Gem. Art. 37 Strich 5 beansprucht die EheVO grds. Vorrang gegenüber dem „Haager Übereinkommen über die Zuständigkeit, das anzuwendende Recht, die Anerkennung, Vollstreckung und Zusammenarbeit auf dem Gebiet der elterlichen Verantwortung und der Maßnahmen zum Schutz von Kindern"[735] (KSÜ). Diese Kollisionsregelung wurde in die EheVO rein prophylaktisch aufgenommen, da das KSÜ bislang noch gar nicht in Kraft getreten ist. Entgegen einer in der Literatur vertretenen Auffassung[736] verdrängt die EheVO aber weder in ihrer vorläufigen, noch in ihrer endgültigen Fassung das Übereinkommen vollständig. Insbesondere kann die Bezugnahme auf den Entwurf des Art. 39 EheVO nur als redaktioneller Fehler betrachtet werden. Bereits im Entwurf der EheVO war das Verhältnis zwischen dieser und dem Übereinkommen schon in Art. 37 Strich 5 geregelt. Danach kommt der EheVO nur „insoweit" Vorrang zu, als eine inhaltliche Überlappung zwischen dem KSÜ und der EheVO vorliegt.

Das Übereinkommen enthält in weiten Teilen Regelungen, die mit denen der EheVO vergleichbar sind[737]. So wird die Zuständigkeit der Behörden in Angelegenheiten der elterlichen Verantwortung und bei Maßnahmen zum Schutz von Kindern geregelt. Das Übereinkommen stellt auch Grundsätze auf, die die Anerkennung von Entscheidungen der Behörden eines anderen Mitgliedstaates betreffen. Allerdings gehen die Regelungen dieses Abkommens teilweise über den Anwendungsbereich der EheVO hinaus, da es das von den Behörden anzu-

---

[731] Seit dem 19.12.1990, BGBl. 1991 II, 392.
[732] Seit dem 1.3.1996, BGBl. 1996 II, 541.
[733] Seit dem 19.12.1990, BGBl. 1991 II, 392.
[734] Seit dem 19.12.1990, BGBl. 1991 II, 392.
[735] Vom 19.10.1996.
[736] Jayme/Hausmann (2000), 114 Fn. 4.
[737] Sumampouw (2000), Rn. 744 f.

wendende Recht bestimmt und die Behörden zur internationalen Zusammenarbeit verpflichtet[738].

Im Mittelpunkt des Übereinkommens steht das Kindeswohl[739]. Dieses wird im Rahmen des Übereinkommens aus einem anderen Blickwinkel betrachtet als bei der EheVO. Während die EheVO nur für solche Entscheidungen eine Rolle spielt, die die Ausgestaltung der elterlichen Verantwortung für die gemeinsamen Kinder der Ehegatten aus Anlass einer Ehesache betreffen, wird der Anwendungsbereich des Übereinkommens nicht nur durch eine Ehesache eröffnet. Vielmehr greifen dessen Regelungen schon allgemein bei einer Gefahr für das Wohl des Kindes ein.

Art. 10 Abs. 1 KSÜ sieht für Verfahren, in denen über die elterliche Verantwortung zu entscheiden ist, besondere Möglichkeiten für die Eröffnung der Zuständigkeit der Behörden eines Vertragsstaates vor, wenn diese Behörden ohnehin aufgrund eines Antrags auf Scheidung, Trennung, Aufhebung oder Nichtigerklärung der Ehe der Eltern des Kindes zur Entscheidung berufen sind. Aus dem Umstand, dass Art. 10 Abs. 1 KSÜ die dort eröffnete Zuständigkeit „unbeschadet" derjenigen in den Artt. 5 – 9 dieses Übereinkommens zur Geltung kommen lassen will, ergibt sich, dass die Auflösung der Ehe der Eltern nur als eine von vielen Gefahren für das Wohl des Kindes angesehen wird. Daraus resultiert nämlich eine faktische Erschwerung der gemeinsamen Ausübung des Sorgerechts durch beide Elternteile. Somit findet das KSÜ nur in den Fällen keine Anwendung, in denen eine Entscheidung in einer anderen Familiensache aus Anlass einer Ehesache betroffen ist[740]. In allen anderen Fällen behält es aber seine vollständige inhaltliche Geltungskraft.

(bb) Anwendbares Recht

Das Übereinkommen enthält in Art. 1 Abs. 1 lit. b und c und in den Artt. 15 – 22 Kollisionsregelungen. Diese bestimmen das Recht, das die zuständigen Behörden in Fällen anzuwenden haben, in denen die elterliche Verantwortung betroffen ist und in denen Maßnahmen zum Schutz von Kindern ergriffen werden sollen. Eine solche Regelung hat man in die EheVO nicht aufgenommen[741], vielmehr beschränkt sich die EheVO auf Zuständigkeitsregeln. Somit könnte man auf den ersten Blick davon ausgehen, dass insoweit keine inhaltliche Über-

[738] Sumampouw (2000), Rn. 744.
[739] So auch Kohler, FamRZ 2002, 712.
[740] So auch Wagner, IPRax 2001, 75.
[741] Diese soll aber aufgrund des Aktionsplans des Rates und der Kommission, Abl. EG 1999, Nr. C 19, 10, noch geschaffen werden.

schneidung zwischen dem Übereinkommen und der EheVO besteht. Allerdings verweist Art. 15 Abs. 1 des Übereinkommens darauf, dass die Kollisionsregeln für die in Kapitel II des Vertrages für zuständig erklärten Behörden gelten sollen. Dabei ist zu berücksichtigen, dass die Zuständigkeitsregeln des Übereinkommens durch die EheVO überlagert werden. Folglich stellt sich wie beim MSA (s.o., S. 159) die Frage, ob die Kollisionsregeln in so engem Verhältnis zu den Zuständigkeitsregeln stehen, dass auch diese von der EheVO außer Kraft gesetzt werden, soweit eine Überlappung mit den Zuständigkeitsregeln der EheVO besteht.

Gegen eine Anwendbarkeit der Kollisionsregeln spricht der Wortlaut mit der unmittelbaren Verweisung auf die durch die EheVO verdrängten Zuständigkeitsregelungen. Allerdings ist auch hier zu berücksichtigen, dass man dann auf die einzelstaatlichen Kollisionsregeln zurückgreifen müsste, was aber den Zielen der EheVO zuwiderliefe (s.o., S. 49). Daher muss davon ausgegangen werden, dass für Fälle, in denen die Zuständigkeitsregeln des Übereinkommens von der EheVO verdrängt werden, die kollisionsrechtlichen Normen der Artt. 15 – 22 des Übereinkommens weiterhin Anwendung finden.

(cc) Flüchtlingskinder

Art. 6 des Übereinkommens erstreckt die Zuständigkeitsvorschrift des Art. 5 Abs. 1 auch auf Flüchtlingskinder. Eine solche Spezialregelung enthält die EheVO nicht, vielmehr sind Flüchtlingskinder von den allgemeinen Zuständigkeitsanknüpfungen erfasst, soweit über deren Schicksal im Rahmen einer anderen Familiensache aus Anlass einer Ehesache zu befinden ist. In allen übrigen Fällen besteht keine Überschneidung zu den Regelungen der EheVO, so dass Art. 6 KSÜ weiterhin eine eigenständige Bedeutung zukommt.

(b) Umfang der Einbeziehung von Staaten

Das Übereinkommen ist zwar bisher nicht in Kraft getreten und wurde erst von Marokko[742], den Niederlanden[743], der Slowakei[744] und der Republik Tschechien[745] gezeichnet und von Monaco[746] ratifiziert. Wenn das KSÜ aber in Kraft tritt, wird es für diejenigen Vertragsstaaten volle Geltung erlangen, die nicht der EG angehören.

---

742 Am 19.10.1996.
743 Am 1.9.1997.
744 Am 1.6.1999.
745 Am 4.3.1999.
746 Am 14.5.1997.

Übersicht 3: Verhältnis der EheVO zu anderen Rechtsquellen im Geltungsbereich der EheVO

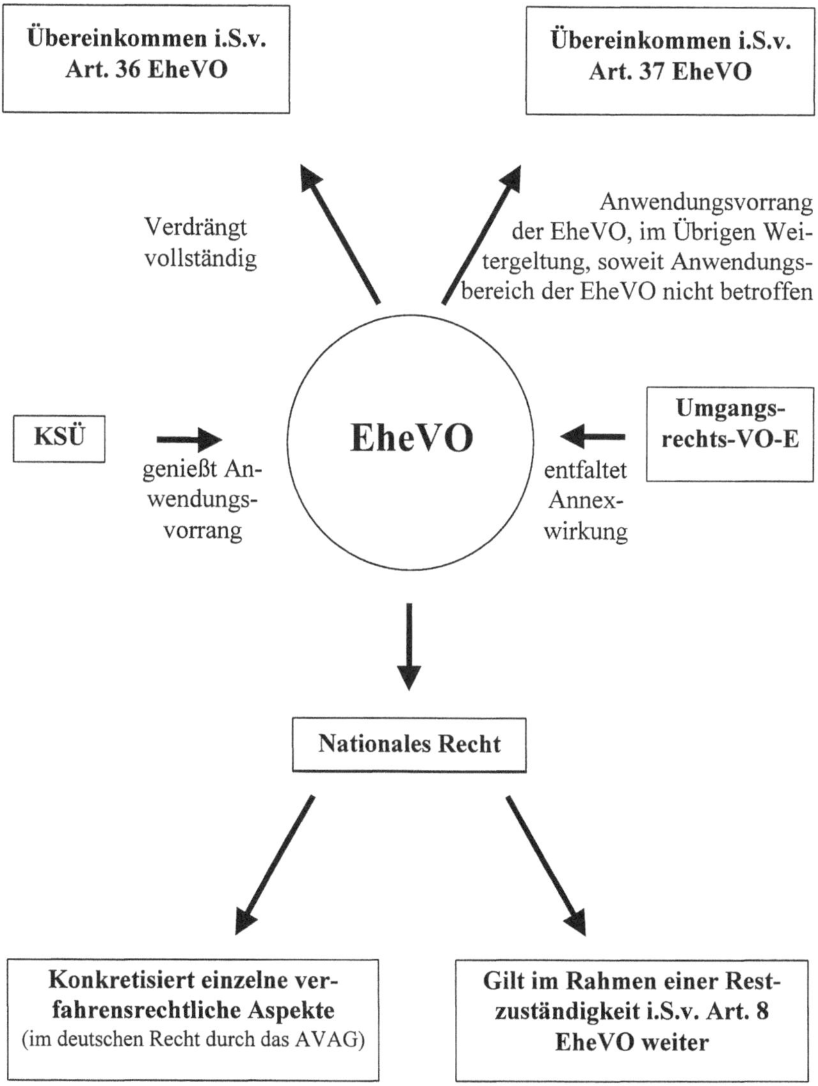

b) Der zeitliche Geltungsrahmen der EheVO

aa) Nach dem Inkrafttreten der EheVO eingeleitete Verfahren

Art. 42 EheVO enthält mit seiner Bestimmung des zeitlichen Geltungsrahmens eine ähnliche Regelungsmaterie wie Art. 38 Abs. 2 EheVO. Art. 42 Abs. 1 EheVO unterstreicht noch einmal, dass die EheVO nur für solche Verfahren gilt, die nach dem Inkrafttreten der EheVO eingeleitet wurden.

Weder die EheVO noch das EheÜbk bestimmen, ab welchem Zeitpunkt ein Verfahren als eingeleitet gilt. Im EuGVÜ existiert mit Art. 54 Abs. 1 eine Parallelvorschrift zu Art. 42 EheVO. Allerdings stellt diese nicht auf die Einleitung des Verfahrens, sondern auf die Klageerhebung ab. Darunter versteht man den Zeitpunkt der Rechtshängigkeit[747]. Es stellt sich also die Frage, ob diese Lösung auf Art. 42 EheVO übertragen werden kann. Zwar kann man für die Auslegung des EheÜbk und damit auch für die EheVO auf die zum EuGVÜ entwickelten Grundsätze zurückgreifen. Des Weiteren ergibt sich aus den Materialien zu dem im Wesentlichen gleich gestalteten Art. 37 EheÜbk, dass diese Norm Art. 54 EuGVÜ entspricht[748]. Allerdings hat sich der Rat der Europäischen Union in Art. 42 EheVO ausdrücklich für eine abweichende Formulierung entschieden. Daher gilt ein Verfahren i.S.v. Art. 42 EheVO bereits dann als eingeleitet, wenn es anhängig gemacht wurde[749].

bb) Vor dem Inkrafttreten der EheVO eingeleitete Verfahren

Art. 42 Abs. 2 EheVO greift das Problem auf, das sich typischerweise bei Verfahren stellt, die zwar vor Inkrafttreten einer Neuregelung eingeleitet wurden, über die aber erst danach entschieden wird. Die Verordnung wird in den Bereichen der Anerkennung und Vollstreckung für die Fälle für anwendbar erklärt, in denen die Entscheidung auf einem Verfahren beruht, das zwar vor dem Inkrafttreten der Verordnung eingeleitet wurde, in denen die Entscheidung selbst aber nach dem Inkrafttreten der Verordnung ergangen ist.

Wann die Entscheidung i.S.d. EheVO „ergangen" ist, wird nicht ausgeführt. Unter Rückgriff auf die einschlägigen Regelungen im EuGVÜ und im LugÜ muss davon ausgegangen werden, dass dies der Fall ist, wenn die Entscheidung

---

747 Kropholler (1998), Art. 54 EuGVÜ Rn. 2; vgl. des Weiteren Wagner, RIW 1998, 591; Wagner, WiRO 2000, 49.

748 Borrás, Abl. EG 1998, Nr. C 221, 58, Rn. 110.

749 So im Ergebnis ohne weitere Begründung auch Hüßtege in Thomas/Putzo (2001), Art. 42 EheVO Rn. 2.

im Ursprungsstaat Wirksamkeit erlangte[750]. Dies setzt allerdings zusätzlich voraus, dass die Gerichtszuständigkeit z.Z. der Einleitung des Verfahrens durch eine Zuständigkeitsregelung, die der in Kapitel II der EheVO oder einem zwischenstaatlichen Übereinkommen zwischen den betroffenen Staaten entspricht, begründet gewesen ist.

c) Die Anwendbarkeit der EheVO auf eingetragene Lebenspartnerschaften

In der Praxis der einzelstaatlichen Behörden dürfte es in Zukunft häufiger vorkommen, dass nicht nur Ehen, sondern auch eingetragene Lebenspartnerschaften (zu denen hier sowohl solche gleich- als auch verschiedengeschlechtlicher Partner zählen sollen) aufgelöst werden sollen. Die EheVO erfasst nur Ehesachen. Im Rahmen der Auslegung muss also ermittelt werden, ob der Begriff der Ehesache Lebenspartnerschaftssachen erfasst. Dies setzt zugleich voraus, dass eine Lebenspartnerschaft unter den Begriff der Ehe i.S.d. EheVO subsumiert werden kann.

aa) Auslegung

(1) Wortlautauslegung

Zunächst geht man vom Wortlaut unter Beachtung der Regeln der Grammatik und des allgemeinen oder des gesetzlichen Sprachgebrauchs aus[751]. Die EheVO definiert den Begriff der Ehe bzw. Ehesache nicht, wie dies z.B. in § 1 S. 1 des schwedischen EheG geschehen ist. In Deutschland versteht man nach allgemeinem Sprachgebrauch unter einer Ehe die gesetzlich anerkannte Lebensgemeinschaft von Mann und Frau[752]. Rechtsakte der EG sind aber autonom zu interpretieren. Somit kann der allgemeine Sprachgebrauch in Deutschland grds. weder für die Ausfüllung einzelner Begriffe in den anderen Mitgliedstaaten noch für die Auslegung eines Rechtsakts der EG herangezogen werden. Daher verbleiben nach der Auslegung des Wortlauts gewisse Zweifel, ob eine eingetragene Lebenspartnerschaft nicht doch unter den Begriff der Ehe i.S.d. EheVO subsumiert werden kann[753].

---

[750] Wagner, RIW 1998, 591; Kreuzer/Wagner in Dauses (2001), Q Rn. 327; zum LugÜ Wagner, WiRO 2000, 49.

[751] Zu den Einzelheiten der Wortlautauslegung durch den EuGH s.o., S. 71.

[752] Duden (1993), Stichwort „Ehe“.

[753] Dass der Begriff der Ehe nicht zwingend eine Verbindung von Mann und Frau umfassen muss, zeigt die in den Niederlanden eröffnete Möglichkeit, nach der auch gleichgeschlechtliche Paare heiraten können, Boele-Woelki, ZfRV 2001, 127.

(2) Systematische Auslegung

Im Rahmen der systematischen Auslegung ist die betroffene Norm aus Sicht der Regelungen, in deren Zusammenhang sie steht, zu interpretieren[754]. Dadurch, dass in der Kollisionsregelung des Art. 37 EheVO auf das „Luxemburger Übereinkommen über die Anerkennung von Entscheidungen in Ehesachen“[755] und das „Haager Übereinkommen über die Anerkennung von Ehescheidungen und der Trennung von Tisch und Bett“[756] Bezug genommen wird, kommt zum Ausdruck, dass die in diesen Übereinkommen verwendeten Begriffe der Ehe und der Ehesache mit dem der EheVO überlappen. Als diese Übereinkommen abgeschlossen wurden, waren gesetzliche Regelungen für Lebenspartnerschaften aber noch gar nicht bekannt, so dass der Ehebegriff in den Übereinkommen diese nicht erfassen konnte.

Dem könnte man entgegenhalten, dass mit der Einführung der eingetragenen Lebenspartnerschaft in diversen Vertragsstaaten der Ehebegriff auch in diesen Übereinkommen auf Lebenspartnerschaften auszudehnen ist. Allerdings müssten die Vertragsparteien einen dahingehenden Willen geäußert haben[757]. Doch weder aus den eigentlichen Übereinkommen noch aus sonstigen ergänzenden Übereinkünften geht ein entsprechender Wille hervor.

Schließlich stellt sich die Frage, ob und inwieweit bei der Auslegung des Begriffs der Ehe i.S.d. EheVO auf die Begriffe der nationalen Rechtsordnungen zurückgegriffen werden kann. Aufgrund der Subsidiarität des einzelstaatlichen Rechts gegenüber dem Gemeinschaftsrecht müssen nationale Begriffe und deren Interpretationen regelmäßig außen vor bleiben. Vielmehr ist grds. jeder Rechtsakt der EG autonom auszulegen[758]. Allerdings kann das nationale Recht dann indizielle Wirkung entfalten, wenn ein Begriff inhaltsgleich staatenübergreifend

---

754 Zur systematischen Auslegung s.o., S. 72; aus deutscher Sicht Kallwass (1998), 14.

755 Vom 8.9.1967.

756 Vom 1.6.1970.

757 In diesem Sinne auch ausdrücklich im dänischen „Gesetz Nr. 372 über eingetragene Partnerschaften“ vom 7.6.1989 (Lovtinde, Teil A, 1989, 1263). So bestimmt dessen § 4 Abs. 4: „Bestemmelser i internationale traktater finder ikke anvendelse på det registrerede partnerskab, medmindre medkontrahenterne tilslutter sig dette.“ Übersetzt: „Bestimmungen in internationalen Verträgen finden keine Anwendung auf die eingetragene Partnerschaft, es sei denn, dass die Vertragsstaaten dem zustimmen.“ Zwar bezieht sich diese Bestimmung nur auf internationale Verträge, von denen die EheVO rein dogmatisch zu unterscheiden ist, doch dies ändert nichts daran, dass zumindest ein Teil der nationalen Gesetzgeber begrifflich ausdrücklich zwischen der Ehe und der Lebenspartnerschaft differenziert.

758 De Wilmars, CDE 1986, 12; Hau (1996), 132; Hausmann, ELF 2000/01, 273; Hüßtege in Thomas/Putzo (2001), Vor Art. 1 EheVO Rn. 9.

verwendet wird. Dies gilt vor allem dann, wenn Rechtsakte der EG einzelne Begriffe als allgemein bekannt voraussetzen und daher nicht näher erläutern.
Trotz aller Unterschiede in den Familienrechten der Mitgliedstaaten der EG zeichnet sich für den Begriff der Ehe ein einheitliches Bild ab. So kann in Schweden gem. § 1 S. 1 EheG[759] die Ehe nur zwischen einer Frau und einem Mann geschlossen werden. In England unterscheidet man die christian marriages als Beziehung zwischen einem Mann und einer Frau von den polygamous marriages, wobei Letztere zwar gewisse Rechte besitzen, aber nicht als Ehen im eigentlichen Sinn behandelt werden[760]. In der überkommenen deutschen Literatur herrscht die Auffassung vor, dass nur das monogame, heterosexuelle und auf Dauer angelegte Zusammenleben zweier Menschen als Ehe anzusehen ist[761]. Lediglich in den Niederlanden zeichnen sich abweichende Tendenzen ab. Dort ist es auch gleichgeschlechtlichen Partnern erlaubt, zu heiraten und damit eine Ehe einzugehen[762].
Es fällt auf, dass – bis auf die Niederlande – trotz aller Gleichstellungstendenzen stets eine klare Grenze zwischen der Ehe i.e.S. und den sonstigen Rechtsinstituten gezogen wird, auch wenn die Lebenspartnerschaften noch so sehr der Ehe i.S.d. nationalen Rechtsordnungen angeglichen werden. Dies zeigt sich am Beispiel des vom schwedischen Reichstag 1987 verabschiedeten EheG, das u.a. das Verbleiben in der ehelichen Wohnung nach der Trennung der heterosexuellen Partner regelt. Zum gleichen Zeitpunkt verabschiedete der schwedische Reichstag ein eigenständiges „Gesetz über das gemeinsame Heim Zusammenlebender"[763], in dem eine vergleichbare Regelung für nichtverheiratete (gleichgeschlechtliche) Partner aufgestellt wurde[764]. Somit kann man aufgrund der systematischen Auslegung nicht von einer Einbeziehung der eingetragenen Lebenspartnerschaft in den Anwendungsbereich der EheVO ausgehen.

(3) Historische Auslegung

Bei der historischen Auslegung einer Norm greift man auf die Materialien und die Entstehungsgeschichte zurück[765]. Somit muss man darauf abstellen, inwieweit der Ehebegriff auf europäischer Ebene durch vorhergehende Rechtsakte der

---

759 Gesetz vom 14.5.1987, SFS Nr. 230.
760 Henrich (1989), 2.
761 Hausmann (2000), 242; Brudermüller in Palandt (2002), Einl v § 1297 Rn. 1.
762 Boele-Woelki, ZfRV 2001, 127.
763 Lag om sambors gemensamma hem, 1988.
764 Agell, FamRZ 1990, 818.
765 Dazu schon oben, S. 73; aus deutscher Sicht Jarass in Jarass/Pieroth (2000), Einl. Rn. 4.

EG geprägt ist. Zunächst bietet sich ein Rückgriff auf das EheÜbk an, da beide Regelwerke nahezu identisch sind und daher eine vergleichbare Auslegung geboten ist. Doch auch die Vertragsparteien des EheÜbk haben sich der Frage des Ehebegriffs nicht näher angenommen[766].

Des Weiteren kann für die Auslegung des EheÜbk auf die Begriffsdefinitionen des EuGVÜ abgestellt werden[767]. Doch auch dieses Übereinkommen setzt die Ehe als bereits bestehendes Institut voraus, ohne es näher zu definieren.

Es ist auffällig, dass sich der „Aktionsplan des Rates und der Kommission zur bestmöglichen Umsetzung der Bestimmungen des Amsterdamer Vertrages über den Aufbau eines Raums der Freiheit, der Sicherheit und des Rechts“[768] umfassend mit dem Institut der Ehe befasst. Doch der Aktionsplan erwähnt eingetragene Lebenspartnerschaften mit keinem Wort, so dass im Umkehrschluss davon auszugehen ist, dass auch die Initiatoren des Aktionsplans eingetragene Lebenspartnerschaften nicht in den Anwendungsbereich der (noch zu formulierenden) EheVO einbeziehen wollten. Somit spricht die historische Auslegung gegen eine Einbeziehung der eingetragenen Lebenspartnerschaft in den Anwendungsbereich der EheVO.

(4) Teleologische Auslegung

Im Rahmen der teleologischen Auslegung ist auf Sinn und Zweck der Regelung abzustellen[769]. Mit der EheVO wird beabsichtigt, Entscheidungen in Ehe- und anderen Familiensachen unter einheitlichen Voraussetzungen in allen Mitgliedstaaten anzuerkennen und zu vollstrecken. Durch diese Vereinheitlichung will man den Rechtsverkehr zwischen den Mitgliedstaaten erleichtern. Dadurch hofft man, den Bürgern in der EG Hemmungen zu nehmen, rechtlich bindende, dauerhafte Beziehungen zu Personen in anderen Mitgliedstaaten der EG einzugehen. Dies soll zumindest mittelbar auch der Grundfreiheit des Personenverkehrs zugute kommen.

Nichts anderes darf aber für eingetragene Lebenspartnerschaften gelten. Durch die Einführung dieses Instituts beabsichtigten die nationalen Gesetzgeber, bestehende Diskriminierungen gegenüber gleichgeschlechtlichen Partnerschaften zu beseitigen. Werden bestehende Hürden im Entscheidungsverkehr im europäischen Rechtsraum aber nur für heterosexuelle Beziehungen abgebaut, so werden

766 So geht der Bericht von Borrás, Abl. EG 1998, Nr. C 221, 27 ff., nicht auf diese Frage ein. Im Ergebnis ebenso Kohler, NJW 2001, 15; Wagner, IPRax 2001, 282.

767 Siehe auch Borrás, Abl. EG 1998, Nr. C 221, 30, Rn. 6.

768 Abl. EG 1999, Nr. C 19, 10.

769 Zur teleologischen Auslegung durch den EuGH bereits oben, S. 73.

damit durch das EG-Recht im selben Atemzug gleichgeschlechtliche Partnerschaften schlechter gestellt. Somit müssen bei rein teleologischer Auslegung Entscheidungen, die eingetragene Partnerschaften betreffen, vom Anwendungsbereich der EheVO erfasst sein.

(5) Zwischenergebnis

Die Auslegungsmethoden kommen zu unterschiedlichen Ergebnissen. Eine starre Regelung, welcher Auslegungsmethode in einem solchen Fall Vorrang zu gewähren ist, gibt es nicht. Vielmehr müssen die einzelnen Auslegungsgesichtspunkte richtig abgewogen werden[770]. Zwar sprechen aufgrund der teleologischen Auslegung gewichtige Gründe für die Einbeziehung von Entscheidungen in Lebenspartnerschaftssachen in den Anwendungsbereich der EheVO. Gewichtiger sind aber die Aspekte, die sich aus der historischen Entwicklung des Ehebegriffs (s.o., S. 171) und der systematischen Interpretation dieses Begriffs ergeben. Danach deutet wenig darauf hin, dass der Rat der Europäischen Union eingetragene Partnerschaften vom Anwendungsbereich der EheVO erfasst wissen wollte. Gerade der Umstand, dass der Rat eingetragene Partnerschaften als Institution, die mittlerweile in diversen mitgliedstaatlichen Rechtsordnungen vorgesehen ist, kannte, er diese aber entgegen der Praxis der nationalen Gesetzgeber mit keinem Wort erwähnte, deutet darauf hin, dass die EheVO nicht auf Entscheidungen, die eingetragene Partnerschaften betreffen, angewendet werden kann.

Somit führt sowohl die autonome Auslegung der EheVO als auch die Auslegung aus Sicht der nationalen Rechtsordnungen[771] zu einer strikten Trennung zwischen der Ehe als dauernder Gemeinschaft zweier geschlechtsverschiedener Partner und einer sonstigen Partnerschaft zweier Menschen[772].

bb) Analogie

Es stellt sich die Frage, ob die Normen der EheVO auf Entscheidungen, die die Auflösung von eingetragenen Lebenspartnerschaften betreffen, analog ange-

---

770 Enneccerus-Nipperdey (1959), § 56 IV.

771 BVerfG, Urt. vom 29.7.1959 – 1 BvR 205, 332, 333, 367/58, 1 BvL 27, 100/58, BVerfGE 10, 59 (66); BVerfG, Beschl. vom 30.11.1982 – 1 BvR 818/81, BVerfGE 62, 323 (330).

772 So im Ergebnis auch Jakob, FamRZ 2002, 507; dazu aus Sicht des deutschen Rechts BVerfG, Beschl. vom 4.10.1993 – 1 BvR 640/93, NJW 1993, 3058; OLG Köln, Beschl. vom 15.3.1993 – 16 Wx 57/93, NJW 1993, 1997; LG Frankfurt a.M., Beschl. vom 22.3.1993 – 2/9 T 17/93, NJW 1993, 1998 (1999); anders die Lage in den Niederlanden, wo seit 1.4.2001 auch gleichgeschlechtliche Paare heiraten können, Boele-Woelki, ZfRV 2001, 127.

wendet werden können[773]. Unter einer Analogie versteht man die Übertragung einer durch das Gesetz aufgestellten Regel auf einen gesetzlich nicht erfassten, aber vergleichbaren Fall[774].

(1) Vergleichbarkeit der Interessenlage

Damit eine Norm oder ein Normenkomplex auf einen Sachverhalt analog angewendet werden kann, ist es zum einen notwendig, dass eine vergleichbare Interessenlage zwischen den von der Regelung erfassten Sachverhalten einerseits und den nicht erfassten Konstellationen andererseits besteht. Das Ziel der EheVO ist die Vereinfachung des internationalen Entscheidungsverkehrs durch eine Vereinheitlichung der Zuständigkeits-, Anerkennungs- und Vollstreckungsvoraussetzungen bei grenzüberschreitenden Entscheidungen, die das persönliche Verhältnis zweier Menschen zueinander betreffen. Durch diese Vereinheitlichung erhofft man sich, die justitielle Zusammenarbeit zwischen den Mitgliedstaaten der EG zu verbessern. Dadurch verspricht man sich eine Verbesserung des Funktionierens des Binnenmarktes. Dies versucht man dadurch zu erreichen, dass man den betroffenen Ehegatten den Zugang zu den Gerichten und das Auffinden der zuständigen Stellen erleichtert. Weiterhin soll die Verfahrensdauer durch einheitliche Regelungen verkürzt werden. Die Belange der Kinder bei einer Scheidung einer gemischt-nationalen Ehe werden dabei durch eine Verfahrensverbindung, aus der sich eine Beschleunigung des Verfahrens ergeben dürfte, stärker berücksichtigt.

Auch bei eingetragenen Lebenspartnerschaften besteht ein Bedürfnis, Auflösungsentscheidungen international anzuerkennen und international gelagerte Gerichtsverfahren zu vereinheitlichen und zu beschleunigen. Des Weiteren ist es auch bei Entscheidungen bzgl. des Umgangsrechts bzw. des (Co-)Sorgerechts aus Anlass der Auflösung einer eingetragenen Lebenspartnerschaft erforderlich, auf einheitliche Verfahrensregelungen zurückgreifen zu können. Die Kinder, die in diesen Beziehungen heranwachsen, werden nämlich durch ein langwieriges Verfahren genauso belastet wie Kinder, die in einer Ehe aufwachsen. Somit sind die Interessen, die zu einer Einbeziehung von Entscheidungen in Ehesachen in den Anwendungsbereich der EheVO geführt haben, mit denen vergleichbar, die für eine Erfassung von Entscheidungen in Lebenspartnerschaftssachen sprechen.

---

[773] So im Ergebnis auch Boele-Woelki, ZfRV 2001, 125 Fn. 51.
[774] Zu den Einzelheiten s.o., S. 98.

(2) Regelungslücke

Des Weiteren muss eine Regelungslücke bestehen[775]. Diese existiert dann, wenn die Regelung planwidrig unvollständig ist.

(a) Unvollständigkeit der Regelung

Eine Regelung ist unvollständig, wenn eine offene oder verdeckte Lücke vorliegt[776]. Die EheVO enthält keine Regelungen für eingetragene Lebenspartnerschaften. Ein grundsätzliches Bedürfnis für eine solche Regelung kann dabei nicht von der Hand gewiesen werden (s.o., S. 174), so dass hier eine offene Regelungslücke vorliegt.

(b) Planwidrigkeit der Unvollständigkeit

Die Unvollständigkeit der Regelung müsste planwidrig sein. Das Rechtsetzungsorgan hätte, wenn es die Lücke gekannt hätte, eine Regelung, die der getroffenen Analogie entspricht, schaffen müssen[777]. Maßstab für die Beantwortung dieser Frage ist die gesamte Rechtsordnung[778].
Im Rahmen der EheVO sind dabei insbesondere die ihr zugrundeliegenden Prinzipien zu beachten. Dazu zählt vor allem der Vertrauensgrundsatz[779]. Dieser besagt, dass eine Verfahrenserleichterung im internationalen Rechtsverkehr nur dann herbeigeführt werden kann, wenn die an der EheVO teilnehmenden Einzelstaaten ein ausreichendes Vertrauen in den Verfahrensgang in den anderen Mitgliedstaaten besitzen. Dieser Grundsatz hat eine Ausprägung zum einen in der ausdrücklichen Erwähnung in Erwägungsgrund 16 zur EheVO und zum anderen in den Anerkennungs- und Vollstreckungsregelungen der EheVO gefunden. Die Anerkennung ausländischer Entscheidungen soll gem. Art. 14 Abs. 1 EheVO nämlich ohne gesondertes Verfahren erfolgen.
Von einem solchen Vertrauen kann man aber nur dann ausgehen, wenn die analoge Anwendung der EheVO auf Entscheidungen in Lebenspartnerschaftssachen lediglich ein Ausfluss von Rechtsprinzipien ist, die bei einer Gesamtbetrachtung ohnehin schon in den Rechtsordnungen der Mitgliedstaaten der EG

---

[775] Vgl. EuGH, Urt. vom 15.12.1966 – Verbundene Rs. 15/64 und 60/65, EuGHE 1966, 685 (698); Bleckmann, NJW 1982, 1181.

[776] Zur Abgrenzung s.o., S. 99.

[777] Brox (2001), Rn. 67; dies kommt z.B. in § 7 des österreichischen ABGB zum Ausdruck.

[778] So auch aus österreichischer Sicht OGH, Urt. vom 23.3.1976 – Ob 313/76, JBl. 1976, 490 (493).

[779] Hausmann, ELF 2000/01, 348.

verankert ist[780]. Davon kann man dann ausgehen, wenn die einzelstaatlichen Regelungen zur Auflösung[781] einer eingetragenen Lebenspartnerschaft zumindest in den Grundzügen übereinstimmen[782].

(aa) Die Auflösung der eingetragenen Lebenspartnerschaft in der EG am Beispiel von Belgien, Deutschland, Frankreich, den Niederlanden, Schweden und Spanien

(aaa) Belgien

In Belgien können sowohl homo- als auch heterosexuelle Paare eine „cohabitation légale" eingehen. Diese kann in gegenseitigem Einvernehmen oder durch einseitige Aufkündigung gem. Art. 1476 § 2 Code civil beendet werden. Für die einseitige Aufkündigung ist eine schriftliche Erklärung gegenüber dem zuständigen Standesbeamten erforderlich, der diese dem Partner innerhalb von acht Tagen zustellen muss. Ein gerichtliches Auflösungsverfahren sieht das belgische Recht hingegen nicht vor.

(bbb) Deutschland

In Deutschland heben die Gerichte Lebenspartnerschaften gem. § 15 Abs. 1 LPartG auf[783]. Die Lebenspartnerschaft wird gem. § 15 Abs. 2 Nr. 1 LPartG bei einem beiderseitigen Antrag aufgehoben, wenn seit der Erklärung[784] zwölf Monate vergangen sind. Diese Frist beträgt 36 Monate, wenn nur einer der Partner die Aufhebung begehrt[785]. § 661 Abs. 2 ZPO verweist für die sachliche Zuständigkeit auf die Regelungen, die für die Scheidung einer Ehe gelten und damit auch auf § 23a GVG. Danach sind die Amtsgerichte und dort die Familiengerichte (§ 23b Abs. 1 Nr. 15 GVG) für die Aufhebung einer Lebenspartnerschaft zuständig.

---

780 Vgl. Bleckmann, NJW 1982, 1181; Bleckmann (1997), Rn. 572.

781 Die durch den Tod eines Lebenspartners bedingte Beendigung der Lebenspartnerschaft soll im Rahmen dieser Untersuchung außen vor bleiben.

782 Die Regelung muss daher weder in allen untersuchten Rechtsordnungen vorhanden sein, noch müssen die Regelungen im Detail übereinstimmen, Bleckmann (1997), Rn. 573 f.

783 Daneben wird die Lebenspartnerschaft auch durch den Tod und wohl auch durch die Heirat eines der Partner beendet, Muscheler (2001), Rn. 146 f.

784 Anders als bei der Ehescheidung ist es nicht erforderlich, dass die Partner vor der Aufhebung der Partnerschaft eine gewisse Zeit getrennt lebten.

785 Von diesen Fristen kann in Härtefällen gem. § 15 Abs. 2 Nr. 3 LPartG abgesehen werden.

(ccc) Frankreich

In Frankreich kann man eine eingetragene Lebenspartnerschaft in Form des „Pacte civil de solidarité“ eingehen[786]. Diese wird gem. Art. 515-7 Code civil[787] durch eine gemeinsame Erklärung gegenüber der Geschäftsstelle des Tribunal d'instance aufgelöst, in dessen Bezirk mindestens einer der Partner seinen Wohnsitz hat. Begehrt hingegen nur ein Partner die Auflösung, so muss er dem anderen Partner gegenüber die Auflösung erklären. Diese ist in Kopie der Ge-

---

[786] Die Regelungen des PACS wurden durch Gesetz vom 9.11.1999 in den code civil eingefügt.

[787] „Art. 515–7. Lorsque les partenaires décident d'un commun accord de mettre fin au pacte civil de solidarité, ils remettent une déclaration conjointe écrite au greffe du tribunal d'instance dans le ressort duquel l'un d'entre eux au moins a sa résidence. Le greffier in scrit cette déclaration sur un registre et en assure la conservation. Lorsque l'un des partenaires décide de mettre fin au pacte civil de solidarité, il signifie à l'autre sa décision et a dresse copie de cette signification au greffe du tribunal d'instance qui a reçu l'acte initial. Lorsque l'un des partenaires met fin au pacte civil de solidarité en se mariant, il en informe l'autre par voie de signification et adresse copies de celle-ci et de son acte de naissance, sur lequel est portée mention du mariage, au greffe du tribunal d'instance qui a reçu l'acte initial. Lorsque le pacte civil de solidarité prend fin par le décès de l'un au moins des partenaires, le survivant ou tout intéressé adresse copie de l'acte de décès au greffe du tribunal d'instance qui a reçu l'acte initial. [...]. Le pacte civil de solidarité prend fin, selon le cas: 1. Dès la mention en marge de l'acte initial de la déclaration conjointe prévue au premier alinéa ; 2. Trois mois après la signification délivrée en application du deuxième alinéa, sous réserve qu'une copie en ait été portée à la connaissance du greffier du tribunal désigné à cet alinéa ; 3. A la date du mariage ou du décès de l'un des partenaires. [...].“ Übersetzt: „Art. 515–7. Wenn die Partner gemeinschaftlich beschließen, den Zivilsolidaritätspakt zu beenden, senden sie eine gemeinsame Erklärung in geschriebener Form an die Geschäftsstelle des tribunal d'instance, in dessen Bezirk wenigstens einer von ihnen seinen Wohnsitz hat. Der Urkundsbeamte trägt diese Erklärung in ein Verzeichnis ein und gewährleistet deren Aufbewahrung. Wenn einer der Partner beschließt, den Zivilsolidaritätspakt zu beenden, übermittelt er dem anderen seine Entscheidung und sendet davon eine Durchschrift an die Geschäftsstelle des tribunal d'instance, das den Begründungsakt vorgenommen hat. Wenn einer der Partner den Zivilsolidaritätspakt beendet, indem er heiratet, informiert er darüber den anderen und er übersendet hiervon und von seiner Geburtsurkunde, auf der die Ehe erwähnt wird, eine Durchschrift an die Geschäftsstelle des tribunal d'instance, das den Begründungsakt vorgenommen hat. Wenn der Zivilsolidaritätspakt durch den Tod von wenigstens einem der Partner zu Ende geht, senden der Überlebende oder jeder andere daran Interessierte eine Kopie der Sterbeurkunde an die Geschäftsstelle des tribunal d'instance, das den Begründungsakt vorgenommen hat. [...]. Der Zivilsolidaritätspakt geht zu Ende, je nach Fall: 1. vom Zeitpunkt der Vornahme der gemeinsamen Erklärung an, die im ersten Abschnitt vorgesehen ist; 2. drei Monate nach der Unterzeichnung der Erklärung, die aufgrund des zweiten Abschnitts freigestellt wurde, unter dem Vorbehalt, dass der Urkundsbeamten des Gerichts, der in diesem Abschnitt bestimmt ist, von einer Kopie Kenntnis genommen hat; 3. mit Beginn der Ehe oder des Todes eines der Partner. [...].“

schäftsstelle desjenigen Tribunal d'instance zuzustellen, bei dem die Partnerschaft ursprünglich eingegangen wurde. Drei Monate nach der Zustellung der Auflösungserklärung gilt die Partnerschaft als aufgelöst, Art. 515-7 Code civil[788].
Wenn einer der Lebenspartner die Lebenspartnerschaft beendet, indem er heiratet[789], muss er zum einen den anderen Partner schriftlich benachrichtigen. Zum anderen hat er der Geschäftsstelle des Gerichts, das den ursprünglichen Lebenspartnerschaftsvertrag entgegengenommen hat, Abschriften jener Mitteilung und seiner eigenen Geburtsurkunde, in der die Eheschließung vermerkt wurde, zu übermitteln.

(ddd) Niederlande

In den Niederlanden können sowohl homo- als auch heterosexuelle Paare ihre Partnerschaft registrieren lassen[790]. Zu Lebzeiten der Partner kann die Partnerschaft gem. Art. 80c lit. c BW[791] im gegenseitigen Einvernehmen aufgelöst werden. Dies erfordert, dass ein Standesbeamter die Auflösung in das Partnerschaftsregister einträgt. Weiterhin müssen beide Partner sowie ein oder mehrere Anwälte oder Notare eine datierte Erklärung unterzeichnen, aus der sich ergibt, dass und zu welchem Zeitpunkt die Partner einen Vertrag über die Beendigung der registrierten Partnerschaft geschlossen haben.
Sollte die Auflösung gem. Art. 80c lit. d BW nur auf Verlangen von einem der Partner betrieben werden, so gelten gem. Art. 80e Nr. 1 BW die für die Ehescheidung geltenden Regelungen der Artt. 153, 155, 157 – 160, 164 und 165

[788] Siehe zur Kritik an dieser Regelung Schlüter/Heckes/Stommel, DEuFamR 2000, 16; Münch, NJW 1999, 262.

[789] Daneben wird der PACS auch noch durch den Tod des Partners beendet, Hausmann (2000), 246.

[790] Hierfür wurden Artt. 80a bis 80e in das BW eingefügt. Das Rechtsinstitut wurde auch positiv aufgenommen, 1998 ließen sich immerhin 3056 homosexuelle und 1550 heterosexuelle Paare registrieren, Hausmann (2000), 244.

[791] „Art. 80c. Het geregistreerd partnerschap eindigt: [...] c) met wederzijds goedvinden door inschrijving door de ambtenaar van de burgerlijke stand van een door beide partners en een of meer advocaten of notarissen ondertekende en gedateerde verklaring waaruit blijkt dat en op welk tijdstip de partners omtrent de beëindiging van het geregistreerd partnerschap een overeenkomst hebben gesloten. [...]." Übersetzt: „Art. 80c. Die registrierte Partnerschaft endet: [...] c) im gegenseitigen Einvernehmen mit der vom Standesbeamten vorgenommenen Eintragung einer von beiden Partnern und einem oder mehreren Anwälten oder Notaren unterzeichneten und datierten Erklärung, aus der sich ergibt, dass und in welchem Zeitpunkt die Partner einen Vertrag über die Beendigung der registrierten Partnerschaft geschlossen haben. [...]."

BW. Diese legen zwar nicht ausdrücklich fest, wer die Auflösung der Ehe bzw. Partnerschaft vorzunehmen hat. Allerdings kann man aus einigen Vorschriften herleiten, dass für Regelungen, die mit der Ehescheidung zusammenhängen, die Gerichte zuständig sind[792]. Damit kann davon ausgegangen werden, dass die Gerichte – vermittelt über Art. 80e Nr. 1 BW – auch für die Auflösung einer Partnerschaft zuständig sein sollen.

(eee) Schweden

Die für homosexuelle Lebensgemeinschaften geltenden schwedischen Vorschriften sind im „Gesetz über homosexuell Zusammenlebende“[793] zusammengefasst. Gem. § 1[794] dieses Gesetzes kann nur das Gericht die Partnerschaft zu Lebzeiten der Partner auflösen. Die Auflösung der Partnerschaft kann das untere Gericht, das sog. „tingsrätt“, das aus einem Berufsrichter und drei Laienrichtern besteht, vornehmen[795]. Eine Auflösung der Partnerschaft durch eine Verwaltungsbehörde ist, anders als z.B. im dänischen Recht, nicht vorgesehen. Gem. § 4 sind schwedische Gerichte dann für die Auflösung einer Partnerschaft international zuständig, wenn die Registrierung in Übereinstimmung mit diesem Gesetz erfolgte[796]. Dies hat u.a. zur Folge, dass eine in Schweden registrierte Partnerschaft selbst dann von einem schwedischen Gericht aufgelöst werden kann, wenn keiner der Partner seinen Wohnsitz in Schweden hat bzw. keiner von ihnen schwedischer Staatsangehöriger ist[797].

792 So z.B. in Buch 1 Art. 157 Abs. 1 BW „De rechter kan bij de echtscheidingsbeschikking of bij latere uitspraak aan de echtgenoot die niet voldoende inkomsten tot zijn levensonderhoud heeft, noch zich in redelijkheid kan verwerven, op diens verzoek ten laste van de andere echtgenoot een uitkering tot levensonderhoud toekennen.“ Übersetzt: „Art. 157. (1) Der Richter kann in der Ehescheidungsentscheidung oder durch spätere Entscheidung dem Ehegatten, der keine ausreichenden Einkünfte für seinen Lebensunterhalt hat und sie auch nicht billigerweise erwerben kann, auf dessen Antrag zu Lasten des anderen Ehegatten eine Zahlung zum Lebensunterhalt zuerkennen. [...].“

793 Lag om homosexuella sambor (Homosexlag) vom 18.6.1987, Nr. 813.

794 „§ 1. Ett registrerat partnerskap upplöses genom den ena partnerns död eller genom domstols avgörande.“ Übersetzt: „§ 1. Eine registrierte Partnerschaft wird durch den Tod eines Partners oder durch Gerichtsentscheidung aufgelöst.“

795 Grieb (1995), 263.

796 „§ 4. Partnerskapsmål får alltid tas upp av svensk domstol om registrering har skett enligt denna lag.“ Übersetzt: § 4. Partnerschaftsstreitigkeiten können stets vor die schwedischen Gerichte gebracht werden, wenn die Registrierung in Übereinstimmung mit den Vorschriften dieses Gesetzes erfolgt ist.“

797 Grieb (1995), 263.

(fff) Spanien

In Spanien steht die Gesetzgebungskompetenz für Familiensachen und damit auch für das Rechtsinstitut der eingetragenen Partnerschaft den autonomen Regionen zu. Von dieser Kompetenz haben die Regionen Katalonien[798], Aragon[799] und Navarra[800] Gebrauch gemacht. In den Gesetzen dieser Regionen ist sowohl die homo- als auch die heterosexuelle Partnerschaft vorgesehen. Die Partnerschaft kann in gegenseitigem Einvernehmen, durch einseitige Aufkündigung oder durch eine einjährige Trennung[801] gem. Artt. 12[802] und 30[803] des Gesetzes von Katalonien, gem. Art. 6 des Gesetzes von Aragon[804] und gem. Art. 4[805] des

798 Ley 10/1998, de 15 de julio, de uniones estables de pareja.

799 Ley 6/1999, de 26 de marzo, relativa a parejas estables no casadas.

800 Ley foral 6/2000, de 3 de julio, para la igualdad jurídica de las parejas estables.

801 Daneben wird die Partnerschaft auch durch den Tod oder die Heirat eines Partners aufgelöst.

802 „Art. 12. (1) Las uniones estables se extinguen por las causas siguientes: a) Por común acuerdo. b) Por voluntad unilateral de uno de los miembros de la pareja, notificada fehacientemente al otro. c) Por defunción de uno de los miembros. d) Por separación de hecho de más de un año. e) Por matrimonio de uno de los miembros.“ Übersetzt: „Art. 12. (1) Die dauernden Partnerschaften werden unter folgenden Voraussetzungen aufgelöst: a) Durch gegenseitiges Einvernehmen. b) Durch einseitigen Willen eines Partners, der dem anderen Partner in beglaubigter Form mitgeteilt wird. c) Durch den Tod eines Partners. d) Durch faktische Trennung von mehr als einem Jahr. e) Durch die Heirat eines Partners.“

803 „Art. 30. (1) Las uniones estables objeto de este capítulo se extinguen por las causas siguientes: a) Por común acuerdo. b) Por voluntad unilateral de uno de los miembros de la pareja, notificada fehacientemente al otro. c) Por defunción de uno de los miembros de la pareja. d) Por separación de hecho de más de un año. e) Por matrimonio de uno de los miembros. [...].“ Übersetzt: „Art. 30. (1) Die dauernden Partnerschaften, die in diesem Kapitel behandelt werden, sind unter folgenden Voraussetzungen aufgelöst: a) Durch gegenseitiges Einvernehmen. b) Durch einseitigen Willen eines Partners, der dem anderen Partner in beglaubigter Form mitgeteilt wird. c) Durch den Tod eines Partners. e) Durch die Heirat eines Partners. [...].“

804 „Art. 6. (1) La pareja estable no casada se extingue: a) Por la muerte o declaración de fallecimiento de uno de sus integrantes. b) De común acuerdo. c) Por decisión unilateral. d) Por separación de hecho de más de un año. e) Por matrimonio de uno de sus miembros. [...].“ Übersetzt: „Art. 6. (1) Die dauernde Partnerschaft Nichtverheirateter ist aufgelöst: a) Durch den Tod oder die Erklärung des Todes eines Partners. b) Durch gegenseitiges Einvernehmen. c) Durch einseitige Entscheidung. d) Durch faktische Trennung von einem Jahr. e) Durch die Heirat eines Partners. [...].“

805 „Art. 4. (1) Se considerará disuelta la pareja estable en los siguientes casos: a) Por la muerte o declaración de fallecimiento de uno de sus integrantes. b) Por matrimonio de uno de sus miembros. c) Por mutuo acuerdo. d) Por voluntad unilateral de uno de los miembros de la pareja, notificada fehacientemente al otro. e) Por cese efectivo de la convivencia por un período superior a un año. f) En los supuestos acordados por sus miembros en escritura pública. [...].“ Übersetzt: „Art. 4. (1) Die dauernde Partnerschaft wird in folgenden Fällen als aufgelöst angesehen a) Im Falle des Todes oder der Erklärung

Gesetzes von Navarra aufgelöst werden. Die Auflösung der Partnerschaft erfolgt dabei ipso iure, so dass eine Mitwirkung der Gerichte nicht erforderlich ist[806]. Die Löschung der Partnerschaft im Register hat dabei rein deklaratorische Wirkung.

(bb) Vergleich der einzelnen Rechtsordnungen und Ergebnis für die analoge Anwendbarkeit der EheVO auf eingetragene Lebenspartnerschaften

Während in Deutschland und Schweden die Auflösung der eingetragenen Partnerschaft nur durch Richterspruch möglich ist und in Frankreich der Beamte der Geschäftsstelle des Gerichts die wesentlichen Verfahrensschritte überwacht, können in Belgien, den Niederlanden und Norwegen auch die Verwaltungsbehörden tätig werden. In Spanien erfolgt die Auflösung unter bestimmten Umständen sogar ohne jegliche Mitwirkung seitens staatlicher Behörden. Somit unterscheiden sich die Verfahren zur Auflösung einer eingetragenen Lebenspartnerschaft in den einzelnen EG-Mitgliedstaaten erheblich, so dass bei den Mitgliedstaaten kein Vertrauen in die Verfahren in den anderen Staaten vermutet werden kann. Folglich spricht eine rechtsvergleichende Betrachtung dagegen, die EheVO auf Entscheidungen in Lebenspartnerschaftssachen analog anzuwenden.
Dieses Ergebnis steht in Einklang mit den Zielen des Gutachtens, das die Regierungschefs der EG-Mitgliedstaaten auf dem Rat zur Justiz- und Innenpolitik am 15./16.11.1999 in Tampere[807] in Auftrag gaben. Dieses sollte sich mit der Frage der Übertragbarkeit der Grundsätze des EheÜbk in eine Verordnung beschäftigen[808]. Mittels dieses Gutachtens wollte man aber nicht überprüfen, ob die EheVO als solche bereits (unmittelbar) auf Lebenspartnerschaften angewendet werden kann. Vielmehr sollte untersucht werden, ob man den Anwendungsbereich der EheVO durch einen eigens zu formulierenden Rechtsakt auf eingetragene Lebenspartnerschaften ausdehnen könnte. Daraus ergibt sich, dass sich der Rat der Problematik der sonstigen Lebensgemeinschaft nicht nur bewusst war. Vielmehr beabsichtigte er auch niemals, die EheVO auf sonstige Lebenspartner-

---

des Todes eines Partners. b) Im Fall der Heirat eines Partners. c) Bei gegenseitigem Einvernehmen. d) Bei einseitigem Willen eines Partners, der dem anderen Partner in beglaubigter Form mitgeteilt wird. e) Durch faktische Aufgabe des Zusammenlebens von mindestens einem Jahr. f) Im Falle eines Übereinkommens, das in einer öffentlichen Urkunde niedergelegt wurde. [...].“

[806] Hausmann (2000), 247.

[807] Zu den Schlussfolgerungen vgl. Bulletin BReg. 1999, 793 (797).

[808] Abl. EG 2001, C 12, 1.

schaften anzuwenden[809]. Somit kann die EheVO auch nicht analog auf eingetragene Lebenspartnerschaften angewendet werden[810].

d) Das Verhältnis der EheVO zur ZivVO

Die EheVO wurde gegenüber dem EheÜbk durch neue Bestimmungen modifiziert. Dies geschah, um Widersprüche zu den Bestimmungen der „Verordnung über die gerichtliche Zuständigkeit und die Anerkennung und Vollstreckung von Urteilen in Zivil- und Handelssachen“[811] (ZivVO), die am 1.3.2002 in Kraft trat, zu vermeiden[812].

aa)Die Ziele der ZivVO

Durch die ZivVO wird der Anwendungsbereich des EuGVÜ auf die Gemeinschaftsebene verlagert. Das EuGVÜ stützte sich zuletzt auf Art. 293 Strich 4 EGV. Die ZivVO übernimmt nahezu den kompletten Inhalt des EuGVÜ[813]. Ziel der ZivVO ist es, das für die Anerkennung und Vollstreckung von Entscheidungen notwendige Verfahren zu vereinfachen. Dadurch soll den neuen Formen des Handels – hierher gehört vor allem der elektronische Geschäftsverkehr, insbesondere der Fernabsatz über das Internet[814], – Rechnung getragen werden[815]. Die ZivVO übernimmt die Ergebnisse der Überarbeitungen, die das EuGVÜ im Laufe der Jahre erfahren hat. Die Verordnung enthält drei wesentliche Regelungskomplexe. Zum einen regelt sie die Zuständigkeit der Gerichte für die bereits genannten Bereiche. Daneben sind Vorschriften zur Anerkennung von Entscheidungen in anderen Mitgliedstaaten vorgesehen. Schließlich enthält sie auch Voraussetzungen für die Vollstreckung von Entscheidungen.

---

809 So im Ergebnis wohl auch Hausmann (2000), 265.

810 So auch Vlas, WPNR 2001, 444; Hüßtege in Thomas/Putzo (2001), Vor Art. 1 EheVO Rn. 5; anders der Vorschlag der niederländischen Staatskommission für IPR vom 14.5.2001 (www.minjus.nl/c_actual/rapport/cie/commissi.htm), der zumindest eine entsprechende Anwendung der EheVO für eingetragene Partnerschaften vorsieht.

811 Abl. EG 2001, Nr. L 12, 1 – 23.

812 Erwägungsgrund 6 zur EheVO; zur Angleichung von EheÜbk und EuGVÜ, Wagner, IPRax 1998, 243; Kohler (2000), 9 ff.

813 Dänemark unterliegt aus den gleichen Gründen wie bei der EheVO (s.o., S. 58) nicht den Regelungen der ZivVO. Im Verhältnis zu Frankreich, Luxemburg und dem Vereinigten Königreich galt nicht wie für alle anderen EG-Staaten die Fassung des 4. Beitrittsübereinkommens, sondern noch die Fassung des 3. Beitrittsübereinkommens vom 26.5.1989, BGBl. 1994 II, 519.

814 Anlage zur „Gerichtlichen Zuständigkeit und Anerkennung und Vollstreckung von Entscheidungen in Zivil- und Handelssachen“ in Bericht der 2314. Tagung des Rates – Justiz, Inneres und Katastrophenschutz – am 30.11./1.12.2000 in Brüssel.

815 Bulletin (EU) 7/8 1999, 107, Nr. 1.5.2.

bb) Vergleich der Anwendungsbereiche von EheVO und ZivVO

Der Anwendungsbereich der ZivVO umfasst wie beim EuGVÜ Entscheidungen im Bereich des Zivil- und Handelsrechts. Ausgenommen sind davon u.a. Entscheidungen im Bereich des Personenstandes und damit Entscheidungen, die dem Anwendungsbereich der EheVO unterfallen.

cc)Die Beeinflussung der EheVO durch die ZivVO

Obwohl die EheVO früher in Kraft trat als die ZivVO, übernimmt sie den bei der Erstellung der ZivVO erarbeiteten Vorschlag über die Bestimmung des Zeitpunkts der Rechtshängigkeit. Anders als noch das EheÜbk enthält die EheVO in Art. 11 Abs. 4 eine eigenständige Regelung, ab wann eine Sache rechtshängig ist, so dass ein Rückgriff auf die nationalen Vorschriften der involvierten Staaten verwehrt ist. Damit entspricht die getroffene Regelung nahezu derjenigen in Art. 30 ZivVO. Lediglich der Begriff des Klägers wurde durch den des Antragstellers ausgetauscht. Diese Regelung war notwendig, da das EuGVÜ und das EheÜbk lediglich die Folgen gleichzeitiger Rechtshängigkeit festlegten. Der essentielle Kern der Frage, wann die Rechtshängigkeit überhaupt vorliegt, war jedoch weiterhin in das Gutdünken der nationalen Gesetzgeber gestellt. Dies lief aber gerade dem Vereinheitlichungsbestreben der EG zuwider.
Weiterhin hatte Art. 26 Abs. 2 ZivVO Einfluss auf Art. 10 Abs. 1 EheVO. Danach hat das zuständige Gericht bei der Anerkennung eines Versäumnisurteils das Verfahren so lange auszusetzen, bis festgestellt ist, ob es dem Antragsgegner möglich war, das verfahrenseinleitende Schriftstück rechtzeitig zu empfangen. Zweck dieser Regelung ist es, solche Versäumnisurteile zu vermeiden, die bei Vorliegen der Voraussetzungen des Art. 15 Abs. 1 lit. b EheVO bzw. Art. 34 Nr. 2 ZivVO im Aufenthaltsstaat des säumigen Antragsgegners ohnehin keine Anerkennung erfahren würden. Dadurch erhofft man sich letztlich auch eine Entlastung der Gerichte der Mitgliedstaaten.
Logische Konsequenz dessen ist, dass die vorgenannten Grundsätze gem. Art. 26 Abs. 4 EheVO auch auf die Exequaturverfahren ausgedehnt werden. Art. 43 Abs. 4 ZivVO stellt darüber hinaus klar, dass diese Grundsätze auch dann gelten, wenn der Antragsgegner seinen gewöhnlichen Aufenthalt nicht im Hoheitsgebiet eines Mitgliedstaates hatte. Gleiches dürfte trotz des abweichenden Wortlauts des Art. 10 Abs. 1 EheVO, der zumindest theoretisch eine andere Auslegung zulässt (nicht in „dem“ Mitgliedstaat), auch für die EheVO gelten.

Im Gegensatz zu einer in der Literatur geäußerten Auffassung[816] hatte die ZivVO keinen unmittelbaren Einfluss auf die Regelung der Nichtanerkennung eines Versäumnisurteils in Art. 15 Abs. 1 lit. b EheVO. Die Anerkennung eines Versäumnisurteils kann aufgrund dieser Norm versagt werden, wenn dem Antragsgegner, der sich auf das Verfahren nicht eingelassen hat, das verfahrenseinleitende Schriftstück, in Deutschland also eine Ausfertigung der Klageschrift i.S.v. § 253 Abs. 1 ZPO, nicht ordnungsgemäß zugestellt wurde, so dass er sich nicht verteidigen konnte. Zwar stimmt diese Regelung mit der Parallelvorschrift in Art. 34 Nr. 2 ZivVO insoweit überein, als allein eine fehlerhafte Zustellung nicht mehr zwingend eine Verweigerung der Anerkennung zur Folge haben muss, was noch in Art. 27 Nr. 2 EuGVÜ vorgesehen war[817]. Allerdings enthielt bereits das EheÜbk diese Voraussetzung. Somit prägte diese und nicht die ZivVO Art. 15 Abs. 1 lit. b EheVO.
Art. 26 Abs. 3 EheVO sieht vor, dass bei Rechtsbehelfen gegen eine Entscheidung über die Zulassung der Vollstreckung die Vorschriften über die Verfahren mit beiderseitigem rechtlichen Gehör Anwendung finden. Dies erfährt keine Entsprechung im EheÜbk und entspricht der Regelung in Art. 43 Abs. 3 ZivVO. Durch diese Angleichung sollte das Rechtsbehelfsverfahren bereichsübergreifend vereinheitlicht werden.

[816] Kohler, NJW 2001, 11 Fn. 12.
[817] Die im EuGVÜ vorgesehene Lösung hatte sich in der Praxis nicht bewährt, Gottwald in Lüke/Wax (2001), Art. 15 EheGVO Rn. 4.

D. Das zuständige Gericht in der Schweiz bei rein nationalen, innerkantonalen Verfahren

I. Zuständigkeit im erstinstanzlichen Verfahren

1. Verfahren in Ehesachen

a) Allgemeines

In der Schweiz kann eine Ehe zu Lebzeiten der Ehegatten gem. Art. 97 ZGB nur durch ein gerichtliches Urteil aufgelöst werden. Zum einen besteht die Möglichkeit, die Ehe für ungültig erklären zu lassen, wenn bei ihrer Eingehung Rechtsmängel i.S.d. Artt. 104 – 110 ZGB bestanden. Zum anderen ist eine Scheidung der Ehe bei deren Scheitern unter den Voraussetzungen der Artt. 111 – 149 ZGB möglich.

b) Sachliche Zuständigkeit

Gem. Art. 122 Abs. 2 Bundesverfassung (BV) besitzen die Kantone die Gesetzgebungskompetenz für die Regelung der sachlichen Zuständigkeit für Ehesachen. Der Bundesgesetzgeber hat nur dafür Sorge zu tragen, dass das materielle Scheidungsrecht durch die kantonale Gesetzgebung eine hinreichende Würdigung erfährt. Damit steht es den Kantonen offen, eine besondere Gerichtsbarkeit für Familiensachen zu schaffen[818]. Die unterschiedlichen kantonalen Regelungen der sachlichen Zuständigkeit sollen daher am Beispiel der Kantone Aargau, Bern und Zürich dargestellt werden.

aa) Sachliche Zuständigkeit im Kanton Aargau

In der ZPO des Kantons Aargau ist die sachliche Zuständigkeit für Ehesachen im erstinstanzlichen Verfahren nicht ausdrücklich geregelt. Aus einer Gesamtbetrachtung von § 12 S. 2 i.V.m. § 11 lit. c Aargauer ZPO ergibt sich aber die sachliche Zuständigkeit des Bezirksgerichts.

bb) Sachliche Zuständigkeit im Kanton Bern

Die Artt. 2 – 7 Berner ZPO i.V.m. Art. 30 Abs. 1 Berner GOG regeln die sachliche Zuständigkeit im Kanton Bern. Art. 2 Abs. 1, 1. Hs. Berner ZPO ist dabei als Generalklausel ausgestaltet und eröffnet die Zuständigkeit, soweit keine der spezialgesetzlichen Regelungen in den Artt. 3 – 7 Berner ZPO eingreift. Für

---

[818] Hegnauer/Breitschmid (2000), Rn. 12.16.

Ehesachen ist dort keine spezielle Regelung vorgesehen. Somit ergibt sich die sachliche Zuständigkeit des Kreisgerichts für Ehesachen aus Art. 2 Abs. 1, 1. Hs. Berner ZPO i.V.m. Art. 30 Abs. 1 Berner GOG.

cc) Sachliche Zuständigkeit im Kanton Zürich

Im Kanton Zürich besteht die sachliche Zuständigkeit aufgrund einer Verweisung von § 17 S. 1 Zürcher ZPO auf die Normen des Zürcher GVG. In diesem ist zwar nicht ausdrücklich die sachliche Zuständigkeit für Ehesachen im erstinstanzlichen Verfahren geregelt. Vielmehr regelt § 21 Zürcher GVG nur die funktionelle Zuständigkeit des Einzelrichters. Aus dem Zusammenspiel von § 21 i.V.m. § 19 S. 1 und 3 Zürcher GVG lässt sich aber die erstinstanzliche Zuständigkeit des Bezirksgerichts für Ehesachen entnehmen[819].

c) Örtliche Zuständigkeit

Die Gesetzgebungskompetenz für die örtliche Zuständigkeit liegt hingegen beim Bund[820]. Der Gerichtsstand für eine Ehesache besteht gem. Art. 135 Abs. 1 ZGB am Wohnsitz eines Ehegatten und gilt für die Scheidungsklage i.S.d. Artt. 111 ff. ZGB, für die Klage auf Trennung i.S.v. Art. 117 ZGB und für die Klage auf Ungültigerklärung der Ehe i.S.v. Art. 110 ZGB. Der Gerichtsstand am Wohnsitz eines Ehegatten ist ausschließlich und zwingend (Art. 15 Abs. 1 GestG[821]) und von Amts wegen zu beachten[822]. Somit sind weder eine rügelose Einlassung[823] noch eine Prorogation möglich.

Auch schon vor der Revision des ZGB[824] war das Gericht am Wohnsitz des klagenden Ehegatten gem. Art. 144 a.F. ZGB zuständig. Die Regelung führt dazu, dass die Ehegatten zu einer übereilten Erhebung der Scheidungsklage bewogen

---

819 Das Bezirksgericht ist in den meisten Verfahrensrechten der Schweizer Kantone vorgesehen. Im Kanton Zürich besteht es aus einem Präsidenten und mindestens vier Richtern, vgl. dazu Huber (1997), § 17 ZPO Rn. 22. Sie arbeiten nach dem Referentensystem und entscheiden erstinstanzlich, wenn der Streitwert mindestens Fr. 500, höchstens aber Fr. 20.000 beträgt.

820 Zwar sehen auch die kantonalen Gesetze Gerichtsstandsregelungen vor. Diese gelten aber nur subsidiär und damit nur in den Fällen, in denen keine Regelung des Bundes vorliegt. Eine solche Regelung findet sich z.B. in § 23 Zivilrechtspflegegesetz des Kantons Aargau vom 18.12.1984.

821 Vom 24.3.2000, BBl. 2000 II, 2183.

822 BG, Urt. der II. Zivilabteilung vom 12.12.1985 in BGE 111 II, 401 (403); BG, Urt. der II. Zivilabteilung vom 15.2.1990, BGE 116 II, 9 (13); Bühler/Spühler in Gmür (1980), Art. 144 ZGB Rn. 13 ff.; vgl. auch Art. 34 Abs. 1 GestG.

823 So auch Meyer-Götz, FF 2001, 18.

824 In Kraft getreten am 1.1.2000.

werden könnten, nur um die Zuständigkeit bei dem für sie günstigeren Gericht zu begründen[825]. Dies ist verfassungsrechtlich nicht unbedenklich. Art. 14 BV[826] garantiert das Recht auf Ehe. Unter einer Ehe versteht das Schweizer Recht die Verbindung von zwei Menschen biologisch unterschiedlichen Geschlechts[827]. Gleichgeschlechtliche Partnerschaften fallen hingegen nicht in den Schutzbereich des Art. 14 BV[828]. Art. 14 BV umfasst zum einen die positive Ehefreiheit. Darunter versteht man das Recht, eine Ehe einzugehen und verheiratet zu bleiben[829]. Daneben wird im Rahmen der negativen Ehefreiheit wie schon durch Art. 54 BV a.F.[830] auch das Recht, nicht zu heiraten[831] bzw. den Bund der Ehe wieder aufzulösen[832], gewährleistet. Aus diesen beiden Rechten ergibt sich ein Spannungsfeld. Die Institution der Ehe ist rechtlich anerkannt und sozial bedeutungsvoll[833]. Die Auflösung der Ehe steht diesen Werten aber entgegen. Zwar hat das BG schon zu Art. 54 BV festgestellt, dass dessen Schutz nicht so weit geht wie der des deutschen Art. 6 Abs. 1 GG[834]. Dennoch war der Staat nach allgemeiner Auffassung schon aufgrund von Art. 54 BV a.F. dazu verpflichtet, den Schutz der Ehe aktiv zu gewährleisten. Eine bloß indifferente

825 Schnyder (1999), 81; Vogel (1999), 99 Rn. 24c; Spühler (1999), 23.

826 „Art. 14. Das Recht auf Ehe und Familie ist gewährleistet."

827 BG, Urt. der II. Zivilabteilung vom 3.3.1993, BGE 119 II, 264 (267); Dicke in Koller (1989), Art. 54 BV Rn. 1; Hausheer/Reusser/Geiser (1999), Art. 159 ZGB Rn. 6; Hegnauer/Breitschmid (2000), Rn. 1.02.

828 So schon zu Art. 54 BV a.F., BG, Urt. der II. Zivilabteilung vom 3.3.1993, BGE 119 II, 264 (267); vgl. Müller (1991), 70.

829 Häfelin/Haller (2001), Rn. 2; so schon zu Art. 54 BV a.F. Burckhardt (1931), Art. 54 BV, 499; Müller (1991), 64; Schürer AJP/PJA 1997, 6.

830 „Art. 54. (1) Das Recht zur Ehe steht unter dem Schutz des Bundes. (2) Dieses Recht darf weder aus kirchlichen oder ökonomischen Rücksichten noch wegen bisherigen Verhaltens oder aus anderen polizeilichen Gründen beschränkt werden. [...]."

831 Dicke in Koller (1989), Art. 54 BV Rn. 19.

832 Müller (1999), 102.

833 BG, Urt. der II. öffentlichrechtlichen Abteilung vom 13.4.1984 in BGE 110 IA, 7 (24 f.); BG, Urt. der II. Zivilabteilung vom 3.3.1993, BGE 119 II, 264 (267); Dicke in Koller (1989), Art. 54 BV Rn. 1; Schwander, AJP/PJA 1994, 926; Locher, recht 1995, 167. Dies zeigt sich auch an vielen Beispielen im Recht der Schweiz. So stehen den Ehepartnern Leistungen aus den Sozial- und Personalversicherungen sowie güter- und erbrechtliche Ansprüche zu, die den Partnern eines Konkubinats nicht in vollem Umfang oder gar nicht zustehen. Weiterhin bestehen Vorteile bei Sozial- und Versorgungsversicherungsprämien gegenüber Konkubinatspaaren. Im Steuerrecht bestehen schließlich Möglichkeiten der innerfamiliären Verlustverrechnung bzw. der Steuerneutralität von Transferleistungen sowie Vorteile der Ehegatten im Erbschafts- und Schenkungssteuerrecht, Locher, a.a.O., 165, 169.

834 BG, Urt. der II. öffentlichrechtlichen Abteilung vom 13.4.1984, BGE 110 IA, 7 (24).

Haltung, die Ehe und Familie nicht oder nicht wesentlich beeinträchtigt, reicht daher insofern nicht aus[835].

Die Einflussnahme des Staates kann aber nicht soweit gehen, dass er durch die Ausgestaltung der ehe- und scheidungsrechtlichen Bestimmungen über den Fortbestand der Ehe mitentscheidet[836]. Vielmehr besteht eine Wechselwirkung zwischen positiver und negativer Ehefreiheit. Dabei ist zu berücksichtigen, dass das BG schon zu Art. 54 BV a.F. festgestellt hat, dass dieser nur das Recht auf Eheschließung schütze. Damit existiert kein umfassender gesetzlicher Schutz der Ehe vor Scheidung oder Trennung[837]. Andererseits muss berücksichtigt werden, dass die Ehe auch nicht zur privaten Disposition der Ehegatten steht. Vielmehr kann die Scheidung nur unter detailliert geregelten materiellen und formellen Voraussetzungen erfolgen[838]. Diese sind so auszugestalten, dass die Ehescheidung die Ausnahme bleibt[839] und die Scheidung von Ehen, die nicht gescheitert sind, vermieden wird[840].

Zwar hat der Gesetzgeber bei der Ausgestaltung dieser Voraussetzungen einen erheblichen Gestaltungsspielraum. Das Scheidungs-(verfahrens-)recht darf aber nicht so ausgestaltet sein, dass aus der negativen Ehefreiheit ein freies Kündigungsrecht resultiert[841]. Dabei ist zu berücksichtigen, dass Art. 14 BV[842] nicht nur eine Institutsgarantie beinhaltet, sondern auch ein individuelles Recht gewährt, das den eidgenössischen und kantonalen Gesetzgeber bindet[843]. Daher erscheint es äußerst fragwürdig, ob der Schweizer Gesetzgeber für die Einlei-

---

835 Dicke in Koller (1989), Art. 54 BV Rn. 34; Häfelin/Haller (2001), Rn. 391.

836 So geht auch die Literatur von einer Förderpflicht des Staates gegenüber der Ehe aus, Hegnauer/Breitschmid (2000), Rn. 2.05 ff.

837 Burckhardt (1931), Art. 54 BV, 500; BG, Urt. der II. öffentlichrechtlichen Abteilung vom 13.4.1984, BGE 110 IA, 7 (24).

838 Hegnauer/Breitschmid (2000), Rn. 8.03; vgl. aus deutscher Sicht BVerfG, Urt. vom 28.2.1980 – 1 BvL 136/78, 1 BvR 890/77, 1300, 1440/78 und 32/79, BVerfGE 53, 224 (252).

839 So BG, Urt. der II. Zivilabteilung vom 3.3.1993, BGE 119 II, 264 (267), in der die Ehe als auf Dauer angelegte Lebensgemeinschaft verstanden wird; Dicke in Koller (1989), Art. 54 BV Rn. 1; Hegnauer/Breitschmid (2000), Rn. 8.02; vgl. aus deutscher Sicht BVerfG, a.a.O., 246.

840 Dieser Grundsatz wurde in Art. 171 ZGB verwirklicht. Danach haben die Kantone dafür zu sorgen, dass sich die Ehegatten bei Eheschwierigkeiten gemeinsam oder einzeln an Ehe- oder Familienberatungsstellen wenden können.

841 Müller (1999), 102, spricht insoweit von einer „angemessenen“ Ausgestaltung des Verfahrens zur Eheauflösung. Vgl. aus Sicht des deutschen Rechts BVerfG, a.a.O., 252 f.; Hillgruber (1992), 149 – 151; Schmitt-Kammler in Sachs (1999), Art. 6 GG Rn. 42.

842 So auch schon Art. 54 BV a.F.

843 BG, Urt. der II. öffentlichrechtlichen Abteilung vom 13.4.1984, BGE 110 IA, 7 (25).

tung des Scheidungsverfahrens eine Regelung wählen durfte, die die Ehegatten bei (möglicherweise) behebbaren Differenzen zu einer raschen Erhebung der Scheidungsklage anspornt[844].

d) Funktionelle Zuständigkeit

Die Rechtsetzungskompetenz für die funktionelle Zuständigkeit liegt wiederum beim kantonalen Gesetzgeber. Damit kann die funktionelle Zuständigkeit von Kanton zu Kanton variieren. Dies soll am Beispiel der Kantone Aargau, Bern und Zürich verdeutlicht werden.

aa) Funktionelle Zuständigkeit im Kanton Aargau

Im Kanton Aargau ist gem. § 11 lit. c Aargauer ZPO der Gerichtspräsident als Einzelrichter funktionell für Ehescheidungssachen zuständig, wenn ein gemeinsamer Antrag der Eheleute vorliegt. Unter den Begriff der Ehescheidungssachen fallen aber nicht nur Verfahren, mit deren Abschluss die Scheidung der Eheleute ausgesprochen wird. Vielmehr ist davon auch eine Trennung erfasst. Daher müssen sich die Parteien wie schon bei § 11 lit. c Aargauer ZPO a.F.[845] über den Hauptpunkt des Antrags geeinigt haben[846]. Weiterhin müssen sich die Ehegatten entweder schon bei Stellung des Klageantrags oder im Laufe des Prozesses vollständig über die Scheidungsfolgen i.S.v. Art. 111 ZGB einigen. Zu diesen gehören das Sorgerecht und das Umgangsrecht des nicht sorgeberechtigten Elternteils i.S.v. Art. 133 ZGB.

Neu eingefügt wurde § 11 lit. d Aargauer ZPO[847]. Dieser eröffnet die funktionelle Zuständigkeit des Gerichtspräsidenten, wenn ein gemeinsamer Scheidungsantrag vorliegt und die Antragsteller die Entscheidung über die Scheidungsfolgen dem Gerichtspräsidenten überlassen.

In allen übrigen Ehesachen ist gem. § 12 S. 2 Aargauer ZPO der Einzelrichter am Bezirksgericht funktionell zuständig[848]. Zu diesen Verfahren zählen z.B. sol-

---

[844] In Deutschland wird eine vergleichbare Zwickmühle durch das Regelungsgeflecht der Zuständigkeitsgründe des § 606 ZPO vermieden.

[845] § 11 lit. c Aargauer ZPO wurde durch das Dekret über die Zivilrechtspflege in Ehescheidungssachen vom 2.11.1999, in Kraft seit 1.1.2000, novelliert. Die frühere Fassung sah lediglich gleichlautende Parteianträge vor.

[846] Vgl. zur alten Rechtslage Bühler in Bühler/Edelmann/Killer (1998), § 11 Rn. 7.

[847] Eingefügt durch das Dekret über die Zivilrechtspflege in Ehescheidungssachen vom 2. November 1999, in Kraft seit 1. Januar 2000.

[848] Bühler in Bühler/Edelmann/Killer (1998), § 11 Rn. 9.

che, in denen sich die Eheleute nur teilweise über die Scheidungsfolgen geeinigt haben[849].

bb) Funktionelle Zuständigkeit im Kanton Bern

Im Kanton Bern regelt Art. 2 Abs. 1 Berner ZPO die funktionelle Zuständigkeit für Ehesachen. Danach ist der Gerichtspräsident funktionell zuständig.

cc)Funktionelle Zuständigkeit im Kanton Zürich

Im Kanton Zürich ist der Einzelrichter des Zivilgerichts gem. § 21 Abs. 2 Nr. 2 Zürcher GVG für Anträge auf Ungültigerklärung einer Ehe i.S.d. Artt. 106 und 108 ZGB und gem. § 21 Abs. 2 Nr. 3 Zürcher GVG für gemeinsame Scheidungs- und Trennungsbegehren i.S.d. Artt. 111, 112 und 117 ZGB funktionell zuständig. Schließlich hat er gem. § 21 Abs. 2 Nr. 4 Zürcher GVG auch über von nur einer Partei gestellte Anträge auf Scheidung und Trennung der Ehe i.S.d. Artt. 114, 115 und 117 ZGB zu befinden.

2. Verfahren in anderen Familiensachen aus Anlass einer Ehesache

Mit der Auflösung der Ehe entfällt nach Schweizer Recht die Grundlage für die in Art. 159 Abs. 2 ZGB vorgeschriebene gemeinsame elterliche Sorge. Vielmehr ist diese gem. Art. 133 Abs. 1 ZGB grds. einem Elternteil zuzuweisen[850]. Daher existieren auch keine eigenständigen Regeln für die sachliche, örtliche und funktionelle Zuständigkeit bei Verfahren, die die Zuweisung der elterlichen Sorge, die Ausgestaltung des Umgangsrechts und die Anordnung der Herausgabe des Kindes aus Anlass einer Ehesache betreffen[851]. Vielmehr besteht grds. eine Kompetenzkonzentration bei dem Rechtspflegeorgan, das über die Ehescheidungssache befindet[852]. Somit ist insoweit auf die Regelungen für Ehesachen zurückzugreifen.

---

[849] Bühler in Bühler/Edelmann/Killer (1998), § 11 Rn. 9.

[850] Der schweizerische Gesetzgeber hat sich damit ausdrücklich gegen die in Deutschland gewählte Lösung ausgesprochen, Amtl. Bull. StR 1996, 766. Anders als nach Art. 156 Abs. 1 i.V.m. Art. 297 Abs. 3 ZGB a.F. ist die gemeinsame Sorge aber nicht schlichtweg ausgeschlossen – so zur alten Rechtslage BG, Urt. der II. Zivilabteilung vom 20.11.1997, BGE 123 III, 445 (446 ff.). Vielmehr besteht in Ausnahmefällen auch die Möglichkeit eines gemeinsamen Sorgerechts, Schnyder (2000), 493.

[851] Dies zeigt sich auch an § 21 Abs. 2 Nr. 6 Zürcher GVG. Danach ist die sachliche Zuständigkeit für Folgesachen aus Anlass von Ehesachen nur für die Fälle gesondert ausgewiesen, in denen eine solche Regelung noch nachträglich ergänzt oder geändert werden soll.

[852] Hegnauer/Breitschmid (2000), Rn. 11.86.

II. Zuständigkeit für die Vollstreckung

1. Für Entscheidungen in Ehesachen

Wie in Deutschland können Urteile, durch die eine Ehe aufgelöst wird, auch in der Schweiz nicht vollstreckt werden, da sie Gestaltungsurteile sind[853].

2. Für Entscheidungen in anderen Familiensachen aus Anlass einer Ehesache

Hingegen sind Umgangsrechtsentscheidungen und Entscheidungen, in denen die Herausgabe eines gemeinsamen Kindes an einen der Ehegatten angeordnet wird, vollstreckbar. Die Zuständigkeit der Vollstreckungsorgane richtet sich in der Schweiz nicht nach Bundes-, sondern nach kantonalem Recht[854].

a) Sachliche Zuständigkeit

Für die Androhung und Festsetzung einer Vollstreckungsmaßnahme ist in den meisten Kantonen das Vollstreckungsgericht sachlich zuständig[855]. Ausnahmsweise kann auch eine Verwaltungsbehörde tätig werden. Das Vollstreckungsgericht ist bei erstinstanzlichen Entscheidungen in anderen Familiensachen in den meisten Kantonen das Bezirksgericht.

b) Örtliche Zuständigkeit

Die örtliche Zuständigkeit liegt bei dem Gericht, in dessen Bezirk die für die Vollstreckung der Entscheidung notwendigen Handlungen vorzunehmen sind[856], so z.B. gem. § 433 Abs. 1 Aargauer ZPO, Art. 402 Abs. 1 Berner ZPO und § 307 Zürcher ZPO. Das Vollstreckungsgericht muss nicht mit dem Gericht örtlich identisch sein, das die Umgangsrechtsregelung traf bzw. die Herausgabe des Kindes anordnete. Das liegt daran, dass die notwendigen Vollstreckungshandlungen grds. am Wohnsitz oder gewöhnlichen Aufenthalt des Vollstreckungsschuldners vorzunehmen sind[857]. Dies gilt auch für Vollstreckungsmaßnahmen

---

853 Hegnauer/Breitschmid (2000), Rn. 12.74.

854 BG, Urt. der II. Zivilabteilung vom 22.12.1992, BGE 118 II, 392 (393); Vogel/Spühler (2001), Kap. 15 Rn. 3; Hegnauer in Gmür (1997), Art. 275 ZGB Rn. 171. Demgegenüber hat der Bund die Gesetzgebungskompetenz für die Vollstreckung von Geldleistungen. Von dieser Kompetenz hat der Bund auch in Form des „Bundesgesetzes über Schuldbeitreibungen und Konkurs" Gebrauch gemacht.

855 Hegnauer in Gmür (1997), Art. 275 ZGB Rn. 171.

856 So auch BG, Urt. der I. öffentlichrechtlichen Abteilung vom 3.9.1981, BGE 107 II, 301 (305); Hegnauer in Gmür (1997), Art. 275 ZGB Rn. 172.

857 Leuch/Marbach (2000), Art. 402 ZPO Nr. 2.

aufgrund von Entscheidungen in anderen Familiensachen[858]. Befinden sich die Kinder, auf die sich die Vollstreckungsmaßnahmen beziehen, am Wohnsitz bzw. gewöhnlichen Aufenthalt des verurteilten Elternteils, so erfolgt dort die Vollstreckung. Daher ist das Gericht an diesem Ort zuständig.
Etwas anderes gilt nur dann, wenn der Wohn- bzw. Aufenthaltsort des Vollstreckungsschuldners nicht mit dem Ort identisch ist, an dem sich das Herauszugebende befindet[859]. Dies kann z.B. dann der Fall sein, wenn ein Dritter das Kind auf Geheiß des zur Herausgabe verurteilten Elternteils an einem anderen Ort versteckt hält. In diesem Fall ist das Gericht für die Vollstreckung örtlich zuständig, in dessen Bezirk sich das Kind aufhält.

c) Funktionelle Zuständigkeit

Die Regelungen der sachlichen und örtlichen Zuständigkeit für die Vollstreckung stimmen in den einzelnen Kantonen weitgehend überein (s.o.). Hingegen variiert die funktionelle Zuständigkeit von Kanton zu Kanton. Im Rahmen der funktionellen Zuständigkeit unterscheidet man insbesondere zwischen der Androhung und der Festsetzung einer Vollstreckungsmaßnahme einerseits und dem Vollzug dieser Maßnahme andererseits. Die Zuständigkeitsverteilung wird dabei beispielhaft an den Regelungen der Kantone Aargau, Bern und Zürich aufgezeigt.

aa)Funktionelle Zuständigkeit im Kanton Aargau

Im Kanton Aargau regelt § 432 Aargauer ZPO die funktionelle Zuständigkeit für die Androhung und Festsetzung von Vollstreckungsmaßnahmen. Danach ist der Gerichtspräsident zuständig.
Die angeordneten Vollstreckungsmaßnahmen werden nicht vom Gericht selbst vollzogen. Vielmehr bedient sich das Gericht Dritter, insbesondere der Polizei[860], um seine Anordnungen durchsetzen zu lassen.

bb) Funktionelle Zuständigkeit im Kanton Bern

Im Kanton Bern hat der Vollstreckungsrichter gem. Art. 402 Abs. 1 Berner ZPO Vollstreckungsmaßnahmen anzudrohen und festzusetzen[861]. Als Vollstreckungsrichter fungiert der Gerichtspräsident.

---

858 Vgl. Leuch/Marbach (2000), Art. 404 ZPO Nr. 4.
859 Leuch/Marbach (2000), Art. 402 ZPO Nr. 2.
860 Bühler in Bühler/Edelmann/Killer (1998), § 431 ZPO Rn. 2.
861 So auch BG, Urt. der I. öffentlichrechtlichen Abteilung vom 3.9.1981, BGE 107 II, 301 (302); BG, Urt. der II. Zivilabteilung vom 5.12.1985, BGE 111 II, 313 (316).

Für den eigentlichen Vollzug kann gem. Artt. 9 und 29 Berner GOG der Gerichtsdiener herangezogen werden. Der Gerichtsdiener darf dann selbständig, ohne dass es einer weiteren gerichtlichen Anordnung bedarf[862], die Orts- oder Kantonspolizei unterstützend hinzuziehen[863].

cc) Funktionelle Zuständigkeit im Kanton Zürich

Die ZPO des Kantons Zürich unterscheidet zwischen der funktionellen Zuständigkeit für die Androhung und Festsetzung von Vollstreckungsmaßnahmen einerseits und der funktionellen Zuständigkeit für den eigentlichen Vollzug andererseits. Für die Androhung und Festsetzung einer Vollstreckungsmaßnahme ist im Kanton Zürich gem. § 307 Abs. 1 Nr. 2 Zürcher ZPO der Richter zuständig. Den Vollzug von Vollstreckungsmaßnahmen übernehmen vom Gericht beauftragte Dritte. So kann der Richter im Vollstreckungsverfahren gem. § 307 Abs. 2 Zürcher ZPO die Ersatzvornahme oder die Anwendung von Zwang dem Gemeindeammann jener Gemeinde übertragen. Sollten dessen Mittel zum Vollzug der Vollstreckungsmaßnahme nicht ausreichen, so kann er gem. § 307 Abs. 2 S. 3 Zürcher ZPO die Unterstützung der Polizei anfordern.

[862] Vgl. Art. 406 Abs. 1 S. 2 Berner ZPO.
[863] Leuch/Marbach (2000), Art. 406 ZPO Nr. 4.

E. Kantonsüberschreitende Sachverhalte bei rein nationalen Sachverhalten

Ergeht eine Entscheidung in einem Kanton der Schweiz, so ist sie gem. Art. 122 Abs. 3 BV grds. auch in jedem anderen Kanton zu vollstrecken[864]. Die Voraussetzungen hierfür sind in den einzelnen Kantonen unterschiedlich ausgestaltet.

I. Kantonale Vollstreckungsvoraussetzungen am Beispiel der Kantone Aargau, Bern und Freiburg

1. Regelungen des Kantons Aargau

Die ZPO des Kantons Aargau sieht keine besonderen Voraussetzungen für die Vollstreckbarkeit einer außerkantonalen Entscheidung vor. Vielmehr sieht Art. 423 Aargauer ZPO nur vor, dass Entscheidungen, die in anderen Kantonen ergangen sind, grds. auch im Kanton Aargau zu vollstrecken sind. Dies gilt nur dann nicht, wenn gegen wesentliche Verfahrensvorschriften verstoßen wurde[865]. Davon kann man in den Fällen ausgehen, in denen der Beklagte nicht geladen oder ihm die Entscheidung nicht zugestellt wurde.

2. Regelungen des Kantons Bern

Gem. Art. 398 S. 1 Berner ZPO werden Entscheidungen der Zivilgerichte, die in anderen Kantonen ergangen sind, im Kanton Bern vollstreckt, wenn sie nach dem Recht des Ursprungskantons vollstreckbar sind. Anders als noch vor der 95. Revision der Berner ZPO werden Entscheidungen, die in einem anderen Kanton getroffen wurden, ipso iure anerkannt. Für ein eigenständiges Anerkennungsverfahren besteht daher kein Bedürfnis mehr[866].

Zu den in einem anderen Kanton gefällten Entscheidungen zählen nur diejenigen, die dort im Rahmen eines Erkenntnisverfahrens ergangenen sind. Vollstreckbarerklärungen ausländischer Entscheidungen, die in einem anderen Kanton ergingen, sind hingegen nicht erfasst[867]. Ob eine außerkantonale Entscheidung im Kanton Bern vollstreckt werden kann, hängt von deren Vollstreckbarkeit, nicht aber von deren Rechtskraft im Ursprungskanton ab[868]. Das hat zur Konsequenz, dass man außerkantonale Entscheidungen im Kanton Bern z.T.

---

[864] Leuch/Marbach (2000), Art. 397 ZPO Nr. 1a.

[865] Bühler/Edelmann/Killer (1998), Art. 423 ZPO Rn. 1.

[866] Leuch/Marbach (2000), Art. 397 ZPO Nr. 1c.

[867] BG, Urt. der II. Zivilabteilung vom 13.3.1938, BGE 64 II, 74 (76).

[868] Damit wird ein Gleichlauf der Vollstreckungsvoraussetzungen des LugÜ und der kantonalen Vollstreckungsvoraussetzungen angestrebt, Leuch/Marbach (2000), Art. 397 ZPO Nr. 4a.

früher vollstrecken kann, als Entscheidungen, die im Kanton Bern selbst ergingen. Dies liegt daran, dass für die Vollstreckbarkeit einer Entscheidung eines Berner Zivilgerichts diese gem. Art. 397 Abs. 1 S. 1 Berner ZPO in Rechtskraft erwachsen sein muss. Dieses Manko nimmt man sehenden Auges in Kauf, um eine Besserstellung ausländischer Entscheidungen gegenüber in anderen Kantonen der Schweiz ergangenen Entscheidungen zu vermeiden[869]. Die Vollstreckbarkeit ausländischer Entscheidungen ist nämlich an den Bestimmungen des LugÜ zu messen, soweit die Entscheidungsstaaten dieses Abkommen ratifiziert haben. Gem. Art. 31 Abs. 1 LugÜ genügt bereits die Vollstreckbarkeit der Entscheidung, damit diese in einem anderen Mitgliedstaat vollstreckt werden kann. Die Entscheidung muss also nicht in Rechtskraft erwachsen sein.

Im Kanton Bern kann die Vollstreckung einer Entscheidung unter den gleichen Voraussetzungen verweigert werden wie im jeweiligen Ursprungsstaat. Daneben existieren im Kanton Bern weitere, ungeschriebene Gründe für die Verweigerung der Vollstreckung, die aber nur eine untergeordnete Rolle spielen. Hier ist zum einen der Verstoß gegen essentielle Verfahrensgrundsätze zu nennen. Ein solcher Verstoß liegt z.B. dann vor, wenn die Entscheidung des Gerichts dem Beklagten nicht mitgeteilt wurde. Zum anderen ist die Vollstreckung aber auch dann zu verweigern, wenn eine innerkantonale Entscheidung, die früher ergangen ist, der zu vollstreckenden Entscheidung entgegensteht[870].

3. Regelungen des Kantons Freiburg

Gem. Art. 345 Freiburger ZPO sind die in den anderen Kantonen gefällten Entscheidungen grds. unter den gleichen Voraussetzungen vollstreckbar wie diejenigen der Freiburger Gerichte. Allerdings bestehen einige Einschränkungen. So ist zum einen eine Bescheinigung des Ursprungsgerichts erforderlich, dass die ausgefertigte Entscheidung vollstreckbar ist, Art. 345 Abs. 1, 1. Hs. Freiburger ZPO. Zum anderen ist die Vollstreckung zu versagen, wenn der entscheidende Richter unzuständig war oder wenn die unterlegene Partei nicht ordnungsgemäß geladen oder vertreten war, Art. 345 Abs. 2 Freiburger ZPO.

II. Das Konkordat über die Vollstreckung von Zivilurteilen

Aufgrund der teilweise recht unterschiedlichen Voraussetzungen, unter denen die einzelnen Kantone die Vollstreckung außerkantonaler Entscheidungen zuließen, entschlossen sich einige Kantone, eine kantonsübergreifende Regelung zur

---

[869] Guldener (1979), 618 Fn. 13 b cc; Leuch/Marbach (2000), Art. 397 ZPO Nr. 4a.
[870] Leuch/Marbach (2000), Art. 397 ZPO Nr. 4b.

Vereinheitlichung der Vollstreckungsvoraussetzungen zu schaffen. Daher unterzeichneten Vertreter dieser Kantone am 10.3.1977 das „Konkordat über die Vollstreckung von Zivilurteilen“[871]. Dessen räumlicher Anwendungsbereich ist auf das Gebiet der teilnehmenden Kantone beschränkt.

Das Konkordat regelt gem. Art. 1 Abs. 1 die Vollstreckung von Zivilurteilen und damit auch von Entscheidungen in anderen Familiensachen, die in einem Mitgliedskanton ergangen sind und in einem anderen Kanton vollstreckt werden sollen. Damit man die Entscheidungen vollstrecken kann, ist es gem. Art. 3 Abs. 1 zunächst erforderlich, dass die Entscheidungen, deren Vollzug begehrt wird, mit einer Vollstreckbarkeitsbescheinigung aus dem Ursprungskanton versehen sind. Für die Vollstreckung einer Entscheidung ist gem. Art. 4 Abs. 1 die Behörde des Ortes zuständig, an dem die Vollstreckung erfolgen soll. Dabei hat die Behörde gem. Art. 4 Abs. 3 das Prozessrecht am Vollstreckungsort anzuwenden.

Die Vollstreckung darf gem. Art. 6 dann nicht vorgenommen werden, wenn der Beklagte nicht ordnungsgemäß geladen oder vertreten wurde oder wenn ein örtlich unzuständiger Richter die Entscheidung fällte. Weiterhin ist die Vollstreckung zu verweigern, wenn die unterlegene Partei durch Urkunden beweist, dass nach dem Tag der Urteilsverkündung oder nach dem Tag, ab dem die entscheidende Behörde keine neuen Tatsachen berücksichtigen durfte, Umstände eingetreten sind, die die Durchsetzung des Anspruchs ganz oder teilweise ausschließen oder aufschieben. Schließlich ist die Vollstreckung auch dann zu verweigern, wenn die unterlegene Partei aufgrund eines Versäumnisurteils die Wiederaufnahme des Verfahrens verlangt hat und ihrem Gesuch aufschiebende Wirkung erteilt wurde.

[871] Zu den Mitgliedskantonen gehören Genf, Graubünden, Jura, Neuenburg, Schaffhausen, Thurgau, Waadt und Wallis.

F. Grenzüberschreitende Sachverhalte

Die Schweiz ist kein Mitglied der EG, sondern nur der EFTA. Darum gelten für sie die Rechtsakte der EG und damit insbesondere die EheVO und alle mit ihr zusammenhängenden Akte nicht. Stattdessen finden in der Schweiz auf grenzüberschreitende Ehesachen und andere Familiensachen, die aus Anlass einer Ehesache betrieben werden, zum einen die innerstaatlichen, unilateralen Regelungen Anwendung. Daneben sind aber auch die bi- und multilateralen Abkommen, die von der Schweiz ratifiziert worden sind, zu berücksichtigen.

I. Die internationale Zuständigkeit der Gerichte nach unilateralen Vorschriften

1. Verfahren in Ehesachen

Ehen[872], auch solche von Ausländern, können in der Schweiz nur von den staatlichen Gerichten geschieden werden[873]. Für die Klage auf Scheidung ist zum einen gem. Art. 59 lit. a IPRG das Gericht im Wohnsitzstaat des Beklagten international zuständig. Eine Person hat dort ihren Wohnsitz, wo sich in einer für Dritte erkennbaren Weise der Mittelpunkt ihrer Interessen und Bindungen befindet[874]. Bei verheirateten Personen ist der Wohnsitz i.S.v. Art. 20 IPRG für jeden Ehegatten eigenständig zu bestimmen[875]. Dies gilt selbst dann, wenn das auf die allgemeinen Wirkungen der Ehe anwendbare Recht für einen der Ehegatten einen vom Wohnsitz des anderen Ehegatten abgeleiteten Wohnsitz vorsieht[876].

Das Schweizer Recht sah früher einen ausschließlichen Gerichtsstand am Wohnsitz des Klägers vor[877]. Dies wurde abgeschafft. Damit wollte man die Regelungen des IPRG in Einklang mit dem von der Schweiz ratifizierten „Haager Übereinkommen über die Anerkennung von Ehescheidungen und Ehetrennun-

---

872 Diese können in der Schweiz nur von Partnern verschiedenen Geschlechts eingegangen werden, BG, Urt. der II. öffentlichrechtlichen Abteilung vom 25.8.2000, BGE 126 II, 425 (431 f.); BG, Urt. der II. Zivilabteilung vom 3.3.1993, BGE 119 II, 264 (267). Auch ein Gesetz zur Eingehung einer homosexuellen Partnerschaft existiert in der Schweiz nicht, Schwander, AJP/PJA 1994, 920; Hegnauer/Breitschmid (2000), Rn. 2.34.

873 BG, Urt. der II. Zivilabteilung vom 15.3.1984, BGE 110 II, 5 (7); Volken in Heini/Keller/Siehr (1993), Art. 59 IPRG Rn. 11.

874 Patocchi/Geisinger (2000), Art. 59 IPRG, Nr. 4.1.

875 Patocchi/Geisinger (2000), Art. 59 IPRG, Nr. 4.1.

876 Aus der kantonalen Rechtsprechung, Obergericht (des Kantons Zürich), Beschl. vom 25.7.1991, ZR 1991, 193 (194), Nr. 56.

877 Dies war noch in Art. 7h NAG vorgesehen.

gen" bringen[878] und die Anerkennungsfähigkeit von Schweizer Entscheidungen in Ehesachen im Ausland erhöhen[879]. Nun sind zum einen gem. Art. 59 lit. a IPRG die Gerichte am Wohnsitz des Beklagten international zuständig. Zum anderen wurden in Art. 59 lit. b IPRG Anknüpfungspunkte aufgenommen, die die Zuständigkeit der Gerichte am Wohnsitz des Klägers eröffnen[880]. Danach muss sich der Kläger seit mindestens einem Jahr in der Schweiz aufgehalten haben, wenn er nicht die Schweizer Staatsangehörigkeit besitzt, damit die Gerichte an seinem Wohnsitz international zuständig sind[881]. Die Jahresfrist findet selbst dann Anwendung, wenn sich der beklagte Ehegatte vorbehaltlos auf das Verfahren einlassen will[882]. Durch diese Regelung soll ein forum shopping verhindert werden[883].

Anders als noch unter Geltung des „Bundesgesetzes betreffend die zivilrechtlichen Verhältnisse der Niedergelassenen und Aufenthalter"[884] (NAG) ist für Schweizer Bürger, die im Ausland leben, nur noch ausnahmsweise eine Heimatzuständigkeit gegeben. Dadurch soll eine Bevorzugung von Auslandsschweizern gegenüber ihren Nichtschweizer Ehegatten vermieden werden[885]. Haben die Ehegatten keinen Wohnsitz in der Schweiz und ist einer von ihnen Bürger der Schweiz, so ist der Richter am Heimatort zuständig, wenn es unmöglich oder unzumutbar ist, die Klage am Wohnsitz eines der Ehegatten zu erheben, Art. 60 IPRG. Ein solcher Fall der Unmöglichkeit liegt z.B. dann vor, wenn das ausländische Scheidungsrecht außerordentlich hohe Anforderungen stellt oder dem Auslandsschweizer die Scheidung völlig verwehrt. Ein Fall der Unzumutbarkeit i.S.v. Art. 60 IPRG liegt hingegen dann vor, wenn die Verfahren vor den ausländischen Gerichten extrem lange dauern[886]. Besitzt eine Partei mehrere Staats-

---

878 Schnyder (1990), 61.

879 Volken in Heini/Keller/Siehr (1993), Art. 59 IPRG Rn. 12; vgl. dazu auch BG, Urt. der II. Zivilabteilung vom 17.3.1987, BGE 113 II, 100 (102); BG, Urt. der II. Zivilabteilung vom 23.1.1992, BGE 118 II, 83 (85); BG, Urt. der II. Zivilabteilung vom 9.2.1993, BGE 119 II, 64 (65).

880 Schnyder (1990), 61.

881 Durch den Verzicht auf die Jahresfrist bei Auslandsschweizern soll diesen ein besonderer Schutz zukommen, Volken in Heini/Keller/Siehr (1993), Art. 59 IPRG Rn. 16.

882 Schnyder (1990), 61.

883 BG, Urt. der II. Zivilabteilung vom 9.2.1993, BGE 119 II, 64; Volken in Heini/Keller/Siehr (1993), Art. 59 IPRG Rn. 15; Patocchi/Geisinger (2000), Art. 59 IPRG Rn. 3.

884 Vom 25. Juni 1891.

885 Botschaft des Bundesrates zum Bundesgesetz über das internationale Privatrecht, BBl. 1983 I, 263 – 519, Nr. 235.2.

886 Schnyder (1990), 62.

angehörigkeiten, so ist im Rahmen von Art. 60 IPRG lediglich die Zugehörigkeit zur Schweiz zu berücksichtigen[887].

Das Schweizer IPRG regelt die Klage auf Ungültigerklärung der Ehe nicht ausdrücklich. Die Zuständigkeit richtet sich daher in diesen Fällen nach den Regeln über die Scheidung[888], Art. 3 i.V.m. Artt. 59 f. IPRG. Entgegen der Rechtslage vor Inkrafttreten des IPRG hängt die Zuständigkeit der Gerichte in der Schweiz bei grenzüberschreitenden Sachverhalten nicht mehr davon ab, ob der geltend gemachte Scheidungsgrund und der Schweizer Gerichtsstand im Heimatstaat des Klägers anerkannt wird[889].

2. Verfahren in anderen Familiensachen aus Anlass einer Ehesache

Gem. Art. 63 Abs. 1 IPRG hat das Gericht in der Schweiz, wenn es für die Ehesache zuständig ist, auch über die Nebenfolgen und damit über die Neuregelung des Sorge- und Umgangsrechts der Eltern zu den gemeinsamen Kindern zu entscheiden. Etwas anderes gilt gem. Art. 63 Abs. 2 i.V.m. Art. 85 IPRG dann, wenn das Kind nicht im forum divortii lebt. In diesem Fall sind aufgrund von Art. 85 IPRG i.V.m. den Regelungen des MSA und nach allgemeiner Auffassung auch i.V.m. den Regelungen des HÜK[890] die Schweizer Gerichte dann nicht international zuständig, wenn deren Zuständigkeit dem Kindeswohl zuwiderliefe.

II. Anerkennung und Vollstreckung ausländischer Entscheidungen

Ausländische Entscheidungen entfalten in der Schweiz keine originäre Geltung. Vielmehr müssen diese in der Schweiz zunächst anerkannt und dann für vollstreckbar erklärt werden. Zum einen enthält das unilaterale Recht Voraussetzungen für die Anerkennung und Vollstreckung. Zum anderen hat die Schweiz aber auch mit anderen Staaten bi- und multilaterale Abkommen geschlossen, um diese Voraussetzungen auf zwischenstaatlicher Ebene zu vereinheitlichen. Diese Regelungen genießen vor dem unilateralen Recht der Schweiz Anwendungsvorrang, soweit nichts anderes bestimmt wurde.

---

887 Botschaft des Bundesrates zum Bundesgesetz über das internationale Privatrecht, BBl. 1983 I, 263 – 519, Nr. 235.2.

888 BG, Urt. der II. Zivilabteilung vom 29.9.1966, BGE 92 II, 217 (219); Hegnauer/Breitschmid (2000), Rn. 7.34.

889 Schnyder (1990), 60.

890 BG, Urt. der II. Zivilabteilung vom 9.9.1991, BGE 117 II, 334 (336); zur Zuständigkeit innerhalb der Schweiz BG, Urt. der II. Zivilabteilung vom 26.3.1987, BGE 113 II, 102; Volken in Heini/Keller/Siehr (1993), Art. 63 IPRG Rn. 4.

1. Unilaterales Recht

a) In Ehesachen

Ein ausländisches Scheidungsurteil wird dann in der Schweiz anerkannt, wenn die allgemeinen Voraussetzungen der Artt. 25 – 27 IPRG erfüllt sind und die ausländische Entscheidung die Ehe endgültig auflöst[891]. Dabei ist insbesondere zu überprüfen, ob der ausländische Richter international zuständig war, Art. 25 lit. a i.V.m. Art. 26 IPRG. Weiterhin muss die ausländische Entscheidung in Rechtskraft erwachsen sein, Art. 25 lit. b IPRG, und schließlich darf der Anerkennung kein Verweigerungsgrund entgegenstehen, Art. 25 lit. c i.V.m. Art. 27 IPRG. Erst wenn diese Voraussetzungen erfüllt sind, wird die Scheidung aufgrund einer Verfügung der kantonalen Aufsichtsbehörde des Zivilstandswesens in das Familienregister des Heimatortes eingetragen, Art. 32 IPRG.

Die Voraussetzungen in den Artt. 25 – 27 IPRG werden für Ehesachen durch Art. 65 IPRG modifiziert. Danach ist es für die Anerkennung einer ausländischen Entscheidung in Anlehnung an das „Haager Übereinkommen über die Anerkennung von Ehescheidungen und Ehetrennungen“[892] zusätzlich erforderlich, dass sie im Staat des Wohnsitzes, des gewöhnlichen Aufenthalts oder im Heimatstaat eines Ehegatten ergangen ist oder in einem dieser Staaten anerkannt wird, Art. 65 Abs. 1 IPRG. Die ausländische Scheidung muss nicht zwingend von einem Gericht ausgesprochen worden sein, um in der Schweiz anerkannt zu werden. Vielmehr werden auch Scheidungen, die durch religiöse Gerichte oder Verwaltungsbehörden ausgesprochen wurden, in der Schweiz anerkannt, solange die Form der Entscheidung im Ursprungsstaat offiziell anerkannt ist.

Gem. Art. 65 Abs. 2 IPRG wird eine Entscheidung, die in einem Staat ergangen ist, dem kein oder nur der klagende Ehegatte angehört, in der Schweiz nur dann anerkannt, wenn z.Z. der Klageeinleitung wenigstens ein Ehegatte im Ursprungsstaat seinen Wohnsitz oder seinen gewöhnlichen Aufenthalt hatte. Außerdem durfte der Beklagte seinen Wohnsitz nicht in der Schweiz haben. Hatte er seinen Wohnsitz dennoch in der Schweiz, so wird die Entscheidung nur dann anerkannt, wenn er sich der Zuständigkeit des ausländischen Gerichts vorbehaltlos unterworfen hat und er mit der Anerkennung der Entscheidung in der

---

[891] BG, Urt. der II. Zivilabteilung vom 27.9.1973, BGE 99 Ib, 240 (241).

[892] Vom 1.6.1970. Das Übereinkommen wurde von Ägypten, Australien, Dänemark, Finnland, Italien, Luxemburg, den Niederlanden, Norwegen, Polen, Portugal, Schweden, der Schweiz, der Slowakei, der Tschechischen Republik, dem Vereinigten Königreich und Zypern ratifiziert. Deutschland hat das Übereinkommen bislang nicht gezeichnet.

Schweiz einverstanden ist. Auf die Anerkennung ausländischer Entscheidungen, die die Ungültigkeit der Ehe aussprechen, ist Art. 65 IPRG analog anwendbar[893].

b) In anderen Familiensachen aus Anlass einer Ehesache

Art. 65 IPRG ist grds. nur auf Entscheidungen anzuwenden, die die Scheidung oder Trennung als solche aussprechen. Es stellt sich daher die Frage, ob der Anwendungsbereich der Norm auch Nebenentscheidungen erfasst. Teilweise bejaht man dies ohne weiteres[894]. Andere Stimmen wollen Entscheidungen, die Nebensachen betreffen, nur dann dem Regime des Art. 65 IPRG unterwerfen, wenn die Entscheidung in unmittelbarem Zusammenhang mit der Entscheidung in der Ehesache steht bzw. wenn die Entscheidung neben oder möglicherweise auch ohne den Statusentscheid weiterbestehen kann[895]. Zwar kann eine Sorge- und Umgangsrechtsentscheidung mitunter auch unabhängig von einer Statusentscheidung bestehen. Die hier untersuchten Entscheidungen in anderen Familiensachen werden aber ausschließlich aus Anlass einer Ehesache betrieben. Sie genügen damit sogar der Auffassung in der Literatur, die die strengeren Anforderungen stellt. Damit ist Art. 65 IPRG auch auf andere Familiensachen aus Anlass einer Ehesache anwendbar.

2. Staatsverträge

Die internationale Zuständigkeit der Gerichte für Ehesachen und andere Familiensachen aus Anlass einer Ehesache ist in der Schweiz nur innerstaatlich geregelt (s.o., S. 200). Es bestehen insoweit keine staatsvertraglichen Regelungen. Die Schweiz hat aber einige bi- und multilaterale Übereinkommen unterzeichnet, die die Anerkennung und Vollstreckung von Entscheidungen in Ehesachen bzw. von Entscheidung in anderen Familiensachen aus Anlass einer Ehesache betreffen. Diese erlangten in der Schweiz mit ihrer Ratifikation unmittelbare innerstaatliche Geltung.

---

893 Aus der kantonalen Rechtsprechung Chambre des recours, Urt. vom 21.10.1996, JdT III 1997, 87 (90). Vgl. Patocchi/Geisinger (2000), Art. 59 IPRG Rn. 1.

894 Bucher (1992), 203.

895 Volken in Heini/Keller/Siehr (1993), Art. 65 IPRG Rn. 5.

a) Multilaterale Staatsverträge

aa) Entscheidungen in Ehesachen

Für die Anerkennung von ausländischen Entscheidungen in Ehesachen gilt in der Schweiz das „Haager Übereinkommen über die Anerkennung von Ehescheidungen und Ehetrennungen". Zu den einzelnen Regelungen dieses Übereinkommens s.o., S. 29.

bb) Entscheidungen in anderen Familiensachen aus Anlass einer Ehesache

Die Schweiz hat einige multilaterale Übereinkommen ratifiziert, deren Anwendungsbereiche Entscheidungen in anderen Familiensachen aus Anlass einer Ehesache erfassen. Zu diesen ist aber das „Haager Übereinkommen über die Anerkennung von Ehescheidungen und Ehetrennungen" nicht zu zählen, da es nicht auf die Nebenfolgen der Scheidung und somit auch nicht auf Entscheidungen in anderen Familiensachen Anwendung findet.

Diese werden vielmehr vom MSA, dem EuSAVÜ und dem HÜK erfasst. Die Schweiz hat diese Übereinkommen ratifiziert[896].

b) Bilaterale Staatsverträge

Die Schweiz hat mit Belgien[897], Deutschland[898], Italien[899], Liechtenstein[900], Österreich[901], Schweden[902] und der Tschechoslowakei[903] bilaterale Abkommen

---

896 Zum Inhalt dieser Abkommen und deren Verhältnis zueinander s.o., S. 30, 32, 33.

897 Abkommen zwischen der Schweiz und Belgien über die Anerkennung und Vollstreckung von gerichtlichen Entscheidungen und Schiedssprüchen vom 29.4.1959.

898 Abkommen zwischen der Schweizerischen Eidgenossenschaft und dem Deutschen Reich über die gegenseitige Anerkennung und Vollstreckung von gerichtlichen Entscheidungen und Schiedssprüchen, s.o., S. 35.

899 Abkommen zwischen der Schweiz und Italien über die Anerkennung und Vollstreckung gerichtlicher Entscheidungen vom 3.1.1933.

900 Abkommen zwischen der Schweizerischen Eidgenossenschaft und dem Fürstentum Liechtenstein über die Anerkennung und Vollstreckung von gerichtlichen Entscheidungen und Schiedssprüchen in Zivilsachen vom 25.4.1968.

901 Vertrag zwischen der Schweizerischen Eidgenossenschaft und der Republik Österreich über die Anerkennung und Vollstreckung gerichtlicher Entscheidungen vom 16.12.1960.

902 Abkommen zwischen der Schweiz und Schweden über die Anerkennung und Vollstreckung von gerichtlichen Entscheidungen und Schiedssprüchen vom 15.1.1936.

903 Vertrag zwischen der Schweiz und der Tschechoslowakischen Republik über die Anerkennung und Vollstreckung gerichtlicher Entscheidungen vom 21.12.1926. Der Vertrag gilt aufgrund des Notenaustauschs zwischen den beiden Regierungen vom 2.7./11.10.1946 fort. Aufgrund des Briefwechsels vom 24.2.1994 mit der Tschechischen Republik und durch den Notenaustausch vom 13.10./25.11.1994 mit der Slowakei gilt das Abkommen auch weiterhin.

getroffenen, in denen die Anerkennung und Vollstreckung von Entscheidungen in Zivil- und Handelssachen geregelt ist. Des Weiteren hat die Schweiz mit Spanien[904] ein Abkommen geschlossen, das aber keine Regelungen für die Anerkennung, sondern nur für die Vollstreckung von Entscheidungen im Partnerstaat enthält.

Die Abkommen finden sowohl auf Ehesachen als auch auf andere Familiensachen Anwendung. Erfasst sind insbesondere Entscheidungen, die in Verfahren der freiwilligen Gerichtsbarkeit gefällt wurden. Darauf weisen die Abkommen z.T. ausdrücklich hin. Das Abkommen mit Schweden, das gem. Art. 1 grds. nur auf Entscheidungen der streitigen Gerichtsbarkeit anwendbar ist, arbeitet hingegen mit einer Fiktion. Es sieht Entscheidungen in Ehesachen[905] als Entscheidungen der streitigen Gerichtsbarkeit an.

aa) Anerkennung von Entscheidungen

Die Abkommen regeln bis auf den Vertrag mit Spanien die Anerkennung von Entscheidungen aus dem Partnerstaat. Bis auf das Übereinkommen mit Österreich (und natürlich das mit Spanien) setzen alle Abkommen voraus, dass das Ursprungsgericht zuständig i.S.d. staatsvertraglichen Regelung gewesen ist, damit die Entscheidung anerkannt werden kann[906]. Zum anderen darf keiner der Anerkennungsversagungsgründe erfüllt sein. Dies ist bei den Abkommen dann der Fall, wenn die Anerkennung der Entscheidung einen Verstoß gegen den ordre public im ersuchten Staat zur Folge hätte. Außerdem wird die Anerkennung dann verweigert, wenn es sich bei der Entscheidung, die anerkannt werden soll, um ein Versäumnisurteil handelt, das unter Verletzung der Ladungsvorschriften zustande kam. Insoweit besteht eine Parallele zu den Abkommen, die Deutschland abgeschlossen hat. Die Gerichte dürfen im Anerkennungsverfahren nur die

---

904 Vertrag zwischen der Schweiz und Spanien über die gegenseitige Vollstreckung von Urteilen oder Erkenntnissen in Zivil- und Handelssachen vom 19.11.1896.

905 Von dieser Fiktion dürften wohl auch Entscheidungen in anderen Familiensachen erfasst sein. Zwar werden diese im Abkommen nicht ausdrücklich genannt. Allerdings werden sie, anders als Vormundschafts- und Entmündigungsentscheidungen auch nicht ausdrücklich ausgeschlossen. Zum anderen muss in der Schweiz über das Sorge- und Umgangsrecht im Rahmen der Entscheidung in Ehesachen zwingend mitentschieden werden.

906 Anders als bei den von Deutschland abgeschlossenen bilateralen Abkommen (s.o., S. 36 Fn. 159) ist dies bei den von der Schweiz abgeschlossenen Abkommen immer dann der Fall, wenn die Parteien dem Staat angehörten, in dem die Entscheidung ergangen ist. Nur das Abkommen mit Schweden macht eine Ausnahme. Für die Zuständigkeit der Gerichte des Partnerstaates ist es erforderlich, dass ein Gericht des ersuchten Staates „unter analogen Voraussetzungen" zuständig gewesen wäre.

Übersicht 4.1: Die auf Ehe- und andere Familiensachen anwendbaren bilateralen Übereinkünfte der Schweiz mit Belgien, Italien, Liechtenstein, Österreich

	Abkommen mit Belgien	Abkommen mit Italien	Abkommen mit Liechtenstein	Abkommen mit Österreich
Anerkennung	(+)	(+)	(+)	(+)
Zuständigkeit des Gerichts				
Parteien gehörten dem Entscheidungsstaat an	(+), Art. 2 Abs. 1 lit. i	(+), Art. 2 Abs. 1 Nr. 5	(+), Art. 2 Abs. 1 Nr. 6	(-)
Versagungsgründe				
Verstoß gegen den ordre public	(+), Art. 1 Abs. 1 lit. a	(+), Art. 1 Abs. 1 Nr. 2	(+), Art. 1 Abs. 1 Nr. 1	(+), Art. 1 Abs. 1 Nr. 2
Entgegenstehende rechtskräftige Entscheidung im Ursprungsstaat	(-)	(+), Art. 1 Abs. 1 Nr. 2	(-)	(-)
Zustellungsfehler bei Versäumnisurteil	(+), Art. 1 Abs. 1 lit. d	(+), Art. 1 Abs. 1 Nr. 4	(+), Art. 1 Abs. 1 Nr. 4	(+), Art. 1 Abs. 1 Nr. 4
Ausschließliche Kompetenz des ersuchten Staates	(-)	(-)	(+), Art. 2 Abs. 2	(+), Art. 1 Abs. 1 Nr. 1
Vollstreckung				
Gesondertes Exequaturverfahren	(+), Art. 4	(+), Art. 3 Abs. 1	(-), Art. 4 Abs. 1	(-)
Rechtskraft der Ursprungsentscheidung	(+), Art. 1 Abs. 1 lit. c	(+), Art. 1 Abs. 1 Nr. 3	(+), Art. 1 Abs. 1 Nr. 3	(+), Art. 1 Nr. 3
Anwendung nationalen Rechts in der Vollziehung	(+)	(+), Art. 3 Abs. 3	(+), Art. 4 Abs. 1	(+), Art. 11
Abweisung bei anderweitiger Rechtshängigkeit	(+), Art. 10 Abs. 1	(+), Art. 8	(+), Art. 9 Abs. 1	(+), Art. 8

Übersicht 4.1: Die auf Ehe- und andere Familiensachen anwendbaren bilateralen Übereinkünfte der Schweiz mit Schweden, der Slowakei, Spanien und Deutschland

	Abkommen mit Schweden	**Abkommen mit der Slowakei**	**Abkommen mit Spanien**	**Abkommen mit Deutschland**
Anerkennung	(+)	(+)	(-)	(+)
Zuständigkeit des Gerichts				
Parteien gehörten dem Entscheidungsstaat an	(-)	(+), Art. 1 Abs. 1 Nr. 1	(-)	(-)
Versagungsgründe				
Verstoß gegen den ordre public	(+), Art. 4 Nr. 2	(+), Art. 1 Abs. 1 Nr. 2	(-)	(+), Art. 4 Abs. 1
Entgegenstehende rechtskräftige Entscheidung im Ursprungsstaat	(-)	(-)	(-)	(-)
Zustellungsfehler bei Versäumnisurteil	(+), Art. 4 Nr. 5	(+), Art. 1 Abs. 1 Nr. 4	(-)	(+), Art. 4 Abs. 3
Ausschließliche Kompetenz des ersuchten Staates	(-)	(-)	(-)	(-)
Vollstreckung				
Gesondertes Exequaturverfahren	(-), Art. 8	(-)	(-)	(+), Art. 6 Abs. 6 S. 1
Rechtskraft der Ursprungsentscheidung	(+), Art. 4 Nr. 4	(+), Art. 1 Abs. 1 Nr. 3	(+), Art. 1	(+), Art. 1
Anwendung nationalen Rechts in der Vollziehung	(-)	(+), Art. 6	(+), Art. 3 Abs. 1	(+), Art. 6 Abs. 2
Abweisung bei anderweitiger Rechtshängigkeit	(+), Art. 7	(-)	(-)	(-)

Aspekte überprüfen, die in den Abkommen ausdrücklich vorgesehen sind. Eine Überprüfung in der Sache (sog. révision au fond) hat hingegen zu unterbleiben.

bb) Vollstreckung von Entscheidungen

Daneben enthalten die Abkommen Voraussetzungen für die Vollstreckung einer Entscheidung aus dem Partnerstaat. Alle Abkommen sehen vor, dass die Entscheidung im Ursprungsstaat Rechtskraft erlangt haben muss, damit sie im Partnerstaat vollstreckt werden kann. Dadurch will man verhindern, dass vor Abschluss des Rechtsbehelfsverfahrens im Ursprungsstaat vollendete Tatsachen im Partnerstaat geschaffen werden. Beim Abkommen mit Spanien, das keine Regelungen für die Anerkennung einer Entscheidung vorsieht (s.o., S. 203) fällt auf, dass die wesentlichen Voraussetzungen für die Vollstreckung einer Entscheidung im Partnerstaat den zentralen Voraussetzungen für die Anerkennung einer Entscheidung in den übrigen Abkommen entsprechen[907]. Dies hat zur Konsequenz, dass die Wirkungen einer Entscheidung[908] aufgrund des Abkommens mit Spanien im Partnerstaat im Rahmen einer Gesamtbetrachtung unter vergleichbaren Voraussetzungen realisiert werden können, wie dies aufgrund der anderen Verträge der Fall ist.

cc) Verhältnis zu anderen Abkommen

Das MSA wurde von der Schweiz und Italien ratifiziert. Bis auf Tschechien und die Slowakei haben alle Staaten, mit denen die Schweiz bilaterale Abkommen getroffen hat, auch das EuSAVÜ ratifiziert[909]. Daneben haben Italien, die Schweiz, die Slowakei und die Tschechische Republik das „Haager Übereinkommen über die Anerkennung von Ehescheidungen und Ehetrennungen" ratifiziert. Doch weder dieses noch das MSA oder das EuSAVÜ beanspruchen einen Anwendungsvorrang vor den anderen Abkommen, so dass die Verträge zwischen diesen Staaten auch weiterhin angewendet werden können.

---

907 So müssen im Ursprungsverfahren die Ladungsvorschriften eingehalten worden sein und die Vollstreckung muss im Einklang mit dem ordre public des ersuchten Staates stehen.

908 Abgesehen von Gestaltungsurteilen, die nicht vollstreckt werden können.

909 Zum Verhältnis dieser beiden Abkommen zu bilateralen Übereinkünften, s.o., S. 40.

G. Abschließende Stellungnahme und Ausblick

Mag man über einzelne Folgen der EheVO auch trefflich streiten[910], so stellt sie doch einen weiteren wichtigen Schritt auf dem Weg zu einem einheitlichen europäischen Rechtsraum dar. Die dargestellte Situation im EG-Raum vor Inkrafttreten der EheVO und die Lage in der Schweiz verdeutlichen das Bedürfnis für eine einheitliche Regelung der Zuständigkeits-, Anerkennungs- und Vollstreckungsregelungen. Gerade die Vielzahl bilateraler Übereinkünfte der EG-Staaten und der daneben bestehenden multilateralen Übereinkünfte führten zu einem immer dichteren Regelungsgeflecht. Dies liegt nicht zuletzt daran, dass die Anwendungsbereiche der verschiedenen Übereinkommen aufgrund einzelstaatlicher Vorbehalte teilweise schwer voneinander abzugrenzen sind.

Dennoch besteht hinsichtlich einiger Punkte weiterhin Handlungsbedarf. Probleme können sich insbesondere daraus ergeben, dass die Zuständigkeit für Verfahren, die die elterliche Verantwortung betreffen, und für Verfahren, die den Unterhalt für die gemeinsamen Kinder betreffen, nicht einheitlich geregelt wurden. Dies kann dazu führen, dass über die elterliche Verantwortung für ein Kind im Rahmen eines Unterhaltsverfahrens als Vorfrage zu befinden ist, obwohl die Entscheidung über die elterliche Sorge als solche noch gar nicht gefallen ist[911]. Zwar begründet Art. 5 Nr. 2 ZivVO die Verbundzuständigkeit des Gerichts, bei dem die Sorgerechtssache anhängig ist. Dies gilt aber in den Fällen nicht, in denen die Zuständigkeit dieses Gerichts durch die Staatsangehörigkeit der Parteien begründet wird. In diesem Fall muss das Gericht, das mit der Unterhaltssache beschäftigt ist, das Verfahren bis zur Klärung der Vorfrage aussetzen. Eine Zusammenfassung der Zuständigkeiten wäre also nicht nur eine Erleichterung für die Parteien, sondern auch aus prozessökonomischer Sicht zu begrüßen.

Die alternativen Gerichtszuständigkeiten in Art. 2 EheVO können die Parteien zu einem „race to the court house" zwingen, damit bei den verschiedenen nationalen Sachrechten das für sie günstigste zur Anwendung kommt. Die Rechtshängigkeitsregelung in Art. 11 EheVO verschärft diese Situation sogar noch[912]. Um diesen unerwünschten Wettlauf der Parteien zu verhindern, wird eine Ergänzung der Verordnung um ein vereinheitlichtes Kollisionsrecht[913] – wie dies

---

910 So stellt sich für Kohler, NJW 2001, 15 die Ehe aufgrund der Art der Ausgestaltung der EheVO als „kollisionsrechtlich unerwünschter Zustand" dar.

911 So auch Vogel, MDR 2000, 1047.

912 So auch Hausmann, ELF 2000/01, 352 f.

913 Der Rat ging bei der Erstellung des Aktionsplans wohl davon aus, dass das EheÜbk und damit später auch die EheVO nur ein erster Schritt auf dem Weg zu einem vereinheitlichten Kollisionsrecht sein könnte, so auch de Boer, FJR 1999, 245. Demgegenüber wurde in

auch der Aktionsplan des Rates und der Kommission vorsieht[914] – unumgänglich sein[915].

Das langfristige Schicksal der EheVO hängt im Wesentlichen von der Umsetzung im juristischen Alltag ab. Gem. Art. 43 S. 1 EheVO hat die Kommission bis zum 1.3.2006 dem Europäischen Parlament, dem Rat und dem Wirtschafts- und Sozialausschuss einen Bericht über die Anwendung der EheVO vorzulegen und gem. Art. 43 S. 2 EheVO ggf. Verbesserungsvorschläge zu unterbreiten. Sollte sich die EheVO in der Praxis als untauglich erweisen, könnte der Rat die Verordnung dann entweder ändern oder sogar völlig aufheben. So wurden inzwischen Überlegungen angestellt, den Anwendungsbereich der EheVO auszudehnen und ihre Regelungen in einen neuen Rechtsakt zu überführen[916]. In diesem sollen die Verfahren in anderen Familiensachen vollständig erfasst werden. Die EheVO erfasst diese Verfahren bislang nur, soweit sie aus Anlass einer Ehesache betrieben werden.

Der Schweiz kommt eine Sonderstellung zu, da sie nicht der EG angehört. Somit ist der Weg für eine unmittelbare Einbeziehung der Schweiz in den räumlichen Anwendungsbereich der EheVO versperrt. Doch gerade deshalb ist es zu würdigen, dass sich das LugÜ unter Einbeziehung der Schweiz als Parallelabkommen zum EuGVÜ bewährt hat. Daher sollte zur Vereinheitlichung der Rechtsbeziehungen zur Schweiz ein Parallelabkommen zur EheVO abgeschlossen werden, wie dies im Verhältnis zu Dänemark, das nicht an der Annahme der EheVO mitwirkte, geplant ist.

---

ten Kollisionsrecht sein könnte, so auch de Boer, FJR 1999, 245. Demgegenüber wurde in der Literatur z.T. befürchtet, dass das Übereinkommen und die Verordnung einer Vereinheitlichung des materiellen Familienrechts eher entgegenstehen könnten und Letzteres daher zuerst vereinheitlicht werden sollte, Boele-Woelki, ZfRV 2001, 129; vgl. zu den Problemen bei der Vereinheitlichung des materiellen Scheidungsrechts auch Pirrung (1993), 201 ff.

914 Abl. EG 1999, Nr. C 19, 1; siehe dazu auch Tarko, ÖJZ 1999, 407; Boele-Woelki (2000), 73.

915 So auch Finger, FuR 1998, 347; Pirrung, ULR/RDU 1998, 631.

916 Abl. EG Nr. C 203, 155 – 178.

Anhang

A. Literaturverzeichnis

Agell, Anders — Die schwedische Gesetzgebung über nichteheliche Lebensgemeinschaften in FamRZ 1990, 817 – 822

Arndt, Hans-Wolfgang — Europarecht, 4. Aufl. (Heidelberg 1999)

Baer, Sigrid — Legal Kidnapping in ZRP 1990, 209 – 212

Baetge, Dietmar — Der gewöhnliche Aufenthalt im internationalen Privatrecht (Tübingen 1994)

Bar, Christian von — Internationales Privatrecht, Bd. 1 (München 1987)

Basedow, Jürgen/Hopt, Klaus/Kötz, Hein (Hrsg.) — Die Rechtsstellung gleichgeschlechtlicher Lebensgemeinschaften (Tübingen 2000)

Bassenge, Peter — Anm. zu OLG Hamm, Beschl. vom 5.3.1975 – 15 Sbd 5/75 in JZ 1976, 69

Bassenge, Peter/Herbst, Gerhard — Gesetz über die Angelegenheiten der freiwilligen Gerichtsbarkeit, Rechtspflegergesetz, 8. Aufl. (Heidelberg 1999)

Baumbach, Adolf/Lauterbach, Wolfgang (Begr.) — Zivilprozeßordnung, 60. Aufl. (München 2002)

Baumeister, Wilhelm/Fehmel, Hans-Werner/Griesche, Gerhard u.a. — Familiengerichtsbarkeit (Berlin, New York 1992)

Bäumel, Dieter — Familienrechtsreformkommentar (Bielefeld 1998)

Beaumont, Paul/Moir, Gordon — Brussels Convention II: A new private international law instrument in family matters for the European Union or the European Community? in ELR 1995, 268 – 288

Becker-Eberhard, Ekkehard — § 606a ZPO – ein Tatbestand mit minimalen Inlandsbezügen? in Geimer, Reinhold (Hrsg.), Wege zur Globalisierung des Rechts: Festschrift für Rolf A. Schütze zum 65. Geburtstag (München 1999), 85 – 102

Bellet, Paul — Reconnaissance et exécution des décisions en vertu de la convention du 27 Septembre 1968 in RTDE 1975, 32 – 43

Bergerfurth, Bruno — Der Ehescheidungsprozeß und die anderen Eheverfahren, 12. Aufl. (Bonn 2000)

Bergerfurth, Bruno — Die internationale Scheidungszuständigkeit im EU-Bereich
in FF 2001, 15 – 17

Bergmann, Alexander/Ferid, Murad (Hrsg.) — Internationales Ehe- und Kindschaftsrecht, Loseblatt
(Frankfurt a.M., Stand 1998)

Besse, Dirk — Die justitielle Zusammenarbeit in Zivilsachen nach dem Vertrag von Amsterdam und das EuGVÜ
in ZEuP 1999, 107 – 122

Betlem, G./Hondius, E.H. — Europees privaatrecht na Amsterdam
in NJB 1999, 1137 – 1147

Bleckmann, Albert — Zu den Auslegungsmethoden des Europäischen Gerichtshofs
in NJW 1982, 1177 – 1182

Bleckmann, Albert — Europarecht, 6. Aufl. (Köln, Berlin, Bonn u.a. 1997)

Boele-Woelki, Katharina — Waarom Brussel II?
in FJR 1998, 125

Boele-Woelki, Katharina — De toekomst van het IPR na het verdrag van Amsterdam
in van Buren-Dee, J.M./van Gestel, M.C./ Hondius, E.H. (Hrsg.), Privaatrecht in Gros (Antwerpen 1999), 355 – 375

Boele-Woelki, Katharina — Unification and Harmonization of Private International Law in Europe
in Basedow, Jürgen/Meier, Isaak/Schnyder, Anton u.a. (Hrsg.), Private Law In The International Arena – Liber Amicorum Kurt Siehr (Den Haag 2000), 61 – 77

Boele-Woelki, Katharina — Brüssel II: Die Verordnung über die Zuständigkeit und die Anerkennung von Entscheidungen in Ehesachen
in ZfRV 2001, 121 – 130

Borrás, Allegría — Erläuternder Bericht zu dem Übereinkommen aufgrund von Art. K. 3 des Vertrages über die Europäische Union über die Zuständigkeit und die Anerkennung und Vollstreckung von Entscheidungen in Ehesachen
in Abl. EG Nr. C 221, 27 – 68

Brehm, Wolfgang	Freiwillige Gerichtsbarkeit, 2. Aufl. (Stuttgart, München, Hannover u.a. 1993)
Brox, Hans	Allgemeiner Teil des BGB, 25. Aufl. (München 2001)
Bruha, Thomas/Seeler, Hans-Joachim (Hrsg.)	Die Europäische Union und ihre Sprachen (Baden-Baden 1998)
Bucher, A.	Droit international privé suisse, Bd. II (Basel 1992)
Bühler, Alfred/Edelmann, Andreas/Killer, Albert	Kommentar zur aargauischen Zivilprozessordnung (Aarau, Frankfurt a.M., Salzburg 1998)
Bülow, Arthur	Besprechung von Droz, Georges A.L., Compétence judiciaire et effets des jugements dans le Marché Commun, Etude de la Convention de Bruxelles du 27 septembre 1968 (Paris 1972) in RabelsZ Bd. 38 (1974), 262 – 276
Bülow, Arthur/Böckstiegel, Karl-Heinz	Der internationale Rechtsverkehr in Zivil- und Handelssachen, 3. Aufl., Loseblatt (München, Stand 1993)
Bumiller, Ursula/Winkler, Karl	Freiwillige Gerichtsbarkeit, 7. Aufl. (München 1999)
Burckhardt, Axel	Internationale Rechtshängigkeit und Verfahrensstruktur bei der Eheauflösung (Heidelberg 1997)
Burckhardt, Walther	Kommentar der schweizerischen Bundesverfassung vom 29. Mai 1874, 3. Aufl. (Bern 1931)
Büte, Dieter	Das Umgangsrecht bei Kindern geschiedener oder getrennt lebender Eltern (Berlin 2001)
Büttner, Wolfgang	Änderungen im Familienverfahrensrecht durch das Kindschaftsrechtsreformgesetz in FamRZ 1998, 585 – 594
Calliess, Christian (Hrsg.)	Kommentar des Vertrags über die Europäische Union und des Vertrags zur Gründung der Europäischen Gemeinschaft (Neuwied 1999)
Canaris, Claus-Wilhem	Die Feststellung von Lücken im Gesetz, 2. Aufl. (Berlin 1983)
Dauses, Manfred (Hrsg.)	Handbuch des EU-Wirtschaftsrechts, Loseblatt (München, Stand 2001)

De Boer, Th. M.	Brussel II: een erste stap naar een communautair IPR in FJR 1999, 244 – 249
De Wilmars, Mertens	Réflexions sur les méthodes de la Cour de Justice des Communautés Européennes in CDE 1986, 5 – 20
Dohm, Christian	Die Einrede ausländischer Rechtshängigkeit im deutschen internationalen Zivilprozeßrecht (Berlin 1996; zugl. Diss. Münster 1995)
Droz, Georges	Compétence judiciaire et effets des jugements dans le Marché commun (Paris 1972)
Duden	Das große Wörterbuch der deutschen Sprache (Ausgabe in 8 Bänden), 2. Aufl. (Mannheim, Leipzig, Wien u.a. 1993)
Ehrenzweig, Albert	A treatise on the Conflict of Laws (Minnesota 1962)
Elze, Hans	Lücken im Gesetz (München 1916)
Enneccerus-Nipperdey, Ludwig (Begr.)	Allgemeiner Teil des Bürgerlichen Rechts, 1. Halbbd., 15. Aufl. (Tübingen 1959)
Ferid, Murad	Die 9. Haager Konferenz in RabelsZ Bd. 27 (1962 – 63), 411 – 455
Finger, Peter	Rechtsakt des Rates der Europäischen Union über die Zuständigkeit und die Anerkennung und Vollstreckung von Entscheidungen in Ehesachen (und damit zusammenhängenden Kindschaftssachen) v. 30.4.1998 (mit Korr. v. 12.5.1998) in FuR 1998, 346 – 350
Finger, Peter	Ausländische Rechtshängigkeit und inländisches Scheidungsverfahren (einschl. Scheidungsfolgen) in FuR 1999, 310 – 317
Finke, Fritz/Garbe, Roland (Hrsg.)	Familienrecht in der anwaltlichen Praxis, 4. Aufl. (Bonn 2001)
Fischer, Peter/Köck, Heribert Franz	Europarecht, 3. Aufl. (Wien 1997)
Freudenthal, M./van der Velden, Frans	Het Brussel II-Verdrag in het licht van het van Uden-Arrest in van Buren-Dee, J.M./van Gestel, M.C./Hondius, E.H. (Hrsg.), Privaatrecht in Gros (Antwerpen 1999), 343 – 354

Furtak, Oliver | Konstituierende Sitzung der europäischen Gruppe für internationales Privatrecht in Louvain-la-Neuve
in IPRax 1992, 128 – 130

Gampl, Inge | Die „natürlichen“ Rechtsgrundsätze in der Judikatur der k. k. Höchstgerichte Österreichs
in Frotz, Gerhard/Ogris, Werner (Hrsg.), Erlebtes Recht in Geschichte und Gegenwart – Festschrift für Heinrich Demelius zum 80. Geburtstag (Wien 1973), 51 – 60

Geiger, Rudolf | Allgemeine Überlegungen zum Begriff der ausschließlichen Gemeinschaftszuständigkeit als Anwendungsgrenze des Subsidiaritätsprinzips (Art. 3b Abs. 2 EG-Vertrag)
in Heinze, Meinhard/Schmitt, Jochem, Festschrift für Wolfgang Gitter (Wiesbaden 1995), 267 – 276

Geiger, Rudolf | EUV/EGV (München 2000)

Geimer, Reinhold | Das Anerkennungsverfahren für ausländische Entscheidungen in Ehesachen
in NJW 1967, 1398 – 1403

Geimer, Reinhold | Anm. zu OLG Frankfurt, Beschl. vom 15.4.1971 – 6 VA 2/71
in NJW 1971, 2138 f.

Geimer, Reinhold | Eine neue internationale Zuständigkeitsordnung in Europa
in NJW 1976, 441 – 446

Geimer, Reinhold | Kompetenzkonflikte im System des Europäischen Gerichtsstands- und Vollstreckungsübereinkommens
in Rechberger, Walter/Welser, Rudolf (Hrsg.), Festschrift für Winfried Kralik zum 65. Geburtstag (Wien 1986), 179 – 188

Geimer, Reinhold | Anm. zu BGH, Urt. vom 18.3.1987 – IVb ZR 24/86
in NJW 1987, 3085 f.

Geimer, Reinhold | Anerkennung und Vollstreckbarerklärung von ex parte-Unterhaltsentscheidungen aus GVÜ-Vertragsstaaten
in IPRax 1992, 5 – 14

Geimer, Reinhold — Das europäische Windhundprinzip in Heldrich, Andreas (Hrsg.), Medien zwischen Spruch und Informationsinteresse – Festschrift für Robert Schweizer zum 60. Geburtstag (Baden-Baden 1999), 175 – 194

Geimer, Reinhold — Internationales Zivilprozeßrecht, 4. Aufl. (Köln 2001)

Geimer, Reinhold/Schütze, Rolf — Europäisches Zivilverfahrensrecht (München 1997)

Gmür, Max (Begr.) — Berner Kommentar, 1. Abteilung, Teilbd. 1, 2. Hälfte, Artt. 137 – 158 (Bern 1980)

Gmür, Max (Begr.) — Berner Kommentar, Bd. 2, Abt. 2, Teilbd. 2, Unterteilbd. 1, Artt. 270 – 295 (Bern 1997)

Gottwald, Peter — Das internationale Verfahrensrecht im Entwurf eines IPR-Gesetzes in IPRax 1984, 57 – 61

Gottwald, Peter — Anm. zu BGH, Urt. vom 18.3.1987 – IVb ZR 24/86 in FamRZ 1987, 582 f.

Gottwald, Peter — Anm. zu OLG Karlsruhe, Beschl. vom 25.3.1991 – 18 WF 71/90 in FamRZ 1991, 840

Gottwald, Peter — Anm. zu AG Leverkusen, Urt. vom 14.2.2002 – 34 F 134/01 in FamRZ 2002, 1636

Grabitz, Eberhard (Hrsg.) — Kommentar zum EWG-Vertrag, 2. Aufl. (München 1989)

Grabitz, Eberhard/Hilf, Meinhard (Hrsg.) — Das Recht der Europäischen Union, Loseblatt (München, Stand 2000)

Grieb, Susanne — Die gleichgeschlechtliche Partnerschaft im nordischen und deutschen Recht (Diss. Kiel 1995)

Groux, Jean — Convergences et conflits dans l'interprétation du traitée CEE, entre la pratique suivie par les Etats membres et la jurisprudence de la Cour de justice des Communautés européennes in Francesco Capotori (Hrsg.), Du droit international au droit de l'intégration – Liber Amicorum Pierre Pescatore (Baden-Baden 1987), 275 – 286

Gruber, Urs Peter | Die „ausländische Rechtshängigkeit“ bei Scheidungsverfahren in FamRZ 1999, 1563 – 1568

Gruber, Urs Peter | Die neue „europäische Rechtshängigkeit“ bei Scheidungsverfahren in FamRZ 2000, 1129 – 1135

Guldener, Max | Schweizerisches Zivilprozessrecht, 3. Aufl. (Zürich 1979)

Haecker, Jens | Die Anerkennung ausländischer Entscheidungen in Ehesachen, 2. Aufl. (Frankfurt a.M., Berlin 2000)

Häfelin, Ulrich/Haller, Walter | Schweizerisches Bundesstaatsrecht, 5. Aufl. (Zürich 2001)

Harries, Heinrich | Das Deutsch-Belgische Anerkennungs- und Vollstreckungsabkommen in RabelsZ Bd. 26 (1961), 629 – 667

Hau, Wolfgang Jakob | Positive Kompetenzkonflikte im Internationalen Zivilprozeßrecht (Frankfurt a.M. 1996)

Hau, Wolfgang Jakob | Europäische Rechtshilfe, endgültige Rechtshängigkeit, effektiver Rechtsschutz in IPRax 1998, 456 – 460

Hau, Wolfgang Jakob | Internationales Eheverfahrensrecht in der Europäischen Union in FamRZ 1999, 484 – 488

Hau, Wolfgang Jakob | Das System der internationalen Entscheidungszuständigkeit im europäischen Eheverfahrensrecht in FamRZ 2000, 1333 – 1341

Hausheer, Heinz/Reusser, Ruth/Geiser, Thomas | Die Wirkungen der Ehe im allgemeinen: Art. 159 – 180 ZGB (Bern 1999)

Hausmann, Rainer | Neues Internationales Eheverfahrensrecht in der Europäischen Union (Teil I) in ELF 2000, 271 – 279

Hausmann, Rainer | Neues Internationales Eheverfahrensrecht in der Europäischen Union (Teil II) in ELF 2000, 345 – 353

Hausmann, Rainer | Überlegungen zum Kollisionsrecht registrierter Partnerschaften in Gottwald, Peter/Jayme, Erik/Schwab, Dieter (Hrsg.), Festschrift für Dieter Henrich zum 70. Geburtstag (Bielefeld 2000), 241 – 265

Hegnauer, Cyril/Breitschmid, Peter — Grundriss des Eherechts, 4. Aufl. (Bern 2000)

Heiderhoff, Bettina — Die Berücksichtigung ausländischer Rechtshängigkeit in Ehescheidungsverfahren (Bielefeld 1998; zugl. Diss. Leipzig 1997)

Heini, Anton/Keller, Max/Siehr, Kurt u.a. (Hrsg.) — IPRG Kommentar (Zürich 1993)

Heintschel-Heinegg, Bernd von — Das Verfahren in Familiensachen, 6. Aufl. (Neuwied, Kriftel 2001)

Helfer, Angela/Bünder, Peter — Zur Situation der Kinder bei Trennung oder Scheidung: Sicherheit und Entlastung durch Vereinbarung der Eltern in Kind-Prax 2001, 151 – 155

Helms, Tobias — Die Anerkennung ausländischer Entscheidungen im Europäischen Eheverfahrensrecht in FamRZ 2001, 257 – 266

Henke, Horst-Eberhard — Die Lehre von den Klagetypen der ZPO in JA 1987, 225 – 232

Henke, Horst-Eberhard — Die Gestaltungsklage der ZPO in JA 1987, 588 – 597

Henrich, Dieter — Das internationale Eherecht nach der Reform in FamRZ 1986, 841 – 852

Henrich, Dieter — Internationales Familienrecht (Frankfurt a.M. 1989)

Henrich, Dieter — Einführung in das englische Privatrecht, 2. Aufl. (Darmstadt 1993)

Henrich, Dieter — Internationales Scheidungsrecht (Bielefeld 1998)

Henrich, Dieter — Zum Wegfall der internationalen Zuständigkeit in Sorgerechtsverfahren in IPRax 1998, 247 – 249

Herdegen, Matthias — Auslegende Erklärung von Gemeinschaftsorganen und Mitgliedstaaten zu EG-Rechtsakten in ZHR 1991, 52 – 67

Heß, Burkhard — Der Verordnungsvorschlag der französischen Ratspräsidentschaft vom 26.6.2000 über einen „Europäischen Besuchstitel“ in IPRax 2000, 361 – 363

Hillgruber, Christian — Der Schutz des Menschen vor sich selbst (München 1992)

Hohloch, Gerhard (Hrsg.) — Internationales Scheidungs- und Scheidungsfolgenrecht (München 1998)

Hohloch, Gerhard — Internationales Verfahrensrecht in Ehe- und Familiensachen
in FF 2001, 45 – 53

Hohloch, Gerhard/Mauch, Christian — Die Vollstreckung umgangsrechtlicher Entscheidungen vor dem Hintergrund europäischer Rechtsvereinheitlichung und des HKÜ
in FPR 2001, 195 – 202

Hub, Torsten — Die Neuregelung der Anerkennung und Vollstreckung in Zivil- und Handelssachen und das familienrechtliche Anerkennungs- und Vollstreckungsverfahren
in NJW 2001, 3145 – 3151

Huber, Pius Markus — Zivilprozessrecht (Zihlschacht 1997)

Internationaler Sozialdienst (Hrsg.) — Internationaler Sozialdienst – Was ist er? Was kann er tun? (Frankfurt a.M. 1998)

Isenburg-Epple, Sabine — Die Berücksichtigung ausländischer Rechtshängigkeit nach dem EuGVÜ (Frankfurt a.M. 1992; zugl. Diss. Heidelberg 1991)

Jakob, Dominique — Die eingetragene Lebenspartnerschaft im Europarecht
in FamRZ 2002, 501 – 508

Jansen, Bernhard — Die Verwendung der EU-Amtssprachen in internationalen Abkommen
in EuZW 1999, 1

Jansen, Paul — FGG, Bd. 1, 2. Aufl. (Berlin 1969)

Jarass, Hans/Pieroth, Bodo — Grundgesetz, 5. Aufl. (München 2000)

Jauernig, Othmar — Zivilprozeßrecht, 26. Aufl. (München 2000)

Jayme, Erik — Elterliche Gewalt nach Scheidung einer deutsch-italienischen Ehe und Ausweisung des italienischen Vaters aus der BRD (Haager Minderjährigenschutzabkommen)
in ZfR, Bd. 59 (1972), 284 – 287

Jayme, Erik — Methoden der Konkretisierung des ordre public im Internationalen Privatrecht (Heidelberg 1989)

Jayme, Erik — Dänisches Partnerschaftsgesetz und internationales Privatrecht
in IPRax 1990, 197

Jayme, Erik — Zum Jahrtausendwechsel: Das Kollisionsrecht zwischen Postmoderne und Futurismus
in IPRax 2000, 165 – 171

Jayme, Erik/Hausmann, Rainer (Hrsg.)	Internationales Privat- und Verfahrensrecht, 10. Aufl. (München 2000)
Jayme, Erik/Kohler, Christian	Europäisches Kollisionsrecht 2000: Interlokales Privatrecht oder universelles Gemeinschaftsrecht? in IPRax 2000, 454 – 465
Jenard, P.	Bericht zum EuGVÜ vom 27.09.1968 und zum Auslegungsprotokoll vom 03.06.1971 in Abl. EG 1979, Nr. C 59, 1 – 70
Johannsen, Kurt/Henrich, Dieter (Hrsg.)	Eherecht, 3. Aufl. (München 1998)
Kallwass, Wolfgang	Privatrecht, 16. Aufl. (Köln 1998)
Kegel, Gerhard/Schurig, Klaus	Internationales Privatrecht, 8. Aufl. (München 2000)
Keidel, Theodor/Kuntze, Joachim/Winkler, Karl u.a.	Freiwillige Gerichtsbarkeit, 14. Aufl. (München 1999)
Kimminich, Otto/Hobe, Stephan	Einführung in das Völkerrecht, 7. Aufl. (Tübingen, Basel 2000)
Klauer, Stefan	Übereinkommen „Brüssel II" unterzeichnet in ELR 1998, 484 – 487
Kleinrahm, Kurt/Partikel, Helga-Christa	Die Anerkennung ausländischer Entscheidungen in Ehesachen, 2. Aufl. (Göttingen 1970)
Kohler, Christian	Die Revision des Brüsseler und des Luganer Übereinkommens über die gerichtliche Zuständigkeit und die Vollstreckung gerichtlicher Entscheidungen in Zivil- und Handelssachen – Generalia und Gerichtsstandsproblematik in Gottwald, Peter (Hrsg.), Revision des EuGVÜ – Neues Schiedsverfahrensrecht (Bielefeld 2000), 1 – 35
Kohler, Christian	Internationales Verfahrensrecht für Ehesachen in der Europäischen Union: die Verordnung „Brüssel II" in NJW 2001, 10 – 15
Kohler, Christian	Auf dem Weg zu einem europäischen Justizraum für das Familien- und Erbrecht in FamRZ 2002, 709 – 714
Kohler, Christian/Pintens, Walter	Vorbemerkung zu Verordnung (EG) Nr. 1347/2000 des Rates vom 29. Mai 2000 in FamRZ 2000, 1140 f.

Koller, Heinrich — Kommentar zur Bundesverfasssung der Schweizerischen Eidgenossenschaft vom 29. Mai 1874, Loseblatt (Basel, Stand 1989)

Kropholler, Jan — Erste Erfahrungen mit dem Haager Minderjährigenschutzabkommen
in NJW 1972, 371 – 373

Kropholler, Jan — Europäisches Zivilprozeßrecht, 6. Aufl. (Heidelberg 1998)

Larenz, Karl — Methodenlehre der Rechtswissenschaft, 6. Aufl. (Berlin 1991)

Leible, Stefan/Staudinger, Ansgar — Art. 65 EGV im System der EG-Kompetenzen
in ELF 2000/01, 225 – 235

Leipold, Dieter — Internationale Rechtshängigkeit, Streitgegenstand und Rechtsschutzinteresse – Europäisches und Deutsches Zivilprozeßrecht im Vergleich
in Leipold, Dieter/Lüke, Wolfgang/Yoshino, Shozaburo (Hrsg.), Gedächtnisschrift für Peter Arens (München 1993), 227 – 249

Lequette, Yves — Conflits de juridictions
in Rev. Crit. dr. int. privé 1992, 91 – 108

Leuch, Georg/Marbach, Omar — Die Zivilprozessordnung für den Kanton Bern, 5. Aufl. (Bern 2000)

Linke, Hartmut — Anmerkung zu EuGH, Urt. vom 7.6.1984 – Rechtssache 129/83
in RIW 1984, 739 f.

Linke, Hartmut — Anderweitige Rechtshängigkeit im Ausland und inländischer Justizgewährungsanspruch
in IPRax 1994, 17 – 19

Locher, Peter — Bedauerlicher Rückschritt bei der Ehegattenbesteuerung
in recht 1995, 162 – 174

Lopes Sabino, Amadeu — Les langues dans l'Union européenne – enjeux, pratiques et perspectives
in RTDE 1999, 159 – 169

Lüderitz, Alexander — Der „Talâq" vor deutschen Gerichten
in Prütting, Hanns (Hrsg.), Festschrift für Gottfried Baumgärtel zum 70. Geburtstag (Köln, Berlin, Bonn u.a. 1990), 333 – 348

Lüderitz, Alexander — Internationales Privatrecht, 2. Aufl. (Neuwied, Kriftel, Berlin 1992)

Lüke, Gerhard/Wax, Peter (Hrsg.) — Münchener Kommentar zur Zivilprozeßordnung, Bd. 3, 2. Aufl. (München 2001)

Mallmann-Döll, Hannelore — Legal kidnapping – Warum Eltern ihre eigenen Kinder ins Ausland entführen in Psychosozial 1980, Bd. 3, 43 – 66

Mansel, Heinz-Peter — Neues internationales Sorgerecht in NJW 1990, 2176 – 2178

Martiny, Dieter — Handbuch des internationalen Zivilverfahrensrechts, Bd. 3, Teilbd. 1 und 2 (Tübingen 1984)

Meeusen, Johan — Nieuw recht op komst in RW 1998 – 1999, 755 – 758

Meyer, Peter — Die Grundsätze der Auslegung im Europäischen Gemeinschaftsrecht in Jura 1994, 455 – 458

Meyer-Götz, Karin — Verordnung (EG) Nr. 1347/2000 des Rates vom 29.05.2000 über die Zuständigkeit und die Anerkennung und Vollstreckung von Entscheidungen in Ehesachen und in Verfahren betreffend die elterliche Verantwortung für die gemeinsamen Kinder der Ehegatten (Abl. EG 2000 L 160/19) in FF 2001, 17 f.

Müller, Jörg Paul — Die Grundrechte der schweizerischen Bundesverfassung (Bern 1991)

Müller, Jörg Paul — Grundrechte in der Schweiz (Bern 1999)

Müller-Graff, Peter-Christian/Kainer, Friedemann — Die justizielle Zusammenarbeit in Zivilsachen in der Europäischen Union in DRiZ 2000, 350 – 354

Münch, Ingo von — Antidiskriminierungsgesetz – notwendig oder überflüssig in NJW 1999, 260 – 262

Muscheler, Karlheinz — Das Recht der Eingetragenen Lebenspartnerschaft (Berlin 2001)

Musielak, Hans-Joachim (Hrsg.) — Zivilprozeßordnung, 2. Aufl. (München 2000)

Nielsen, Linda — Family rights and the „Registered partnership" in Denmark in IJLF Bd. 4 (1990), 297 – 307

Oberloskamp, Helga — Haager Minderjährigenschutzabkommen (Köln 1983)

Oppermann, Thomas — Europarecht (München 1999)

Oppermann, Thomas — Reform der EU-Sprachenregelung? in NJW 2001, 2663 – 2668

Palandt, Otto (Begr.) — Bürgerliches Gesetzbuch, 61. Aufl. (München 2002)

Patocchi, Michele/Geisinger, Elliott — Internationales Privatrecht (Zürich 2000)

Pawlowski, Hans-Martin — Methodenlehre für Juristen (Heidelberg 1991)

Pedersen, Marianne Hojgaard — Denmark: Homosexual marriages and new rules regarding separation and divorce in JFL Bd. 30 (1991/92), 289 – 293

Pescatore, Pierre — Les objectifs de la Communauté Européenne comme principes d'interpretation dans la jurisprudence de la Cour de Justice in Centre Interuniversitaire de Droit public et de l'Université libre de Bruxelles (Hrsg.), Miscellanea W.J. Ganshof van der Meersch (Brüssel 1972), 325 – 363

Philippi, Peter — Doppelte Scheidungsprozesse im In- und Ausland in FamRZ 2000, 525 – 527

Pirrung, Jörg — Internationales Privat- und Verfahrensrecht der Scheidung in den Europäischen Gemeinschaften in van der Velden, Frans (Hrsg.), Grensoverschrijdend privaatrecht – Een bundel opstellen over privaatrecht in international verband (Kluwer, Deventer 1993), 189 – 204

Pirrung, Jörg — Unification du droit en matière familiale: la Convention de l'Union européenne sur la reconnaissance des divorces et la question de nouveaux travaux d'UNIDROIT in ULR/RDU 1998, 629 – 640

Pirrung, Jörg — Europäische justitielle Zusammenarbeit in Zivilsachen – insbesondere das neue Scheidungsübereinkommen in ZEuP 1999, 834 – 848

Rahm, Walter/Künkel, Bernd — Handbuch des Familiengerichtsverfahrens, Bd. 1, Loseblatt (Köln, Stand 1994)

Rauscher, Thomas — Rechtshängigkeit nach dem EuGVÜ in IPRax 1985, 317 – 321

Rauscher, Thomas — Ausländische Rechtshängigkeit und Rechtsschutzeinwand in IPRax 1986, 274 – 277

Rauscher, Thomas — Das Umgangsrecht im Kindschaftsrechtsreformgesetz
in FamRZ 1998, 329 – 341

Rauscher, Thomas — Intertemporale Anwendung des Art. 21 EuGVÜ
in IPRax 1999, 80 – 82

Regehr, Fritjof — Die völkerrechtliche Vertragspraxis in der Bundesrepublik Deutschland (Diss. München 1974)

Rogerson, Pippa — Habitual residence: The new domicile?
in ICLQ Bd. 49 (2000), 86 – 107

Rosenberg, Leo/Schwab, Karl Heinz/ Gottwald, Peter — Zivilprozeßrecht, 15. Aufl. (München 1993)

Roth, Herbert — Zwangsvollstreckung aus ausländischen Entscheidungen der Freiwilligen Gerichtsbarkeit
in IPRax 1988, 75 – 82

Rüßmann, Helmut — Negative Feststellungsklage und Leistungsklage sowie der Zeitpunkt der endgültigen Rechtshängigkeit im Rahmen des EuGVÜ – Entscheidungs- und Klärungsbedarf durch den EuGH
in IPRax 1995, 76 – 80

Sachs, Michael (Hrsg.) — Grundgesetz, 2. Aufl. (München 1999)

Safferling, Kathrin — Rechtshängigkeit in deutsch-französischen Scheidungsverfahren (Diss. Erlangen 1996)

Schack, Haimo — Internationales Zivilverfahrensrecht (München 1996)

Schack, Haimo — Die EG-Kommission auf dem Holzweg nach Amsterdam
in ZEuP 1999, 805 – 808

Schlosser, Peter — Bericht zum EuGVÜ vom 9.10.1978
in Abl. EG 1979, Nr. C 59, 71 – 151

Schlüter, Wilfried/Heckes, Jasmin/ Stommel, Sonja — Die gesetzliche Regelung von außerehelichen Partnerschaften gleichen und verschiedenen Geschlechts im Ausland und die deutschen Reformvorhaben
in DEuFamR 2000, 1 – 18

Schmidt, Karsten — Grundfälle zum Gestaltungsprozeß
in JuS 1986, 35 – 41

Schnyder, Anton — Das neue IPR-Gesetz, 2. Aufl. (Zürich 1990)

Schnyder, Bernhard — Die ZGB-Revision 1998/2000 (Zürich 1999)

Schnyder, Bernhard	Gesetzgeber und Scheidungsrecht nach Schweizer Art in Gottwald, Peter/Jayme, Erik/Schwab, Dieter (Hrsg.), Festschrift für Dieter Henrich zum 70. Geburtstag (Bielefeld 2000), 487 – 496
Schrutka von Rechtenstamm, Emil	Der Feststellungsanspruch in ZPöR, Bd. 16 (1889), 617 – 619
Schumann, Ekkehard	Internationale Rechtshängigkeit in Rechberger, Walter/Welser, Rudolf (Hrsg.), Festschrift für Winfried Kralik zum 65. Geburtstag (Wien 1986), 301 – 316
Schürer, Christian	Grundrechtsbeschränkungen durch Nichtgewähren von Sozialleistungen in AJP/PJA 1997, 3 – 10
Schuster, Gunnar	Der Sonderstatus Dänemarks im Vertrag über die Europäische Union in EuZW 1993, 177 – 180
Schwab, Dieter	Die Neuregelung des Kindschaftsrechtsreformgesetzes in FamRZ 1998, 457 – 467
Schwander, Ivo	Sollen eheähnliche und andere familiäre Gemeinschaften in der Schweiz gesetzlich geregelt werden? in AJP/PJA 1994, 918 – 928
Schwarze, Jürgen (Hrsg.)	EU-Kommentar (Baden-Baden 2000)
Seidl-Hohenveldern, Ignaz (Hrsg.)	Lexikon des Rechts – Völkerrecht, 2. Aufl. (Neuwied, Kriftel, Berlin 1992)
Siehr, Kurt	Rechtshängigkeit im Ausland und das Verhältnis zwischen staatsvertraglichen sowie autonomen Anerkennungsvorschriften in IPRax 1989, 93 – 96
Soergel, Hans Theodor (Begr.)	Bürgerliches Gesetzbuch, Bd. 10, Einführungsgesetz, 12. Aufl. (Stuttgart, Berlin, Köln 1996)
Spühler, Karl	Das neue Scheidungsverfahren (Zürich 1999)
Staudinger, Julius von (Begr.)	J. von Staudingers Kommentar zum Bürgerlichen Gesetzbuch mit Einführungsgesetz und Nebengesetzen – Einführungsgesetz zum Bürgerlichen Gesetzbuch, Teil 4 a, 10./11. Aufl. (Berlin 1979)

Staudinger, Julius von (Begr.) — J. von Staudingers Kommentar zum Bürgerlichen Gesetzbuch mit Einführungsgesetz und Nebengesetzen – Einführungsgesetz zum Bürgerlichen Gesetzbuche/IPR – Internationales Verfahrensrecht in Ehesachen (§§ 606, 606a, 621, 328 ZPO; Art 7 § 1 FamRÄndG), 13. Aufl. (Berlin 1997)

Staudinger, Julius von (Begr.) — J. von Staudingers Kommentar zum Bürgerlichen Gesetzbuch mit Einführungsgesetz und Nebengesetzen – Einführungsgesetz zum Bürgerlichen Gesetzbuche/IPR. Kindschaftsrechtliche Übereinkommen, Art 19 EGBGB, 13. Aufl. (Berlin 1997)

Staudinger, Julius von (Begr.) — J. von Staudingers Kommentar zum Bürgerlichen Gesetzbuch, Buch 4, Familienrecht, §§ 1684 – 1717, 13. Aufl. (Berlin 2000)

Stein, Friedrich/Jonas, Martin (Begr.) — Kommentar zur Zivilprozeßordnung, Bd. 4, Teilbd. 1 (Tübingen 1998)

Streinz, Rudolf — Der „effet utile" in der Rechtsprechung des Gerichtshofs der Europäischen Gemeinschaften
in Due, Ole/Lutter, Marcus/Schwarze, Jürgen (Hrsg.), Festschrift für Ulrich Everling, Bd. 2 (Baden-Baden 1995), 1491 – 1510

Sturlèse, Bruno — Premiers commentaires sur un événement juridiques: La signature de la Convention de Bruxelles 2 ou quand l'Europe se préoccupe des conflits familiaux
in JCP 1998, 1145 – 1148

Sumampouw, Mathilde — Parental Responsibility under Brussels II
in Basedow, Jürgen/Meier, Isaak/Schnyder, Anton u.a. (Hrsg.), Private Law In The International Arena, Liber Amicorum Kurt Siehr (Den Hague 2000), 729 – 745

Tarko, Ihor — Ein Europäischer Justizraum: Errungenschaften auf dem Gebiet der justitiellen Zusammenarbeit in Zivilsachen
in ÖJZ 1999, 401 – 407

Thomas, Heinz/Putzo, Hans — Zivilprozeßordnung, 23. Aufl. (München 2001)

Van der Velden, Frans — Verdrag van Brussel II: Regels van bevoegdheid en erkenning van vonnissen in zaken van huwelijksontbinding in voorbereiding
in NIPR 1995, 3 – 8

Van der Velden, Frans — Een Europese Verordening betreffende bevoegdheid, erkenning en tenuitvoerlegging in familierechtelijke zaken
in WPNR 2000, 753 – 759

Vitzthum, Wolfgang Graf (Hrsg.) — Völkerrecht, 2. Aufl. (Berlin, New York 2001)

Vlas, P. — Nieuw internationaal scheidingsprocesrecht: de Verordening „Brussel II"
in WPNR 2001, 440 – 448

Vogel, Oscar — Grundriss des Zivilprozessrechts und des internationalen Zivilprozessrechts der Schweiz, 6. Aufl. (Bern 1999)

Vogel, Hans-Josef — Internationales Familienrecht – Änderungen und Auswirkungen durch die neue EU-Verordnung
in MDR 2000, 1045 – 1051

Vogel, Oscar/Spühler, Karl — Grundriss des Zivilprozessrechts, 7. Aufl. (Bern 2001)

Wach, Adolf — Handbuch des Deutschen Civilprozessrechts, Bd. 1 (Leipzig 1885)

Wacke, Andreas — Die Registrierung homosexueller Partnerschaften in Dänemark
in FamRZ 1990, 347 – 351

Wagner, Rolf — Die geplante Reform des Brüsseler und des Lugano-Übereinkommens
in IPRax 1998, 241 – 244

Wagner, Rolf — Der Beitritt Österreichs, Finnlands und Schwedens zum Brüsseler Gerichtsstands- und Vollstreckungsübereinkommen vom 27.9.1968
in RIW 1998, 590 – 592

Wagner, Rolf — Zum Inkrafttreten des Lugano Übereinkommens für die Republik Polen
in WiRO 2000, 47 – 50

Wagner, Rolf — Die Anerkennung und Vollstreckung von Entscheidungen nach der Brüssel II-Verordnung
in IPRax 2001, 73 – 84

Wagner, Rolf — Das neue Internationale Privat- und Verfahrensrecht zur eingetragenen Lebenspartnerschaft
in IPRax 2001, 281 – 293

Weber, Albrecht — Möglichkeiten und Grenzen europäischer Asylrechtsharmonisierung vor und nach Amsterdam
in ZAR 1998, 147 – 152

Weinzierl, Emil — Wann ist der Umkehrschluß zulässig?
in ÖJZ 1973, 372 – 374

Wengler, Wilhelm — Fehlendes Rechtsschutzinteresse wegen Unmöglichkeit der Vollstreckung der Entscheidung durch das international zuständige deutsche Gericht?
in IPRax 1991, 42 f.

Wieczorek, Bernhard/Schütze, Rolf (Hrsg.) — Zivilprozeßordnung und Nebengesetze, 3. Bd., 2. Teilband, §§ 592 – 703d, 3. Aufl. (Berlin, New York 1998)

Yasue, Noriko — Le multilinguisme dans l'Union Européenne et la politique linguistique des états membres
in RMC 1999, 277 – 283

Zöller, Richard (Begr.) — Zivilprozeßordnung, 23. Aufl. (Köln 2002)

B. Entscheidungsregister

I. Entscheidungen des EuGH

Datum	Aktenzeichen	Fundstelle	Seite
Urt. vom 16.7.1956	Rs. 8/55	EuGHE 1955/56, 197	52
Urt. vom 1.6.1961	Rs. 15/60	EuGHE 1961, 239	73
Urt. vom 12.5.1964	Rs. 101/63	EuGHE 1964, 417	72
Urt. vom 9.6.1964	Rs. 92/63	EuGHE 1964, 611	73
Urt. vom 11.3.1965	Rs. 31/64	EuGHE 1965, 112	71
Urt. vom 11.3.1965	Rs. 33/64	EuGHE 1965, 134	71
Urt. vom 1.4.1965	Rs. 40/64	EuGHE 1965, 296	71
Urt. vom 13.7.1966	Verbundene Rs. 56/64 und 58/64	EuGHE 1966, 321	71
Urt. vom 15.12.1966	Verbundene Rs. 15/64 und 60/65	EuGHE 1966, 685	99, 175
Urt. vom 5.12.1967	Rs. 19/67	EuGHE 1967, 461	72
Urt. vom 11.7.1968	Rs. 4/68	EuGHE 1968, 561	73
Urt. vom 14.12.1971	Rs. 43/71	EuGHE 1971, 1039	56
Urt. vom 7.11.1972	Rs. 20/72	EuGHE 1972, 1055	73
Urt. vom 7.2.1973	Rs. 39/72	EuGHE 1973, 101	56
Urt. vom 5.6.1973	Rs. 81/72	EuGHE 1973, 575	73
Urt. vom 21.2.1974	Rs. 162/73	EuGHE 1974, 201	71
Urt. vom 21.3.1974	Rs. 151/ 73	EuGHE 1974, 285	71
Urt. vom 9.3.1978	Rs. 79/77	EuGHE 1978, 611	71
Urt. vom 27.3.1979	Rs. 143/78	NJW 1979, 1100	28
Urt. vom 12.7.1979	Rs. 9/79	EuGHE 1979, 2717	72
Urt. vom 27.9.1979	Rs. 230/78	EuGHE 1979, 2749	52
Urt. vom 10.1.1980	Rs. 69/79	EuGHE 1980, 75	71
Urt. vom 17.11.1983	Rs. 292/82	EuGHE 1983, 3781	73
Urt. vom 13.12.1983	Rs. 218/82	EuGHE 1983, 4063	71
Urt. vom 8.12.1987	Rs. 144/86	EuGHE 1987, 4861	125
Urt. vom 4.2.1988	Rs. 145/86	EuGHE 1988, 645	138
Urt. vom 11.7.1989	Rs. 265/87	EuGHE 1989, 2237	68
Urt. vom 21.3.1991	Rs. C – 314/89	EuGHE 1991, I – 1647	71
Urt. vom 6.12.1994	Rs. C – 406/92	EuGHE 1994, I – 5439	125, 128
Urt. vom 13.5.1997	Rs. C – 233/94	EuGHE 1997, I – 2405	64
Urt. vom 2.10.1997	Rs. C – 122/96	EuGHE 1997, I – 5325	81
Urt. vom 9.10.1997	Rs. C – 163/95	EuGHE 1997, I – 5451	135
Urt. vom 22.10.1998	Verbundene Rs. C – 36/97 und C – 37/97	EuGHE 1998, I – 6337	62, 64
Urt. vom 20.5.2000	Rs. C – 38/98	ELF 2000/01, 133	140

II. Entscheidungen deutscher Gerichte

1. Entscheidungen des Bundesverfassungsgerichts

Datum	Aktenzeichen	Fundstelle	Seite
Urt. vom 29.7.1959	1 BvR 205, 332, 333, 367/58, 1 BvL 27, 100/58	BVerfGE 10, 59	173
Urt. vom 28.2.1980	1 BvL 136/78, 1 BvR 890/77, 1300, 1440/78 und 32/79	BVerfGE 53, 224	188
Beschl. vom 30.11.1982	1 BvR 818/81	BVerfGE 62, 323	173
Beschl. vom 4.10.1993	1 BvR 640/93	NJW 1993, 3058	173

2. Entscheidungen des Reichsgerichts

Datum	Aktenzeichen	Fundstelle	Seite
Urt. vom 4.1.1892	Rep. IV. 267/91	RGZ 29, 345	55
Urt. vom 3.10.1929	VIII 215/29	RGZ 126, 18	55

3. Entscheidungen des Bundesgerichtshofs

Datum	Aktenzeichen	Fundstelle	Seite
Beschl. vom 17.9.1968	IV ZB 501/68	BGHZ 50, 370	139
Beschl. vom 18.6.1970	IV ZB 69/69	BGHZ 54, 123	139
Beschl. vom 5.2.1975	IV ZR 90/73	BGHZ 64, 19	26 f.
Beschl. vom 25.10.1976	IV ZB 38/76	BGHZ 67, 255	28
Urt. vom 17.5.1977	VI ZR 174/74	BGHZ 69, 37	114
Beschl. vom 3.5.1978	IV ARZ 26/78	BGHZ 71, 264	9
Beschl. vom 27.6.1979	IV ARZ 31/79	NJW 1979, 2249	7
Beschl. vom 17.10.1979	IV ARZ 44/79	NJW 1980, 188	4
Beschl. vom 27.10.1982	IVb ZB 719/81	FamRZ 1983, 44	21
Beschl. vom 13.7.1983	IVb ZB 31/83	BGHZ 88, 113	27
Urt. vom 9.10.1985	IVb ZR 36/84	NJW 1986, 662	22
Urt. vom 10.10.1985	I ZR 1/83	RIW 1986, 218	126
Beschl. vom 29.1.1986	IVb ARZ 56/85	FamRZ 1986, 454	11
Beschl. vom 14.5.1986	IVb ARZ 19/86	NJW-RR 1986, 1007	13
Urt. vom 18.3.1987	IVb ZR 24/86	NJW 1987, 3083	22
Urt. vom 1.4.1987	IVb ZR 40/86	FamRZ 1987, 793	76
Beschl. vom 8.7.1987	IVb ARZ 28/87	NJW-RR 1987, 1348	5
Beschl. vom 8.6.1988	I ARZ 388/88	BGHZ 104, 363	7
Urt. vom 25.1.1989	IVb ZR 29/88	NJW 1989, 1356	22
Beschl. vom 4.10.1989	IVb ARZ 26/89	FamRZ 1990, 35	13
Beschl. vom 11.7.1990	XII ZB 113/87	NJW 1990, 1228	24
Urt. vom 12.2.1992	XII ZR 25/91	NJW-RR 1992, 642	126
Urt. vom 29.4.1992	XII ZR 40/91	NJW-RR 1993, 5	114
Urt. vom 8.2.1995	VIII ZR 14/94	EuZW 1995, 378	128
Beschl. vom 18.6.1997	XII ZB 156/95	FamRZ 1997, 1070	22

4. Entscheidungen des BayObLG

Datum	Aktenzeichen	Fundstelle	Seite
Beschl. vom 2.8.1977	1 Z 67/77	Rpfleger 1977, 371	13
Beschl. vom 30.8.1984	BReg. 1 Z 57/84	FamRZ 1985, 75	21
Beschl. vom 6.8.1986	3 Z 114/86	Rpfleger 1987, 150	15
Urt. vom 29.3.1990	BReg. 3 Z 31/89	NJW-RR 1990, 842	24
Beschl. vom 20.2.1998	1 Z BR 15/98	FamRZ 1998, 1305	24

5. Entscheidungen der Oberlandesgerichte

Oberlandesgericht	Datum	Aktenzeichen	Fundstelle	Seite
OLG Köln	Beschl. vom 24.5.1972	16 Wx 67/72	FamRZ 1972, 518	13
OLG Frankfurt	Beschl. vom 3.9.1973	20 AR 30/73	OLGZ 1974, 76	13
OLG Frankfurt	Beschl. vom 14.8.1974	18 W 51/74	FamRZ 1975, 632	125
OLG Hamm	Beschl. vom 7.2.1975	15 Wx 118/74	OLGZ 1975, 179	26
OLG Hamm	Beschl. vom 5.3.1975	15 Sbd 3/75	OLGZ 1975, 284	13
OLG Koblenz	Beschl. vom 20.7.1977	4 SmA 6/77	NJW 1977, 1735	7
OLG Oldenburg	Beschl. vom 5.8.1977	5 AR 10/77	FamRZ 1977, 726	7
OLG Stuttgart	Beschl. vom 11.10.1977	15 AR 6/77	FamRZ 1977, 797	7
OLG München	Beschl. vom 2.12.1977	26 AR 12/77	FamRZ 1978, 48	7
OLG Köln	Beschl. vom 10.4.1979	14 WF 18/79	FamRZ 1979, 718	26
OLG Stuttgart	Urt. vom 20.5.1980	17 UF 33/80 ES	FamRZ 1980, 783	21
OLG Stuttgart	Urt. vom 10.4.1981	15 UF 39/81 ES	FamRZ 1982, 84	5
OLG Karlsruhe	Beschl. vom 6.3.1984	16 UF 46/84	IPRax 1985, 106	125
OLG Celle	Urt. vom 25.6.1986	17 UF 224/85	FamRZ 1987, 159	81
OLG Zweibrücken	Beschl. vom 7.9.1987	2 AR 26/87	FamRZ 1987, 1275	7
OLG Frankfurt	Beschl. vom 4.1.1988	1 UFH 20/87	NJW-RR 1988, 772	7
OLG Koblenz	Beschl. vom 27.7.1988	13 UF 861/88	FamRZ 1989, 204	27
OLG Stuttgart	Urt. vom 24.1.1989	18 UF 326/88	FamRZ 1989, 760	81
OLG Hamm	Beschl. vom 16.5.1991	4 UF 8/91	NJW 1992, 636	5
OLG Köln	Beschl. vom 15.3.1993	16 Wx 57/93	NJW 1993, 1997	173
OLG Thüringen	Beschl. vom 10.3.1996	WF 28/96	FamRZ 1997, 626	13

6. Entscheidungen der Landgerichte

Landgericht	Datum	Aktenzeichen	Fundstelle	Seite
LG Stuttgart	Urt. vom 3.11.1967	10 R 88/67	JZ 1968, 706	131
LG Frankfurt a.M.	Beschl. vom 22.3.1993	2/9 T 17/93	NJW 1993, 1998	173
LG Düsseldorf	Urt. vom 27.1.1998	4 O 418/97	IPRax 1999, 461	128

7. Entscheidungen des KG

Datum	Aktenzeichen	Fundstelle	Seite
Urt. vom 11.2.1983	3 UF 3908/82	NJW 1983, 2324	125
Beschl. vom 16.11.1989	16 UF 6891/89	IPRax 1991, 60	22
Beschl. vom 5.11.1997	3 UF 5133/97	FamRZ 1998, 440	22

8. Entscheidungen der Amtsgerichte

Datum	Aktenzeichen	Fundstelle	Seite
Urt. vom 10.1.2002	34 F 346/97	FamRZ 2002, 1636	109
Urt. vom 14.2.2002	34 F 134/01	FamRZ 2002, 1635	67

III. Entscheidungen der schweizerischen Gerichte

1. Entscheidungen des Bundesgerichts

Datum	Entscheidende Abteilung	Fundstelle	Seite
Urt. vom 13.3.1938	II. Zivilabteilung	BGE 64 II, 74	194
Urt. vom 29.9.1966	II. Zivilabteilung	BGE 92 II, 217	199
Urt. vom 27.9.1973	II. Zivilabteilung	BGE 99 Ib, 240	200
Urt. vom 3.9.1981	I. Öffentlichrechtliche Abteilung	BGE 107 II, 301	191, 192
Urt. vom 15.3.1984	II. Zivilabteilung	BGE 110 II, 5	197
Urt. vom 13.4.1984	II. Öffentlichrechtliche Abteilung	BGE 110 IA, 7	187, 188
Urt. vom 5.12.1985	II. Zivilabteilung	BGE 111 II, 313	192
Urt. vom 12.12.1985	II. Zivilabteilung	BGE 111 II, 401	186
Urt. vom 17.3.1987	II. Zivilabteilung	BGE 113 II, 100	198
Urt. vom 26.3.1987	II. Zivilabteilung	BGE 113 II, 102	199
Urt. vom 15.2.1990	II. Zivilabteilung	BGE 116 II, 9	186
Urt. vom 9.9.1991	II. Zivilabteilung	BGE 117 II, 334	199
Urt. vom 23.1.1992	II. Zivilabteilung	BGE 118 II, 83	198
Urt. vom 22.12.1992	II. Zivilabteilung	BGE 118 II, 392	191
Urt. vom 9.2.1993	II. Zivilabteilung	BGE 119 II, 64	198
Urt. vom 3.3.1993	II. Zivilabteilung	BGE 119 II, 264	187
Urt. vom 20.11.1997	II. Zivilabteilung	BGE 123 III, 445	190
Urt. vom 25.8.2000	II. Öffentlichrechtliche Abteilung	BGE 126 II, 425	197

2. Entscheidungen des Chambre des recours

Datum	Fundstelle	Seite
Urt. vom 21.10.1996	JdT III 1997, 87	201

3. Entscheidung des Obergerichts des Kantons Zürich

Datum	Entscheidende Abteilung	Fundstelle	Seite
Beschl. vom 25.7.1991	I. Zivilkammer	ZR 1991, 193 Nr. 56	197

IV. Entscheidungen des (österreichischen) OGH

Datum	Aktenzeichen	Fundstelle	Seite
Urt. vom 23.3.1976	Ob 313/76	JBl. 1976, 490	99
Urt. vom 1.7.1976	6 Ob 8/76	JBl. 1977, 379	99

V. Entscheidungen des (italienischen) Corte di Cassazione

Datum	Entscheidungs-Nr.	Fundstelle	Seite
Sentenza 29.9.1984	n. 4830	RDIPP 1985, 616	30
Sentenza 22.11.1991	n. 12588	RDIPP 1992, 979	30

VI. Entscheidungen der U.S.-Gerichte

Gericht	Streitsache	Fundstelle	Seite
Supreme Court of the United States	Treinies v. Sunshine Mining Co.	S. Ct. 84 (1939), 85	144
Supreme Court, Appellate Division, 1st Dep.	Perkins v. De Witt	111 N.Y.S. 2d, 752	144
Supreme Court, Special Term, New York County, Part I	Ambatielos v. Foundation Co.	116 N.Y.S. 2d, 641	144

VII. Entscheidungen britischer Gerichte

Gericht	Datum	Fundstelle	Seite
House of Lords	Urt. vom 14.5.1868	L.R. Sc. & Div. 1 (1869), 307	82
House of Lords	Urt. vom 10.5.1904	A.C. 1904, 287	82

Stichwortverzeichnis

(Die Zahlen beziehen sich auf die Seitenzahlen)

T

U

V

W

Z

FSC
www.fsc.org
MIX
Papier | Fördert gute Waldnutzung
FSC® C083411

Kolibri 360 GmbH
Ferdinand-Jühlke-Straße 7
99095 Erfurt, Deutschland
produktsicherheit@kolibri360.de

Druck:
CPI Druckdienstleistungen GmbH
im Auftrag der
Kolibri 360 GmbH
Ferdinand-Jühlke-Str. 7
99095 Erfurt